国家社科基金
GUOJIA SHEKE JIJIN HOUQI ZIZHU XIANGMU
后期资助项目

边境上的中国：
11 世纪以来广西中越
边境地区的历史与记忆

Frontier China: History and Memory in the Sino-Vietnamese

Borderlands of Guangxi Since the Eleventh Century

杜树海　著

九州出版社 | 全国百佳图书出版单位
JIUZHOUPRESS

图书在版编目（CIP）数据

边境上的中国：11世纪以来广西中越边境地区的历
史与记忆 / 杜树海著. -- 北京：九州出版社，2019.5
ISBN 978-7-5108-9304-9

Ⅰ．①边… Ⅱ．①杜… Ⅲ．①边疆地区－地方史－研
究－广西－古代 Ⅳ．①K296.7

中国版本图书馆CIP数据核字(2020)第129643号

边境上的中国：11世纪以来广西中越边境地区的历史与记忆

作　　者	杜树海　著
出版发行	九州出版社
地　　址	北京市西城区阜外大街甲 35 号 (100037)
发行电话	(010)68992190/3/5/6
网　　址	www.jiuzhoupress.com
电子信箱	jiuzhou@jiuzhoupress.com
印　　刷	北京九州迅驰传媒文化有限公司
开　　本	787 毫米×1092 毫米　16 开
印　　张	19.75
字　　数	340 千字
版　　次	2020 年 12 月第 1 版
印　　次	2020 年 12 月第 1 次印刷
书　　号	ISBN 978-7-5108-9304-9
定　　价	98.00 元

国家社科基金后期资助项目
出版说明

　　后期资助项目是国家社科基金设立的一类重要项目，旨在鼓励广大社科研究者潜心治学，支持基础研究多出优秀成果。它是经过严格评审，从接近完成的科研成果中遴选立项的。为扩大后期资助项目的影响，更好地推动学术发展，促进成果转化，全国哲学社会科学工作办公室按照"统一设计、统一标识、统一版式、形成系列"的总体要求，组织出版国家社科基金后期资助项目成果。

全国哲学社会科学工作办公室

序

在有关边疆、族群的历史研究领域中，似乎中古时期和北方地区总是占据了学者的大部分注意力，这并不奇怪。从现代学术史上看，自从被王国维称为"道咸之学新"的西北史地之学兴起，加上敦煌吐鲁番的发现，和西洋人、东洋人在我国西北、北方探险，更兼"二战"中陈寅恪预言的"吾国将来必循汉唐之轨辙，倾其全力经营西北"，即世局对学术的刺激，[①]有关中古时期北方胡、汉之区域与族群的研究，一直吸引着学界的目光。西方学者像拉铁摩尔、狄宇宙、巴菲尔德等，在讨论中国边疆和族群问题时，也大多聚焦在中古和北方。

不过，"近世"和"南方"也很重要。历史上，"中国"之所以成为"中国"，不止是秦汉以来，北方从"筑长城，界中国"逐渐到"长城两边是故乡"，也应当包括唐宋以后，南方的开疆拓土和改土归流，把过去被视为"蛮荒"或"化外"之地的南疆逐渐纳入版图。我过去曾说过，如果允许我们把中国大历史简化，也许可以说："整个中国史大趋势，就是胡人从北方南下，压迫汉族，也逐渐'汉化'，而汉族本身也逐渐'胡化'；汉族在北方胡人压迫下，不断从中原南下，将南方逐渐'汉化'，汉族本身在这一历史过程中也逐渐'夷化'。"要包括北方的胡化/汉化，也要包括南方的汉化/夷化，这才是相对完整的大历史。

中国的"南方"或者说南方的"中国"，它的轮廓就是在近世逐渐清晰起来的。虽然正如拉铁摩尔所说："古代帝国往往有边疆而无边界。"但近世以来，南方中国模糊的羁縻或作为缓冲区域的边疆，逐渐变成清晰的边界，确实是一个相当有意思的历史过程。杜树海博士的这部著作《边境上的中国——11世纪以来广西中越边境地区的历史与记忆》，就是叙述广西明代思明土司府、清代归顺州（今广西崇左、百色一带）从边疆到边界的这个历史过程。从他深入精细的研究中，我们可以看到，这个处于中越

[①] 陈寅恪：《朱延丰突厥通考序》，载氏著：《寒柳堂集》，生活·读书·新知三联书店，2001，第163页。

"之间"的区域和族群，在几百年间是如何经由来自中央帝国的军事征服，来自主流文化的教育渗透，以及当地土酋（即土著上层）争取政治权力的攀龙附凤，逐渐形成这一地区和族群明确的政治"归属"与文化"认同"的。

在这一边境形成的历史过程中，杜树海特别指出，南方中国这一区域并不像北方边疆，北方边疆往往既有族群的差异，又有游牧和农耕这种生产和生活方式的差异，思明土司府／归顺州这个区域，原本族群界限没有那么清晰，生活方式也相当趋同，只是在种种政治和文化的角力中，才逐渐分出了你、我，分属了两个国家。这个被杜树海称为"动态过程"的历史研究，不仅超越了过去单纯以现代国家边界画地为牢的"民族史"或"中外关系史"，也改变了过去从中原王朝视角，来观看边缘地带的"边疆史地"领域。特别是我前面所说的，这部著作和近来其他有关岭南和西南的若干著作一道（读者可以注意近三十年里，国内外有关岭南和西南历史研究著作的数量之多），改变了历史学界在边疆和族群历史研究中，"北重南轻"或"北多南少"的学术地图。

写这篇序，多少有些忐忑不安。为什么？因为我其实并不了解杜树海博士和他的研究领域，甚至我从来没有和他见过面。我想，更合适的序文作者应当是他在中山大学时的老师，即陈春声教授和刘志伟教授。我之所以答应来写这篇序文，只是缘于若干年前，全国百篇优秀博士论文评选中，我曾受命评审过他的博士论文。现在，杜树海博士把他的这篇博士论文修订增补出版，希望我给它写一篇序文，我想到最近正在思考的一些问题，刚好与杜树海博士的论著有某种联系，于是，这里我把一些想法简单地写出来，权当这部新著的序文，向杜树海博士和广大读者请教。

2018 年 6 月 28 日

目　录

结论：国家整合与多层一统

绪　论

一、非生态边缘的华夏边缘

本书研究的区域大致为：今广西崇左市宁明县（明代的思明土府核心区）、百色靖西市（清代的归顺州地域）。其中，宁明县位于左江上游明江流域，靖西市则处于左、右江上游的分水区域，两地均处中国、越南边境地带。在宋代，这一带属于广南西路邕州管下羁縻州县与溪峒，元代两地分属思明路、镇安路，明代两地分属思明府黄氏土司与归顺州岑氏土司，清雍正间两地得到改土归流。在本书附录二中，还将考察中越边境沿海地带防城港市，其属明清时期广东廉州府钦州的西部地区。钦州在宋代归属广南西路，解放后重新划归广西壮族自治区。从靖西到宁明再到防城港一线，完整囊括了中国广西与越南的边境地带。

湿热的气候、肥沃的土壤以及众多的溪流，使得广西左、右江流域成为人类早期居住的区域之一。古人类遗址、左江岩画以及发达的稻作农业便是明证。这里有肥沃的土地，但它们却不同于中原地区的一马平川。水田一般为四周的石山所环绕，聚落则围田居于山下，当地人称这样的人地组合为"峒"[①]。

历史上，这里的人群被称为"蛮""峒民""狼""僮"等，当今他们被识别为中国人口最多的少数民族——壮族。中越边境一线是壮族分布最集中的区域，以广西靖西市为例，当地壮族人口占总人口的99%以上，是最为典型的壮族聚居县。在防城港沿海一带则分布着与越南主体民族——越族具有渊源关系的京族，其也是中国人口最少的少数民族之一。

[①]　"峒"，又写作"洞""峝"。黄家信认为，峒是传统壮族社会的基本单元，并着重分析了其经济生态基础。参见黄家信：《壮族地区土司制度与改土归流研究》，合肥工业大学出版社，2007，第56页。

在民族国家框架下的广西地方史书写，较多关注郡县制度、文教推行及汉族移民等课题，其目的在于强调广西区域与中原地区的同质性。来自考古学、民族学等学科的研究，则反映出广西（特别是广西南部区域）与东南亚地区在史前文化、生计方式、族群文化等方面的相似性，比如铜鼓文化、"那"（稻作）文化、语言文化等。当下民族学界、人类学界多将对广西南部、越南北部一带人群的研究视为不同"民族"之间的比较研究，对区域的历时性发展演化不够关注，亦即对"国境""边界"的动态建构关注不够。

在唐代及之前，中国与越南（交趾）是连成一体的，相当于今越南国的地区（隋唐时期今越南中、北部）是中华帝国疆域的一部分。唐末，越南逐渐走向独立自主，中国与越南的分化及广西区域的边疆化也随之发生。

自 20 世纪 90 年代以来，台湾学者王明珂提出的"华夏边缘说"引起学界重视。王认为，华夏边缘的根基在于这些区域已达华夏能生存的生态极限，亦即农耕与游牧的界限。但笔者认为，在中国南方却明显不存在这样的天然界限。因此，在这样一个非"生态边缘"的华夏边缘讨论国家、族群的分化、整合，以及地方社会的变迁，是一项新的、有意义的课题。

总之，全书主要围绕下列问题进行展开（当然并不仅限于此）：宋朝时期，这个区域的人群如何理解、看待"中国"？宋至明初，当地土酋势力发生了怎样的分化？明朝时期，在所谓的"土司制度"之下，当地人面临何种意识形态以及他们有何应对策略？清朝时期，此区域的基层社会和文化面貌发生了什么变化以及深层原因为何？当下，地方社会的信仰与仪式有什么特点？体现了何种象征与隐喻？最后，笔者总结了国家整合的方式问题及其地方意义，这不仅是一个历史学的问题，更是一个社会科学的问题。

二、历史人类学的边缘研究方法

"在阐述民族或族群的历史根源性时，我们过去采用的溯源式叙事范式，恰恰忽略了对于所研究对象的主观归属意识之状况及其历史变迁进行必要的考察，因此便可能很轻率地将某种经过极漫长的历史变化过程才最终形成的结果，非历史地倒追到该过程的开端之时。"①姚大力如此评述中国边疆史研究的问题与不足。

在笔者看来，这特别体现在针对"历史上中国的范围"这一问题的讨论上，即许多学者汲汲于寻找一条一以贯之、亘古有效的中国"边界"。据邢玉林于2001年所作的综述，关于这个问题，以往大致有以下五种意见：一是以鸦片战争以前清朝的版图作为历史上中国疆域的范围；二是以今天的中国版图作为历史上中国疆域的范围；三是以历史上不同时期形成的统一多民族国家的疆域作为历史上中国疆域的范围；四是以接受了汉族文化或儒家文化的地区作为中原王朝的疆域，即以文化标准来判断疆域的范围；五是以汉族建立的王朝的版图作为历史上中国疆域的范围。谭其骧、白寿彝、周伟洲是前三种观点的提出者，第四种意见近十多年来很少听到了，最后一种意见已销声匿迹，绝大多数学者持第一种意见。②

2002年，赵永春提出的新意见是："凡是生活在今天中国疆域内的民族以及历史上生活在今天疆域内而今天已经消失了的民族都是中华民族的组成部分，他们的历史（外来民族迁入之前的历史另作别论）都是中国历史的组成部分，他们在历史上活动的地区及其建立政权的疆域也都是中国历史上疆域的组成部分。"③

于逢春在2006年提出，应将中国疆域最终奠定的空间坐标判定在1820年的《嘉庆重修大清一统志》及其所附"皇舆全图"所确定的领域，并进一步提出："1820年的清朝疆域，既是中国疆域范围的最终底定极点，也是东西方力量对比最终逆转的临界点，更是中国国势由强转弱的最后时刻。"④

这场讨论由谭其骧所引导，或许透露出其有着某种现实操作方面的考虑，即制作中国历史地图的需要。但是，从谭先生本人主持编绘的中国各朝代历史地图来看，争论这样一条中国"边界"的意义并不大，因为这条界线是不断变动的。

本书试图走出上述"溯源式"边疆史研究范式。笔者认为，与其争论

① 姚大力：《西方中国研究的"边疆范式"：一篇书目式述评》，《文汇报》2007年5月7日，第6版。
② 邢玉林：《1989年—1998年中国古代疆域理论问题研究综述》，《中国边疆史地研究》2001年第1期，第1页。
③ 赵永春：《关于中国历史上疆域问题的几点认识》，《中国边疆史地研究》2002年第3期，第1页。
④ 于逢春：《论中国疆域最终奠定的时空坐标》，《中国边疆史地研究》2006年第1期，第1页。

何时、何种的中国王朝疆域（国家边界）能够代表历史上的中国疆域（边界），不如将之完全视为动态建构的过程。相较以往边疆史领域较为静态的"定点""定位"研究，本书强调边疆、国家的动态建构性；相较全国层面的整体研究与宏观理论研究，本书坚持在详尽的细部个案基础上，再作理论的探索、总结；相较从王朝国家（皇帝、大臣）的视角出发，关注疆域的范围、边疆的经略，本书强调从边缘看中心，关注边缘人群的主体性与能动性，发掘他们在边疆、国家建构中的能量与作用。在"民族国家"观念深入人心的今天，"边界圈定人群"变得习以为常，但回到历史，"人群如何塑造边界"尤应值得重视。

边疆、边界既是国家的，也是地方的，皇帝、大臣关注自身统治范围，自有国家威严、资源获取、人力控制等方面的理由；但是地方人群恐怕更为关心、重视这条边界，因为他们就生于兹长于兹，事关他们的切身利益。于明清时代而言，王朝国家"有边无界"的说法并不完全成立。当然，地方人群对这条界线的感知不一定与国家层面的看法完全一致。总之，国家边界的地方意义将是本书重点考察的一个概念。

遵循前述研究取向的导引，本书提出"国家整合"概念，并将从地方人群的行动实践与主观认同视角切入，而非传统研究关注的国家建置、军事部署与文教推广等。当然，笔者的目的并非单纯研究"地方"，而是在"地方"做研究。地方（民族）文化"实体论"以及与之相关的地方（民族）文化"中心主义"都应适当地"去实体化"与"去中心化"。笔者以为，地方（民族）文化是在不同时间段内经由不同文化传统层叠而成的，"土著""外来"等概念只有在相互比较的语境之下才有意义。在地方（民族）文化的体系与层级里面，存在一统性的力量。这就是本书将要论述的"多层一统"概念。

在西方学界，研究中国（特别是西南）边疆史、民族史的论著长期为"汉化""殖民化"两种范式所主导，其中，"汉化"范式强调的是汉族南向移民带来文化同化，而"殖民化"范式则把明清王朝与西方历史上的殖民帝国进行类比，强调的是殖民征服和殖民技术。[①] 很显然，笔者上述的研究取向也与其大为不同。

---

① 邹立波认为，从某种程度上来说，"殖民"概念的应用是美国"新清史"学者在涉及中国边疆、族群和"征服王朝"等问题时，受后殖民理论影响，过分强调"去汉化""去中心化"的后设之见；而西南边疆史研究对"殖民"概念的采纳则是其翻版。详见邹立波、李沛容：《西南边疆在明清史研究中的地位——美国现代学术视野下的中国西南边疆史研究》，《思想战线》2013 年第 6 期。

在具体研究方法上，本书主要运用历史学的文献研究方法与人类学的田野研究方法，借鉴人类学的文化、族群、边界、宗族与民间信仰诸理论，以及历史学的历史记忆理论、政治学的国家理论等，构成综合的跨学科研究方法。

在历史文献研究方面，注重中外史料相结合，考证、分析两者的异同及其形成原因，撷取史料中的细节进行分析论述；注重官方史料与民间史料相结合，考察两者的相互关联性及歧异性，揭示地方社会的复杂历史面貌。在史料解读中关注制度、意识形态与人的互动性，即人如何塑造制度及意识形态，然而又为其所笼罩与规训。

在实地田野研究方面，注重文献收集与仪式观察相结合，在大量收集民族民间文献（如家乘谱牒、石刻碑文、宗教文书、传说故事等）的基础上，进行长期跟踪的仪式观察，并坚持"在田野里读文献"和"带着文献做田野"，以求真实重现地方的历史场景，深入分析人群的行为心态；用具有历史深度的眼光观察地方文化景观，解析层层叠叠形成的地方文化传统。

总之，前述研究取向大概可以归纳到历史人类学的地域研究方法里面，而萧凤霞、刘志伟提出的"结构过程"（structuring）概念，则为这种方法作出了哲学层面的说明：

> 我们一直以来往往不必要地把"结构"和"变迁"这两个概念截然二分，实际上，我们要明白"个人"在分析研究中所发挥的"作用"，要了解的不是"结构"（structure），而是"结构过程"（structuring）。个人透过他们有目的的行动，织造了关系和意义（结构）的网络，这网络又进一步帮助或限制他们做出某些行动；这是一个永无止境的过程。①

具体就族群、边疆议题而言，萧、刘的见解也为本书的研究提供了重要指引：

> 在珠江三角洲的田野经验也让我们意识到，疍民的身份并非一个僵化的标记。……从历史的角度来看，我们的兴趣在于考察"汉"或"疍"的标签如何在具体的社会文化历史过程中被制造出来，并在人

---

① 刘志伟：《地域社会与文化的结构过程——珠江三角洲研究的历史学与人类学对话》，《历史研究》2003 年第 1 期，第 54 页。

们头脑里凝固起来？地方权势以什么手段去将一些模糊的社会界线用一些僵化的身份特征把不同的群体清楚区分开来，最终设定了这些僵化的社会身份的原旨？另一方面，被歧视的群体又用什么文化手段绕过障碍去改变自己的身份？王朝制度的运作有没有提供讨价还价的空间？

　　我们如果尝试摆脱这一模式（指汉化模式——笔者注）的框框，提出另一视角，就不妨把帝国视为一个文化的观念，教化的过程不是通过自上而下强令推行的，而是本地人自下而上利用国家秩序的语言，在地方社会中运用以提升自己的地位。……如果国家建造的过程是包含着本地人如何用自己的办法去将自己同中心联系起来，我们与其将"边疆"视为一个承受国家制度扩张的开放空间，不如更多地关注地方上的人们如何运用他们的创意和能量建立自己的身份认同。[①]

　　如何在看似清晰的身份界线与貌似整齐的制度框架下，观察地方人群的能动建构，正是本书努力探索的方向。

　　论及地域研究方法，就不得不提及科大卫的"地方社会模式"理论。他曾写道："地方社会的模式，源于地方归纳在国家制度里面的过程。国家扩张所用、地方社会接纳的理论，就是地方社会模式的根据。循这一方面来走，我们了解一个地区的社会模式，需要问两个问题：一个是这个地方什么时候归纳在国家制度的范围？第二，归纳到国家范畴的时候，双方是应用什么办法？"[②]科大卫还用莆田平原与珠江三角洲的地域比较来说明他的理论。莆田与珠江三角洲分别是在南宋与明代得到中央王朝的重视，并进行大力开发的。两地的分别也就在这里，南宋把地方归纳到国家的办法跟明代不同。南宋应用的办法，是朝廷承认地方神祇。明代的办法，开始是里甲，后来是宗族礼仪。所以，珠江三角洲的村落，明显地受到以家庙式的建筑物为核心的活动的领导，而在莆田，不是宗族没有兴起，而是宗族制度只是加在一个既有的神祇拜祭制度上面。"地方社会模式"理论可谓"华南研究"为学术界做出的最重要理论贡献，它的研究对象虽然在于地方，但最终落脚点则在于解释整个中国的历史与文化。之所以称其为"理论"，是因为它能为所有从事中国研究的学者提供借鉴，其他学者在从

---

① 刘志伟：《地域社会与文化的结构过程——珠江三角洲研究的历史学与人类学对话》，《历史研究》2003 年第 1 期，第 63 页。

② 科大卫：《告别华南研究》，载华南研究会编辑委员会编：《学步与超越：华南研究会论文集》，（香港）文化创造出版社，2004，第 29 页。

事不同地域、主题的研究时可以检验、修正这套理论。

　　沿袭上述研究理路的两部"西南研究"作品，为本书的撰写提供了有益的参考与借鉴。一是连瑞枝的《隐藏的祖先——妙香国的传说与社会》，一是温春来的《从"异域"到"旧疆"——宋至清贵州西北部地区的制度、开发与认同》。连书是一本以"土著观点"（native point of view）撰写而成的历史作品。作者透过云南大理区域史的研究，揭示"前中国帝制"时期边陲地区多元文化的历史景深，用丰富的地方文献勾勒了明帝国进入云南前的南诏大理国人群如何透过虚拟的祖源传说、联姻关系与佛教经典正统，建立了以多元社群为基础的社会。① 连书研究"前帝制时期"的地方社会，无论是在研究方法上，还是在研究结论上，都为笔者理解本书研究区域在宋代的历史以及地方传统在后世的延续提供了有益借鉴。

　　温书为一本在区域社会史或历史人类学风格影响下的政治史或制度史的著作。作者通过叙述宋至清黔西北的历史演变，概括黔西北这样一个具有某种典型性的非汉族社会，在制度、经济、文化、认同等方面逐渐与内地紧密整合在一起的复杂历程。② 尽管本书处理的区域较为特殊，它处于一种三方——地方人群、中原王朝、安南王朝——关系之中，但温书从制度、开发、认同等角度研究传统中国社会整合问题的思路，仍为本书提供了重要参考。

　　除了上述历史人类学的学术脉络，思想史家葛兆光有关重建"中国"历史叙述的著述，则为笔者开拓了历史视野的宽度与深度。葛倡导从周边看中国，主张把中国放在不同历史时期的"国际"环境中加以观察。具体来说，这种"国际"环境包括：明清时期的日本、朝鲜、安南—中国，以及宋代的西夏、辽—宋。此外，葛还主张在历史中理解民族国家，提出中国在宋代即出现民族主义（民族国家）的"远源"，并从"国境""爱国"主义以及"华夷"意识等方面加以论述。③ 传统中国与当下中国、中国古代史与近当代史不是完全断裂的，不必截然两分，两者之间可以相互对照、镜鉴，这是笔者从葛著得到的启示。葛将中国民族主义（民族国家）的远源追溯到宋代，就是一个很好的例证。总之，葛的观点为本书提供的宏观视野与理论借鉴，主要体现在本书对宋代、明代中国的一些整体看法方面。

---

① 参见连瑞枝：《隐藏的祖先——妙香国的传说与社会》，生活·读书·新知三联书店，2007。

② 参见温春来：《从"异域"到"旧疆"——宋至清贵州西北部地区的制度、开发与认同》，生活·读书·新知三联书店，2008，第9页。

③ 详见葛兆光：《宅兹中国：重建有关"中国"的历史论述》，中华书局，2011。

当然，笔者在书中也多次强调，应该注意历史中国的复杂性与多面性，宏观层面的观点必须接受史实的修正。

北方民族史研究领域近年来的新进展也是本书的重要镜鉴，其中主要是"内亚研究"与"新清史"的若干重要观点。[1] 笔者的感悟与体会主要有以下三点：一、历史上周边族群传统的同质性与连续性应该引起足够重视；二、中原王朝并非想象中的万世一系、铁板一块，周边在变，中心亦在变。中原王朝在不同历史时期具有阶段性与特殊性，笔者尝试谓之"王朝的族群性"；三、中心与周边的历史不是截然分裂的，而是相互影响、相互叠加的。所以，笔者前文提出的"从边缘看中心"，其实是有强调的意味，更为真实的意思应该是：只有两者互看，才能更加贴近真实，而不会失之偏颇。

三、边疆、土司与身份认同

与本研究密切相关的前人研究成果主要分布在三个领域：中国边疆通史领域，壮族土司研究领域，以及壮族身份、认同研究领域。

在中国边疆通史领域，民国时期的知名学者顾颉刚等人就开始倡导"边政学"研究，为这个领域的研究打下良好基础。1949 年之后，边疆通史研究仍旧延续民国时期"边疆沿革史""边疆政策史""边疆开发、经略史"传统。其代表性成果有：刘宏煊《中国疆域史》[2]，"中国边疆通史丛书"[3]（如《东北通史》《北疆通史》《西域通史》《西藏通史》《西南通史》等），马大正主编的《中国古代边疆政策研究》[4]《中国边疆经略史》[5]，等等。

在边疆地区，明清两代广泛盛行土司统治。1949 年以后至 20 世纪 90 年代，关于广西土司的研究是纯粹的"制度史"风格，即把土司现象简单地看成王朝国家统治制度在边缘地带的延伸，而对其进行制度条文的考辨

---

① 此处略举两本著作作为代表，一、罗新：《黑毡上的北魏皇帝》，海豚出版社，2014；二、Mark C. Elliott, *The Manchu Way: The Eight Banners and Ethnic Identity in Late Imperial China*, Stanford: Stanford University Press, 2001.

② 刘宏煊：《中国疆域史》，武汉出版社，1995。

③ "中国边疆通史丛书"由中州古籍出版社分别于 2002 年、2003 年出版。

④ 马大正：《中国古代边疆政策研究》，中国社会科学出版社，1990。

⑤ 马大正：《中国边疆经略史》，中州古籍出版社，2000。

与面面俱到的描述。[①] 比如,1995 年出版的《壮族土司制度》[②] 一书共分为
13 章,各章处理主题分别为:羁縻制度、土司制度、土官族属、姓氏传
袭、统治机构、土司武装与战争、瓦氏夫人、土地制度与阶级关系、社会
经济、社会教育、文艺宗教、改土归流、土司制度与壮族社会。

　　二十世纪八九十年代,在广西土司研究领域得到深入讨论的是土司制
度的评价问题,其中存在着两种截然对立的观点。陈业强认为:"土官制
度是一种非常落后的诸侯割据制度,严重破坏生产力,阻碍社会的发展。"[③]
而韦文宣认为,土官制度有 5 个方面的积极作用,如土官制度是使桂西地
区社会安定的稳定力量;土官制的设置和推动,缓和了朝廷与桂西官族之
间的矛盾;在防卫边疆、维护祖国领土完整方面,广西土官及其土兵是做
出积极贡献的,等等。[④]

　　进入 21 世纪,随着整个学术界的范式转型,关于广西土司的研究也
有了新进展。Jennifer Took 在《中国西南的一个土司》中声称,以往西方
关于中国土司制度的研究是一种自上而下的视角,把这种制度看成一种部
落管理制度,而她的研究方法是"草根式"的。她以广西大新县境内明清
时期的安平壮族土司为例,研究土司用来控制土民及境内资源的经济、社
会、政治框架。在她看来,土司作为中央王朝的授权者与地方首领,必须
遵从两套行事规则。她研究的主题主要包括:作为王朝代理人的土司、作
为"土皇帝"的土司、地方头目、阶层分化、租佃关系,等等。[⑤]

　　Took 研究的最大不足在于,其使用的资料相当单一,即完全利用 20
世纪 50 年代民族调查时搜集的文献与口述资料。在新资料的开拓方面,
国内学者韦顺莉迈出了重要一步。在她的博士论文《清末明初广西大新县
境土司社会研究——地方文献中的壮乡社会》中,用到了大量土司时期遗

---

① 相较而言,民国时期的研究者似乎并未视"土司"与"制度"之间有着必不可少的联系。
　刘锡蕃在 1935 年出版的《岭表纪蛮》中,列出"土司"(并非"土司制度")一章,从
　以下数个方面进行了述说:"一、概论;二、土司之起源;三、土司之职秩;四、土司公
　署之组织;五、土司之传袭;六、土司之威权;七、土司之征榷;八、土司之家庭;九、
　蛮女参政权;十、土司之罪罚;十一、土司与土司;十二、土司与流官;十三、土司
　之进贡;十四、土目与土兵;十五、土民的自觉;十六、土司之轶事;十七、广西之土
　司;十八、土司下之僮化汉人;十九、结论;二十、附岑氏土官说略。"参见刘锡蕃:
　《岭表纪蛮》,商务印书馆,1934,第 21 页。
② 谈琪:《壮族土司制度》,广西人民出版社,1995。
③ 陈业强:《广西土官制的流弊及历代改土延缓的原因》,《学术论坛》1984 年第 1 期,第
　66 页。
④ 韦文宣:《谈对广西土官制度及改土归流的评价问题》,《学术论坛》1984 年第 4 期。
⑤ Jennifer Took, *A Native Chieftaincy in Southwest China:Franchising a Tai Chieftaincy under
　the Tusi System*,Leiden:Brill, 2005, pp.21–22.

留下来的诉状、契约以及墓志等碑文。韦文主要"以清末民初广西大新县境土司社会的历史场景为个案，通过对地方文献的解读，展示壮族土司社会中社会群体的生活状态，探讨壮族土司制度变迁下的乡村秩序，论述改土归流中的社会转型"。而其处理的主要问题有"世袭权威的土司与官族"、"土汉并治格局中的流官"、土目与绅商、田地买卖、乡村商业以及文化习俗，等等。[①]

2008年，蒋俊在其博士论文《帝国边陲——桂西土司社会的历史人类学研究》中提出："土司制度实际上是中央王朝'天下观'的'中心—边缘'结构的实践，这种具有强烈'汉人中心主义'的思想意识成为边陲挥之不去的情结。土司力图形塑一个国家政权的'正统'代理人的文化形象，将中心分解到边缘，借此稳固其权力和统治，并以组织性以及象征性的方式融入土司社会权力的文化网络建构之中，再造一个中心与边缘的政治格局……在土司的示范下，主流文化和意识的'汉化'趋向引起了人们对'中心'强烈的文化认同、政治认同和国家认同，为中华民族文化心理同一性的形成、民族共性的熔铸发挥了巨大作用。"[②]

在近年有关广西土司的研究中，最具问题意识的可能要算李小文的博士论文《国家制度与地方传统——明清时期桂西的基层行政制度与社会治理》。该文主要研究两个方面的问题："一是国家权力的扩张与渗透过程，即国家制度如何深入边疆少数民族地区？二是'因俗而治'的问题，即地方传统如何与国家制度相衔接？"[③]作者从土州县的编户、里甲与赋役征派；土州县的保甲与社会治安；清中叶以后的团练与地方权力体系；清中叶以后的乡约与民间社会秩序的重建；从宗族发展看地域社会变迁等方面，进行了论述与回答。

上述研究无疑为广西土司研究开拓了新的局面。尽管上述学者均声称保持一种"眼光向下"的立场，将以往单纯对土司制度的描写转变为对土司社会的考察，但将土司视为中央王朝的代理人，甚至把土司权力的合法性归结于中央王朝"授权"的观点，显然低估了从地方社会内部去考察权力关系的可能性。如果从地方社会内部去看，中央王朝之于土司权力，与

---

① 韦顺莉：《清末明初广西大新县境土司社会研究——地方文献中的壮乡社会》，博士学位论文，华中师范大学历史学院，2007，中文摘要。2008年，该文以《清末民初壮族土司社会研究——以广西大新县境为例》为名，在民族出版社出版。

② 蒋俊：《帝国边陲——桂西土司社会的历史人类学研究》，博士学位论文，厦门大学人类学系，2008，第178、182页。

③ 李小文：《国家制度与地方传统——明清时期桂西的基层行政制度与社会治理》，博士学位论文，厦门大学历史系，2006，中文摘要。

其说是"授权",不如说是"协商"与"承认"。地方土司在争取自身利益最大化的同时,又把自身利益诉求诉诸一个强大的王朝国家。

此外,在处理民间文献时,研究者应该着意考察这种文献(比如契约、诉状等)被使用的具体场景。如果以"今日""他者"的思维去演绎这些材料,得出的结论有可能与它们真实的作用与意义相去甚远。同样,对待国家制度层面的里甲、保甲、乡约、团练等概念,也应该深入考察它们在实地的运作情况。不然,就有可能用"典范化"的知识来代替不同地域、不同时段的极为复杂的历史过程,结果造成偌大中国的历史进程保持高度一致的假象。

以往我们更多地从地方的制度建设、官员选任、军事部署等方面去考虑一个国家的建立与扩张,其实一个民族国家或王朝国家之所以得以成立并长久保持,离不开其国民或臣民的身份认同。研究者如何定义边疆人群的身份?边疆人群的主观认同与归属到底如何?民国时期的研究者已经开始关注广西"非汉"人群的历史源流,而最早对此进行系统陈述者,当推刘锡蕃于 20 世纪 30 年代的著作《岭表纪蛮》,尽管刘的观点看上去有些矛盾:

> 广西最古之主人翁原为此等蛮族。秦汉以后,汉人移殖来桂者,代有增加。
>
> 若汉、蛮之为同一种源,则著者由此研究所得之结果,可以深信无疑。[①]

要理解这样的矛盾,则需理解当时中国正面临民族国家建构的遭遇。下面,还是用刘自己的话来说明:

> 著者于前此各章,阐发汉、蛮之同族证据,不一而足,读者谅已知之。诚以此为国民种性问题,关系至为重大,尤其是国人几千年来蔑视蛮族之人格与生活,使两族不能融合,而外人游苗疆者,又复附会其说,强指其人为藏、印、暹、缅民族,非吾种类,欲以逞其野心,所关更为重大。[②]

同样出于"国族"建构的目的,同一时期另一位学者徐松石的观点与

---

① 刘锡蕃:《岭表纪蛮》,商务印书馆,1934,第 12、263 页。
② 刘锡蕃:《岭表纪蛮》,商务印书馆,1934,第 263 页。

刘锡蕃的保持高度一致。他在《粤江流域人民史·序》中写道：

> 至于在心得上，则本书最重要的几点，乃苗、傜、僮[①]都是中国的古部族。僮族在三代以前，布满长江中下游和西南各省，这僮族非但是远古岭南的土著，而且是今日最纯粹的汉人。[②]

但是，民国时期的徐松石已经对土著居民将祖先世系"攀附"（作者原用语）中原的现象有了深刻洞见：

> 中国人在专制时代和封建时代，所传下来的正统观念太深，人人都喜欢说本姓本族是出于中原……有些僮人把自己的家谱勉强牵连到一个中原的祖宗……又广西某县最近调查全县一百五十二姓，都说是明末或清朝，自别省或别县迁徙而来，没有一姓承认是土著的。其中例如闭姓、覃姓，都说是明末清初来自广东南海。然则明末以前，这一县完全没有人么？[③]

学者色彩更为浓厚的徐松石，显然比时任广西省"少数部族"教育官员的刘锡蕃更具学术眼光。此外，受西方学者关于"大泰族"[④]研究的影响和启发，徐还认识到广西土著壮（僮）人与泰国泰人在地名语音等方面的相似性，并进一步推论说：

> 无疑今日广西的僮人，是泰国小泰人最近的亲属。其实整个粤民族，也与泰国的泰人有非常密切的关系……最可惜的，就是当日泰族西移，而保保南下。保族在滇南，渐渐地把泰族的移动线截断。于是经过一个长久时期，泰国的泰人和桂西的僮人，便完全断绝了音讯。[⑤]

1949 年后，受到当时苏联民族学"典范知识"的影响，壮（僮）族

---

① 大致相当于今日所称的壮族，1965 年，"僮"字被"壮"字代替。
② 徐松石：《粤江流域人民史》，载氏著：《徐松石民族学研究著作五种（上）》，广东人民出版社，1993，第 4 页。此书最早由中华书局于 1935 年出版。
③ 徐松石：《粤江流域人民史》，载氏著：《徐松石民族学研究著作五种（上）》，广东人民出版社，1993，第 89 页。
④ 即包括泰国、越南北部、中国南部和印度东北地区土著人群在内的"泰族"。详见覃乃昌：《20 世纪的壮学研究（上）》，《广西民族研究》2001 年第 4 期。
⑤ 徐松石：《东南亚民族的中国血缘》，载氏著：《徐松石民族学研究著作五种（下）》，广东人民出版社，1993，第 890 页。

独立的历史源流被强调,"汉蛮同源"的观点遭到彻底摒弃。其中,以黄现璠的观点为典型代表。黄在 1957 年出版的《广西僮族简史·序言》中的第一句话就是:"本人是僮族。"[①] 关于僮族的源流,黄认为:"过去和现在有些人说,僮族来自东南的江浙及广东等地,属于百越民族系统,这是值得商榷的问题。"[②] 他还提出,1949 年后,在广西来宾、柳江发现了旧石器时代的人类头骨化石,这些人类可能就是僮族的先民,在周代之后则以"百濮"见称于史籍。[③]

1949 年后,壮(僮)族与泰族的比较研究之所以乏人问津,主要是受到当时国际政治环境的影响。20 世纪 80 年代以后,这方面的研究逐渐活跃起来,也跟国际环境的改善以及中国与东南亚区域的经济合作加强等因素密切相关。

覃圣敏从 1991 年开始主持由广西民族研究所与泰国艺术大学联合实施的"壮泰传统文化比较研究"项目,历时 10 年,终于完成约 280 多万字的 5 卷本《壮泰民族传统文化比较研究》。该书就壮泰两个民族的地理环境、体质特征、考古学文化、语言文字、物质生产习俗、传统建筑等 15 个方面进行了详尽比较,并用判定语言同源或接触关系的方法来诠释壮泰民族的起源,用"语言断代学"来判定壮泰民族的分化时间。该项目研究的结论是,"壮族和泰族共同起源于瓯骆越人","壮泰两个民族是同源异流的关系","故二者(壮泰两个民族)分离的时间似应在东汉以后(220)至唐代以前(618)的这段时间之中"。[④]

如果说前述研究基本都是关于壮族"身份"问题的探索与界定的话,那么,关于壮族自我认同的研究则是在 20 世纪 80 年代才开展起来的。1988 年,范宏贵等主编的《壮族论稿》一书中,探讨"壮、汉互化"与"壮族意识"的共有 6 篇文章,即顾有识的《汉人入桂及壮汉人口比例消长考略——兼论壮汉之互为同化》、袁少芬的《试论汉人的"壮化"》、龚永辉的《壮族韦姓"汉裔"考——也从"韩信的后代说起"》《"土话汉人"与"汉裔"观念——壮族自我意识历史形态初窥》、松本光太郎的《壮民族意识的"再生"——从"汉人后裔"到"壮族"》。

顾先生的文章详细梳理了历史上汉人从中原迁徙至岭南的时间与规

① 黄现璠:《广西僮族简史》,广西人民出版社,1957,第 1 页。
② 黄现璠:《广西僮族简史》,广西人民出版社,1957,第 12 页。
③ 黄现璠:《广西僮族简史》,广西人民出版社,1957,第 2—3 页。
④ 覃圣敏主编:《壮泰民族传统文化比较研究》第五卷,广西人民出版社,2003,第 3122—3150 页。

模，强调明清时期汉人入桂的人数有迅速增加之势，这一时期也是壮族大量汉化的阶段。他认为：

> 壮人被汉人所同化，其原因较为复杂。按历史的本来面目，不外乎是强迫同化和自然同化两种，而有时两者又互有联系。
>
> 强迫同化，即是统治阶级通过行政命令、军事暴力等手段，强迫某一民族（或其中的一部分）改变其语言文字、风俗习惯、宗教信仰及其他民族特征，使之同化于另一个民族之中。
>
> 自然同化是民族间在政治、经济、文化各方面长期交往，一个民族（或一部分）接受另一个民族的影响而丧失自己的民族特点而变成为另一个民族的一部分。[①]

龚先生将土著居民攀附中原汉人后裔的现象视为同化的结果，将民族压迫视为这种"汉裔"现象形成的最重要原因，但是他也注意到土著居民的"反抗"：

> 土人渴望解除来自汉族社会的压迫，但是，客观上已不可能脱离这个以汉族为中心的现实社会，主观上也不完全愿意脱离这种文化程度较高的社会。这就规定了他们必须立足于现实社会而抗争。在这种汉人处优的客观条件下，土人抗争形式往往是"取汉适己"，即选择汉族社会有利于己的因素，取他人之盾挡他人之矛，用于反抗来自汉族社会的压迫。[②]

松本先生的文章则将"汉裔"现象视为民族"自我意识"的一部分，而据该文的理论综述可知，其所谓的民族"自我意识"（ehtnic identity），就是指我们今天所称的"族群认同"。此外，他还引用了一些西方关于族群边界（ethnic boundary，松本翻译为"民族集团的界限"）的理论。由此可见，该文受到当时西方流行的人类学知识的影响。龚永辉在自己的文章中称，曾"与日本东京大学文化人类学博士研究生松本光太郎反复研讨"，[③] 可见这一组文章有着与以前不一样的理论背景的支撑。

关于"汉裔"意识形成的原因，松本认为："虽然'汉化'是被封建

① 范宏贵等主编：《壮族论稿》，广西人民出版社，1989，第51—52、55页。
② 范宏贵等主编：《壮族论稿》，广西人民出版社，1989，第110页。
③ 范宏贵等主编：《壮族论稿》，广西人民出版社，1989，第98页。

王朝所强化的，但也是平等化的一种手段——借用汉文化提高自己的地位——我们在许多方面容易找到这种实例，其中一个典型就是姓氏。"①

在这之后，谈琪、白耀天、韦顺莉、邓金凤等学者，相继发表了一批辨正"汉裔"现象的论文。②这些论文虽然在事实层面基本把这一问题厘清，但理论层面进展不大。

另外一点需要说明的是，关于壮人"汉裔"现象的研究，其实早在20世纪40年代便已开展。1944年，日本学者河原正博在《论广西蛮酋的始迁祖——以左、右江流域为中心》一文中提出，把随狄青平定侬智高叛乱而活跃的汉人当作本地的知州、知县和将讨伐的功劳记在族谱之中，完全是一种伪说，毫无根据。③而在20世纪60年代及80年代初，粟冠昌也对"壮族土官民族成分"进行了辨正，④论证了"中原迁入说"的虚假性。很明显，当时的研究主要是事实层面的考证。

综观上述关于广西土著人群身份与认同的研究可知，它们基本是围绕"同化"与"汉化"这个议题进行的，并把土著人群身份与认同的变迁归结于民族压迫。这种研究取向不太注意从被"同化"与"汉化"人群的主观立场出发，去考察其身临的地域"边疆化"以及族群"国家化"进程，因此，尚存不少提升、创新的空间。

以上是与本书密切相关的前人研究成果，当然全书借鉴与参考的成果并不限于此，它们均在文中一一注明，请读者明察。

---

① 范宏贵等主编：《壮族论稿》，广西人民出版社，1989，第123页。
② 谈琪：《广西岑氏土官族属辨析》，《广西大学学报（哲学社会科学版）》1994年第2期；《忻城莫氏土官族属考略》，《广西民族研究》1994年第2期；《南丹州莫氏土司族属考》，《广西民族学院学报（哲学社会科学版）》1996年第1期。［日］谷口房男、白耀天编著：《壮族土官族谱集成》，广西民族出版社，1998。白耀天：《百色岑氏首领不是中原来客》，载广西历史学会编：《历史的启示》，广西人民出版社，2005，第146—165页。韦顺莉：《荣耀与追求：广西壮族土司民族认同之考察》，《广西民族研究》2007年第3期。邓金凤：《试析壮族的"汉裔情结"——以岑毓英为例》，《广西民族研究》2008年第1期。
③ 参见［日］谷口房男：《日本的壮族史研究动态》，覃义生译，《广西民族研究》1992年第2期，第122页。
④ 粟冠昌：《广西土官民族成分初探》，《民族团结》1963年第2—3期；《广西土官民族成分再探》，《学术论坛》1981年第2期。

四、本书内容梗概

序篇　北宋侬智高起事与广西中越边境地区历史的转变

本篇将仔细梳理中越两国史籍中有关侬智高及其家族的史料，重建侬及其父辈所面临的历史场景——即侬处于北宋与交趾两个王朝的夹缝之中，特别是当时的交趾王朝正处于高速封建化、集权化的过程中，极力向北扩张、压迫。本篇试图说明，在这种情况下，侬曾想自主建国，但最终以失败告终，这正为两个王朝深入控制当地提供了契机，于是中越两国之间的界线初具雏形。最后，笔者对这条"界线"进行了反思。

上篇　土司时代：明代思明土府及周边区域的考察

第一章　狄青奏授：宋末至明初土酋势力的动向及其祖先叙事的创制

本章利用中越两国史籍与地方家乘谱牒，展现广西中越边境地区的两个黄姓土司家族在宋末至明初的命运沉浮。上思黄氏与中原王朝若即若离甚至敌对，最终被击败、消灭；思明黄氏也曾跟安南王朝关系暧昧，明初却迅速转身归附明朝。思明黄氏在与安南王朝争夺地界的过程中，需要借助中央王朝的力量，便从身份、认同上拉近与王朝国家的距离。于是"狄青奏授"的祖先叙事应运而生，"争夺地界"还确立了明王朝的国家边界。

第二章　礼法之下：明中期的土司家族、边境形势与王朝势力

本章主要利用官方正史以及官员笔记等，考察思明黄氏土司家族盛极而衰以及王朝势力扩张的过程。明初归附的土司家族不仅在地方扩张势力，还参与了景泰年间的皇室"易储"事件。但明廷颁布的有关土司承袭的制度，亦使他们倍感压力。嘉靖年间的"议征安南"事件，本是一场维护两个王朝之间礼法秩序的行动，但边境地区土司职位承袭过程中的种种"篡逆"行为也被发掘出来。土司势力因此被沉重打击，王朝流官趁机以"争村夺峒"的形式扩大势力。

第三章　文武之道：明末清初王朝的文教、军事措施与思明土府的崩溃

本章借助地方志书、官方档案等资料，说明在王朝文教、军事措施之下，明万历至清雍正时期，思明土府逐渐走向崩溃的历史境遇。明中后期，朝廷将土府属下土州、县划归流府管辖，明末又利用剿平土司头目变乱的机会，凸显土司地方流官同知与学官的权力，并开设学校，培养科举人才。

清初，王朝国家的管制开始面向基层社会，思明土府不服管束的村寨被荡平。在鄂尔泰大力推行改土归流政策的大环境之下，土府终遭裁撤。

下篇　改土归流：清代以降归顺州及周边区域的考察

第一章　立废兴衰：清初之前区域网络中的归顺州岑氏土司

本章主要利用正史、方志、档案材料等，描绘清初之前区域网络中归顺州岑氏土司的立废兴衰过程。南宋时期，右江区域岑氏土酋在帮助朝廷买马的过程中崭露头角；历元至明初，逐步奠定了右江河谷及周边区域的统治地位。归顺州岑氏在明初岑氏扩张过程中建立统治地位，后又在区域竞争中走向衰落。雍正八年（1730），归顺土州因"挖窖案"被改土归流。通过此案可以看到当时土司势力的境遇，更重要的是，它反映了从雍正时期始，云南铜矿、安南北部金矿大规模开发带来的社会冲击。

第二章　义士辟疆：官员、功名人士与归顺州文化面貌的建构

本章主要利用方志材料、石刻碑文等，呈现归顺州地方在清代改土归流之后，文化面貌方面发生的巨变。改土归流之后，新来官员一方面将新开地域的位置加以确认，另一方面则是将大一统的神灵象征推广到地方。地方上新兴士人阶层逐渐取代原有头目阶层，他们开始主持公共事务，并在家族内部创制撰写祖先谱系的传统，"祖籍广东南海"成为最为普遍的叙事模式。功名人士还通过方志撰写、扶乩等形式，构建南宋义士开辟归顺州的地方历史。

第三章　多层一统：归顺州故地民间信仰与仪式研究

本章主要利用在归顺州故地田野调查所收集的材料，来分析当地民间信仰与仪式的总体形貌及其内部权力关系。当地的民间文化是不同文化传统在不同时间不断层叠的结果，以仪式专家为例，当地的麽婆、麽公与道公分别代表了"地点"、地域与国家层面的传统。在这样一个多层的体系中，与王朝国家大一统文化相关的传统却是处于权力顶端的，体现了整个国家各个地域之间的文化统合性。

结论：国家整合与多层一统

本部分回顾、总结全书内容，论述国家整合的五种方式：地缘血缘想象、文化地景塑造、礼法话语建构、资源／人员流动以及信仰仪式统合，并说明国家整合不但没有导致同质化、"标准化"，反而形成了"多层一统"的地方文化体系。最后，简述人类学信仰仪式研究、口头传统研究以及民族语文材料对于相关研究的重要性。

附　录

　　《旧民慕归：钦州西部的地方历史与都峒之民祖先叙事的创制》《家国之间：中越边境地区沿海族群之身份与认同的历史考察》两文，则利用地方志书与家族谱牒，分别论述防城港地区"都峒之民"、沿海族群的"汉将后裔"祖先叙事的创制过程及其历史背景。宋代，今广西防城港市内陆山地为广南西路钦州西部七峒之地，是一种以地方酋领为核心的社会。进入明代，里甲制度的推行以及宣德年间的弃交趾事件，使得都峒之民叛附安南。嘉靖年间，钦州知州林希元参与当时的"议征安南"，积极主战。此时，都峒之民也急于归正复业。正是在这种情景下，"汉将后裔"的记忆得到创制。从明末到清中期，防城港市沿海居民有的被称为"安南夷人"，有的则接受大清与安南两个王朝的双重管辖。清中期以后，清王朝加强边境、海疆控制，沿海居民身份逐渐固定。出于土地控制的需要等原因，沿海人群豪丫黄氏利用历史资源，将自身塑造成为东汉马援将军后裔（"马留人"）。清末的中法战争后，中越边界进行勘定，这种国家认同得到强化。总之，当地人群祖先叙事模式的形成，反映了区域"边境化"以及族群"国家化"的历史进程。

序篇　北宋侬智高起事
与广西中越边境地区历史的转变

广西中越边境地区处于左、右江上游流域。左江上游由三条支流组成，靠东边的一支明江，发源于十万大山，这座山绵延于广西的上思县、防城港市及与之毗邻的越南谅山省。中间的一支丽江，由经越南流入的水口河与平而河在广西龙州县附近汇合而成。西边的一支黑水河发源于广西靖西，流经与之毗邻的越南高平省，再折进中国境内。三条支流在广西崇左市附近汇合。左江流至南宁，与由桂西百色市而来的右江交汇，再往下汇成西江，西江则是从广东出海的珠江的重要干流。左江上游西支发源地（今靖西境域）还有河流流向右江，因此处于左、右江的分水区域。左江的西支与中支流域，即为宋代广源州及周边地区，今日则是越南高平省与中国广西壮族自治区百色市、崇左市接壤的区域。

唐代，中央王朝在南宁（时称邕州）设有邕管经略使，左江流域却是由黄姓蛮酋（黄峒蛮）所控制，来自这一带的黄少度、黄昌瓘曾经在唐贞元十年（794）攻陷宾、峦二州，十一年（795）又进攻过钦州、横州："又有黄少度、黄昌瓘二部，陷宾、峦二州，据之。十一年，攻钦、横二州，邕管经略使韦悦破走之，取宾、峦二州。是岁，复屠岩州。"①

进入宋代，在这个区域爆发了广源州侬智高的"叛乱"，因此留下了不少文字记录。广源州大约在今越南高平省广渊县以及与之接壤的中国广西壮族自治区靖西、大新一带，但是广源州所指涉的具体范围现在却难以考究。

关于侬智高的研究已经相当丰硕，这些研究廓清了大部分的史实，为本书提供了重要基础，但其焦点大多集中在侬智高起事的性质、侬智高的国籍以及当时的中越边界位置等方面。② 笔者认为，从唐至侬智高起事前，中央王朝的势力并未深入这个区域，正是平息侬智高起事，为中央王朝的

---

① 〔宋〕欧阳修、〔宋〕宋祁等：《新唐书》卷二百二十二下《南蛮下·西原蛮》，中华书局，1975，第6330页。

② 参见罗彩娟：《侬智高研究综述》，《广西民族研究》2009年第3期。目前，该研究领域最重要的一部中文著作，无疑是白耀天先生的《侬智高：历史的幸运儿与弃儿》（民族出版社，2006）。

进入奠定了基础。尤为引人注意的是，交趾独立后的北进运动。唐王朝在今越南北部地区设有安南都护府，五代十国时期，交趾逐渐走向割据和独立。进入宋代，交趾在经历三个过渡性的王朝后，进入了中央集权国家快速发展的阶段。^① 这个阶段就是交趾李朝 (1010—1225)，它也是越南历史上统治时间最长的王朝。11 世纪，李朝君主多次征伐南方的占城与西边的哀牢，在侬智高起事前，也曾对广源州侬氏进行了大规模的征伐。因此，侬智高起事失败象征着在两个王朝国家之间已经不存在真空地带，希图再建立与维持一个与周遭的大理、罗殿、自杞等相似的王权或者国家已经变得不可能。^② 在本篇，笔者将展示宋代边缘地方的土酋势力如何看待与讨论"中国"，以及宋代在边缘地方的治理特点。

一、"国家"之间：侬智高起事前广源州土酋的动向

据《续资治通鉴长编》记载："广源州在邕州西南郁江之源，地峭绝深阻，产黄金、丹砂，颇有邑居聚落。俗椎髻左衽，善战斗，轻死好乱。其先韦氏、黄氏、周氏、侬氏为酋领，互相劫掠，唐邕管经略使徐申厚抚之。黄氏纳职贡，而十三部二十九州之蛮皆定。"^③ 左、右江在南宁汇合之后的一段称邕江、郁江，故文中记载称"郁江之源"。文中描述了广源州的地形、物产、住居及人情风俗，关于"黄金""丹砂"等物产，其他史籍中也多次提到。文中还说早在唐代，当地的酋领就开始向中央王朝"纳职贡"，但是在宋之前的文献中，却找不到相关记载。

宋开宝九年（976），广源州酋长侬民富等缴上前朝的诏敕，请求内附，于是取得了宋廷"金紫光禄大夫、检校司空兼御史大夫上柱国"的官职。

---

① 关于交趾（安南）的"立国"时间，虽然由于判定标准各异，人言人殊，但一些基本史实是确定的。笔者认为，汤佩津的观点较为公允：北宋时期的越南被称为交趾，当时交趾正处于自主建立政权的时期，表面上受中国册封，与中国有藩臣之名，但是实际上已是一个独立自主的国家。（汤佩津：《北宋的南边政策——以交趾为中心》，博士学位论文，中正大学历史研究所，2004，第 2 页。）交趾国主正式获得中原王朝的"安南国王"封号，是在南宋孝宗淳熙元年（1174）。此后"交趾"之称多被"安南"取代。

② 据尤中、方国瑜等人的研究，自杞在黔、滇、桂交壤的区域；罗殿在贵州西部、北部。南宋时，曾任职广西的周去非在《岭外代答》中将这两个地名收入"外国门"下。参见尤中：《中国西南民族史》，云南人民出版社，1985，第 204 页；方国瑜：《彝族史稿》，四川民族出版社，1984，第 507 页；〔宋〕周去非著，杨武泉校注：《岭外代答校注》卷三《外国门下·通道外夷》，中华书局，1999，第 122—125 页。

③ 〔宋〕李焘：《续资治通鉴长编》卷一百六十七，"皇祐元年九月乙巳"条，中华书局，1985，第 4014 页。

这也是关于广源州侬氏的最早史载：

> 正月，邕州上言：得广源州酋长坦绰侬民富状……广源州、武勒
> 州、南源州、西农州、万涯州、覆和州、温州、弄州、古拂峒、八峒
> 凡十首领以岭南日（疑为"旧"——笔者注）伪命诏敕十道来献，愿
> 比七源州内附，输赋税，为思琅州蛮蔽塞，不得通。愿朝廷举兵诛思
> 琅州，使得比内属之人。诏授坦绰侬民富金紫光禄大夫、检校司空兼
> 御史大夫上柱国，仍令广南转运使徐道以招来之。①

白耀天认为，侬民富"在归附宋朝时，既交缴五代时割据岭南的南汉
政权的委任书，头上又冠着'坦绰'这样的官衔，说明他原先既为南汉属
官，又受封于南诏之后的大理国"。②大理国政治制度多因袭南诏旧制，国
君自称"骠信"，宰相称"清平官"，又有"坦绰""布燮""久赞"等名色。
这就揭露出当时这些酋领归属与认同的模棱两可，既归属南汉，又受封大
理。正如《续资治通鉴长编》所载，这些土酋"善战斗、轻死好乱""互
相劫掠"，故在笔者看来，侬民富这次"求附"的背后动因可能是，希图
借助宋廷的力量对付思琅州。而土酋数目的众多，也反映出当地政治的分
裂性。

据沈括（1031—1095）的《梦溪笔谈》载，天圣七年（1029），广源
州的首领是侬智高的父亲侬存福。他请求归附后，取得"邕州卫职"的官
职，但又不明原因地被"罢遣之"："天圣七年，首领侬存福归附，补存福
邕州卫职，转运使章频罢遣之，不受其地。"③

关于侬存福的身份及其取得广源州首领地位的过程，学界有两种说法，
其中，《续资治通鉴长编》的记载为："自交趾蛮据有安南，而广源虽号邕
管羁縻州，其实服役于交趾。初，有侬全福④者知傥犹州，其弟存禄知万
涯州，全福妻弟侬当道知武勒州。一日全福杀存禄、当道，并有其地。"⑤

司马光（1019—1086）的《涑水记闻》则转引了皇祐年间，曾任邕州
知州的萧注的说法："广源州本属田州，侬智高父本山獠，袭杀广源州酋

① 〔清〕徐松辑：《宋会要辑稿·蕃夷》五之七三，中华书局，1957，第7803页。
② 白耀天：《侬智高：历史的幸运儿与弃儿》，民族出版社，2006，第40页。
③ 〔宋〕沈括撰：《梦溪笔谈》卷二十五《杂志二》，上海书店出版社，2003，第215页。
④ 侬全福，其他史籍多称"侬存福"，又称"侬存勖"。
⑤ 〔宋〕李焘：《续资治通鉴长编》卷一百六十七，"皇祐元年九月乙巳"条，中华书局，1985，第4014页。

豪而据之。田州酋长请往袭之，知邕州者恐其生事，禁不许。"①

　　以上两种说法孰是孰非难以考究，但两者的共同之处是，都表明了依存福是通过武力获得广源州的控制权的。此外，我们从萧注的论述中还可以看出，"广源州本属田州"，很可能只是田州酋长的一面之词，其希望借此攻击广源州依氏。

　　据《宋史》载，明道三年（1034），广源州等蛮侵犯邕州所属的思陵州②、西平州、石西州③，宋廷要求交趾郡王李德政讨伐酋首："三年，其甲峒及谅州、门州、苏茂州、广源州、大发峒、丹波县蛮，寇邕州之思陵州、西平州、石西州及诸峒，略居人、马牛，焚室庐而去。下诏责问之，且令捕酋首正其罪以闻。"④

　　宋宝元二年（1039），交趾王朝展开了对广源州依氏的大规模讨伐。《大越史记全书》载：

　　　　二月、帝自将征存福、以开皇王监国、发京师、渡冷泾津、白鱼入舟、次广源州。存福闻之、率其部落、携其妻子、亡匿山泽。帝纵兵追之、获存福及智聪等五人、惟妻阿侬、子智高走脱。槛存福等归京师、令军士夷其城池、招其遗类、而存抚之、然后班师。⑤

　　《大越史记全书》还载，宋宝元二年三月，依存福等五人被斩于交趾都市，交趾李朝太宗皇帝为此所下的诏书称：

　　　　朕有天下以来、将相诸臣、靡亏大节、夷方殊域、莫不来臣、而诸侬世守封疆、常供厥贡、今存福妄自尊大、窃号施令、聚蜂虿之众、毒边鄙之民、朕以之龚行天讨。⑥

---

①　〔宋〕司马光撰，邓广铭、张希清点校：《涑水记闻》卷十三，《唐宋史料笔记丛刊》，中华书局，1989，第 270 页。

②　明清时期，有思陵土州，在今广西宁明县峙浪乡思陵村。

③　明代，有上石西、下石西两个土州，今广西凭祥市有夏石镇，为历史上的下石西土州所在地。

④　〔元〕脱脱等：《宋史》卷四百八十八《外国四·交趾》，中华书局，1977，第 14067 页。

⑤　[越] 吴士连原著，陈荆和编校：《大越史记全书》（上），东京大学东洋文化研究所附属东洋学文献センタ刊行委员会，昭和五十九年（1984），第 228 页。标点为原文所有，笔者未作改动。下同。

⑥　[越] 吴士连原著，陈荆和编校：《大越史记全书》（上），东京大学东洋文化研究所附属东洋学文献センタ刊行委员会，昭和五十九年（1984），第 228 页。

按诏书所言，广源州侬氏世代镇守交趾李朝的疆土，厥贡常修不绝。如今，侬存福壮大势力，窃号施令，毒害边民，所以要讨伐他。具体来看，存福"窃号施令"的主要表现是：

> 初、存福为傥犹州①首领、弟存禄为万涯州首领、存福妻阿侬弟当道为武勒州首领、皆属广源州、岁输土贡。后存福杀存禄及当道、并有其地、僭称昭圣皇帝、立阿侬为明德皇后、封子智聪为南衙王、改其州曰长生国、缮甲治兵、坚城自守、无复奉土称臣。②

即侬存福自称昭圣皇帝，立其妻阿侬为明德皇后，封其子为南衙王，国号曰长生国，不再向交趾奉土称臣。

由上可知，11世纪时，广源州侬氏是相当独立自主的。一方面，其曾向宋廷请求内附，并获得了官职名号。不过，有时宋朝官员也会将其拒之门外。例如，侬智高的父亲便被"罢遣之，不受其地"。另一方面，其也向交趾朝廷纳贡称臣，前文"广源虽号邕管羁縻州，其实服役于交趾"即是明证。但交趾诏书中的"世守封疆、常供厥贡"，则明显属于夸大、炫耀之词。当然，广源州侬氏也有自立建国的企图，如侬存福就曾自立长生国。

交趾朝廷讨伐广源州的真实背景应该是，交趾王朝势力的北进，势必消灭自主发展的地方势力。其实，在这次讨伐之前，广源州东边的七源州就曾是双方的角力场。宋天圣五年（1027），交趾王朝攻下了七源州，而侬存福却在天圣七年（1029）控制了这里："存福乃与其子智高东掠龙州，有之七源。"③

同在广源州东边的甲峒，很早就与交趾王朝建立了同盟的关系。据《梦溪笔谈》载：

> 甲峒者，交趾大聚落，主者甲承贵，娶李公蕴之女，改姓甲氏。承贵之子绍泰又娶德政之女，其子景隆娶日尊之女，世为婚姻，最为

---

① 白耀天先生根据"傥犹州"的读音，推导此州在今中国境内的靖西市武平乡。参见白耀天：《侬智高：历史的幸运儿与弃儿》，民族出版社，2006，第61页。

② ［越］吴士连原著，陈荆和编校：《大越史记全书》（上），东京大学东洋文化研究所附属东洋学文献センタ刊行委员会，昭和五十九年（1984），第227—228页。

③ ［越］吴士连原著，陈荆和编校：《大越史记全书》（上），东京大学东洋文化研究所附属东洋学文献センタ刊行委员会，昭和五十九年（1984），第215页；〔宋〕沈括撰：《梦溪笔谈》卷二十五《杂志二》，上海书店出版社，2003，第215页。

边患。①

由引文可知，甲峒首领三代均与李朝皇家联姻，其中，甲承贵娶的是李朝开国皇帝李公蕴之女。须知，通过联姻的方式将朝中大臣以及地方酋领纳入自己的控制，正是当时交趾王权的显著特色。据《大越史记全书》载，仅在宋景祐三年（1036）一年中，就有三位公主嫁给不同地方的"州牧"，其原因很可能是为了应付当时较多的"叛乱"。②

宋庆历元年（1041），"走脱"的侬智高与其母阿侬在傥犹州自立大历国，交趾朝廷再次征讨。不过，这次交趾朝廷并没有像上次那样赶尽杀绝，而是在捉住侬智高后，不但放掉他，让他继续控制广源州，还扩大了其控制范围：

> 是岁、侬智高与其母阿侬由雷火洞复据傥犹州、改其州曰大历国。帝命将讨之、生擒智高归京师、帝悯其父存福兄智聪俱被杀、免其罪、复授广源州如故、以雷火、平安、婆四洞及思琅州附益之。③

此后的数年间，交趾朝廷与侬智高之间似乎保持着较好的关系。宋庆历三年（1043）九月，交趾朝廷"使魏征如广源州、赐智高郡王印、仍拜太保"。④

但是好景不长，宋庆历八年（1048）九月，"侬智高以勿恶峒叛"。⑤随后，交趾朝廷再次征讨侬智高。关于侬智高"叛乱"的原因，司马光在《涑水记闻》中引用萧注的观点，称侬智高"朝于交趾，阴结李德政左右，欲夺其国"。⑥由此观之，侬智高似乎有颠覆交趾李朝的意图。

---

① 〔宋〕沈括撰：《梦溪笔谈》卷二十五《杂志二》，上海书店出版社，2003，第216页。

② 〔越〕吴士连原著，陈荆和编校：《大越史记全书》（上），东京大学东洋文化研究所附属东洋学文献センタ刊行委员会，昭和五十九年（1984），第226页。

③ 〔越〕吴士连原著，陈荆和编校：《大越史记全书》（上），东京大学东洋文化研究所附属东洋学文献センタ刊行委员会，昭和五十九年（1984），第230页。

④ 〔越〕吴士连原著，陈荆和编校：《大越史记全书》（上），东京大学东洋文化研究所附属东洋学文献センタ刊行委员会，昭和五十九年（1984），第233页。

⑤ 〔越〕吴士连原著，陈荆和编校：《大越史记全书》（上），东京大学东洋文化研究所附属东洋学文献センタ刊行委员会，昭和五十九年（1984），第236页。白耀天先生认为，勿恶洞在今广西靖西中南部，同时包括今广西大新县的下雷乡在内。参见白耀天：《侬智高：历史的幸运儿与弃儿》，民族出版社，2006，第152页。

⑥ 〔宋〕司马光撰，邓广铭、张希清点校：《涑水记闻》卷十三，《唐宋史料笔记丛刊》，中华书局，1989，第270页。

据《资治通鉴长编》载，在这次战败后，侬智高转移到安德州①，自立南天国："然内怨交趾，居四年，遂袭据安德州，僭称南天国，改年景瑞。"②但在宋朝征侬将领余靖的《大宋平蛮碑》中，只是说侬"遂弃其州，奔南蛮界中"。③又据时人滕甫为余靖撰写的传记《征南录》可知，此时侬智高的势力范围进一步扩大："又以桀黠为奸，交趾败走之。后据有田州，以其守黄光祚之母为妻。伺交特摩国④，以母嫁其国主，既又并其土众。"⑤由此可见，联姻是当时各个地方势力进行整合的重要手段。

鉴于侬智高势力的日益强大，广西转运使萧固派邕州指挥亓赟前去刺探情报。但是，亓赟擅自发兵攻打智高，反而兵败被捉。侬智高向亓赟探问"中国"的虚实，亓趁机劝其内属：

> 广西转运使萧固遣邕州指挥亓赟往刺候，而赟擅发兵攻智高，为所执，因问中国虚实，赟颇为陈大略，说智高内属。⑥

据萧固的墓志铭可知，其也主张对侬智高进行招抚：

> （萧固）上书言状，请因以一官抚之，使抗交趾，且可以纾患。书下枢密，枢密以智高故属交趾，纳之生事，以诏问君，能保交趾不争智高，智高终无为寇，则具以闻。君曰，蛮夷视利则动，必保其往，非臣之所能。顾今中国势未可以有事于蛮夷，则如智高者抚之而已。且智高才武强力，非交趾所能争而畜也。就其能争，则蛮夷方自相攻，吾乃所以闲而无事。争议至五六，而枢密遂绌君言不报。⑦

---

① 今靖西市有安德镇，宋时，安德州应为此地。

② 〔宋〕李焘：《续资治通鉴长编》卷一百六十七，"皇祐元年九月乙巳"条，中华书局，1985，第 4015 页。

③ 〔宋〕余靖：《武溪集》卷五《记·大宋平蛮碑》，《北京图书馆古籍珍本丛刊》第 85 册，书目文献出版社，1998，第 76 页。

④ 11 世纪时，特摩国位于田州与大理国之间，大概相当于今云南与广西接壤的区域。有的史籍又称作"特磨道"，称其首领为大理国的"布燮"（宰相）。（白耀天：《侬智高：历史的幸运儿与弃儿》，民族出版社，2006，第 224 页。）总之，当时这一区域的王权统属状况是相当复杂和模糊的，特摩国（特磨道）既可能是较为独立的"国"，也可能隶属大理。

⑤ 〔宋〕滕甫：《征南录》，《影印文渊阁四库全书》第 460 册，台湾商务印书馆，1986，第 831 页。

⑥ 〔元〕脱脱等：《宋史》卷四百九十五《蛮夷三·广源州》，中华书局，1977，第 14215 页。

⑦ 〔宋〕王安石：《临川先生文集》卷九十四《墓志·尚书祠部郎中集贤殿修撰萧君墓志铭》，中华书局，1959，第 968 页。

由萧固的墓志铭可知，宋廷认为，侬智高本属交趾，若冒然招纳，可能会遭到交趾的争夺。萧固却认为，对待蛮夷应"抚之而已"，且侬智高势力强大，非交趾所能控制。对宋廷来说，交趾和侬智高互相敌对，反而是好事。但遗憾的是，宋廷终究没有接纳萧固的意见。

又据《征南录》载，侬智高"始乞本朝补田州刺史，不得，又乞教练使，又乞特赐袍笏，又乞每南郊时贡金千两，愿常于邕管互市"，[①] 均被宋廷拒绝。皇祐三年（1051），侬再次"奉表献驯象及金银"，但是朝廷"诏转运司、钤辖司，止作本司意答，以广源州本隶交趾，若与其国同贡奉，即许之"。[②]

皇祐四年（1052）四月，侬智高在广州进士黄炜等的策划下，攻下横山寨[③]，随后占领邕州，"僭号仁惠皇帝，改元启历"。[④] 同年九月，侬兵下广州时，曾提出愿"得邕、桂七州节度使"，但此时狄青已经请缨"平叛"。[⑤] 侬智高与其部众向东打到过广州，向北则占领过贺州、昭州（今贺州昭平县）。皇祐五年（1053），侬智高被狄青所率军队击败，后逃入特摩，最后在大理国被杀。[⑥]

总之，在 11 世纪 50 年代以前，左江上游广源州等地的酋领跟两个王朝（宋、交趾）之间的关系十分脆弱，大致相当于"进贡方物"和"授予官职"的象征性关系。而且这种关系是变动不居的，地方酋领今日跟一方保持臣属关系，明日又可能改换门庭，甚至与双方同时保持关系，这主要取决于他们自身的利益诉求。在地方上，各地方酋领之间主要以武力或联姻等方式来实现对地域社会的控制。

从北宋建立至 11 世纪 50 年代，有两本著作提及今日广西区域的"行政区划"，一本是修撰于 10 世纪 80 年代的《太平寰宇记》，另一本是成书于 11 世纪 40 年代的《武经总要》。在《武经总要》一书中，邕州所管羁縻州中有广源州之名，而《太平寰宇记》中却没有；[⑦] 两书提及的邕州所

---

① 〔宋〕滕甫：《征南录》，《影印文渊阁四库全书》第 460 册，台湾商务印书馆，1986，第 831 页。
② 〔清〕徐松辑：《宋会要辑稿·蕃夷》五之六一，中华书局，1957，第 7797 页。
③ 横山寨，今百色市田东县马平镇附近。
④ 〔元〕脱脱等：《宋史》卷四百九十五《蛮夷三·广源州》，中华书局，1977，第 14216 页。
⑤ 〔宋〕王珪：《华阳集》卷三十七《志铭·梁庄肃公适墓志铭》，中华书局，1985，第 495 页。
⑥ 详见白耀天：《侬智高：历史的幸运儿与弃儿》，民族出版社，2006，第 231 页。
⑦ 〔宋〕曾公亮等著，陈建中、黄明珍点校：《武经总要》（上）前集卷二十《边防·广南西路》，商务印书馆，2017，第 341 页；〔宋〕乐史著，王文楚等点校：《太平寰宇记》卷一百六十六《岭南道十·邕州》，中华书局，2007，第 3175—3176 页。

管羁縻州中，均有七源州之名，而据《梦溪笔谈》可知，该地在 11 世纪 40 年代以前已被交趾所控制。因此，两书记载的与其说是行政区划，不如说是地理形势；用这些材料来研究当时的"政区"甚至"国界"，并不可靠。

抛开上面这些，还有一点需要注意的是，当时宋朝在这个区域设置的军事据点——寨。据《武经总要》载：

> （邕州左右两江羁縻州县洞）置四寨守之。令知州兼溪洞都巡检提举七州兵甲贼盗。
>
> 寨四
>
> 太平寨，在左江南岸，南控思蓝蛮洞右江地分。东至州十日程，西广源州二日程，西南门外州水口，南洞一日程，西北西平州，北寨西州界。
>
> 迁龙寨，控武盈洞一带蛮界，东至州四日程，西思明州，北江州，南至思州，接钦州，抵棹铺，入交趾苏武州界，并一日程。
>
> 永平寨，东至州西南交趾甲洞丹波界、门州界，并一日程。
>
> 南平寨，东至州西南交趾十二日程，西至平州西南徼外洞蛮夷界。[1]

较为晚出的《岭外代答》详述了"寨"的性质："环羁縻溪峒，置寨以临之，皆吾民也，谓之寨丁……寨官或巡防使臣，或都监，或知寨。或一寨有长贰官属，是皆系乎寨之大小也。"[2]

从上述材料可以看出，这种"寨"无疑具有军事据点的性质。皇祐四年（1052），依智高起事后，首先攻下的就是横山寨，其寨主右侍禁张日新战死。[3]七年后，又有一个寨的官员在战死后获得封赠。[4]

不过，"寨"的军事据点性质很早就开始变味：

---

① 〔宋〕曾公亮等著，陈建中、黄明珍点校：《武经总要》（上）前集卷二十《边防·广南西路》，商务印书馆，2017，第 339—340 页。

② 〔宋〕周去非著，杨武泉校注：《岭外代答校注》卷三《外国门下·寨丁》，中华书局，1999，第 137 页。

③ 〔宋〕李焘：《续资治通鉴长编》卷一百七十二，"皇祐四年四月丙戌"条，中华书局，1985，第 4142 页。

④ 〔宋〕李焘：《续资治通鉴长编》卷一百九十，"嘉祐四年七月丙申"条，中华书局，1985，第 4577 页。

公讳定基，字守一，用天禧三年进士……宜州蛮为寇，乃移广西
兼安抚……明年，邕州甲洞与永平寨将秦珏争银冶，杀珏反，边大扰。
公曰，蛮何敢，是必珏有以致之，问之果然。乃废银冶，诛道贼熟户
数十人，又移交州讨杀珏者，而边遂定。[①]

这是王安石为曾任广西安抚使的萧定基撰写的神道碑。碑文中说，庆
历五年（1045），永平寨[②]寨将秦珏与甲洞土人为争夺银矿发生冲突。萧判
定责任在寨将一方，并废掉了银矿。该事件充分表明，这些寨将对地方的
财富颇有兴趣。

这也不能苛责他们，因为左江上游地区本来就是"富矿区"和商业冒
险家的乐园。据《大越史记全书》载，侬存福被杀时，广源州的某个峒就
向交趾朝廷进献了一块重达一百一十二两的生金。[③]司马光的《涑水记闻》
载："广源州地产金，一两直一缣，智高父由是富强，招诱中国及诸洞民，
其徒甚盛。"[④]如前已述，侬智高请求内属时，就曾提出"每南郊时贡金千
两，愿常于邕管互市"。其实，侬智高起事的关键谋士黄师宓，就是一个
来往于广州和广源之间的黄金贩子。[⑤]

到了南宋，由于诸峒不供租赋，导致无粮以养提举之兵，"寨"的实
际功能几乎丧失殆尽："寨官非惟惰不举职，且日走峒官之门，握手为
市。"[⑥]永平寨则变身为博易场："邕州左江永平寨，与交趾为境，隔一洞
耳。其北有交趾驿，其南有宣和亭，就为博易场。永平知寨主管博易。交
人日以名香、犀象、金银、盐、钱，与吾商易绫、锦、罗、布而去。"[⑦]

综上所述，有宋一代，当地土酋与外界的商贸联系相当引人瞩目，相

① 〔宋〕王安石：《临川先生文集》卷八十九《神道碑·侍郎萧公神道碑》，中华书局，
   1959，第 921 页。此处既言"邕州甲洞"，又言"移交州讨杀珏者"，这些溪峒归属的模
   糊性由此可见一斑。从前引《武经总要》可见，又有"交趾甲洞"之说。
② 永平寨，可能在今越南谅山省北边奇穷河对岸。参见李家发：《永平寨位置考》，《广西
   地方志》1994 年第 6 期。
③ 〔越〕吴士连原著，陈荆和编校：《大越史记全书》（上），东京大学东洋文化研究所附属
   东洋学文献センタ刊行委员会，昭和五十九年（1984），第 228 页。
④ 〔宋〕司马光撰，邓广铭、张希清点校：《涑水记闻》卷十三，《唐宋史料笔记丛刊》，中
   华书局，1989，第 270 页。
⑤ 〔宋〕司马光撰，邓广铭、张希清点校：《涑水记闻》卷十三，《唐宋史料笔记丛刊》，中
   华书局，1989，第 257 页。
⑥ 〔宋〕范成大著，胡起望、覃光广校注：《桂海虞衡志辑佚校注》卷十三《志蛮·西原蛮》，
   四川民族出版社，1986，第 236 页。
⑦ 〔宋〕周去非著，杨武泉校注：《岭外代答校注》卷五《财计门·邕州永平寨博易场》，中
   华书局，1999，第 195 页。

较于 11 世纪 50 年代前，土酋与王朝之间的"政治"联系（进贡—授官），更是如此。①

二、"国"灭之后：侬智高失败后帝国边缘的形势

侬存福、侬智高父子在广源州、安德州都曾立过"国"，侬智高攻占邕州后，曾建立大南国，"师宓以下皆称中国官名"②，并"置参政二员"③。仅凭史籍中的寥寥数语，我们很难了解侬氏势力的内部架构与权力运作。但侬起事后，先是攻城略地后又迅速败亡的过程，使我们很容易联想到北方草原部落的情形。侬智高于皇祐四年（1052）四月起事后，五月即攻占了从邕州到广州之间几乎所有的城池。但在第二年正月，侬智高于邕州城外归仁铺败给狄青之后，其部众竟然一夜之间"空壁而去"。④有的史籍还称，他们乃"焚营自遁"。⑤这种胜则一拥而上、败则作鸟兽散的情形，充分说明了侬的部众不过是一群乌合之众，根本没有形成统一且严密的组织架构，则其"国"的性质也就可想而知了。

下面两则材料更能说明问题。其一：

余安道⑥募人能获智高者，有孔目官杨元卿、进士石鉴等十人皆献策请行，安道一一问之，以元卿策为善。元卿曰："西山诸蛮，凡六十族，皆附智高，其中元卿知其一族，请往以顺逆谕之，一族顺从，使之转谕他族，无不听矣。若皆听命，则智高将谁与处？此必成擒矣。"安道悦，使赍黄牛、盐等物往说之，二族随元卿出见安道，安道皆补教练使，装饰谱牒如告身状，慰劳燕犒，厚赐遣之。于是转相说谕，稍稍请降。

---

① 此处思考受下列论文启发：麦思杰：《地域经济与羁縻制度——宋代广西左右江地区羁縻制度研究》，《广西民族研究》2009 年第 1 期；〔日〕冢田诚之：《唐宋时期华南少数民族的动向——重点考察广西左右江流域的少数民族》，《世界民族》1986 年第 1—2 期。
② 〔宋〕李焘：《续资治通鉴长编》卷一百七十二，"皇祐四年五月乙巳"条，中华书局，1985，第 4143 页。
③ 〔清〕徐松辑：《宋会要辑稿·蕃夷》五之六二，中华书局，1957，第 7797 页。
④ 〔宋〕滕甫：《征南录》，《影印文渊阁四库全书》第 460 册，台湾商务印书馆，1986，第 831 页。
⑤ 〔宋〕余靖：《武溪集》卷五《记·大宋平蛮碑》，《北京图书馆古籍珍本丛刊》第 85 册，书目文献出版社，1998，第 76 页。
⑥ 余靖，北宋将领，字安道。

> 先是，智高筑宫于特磨寨，及败，携其母、弟、妻、子往居之，闻诸族俱叛，惶惧，留其母及弟智光、子继封于特磨寨，使押衙一人将兵卫之，智高自将兵五百及其妻、六子奔大理国，欲借兵以攻诸族。安道使元卿等十人，发诸族陈充等六州兵，袭特磨寨，杀押衙，获其母、弟、子以归。[①]

余靖在侬智高起事后，先后被任命为"经制广南东西路贼盗""广南东西路经略使"。在上则史料中，孔目官杨元卿提议，应分化"附贼"的"西山六十族"蛮人。余靖采纳了他的建议，并让他带着大批牛、盐等物前往西山。杨在成功拉拢了其中的两族后，又让其"转谕他族"，结果大获成功。这些投降的部族后来在进攻特磨寨、擒获智高等人的过程中发挥了重要作用。

另外一则史料是有关进士石鉴的。石鉴曾上书余靖，请求前去说服"邕州三十六洞"，最终也大获成功。其中，"结洞"最值得一提：

> 靖乃假鉴昭州军事推官，间道说诸洞酋长，皆听命。惟结洞酋长黄守陵最强，智高深与相结。洞中有良田甚广，饶粳糯及鱼，四面阻绝，惟一道可入。智高遗守陵书曰："吾向者长驱至广州，所向皆捷，所以复还邕州者，欲抚存汝诸洞耳。中国名将如张忠、蒋偕辈，皆望风授首，步兵易与，不足忧，所未知者骑兵耳。今闻狄青以骑兵来，吾当试与之战，若其克捷，吾当长驱以取荆湖、江南，以邕州授汝；不捷，则吾寓汝洞中，休息士卒，从特磨洞借马，教习骑战，俟其可用，更图后举，必无敌矣。"并厚以金珠遗守陵。守陵喜，运糯米以饷智高。鉴使人说守陵曰："智高乘州县无备，横行岭南，今力尽势穷，复还邕州，朝廷兴大兵以讨之，败在朝夕。汝世受国恩，何为无事随之以取族灭？且智高父存勖，本居广源州，弟存禄为武勒州刺史，存勖袭杀存禄而夺其地；又以女嫁广源州刺史，因省其女，遂引兵袭杀刺史及其婿而夺其地，此皆汝耳目亲见也。智高父子贪诈无恩，譬如虎狼，不可亲也。今汝乃欲延之洞中，吾见汝且为虏矣，不可不为之备。"守陵由是狐疑，稍疏智高。智高怒，遣兵袭之，守陵先为之备，逆战，大破之。会智高亦为狄青所败，遂不敢入结洞而逃

---

① 〔宋〕司马光撰，邓广铭、张希清点校：《涑水记闻》卷十三，《唐宋史料笔记丛刊》，中华书局，1989，第263—264页。

奔特磨。①

由上则史料可知，结洞是"邕州三十六洞"中势力最强大的。皇祐四年（1052）十月，侬智高因攻广州五十余天未下而欲撤回邕州之际，曾专门给结洞酋长黄守陵写了一封信。侬智高在信中表示，如战胜狄青，攻下荆湖、江南诸路，就把邕州授予黄守陵；若自己战败，就撤退到结洞，以图东山再起。但在石鉴的威逼利诱下，黄守陵逐渐疏远了侬智高。侬智高盛怒之下，发兵攻打黄守陵，结果反被黄守陵打败。需要注意的是，侬智高在给黄守陵的信中，称"中国名将如张忠、蒋偕辈"，其游离、"自外"的认同感与归属感由此可见一斑。

总之，侬智高起事实际上就是一个大首领联合一批小首领（各个洞酋）进行的战斗。而上述两则史料中的"西山六十族""邕州三十六洞"，充分表明了当时地方酋领的数量之多，权力之分散。由于各地方酋领之间的联合与结盟主要是靠利益交换或者姻亲关系来维系的，所以很容易被击溃。

侬智高起事失败后，广源州的地方酋领或是接受宋廷的招降，或是主动归附。如《续资治通鉴长编》"嘉祐二年夏四月甲戌"条，就记载了侬智高部族之一的侬宗旦的投降过程：

> 火峒蛮侬宗旦者，智高之族也。据险聚众，数出剽略。知邕州萧注欲大发峒丁击之，知桂州萧固独请以敕招降。转运使王罕以为宗旦保山溪篁竹间，苟设伏要，我军未可必胜，徒滋边患，乃独领兵次境上，使人召宗旦子日新，谓曰："汝父内为交趾所仇，外为边臣希赏之饵。归报汝父，可择利而行。"于是宗旦父子皆降，南事遂平。以宗旦为忠武将军，日新为三班奉职。②

上则史料中，宋转运使王罕对侬日新说："汝父内为交趾所仇，外为边臣希赏之饵。"此处的"内""外"之分颇有意味，表明直到此时，宋廷对这一地区归属的认知并未发生多大变化。

另据《宋会要辑稿》载，嘉祐七年（1062）十月，"广西经略安抚司言，知火峒忠武将军侬宗旦、知温闷峒三班奉职侬日新，愿以所领雷、火、

① 〔宋〕司马光撰，邓广铭、张希清点校：《涑水记闻》卷十三，《唐宋史料笔记丛刊》，中华书局，1989，第268—269页。
② 〔宋〕李焘：《续资治通鉴长编》卷一百八十五，"嘉祐二年四月甲戌"条，中华书局，1985，第4475—4476页。

计、诚诸峒内属"。又治平二年（1065）七月九日，"以知顺安州忠武将军侬宗旦为右千牛卫将军"。[1] 由此可知，顺安州大概是指火峒、温闷峒以及雷、火、计、诚等峒。据乾隆《镇安府志》记载，今新靖镇一带在乾隆时期被称作"计甲"，[2] 直到今天，当地人仍称之为"计峒"；在计甲东边有诚甲，为今日新靖镇诚良村。白耀天认为，雷洞在今广西大新县下雷和相近的越南重庆县北部部分地方；火洞治今广西靖西化峒；顺安州相当于今靖西与大新一带的地域，与前文的"勿恶峒"区域大概一致。[3]

嘉祐七年归顺的，还有广源州蛮侬平、侬亮、侬夏卿。在侬平的"保明"下，古勿峒侬智会也来归明。熙宁二年（1069）九月，知邕州的陶弼上疏说：

> 据外界古勿峒头首赍到侬智会文状，愿归明，只乞在本峒居住，不敢于省地作过，乞赐与官爵，其余头首亦等第与名目。诏侬智会除右千牛卫将军，依旧知古勿峒；侬进安与保顺郎将，依旧同知古勿峒，仍各赐锦袍金涂银带。[4]

熙宁六年（1073），侬智会得到"知归化州"的官衔。[5] 白耀天认为，侬智会统治的归化州（古勿峒），即今那坡县境。[6]

此时广源州的首领们纷纷改换门庭，有了明显的分化。但是，最主要的力量仍为交趾所控制。治平四年（1067）十二月，"知桂州张田言，访闻知广源州刘纪，虽臣属李日尊，然闻与卢豹有隙。（卢豹）乃侬智高之残党，现在广源州，日夕阴相图害，今有意归明。……（枢密院言）刘纪若委州来归，势当且受，然不须招纳。缘纪来，即广源自当别有首领，未必可保其心"。[7] 从这则史料可知，卢豹是侬智高残党，且与臣属交趾李朝的知广源州刘纪素有嫌隙，故有意归明。熙宁三年（1070），卢豹获得了

---

① 〔清〕徐松辑：《宋会要辑稿·蕃夷》五之六五，中华书局，1957，第 7799 页。
② 乾隆《镇安府志》卷一《舆地志上·舆图》，清乾隆二十一年刻本。
③ 白耀天：《侬智高：历史的幸运儿与弃儿》，民族出版社，2006，第 231 页；白耀天：《古勿洞、勿阳峒、勿恶峒、贡洞及归化州、来安州所在考》，《广西民族研究》1996 年第 1 期。
④ 〔清〕徐松辑：《宋会要辑稿·蕃夷》五之六六，中华书局，1957，第 7799 页。
⑤ 〔清〕徐松辑：《宋会要辑稿·蕃夷》五之六七，中华书局，1957，第 7800 页。
⑥ 白耀天：《古勿洞、勿阳峒、勿恶峒、贡洞及归化州、来安州所在考》，《广西民族研究》1996 年第 1 期。那坡县位于靖西西北，并与之接壤。
⑦ 〔清〕徐松辑：《宋会要辑稿·蕃夷》四之三五，中华书局，1957，第 7730—7731 页。

宋廷授予的官职，并迁至顺安州居住。① 而刘纪应是侬氏败亡后，势力最大的地方首领。有鉴于即使刘纪"来归"，当地仍会涌现出怀有异心的其他首领，故宋廷对招纳刘纪持保留态度。

与广源州首领们纷纷改换门庭相对的是，侬智高起事后，边臣疆吏的积极进取态度。嘉祐年间（1056—1063）知邕州的萧注，便是典型代表。如前所述，萧注是袭击侬宗旦的提议者；嘉祐三年（1058），他因数次出巡溪峒，而被转运使王罕斥为"生事"；② 嘉祐四年（1059），他在上疏中提出征讨交趾，受到同僚的猛烈批评：

> 注在邕州久，阴以利啖广源诸蛮，密缮兵甲，乃奏曰："交趾外奉朝贡，中包祸心，常以蚕食王土为事。天圣中，郑天益为转运使，尝责其擅赋云河洞。今云河洞乃入蛮徼数百里，盖积岁月侵削，以至于此。臣今尽得其腹心，周知要害之地，乘此时不取，他日为患不细。愿得驰至阙下，面陈方略。"论者以注且为国生事，不省也。③

嘉祐五年（1060），因"不察寨④管下西平州溪洞使臣匿外界人口，致领众杀害兵官"，⑤萧注被贬官湖南。

神宗熙宁朝，在王安石新政的鼓励下，宋朝统治的边缘地带，从西北到南方都涌起了一股进取的大潮。在与西夏交壤的河湟地区有王韶开熙河，在湖南中南部有章惇开梅山。广西的边臣疆吏也不甘落后，更加属意开拓边功。其中一个重要的举措，便是训练峒丁，希图把溪峒的力量组织和控制起来，为己所用。早在治平元年（1064），时知桂州的陆诜就曾"按边至邕州，召左、右江四十五峒将领诣麾下，阅峒土丁得精兵五万，补置将校，请更铸印给之，奏免两江积欠税物数万。交趾大恐，因遣使朝贡，辞礼加恭"。⑥ 王安石还曾亲自指导峒丁的训练："训练之法，当什伍其人，拔其材武之士以为什佰之长。自首领以下，各以禄利劝奖，使自勤于阅习，

① 〔清〕徐松辑：《宋会要辑稿·蕃夷》五之六六、六七，中华书局，1957，第 7799—7800 页。
② 〔宋〕李焘：《续资治通鉴长编》卷一百八十七，"嘉祐三年七月庚寅"条，中华书局，1985，第 4517 页。
③ 〔宋〕李焘：《续资治通鉴长编》卷一百九十，"嘉祐四年九月戊申"条，中华书局，1985，第 4593 页。
④ "寨"前疑有脱字。
⑤ 〔宋〕李焘：《续资治通鉴长编》卷一百九十二，"嘉祐五年十一月丙戌"条，中华书局，1985，第 4647 页。
⑥ 〔宋〕李焘：《续资治通鉴长编》卷二百三，"治平元年十一月己卯"条，中华书局，1985，第 4923 页。

即事艺可成，部分可立，缓急可用。"熙宁六年（1073），时任广西经略安抚使的沈起提出："邕州五十一郡峒丁，凡四万五千二百。请行保甲，给戎械，教阵队。艺出众者，依府界推恩补授。"[1] 王和沈都十分注重加强峒丁的组织性，并"以禄利劝奖"，使其为己所用。此外，沈还建议说，应按保甲法来组织峒丁进行军事化训练，对于才艺出众者，按照开封府的标准进行奖励。

总体上，训练峒丁反映了侬智高起事后（特别是神宗熙宁朝后），宋廷对左、右江溪峒加强控制的努力。南宋范成大这样描述道：

> 侬智高反，朝廷讨平之，因其疆域，参唐制，分析其种落，大者为州，小者为县，又小者为峒，凡五十余所。推其雄长者为首领，籍其民为壮丁，以藩篱内郡，障防外蛮，缓急追集备御，制如官军。[2]

但是，王的"什伍其人"、沈的"请行保甲"、范的"制如官军"等，均只能视为一种理想的制度设计，而不可能是完全的历史事实。熙宁九年（1076），宋廷大举反击交趾前，神宗皇帝曾专门对即将出征的南征军副统帅赵卨说："用峒丁之法，先须得实利，然后可以使人，不可以甘言虚辞，责其效命……苟无实利，则欲责其效命也，难矣。今卿可选募精劲土人一二千，择枭将领之，以胁峒丁，谕以大兵将至，从我者赏，不从者杀。若果不从，即诛三两族。兵威既立，先胁右江，然后胁左江。……郭逵[3]性吝啬，卿宜谕以朝廷不惜费。逵好作崖岸，不通下情，将佐莫敢言，卿至彼，以朕语诏之。"[4] 由上可知，宋廷控制峒酋、峒丁的关键，在于给他们"实利"。为了达到这一目的，神宗居然指示将领们不要吝惜军费。宋廷与峒酋、峒丁之间在很大程度上是一种雇佣的关系，[5] 是战争加强了这些溪峒与宋廷之间的关系。当没有战事时，二者的关系就会发生变化。正如南宋周去非所言："熙宁中，系籍峒丁四万余人，今其籍不可考矣。官名提举，

---

① 〔元〕脱脱等：《宋史》卷一百九十一《兵五·乡兵二》，中华书局，1977，第 4747 页。

② 〔宋〕范成大著，胡起望、覃光广校注：《桂海虞衡志辑佚校注》卷十三《志蛮·西原蛮》，四川民族出版社，1986，第 234 页。

③ 担任出征交趾的安南道行营马步军都总管经略招讨使，是正统帅。

④ 〔宋〕李焘：《续资治通鉴长编》卷二百七十三，"熙宁九年二月辛丑"条，中华书局，1985，第 6683 页。

⑤ 南宋人周去非记述了一个小故事，也可反映这种雇佣关系："靖康之变，峒兵有勤王者，遗老犹能言之，曰：'峒民素俭，勤王之役，日得券钱，积而不用。比归，人有二三百缗之积。'"参见〔宋〕周去非著，杨武泉校注：《岭外代答校注》卷三《外国门下·寨丁》，中华书局，1999，第 135 页。

实不得管一丁。而生杀予夺，尽出其酋。"①

熙宁六年（1073），出任广西经略安抚使的沈起是王安石新政的坚定支持者。他一面声称要用保甲法来训练峒丁，一面在宋与交趾交壤地区动作不断。上任当年，他就报告说："交趾刘纪欲归明，不纳，必恐如侬智高。"神宗就此事询问大臣意见，"金以为未可许刘纪，许刘纪，交趾必争"。②此外，沈起还招纳了七源州的侬善美，称："侬善美旧系省地七源州管下村峒，往年为交趾侵取，改为恩情州，以赋役诛求烦苦来归，不纳必为交趾所戮。"即沈起认为，侬善美本系"省地"七源州③人，因其村峒被交趾侵占，不堪"赋役诛求"而请求归附。但交趾郡王李乾德却声称："恩情州首领麻泰溢是本道定边州人，移住恩情，今改称侬善美，与其属七百余人逃过省地。"④即李乾德认为，侬善美本是交趾定边州人，先是移居恩情州（即宋称七源州被侵地），后又逃入宋境"省地"，故请求宋廷调查。由此可见，当时宋、交接壤地区大概有一个"省地"的概念。即属宋的土地，被称作"省地"。更为重要的是，双方都强化了对接壤区域人民的控制。后来，宋廷认为，沈起擅自招纳蛮人以博取奖赏，很可能招致边患，于是将沈起罢官。⑤

但沈的继任者刘彝仍然重蹈覆辙，"乃更妄意朝廷有攻取谋，欲以钩奇立异为功，始遣官入溪洞，点集土丁为保伍，授以阵图，使岁时肄习；继命指使因督盐运之海滨，集舟师寓教水战。故时交人与州县贸易，一切禁止之"。⑥面对刘彝集训峒丁、练习水战、断绝贸易等措施，交趾王朝先发制人，于熙宁八年（1075）十二月至次年一月，先后攻破钦、廉、邕三州以及太平等寨，烧杀抢掠而去。⑦

综上所述，侬智高起事失败后，左、右江上游流域广源州周边的权力格局面临深刻调整，宋与交趾双方都加强了对该区域的控制和管理。有的

① 〔宋〕周去非著，杨武泉校注：《岭外代答校注》卷三《外国门下·寨丁》，中华书局，1999，第136页。
② 〔宋〕李焘：《续资治通鉴长编》卷二百四十七，"熙宁六年十月丙申"条，中华书局，1985，第6031页。
③ 如前文所述，七源州在11世纪40年代前已被交趾所实际控制。
④ 〔宋〕李焘：《续资治通鉴长编》卷二百五十九，"熙宁八年正月己未"条，中华书局，1985，第6324页。
⑤ 〔宋〕李焘：《续资治通鉴长编》卷二百五十一，"熙宁七年三月庚子"条，中华书局，1985，第6108页。
⑥ 〔宋〕李焘：《续资治通鉴长编》卷二百七十一，"熙宁八年十二月丁酉"条，中华书局，1985，第6639页。
⑦ 〔宋〕王称著，孙言诚、崔国光点校：《二十五别史·东都事略》卷一百十《忠义传》，齐鲁书社，2000，第953页。

史籍称，交趾入侵宋境的理由之一，就是追捕逃入宋境并被宋吏庇匿的亡叛边民。如《涑水记闻》载："时交趾所破城邑，即为露布，揭之衢路，言所部之民亡叛如中国者，官吏容受庇匿。我遣使诉于桂管，不报；又遣使泛海诉于广州，亦不报。故我率兵追捕亡叛者。"[1] 在这种情况下，双方的战事在所难免。

三、"国界"初生？熙宁之战与"计议疆至"

熙宁八年（1075）十二月，交趾攻破钦州、廉州。次年二月，宋廷决计反击，以知太原府宣徽南院使郭逵为安南道行营马步军都总管、本道经略招讨使，率大军讨伐交趾。宋廷原本拟从海陆两路进攻，但斟酌再三之后，命郭逵带领诸将从广西邕州左、右江进入交趾，于是，左、右江的峒丁便成为宋廷"团结"拉拢的对象。同年五月，"团结"峒丁遭遇困难："广南西路缘边左、右江州峒团结丁壮以备攻讨，农耕及时，人力不足。"宋廷趁机以丰厚的钱粮利诱之："两江丁壮，除老弱令农作，其强壮并追集，人日支粮一升、钱二十，于要害控扼处立寨栅，分番训练。武艺精者优赏，与正兵合力备御，其老弱如阙乏，亦赈济之。"[2]

宋军进攻的一个重要目标，是广源州的刘纪。起初，宋廷打算拉拢刘纪，故熙宁九年（1076）五月，神宗下诏："郭逵、赵卨遣人招谕纪等，许令效顺，如即今未可投附，但密通诚款，俟大军到出降，当议申奏，优与官爵、田宅及金帛之赐。"[3] 九月，郭逵领兵到达思明州（今广西宁明县）后，直接派将领燕达击败刘纪，并占领了广源州。十二月，郭逵率军打到富良江[4] 畔。因交趾军队固守大江南岸，宋军又缺乏粮草供应，故在李乾德乞降的情况下，郭逵"纳苏茂、思琅、门、谅、广源五州之地"而班师。[5]

---

① 〔宋〕司马光撰，邓广铭、张希清点校：《涑水记闻》卷十三，《唐宋史料笔记丛刊》，中华书局，1989，第 250 页。

② 〔宋〕李焘：《续资治通鉴长编》卷二百七十五，"熙宁九年五月癸亥"条，中华书局，1985，第 6725 页。

③ 〔宋〕李焘：《续资治通鉴长编》卷二百七十五，"熙宁九年五月癸亥"条，中华书局，1985，第 6725 页。

④ 富良江，即红河。

⑤ 〔宋〕李焘：《续资治通鉴长编》卷二百七十九，"熙宁九年十二月癸卯"条，中华书局，1985，第 6844 页。而据《大越史记全书》记载，宋军是被交趾军队"大破之"，"取我广源州"而退的。见 [越] 吴士连原著，陈荆和编校：《大越史记全书》（上），东京大学东洋文化研究所附属东洋学文献センタ刊行委员会，昭和五十九年（1984），第 249 页。

　　占领广源州后，宋廷便开始了对这一地区的积极经营。熙宁十年（1077）二月，宋廷改广源州为顺州。^①三月，御史中丞建议广西安抚司、监司，应对广源州筑城及相关防守事宜从长计议："近闻增筑广源州，选武臣为守。愿先下本路安抚司，令与监司熟计其利害，条列一岁凡用甲兵若干，资粮若干，甲兵调于某所，资粮取于某郡，使兵足以胜敌，食足以赡兵。"三月宋廷发出的诏书布置了广源等州的军事防守："诏安南新克复广源、思琅等州，可差洪州等处威果等十七指挥往防托。"^②此外，宋廷还非常重视当地的金银等财富。如三月，宋廷下诏："特迁虞部员外郎毕仲熊一官，专切管勾兴置顺州等处坑冶。"广西经略司则被要求对这些生产出来的金银进行"回易"。^③宋廷还拟给归附的峒酋以"朱记"："东头供奉官韩永式言：'广源等州县溪洞蛮众悉已降附，乞各给朱记。'诏经略司具当给印记人数以闻。"^④

　　但是当年七月，情况却发生了变化。神宗下诏，让广西的边臣们计议顺州的弃守问题："机榔县（疑为桃榔——笔者注）既为交贼袭据，未见本路作何措置，及决里、顺州久远，可与不可固守，如何即不损国威，及经久兵力财费得免劳乏。委赵卨、李平一、苗时中同共审计确的厉害，不得依违顾避。"^⑤当时，困扰宋廷的主要是驻守顺州官兵的大量死亡问题。元丰元年（1078）正月，顺州驻扎介定"染瘴而卒"，"定从郭逵南征，所至常先登破贼，及留新造顺州，抚养士卒，完葺城壁，图画山川、道路、战阵之法，咸有可称"。^⑥紧接着，顺州都监杨元卿也殁于顺州。^⑦知顺州的陶弼也死在任上。时人沈辽（1032—1085）为陶弼撰写的墓志铭称："顺州其地出邕城，深入二千余里，山恶多毒草瘴气。……顺之戍兵才数

---

① 〔宋〕李焘：《续资治通鉴长编》卷二百八十，"熙宁十年二月丙午"条，中华书局，1985，第6868页。
② 〔宋〕李焘：《续资治通鉴长编》卷二百八十一，"熙宁十年三月戊午"条，中华书局，1985，第6882—6883页。
③ 〔宋〕李焘：《续资治通鉴长编》卷二百八十一，"熙宁十年三月丙寅"条，中华书局，1985，第6884页。
④ 〔宋〕李焘：《续资治通鉴长编》卷二百八十一，"熙宁十年四月戊戌"条，中华书局，1985，第6893页。
⑤ 〔宋〕李焘：《续资治通鉴长编》卷二百八十三，"熙宁十年七月庚午"条，中华书局，1985，第6938页。
⑥ 〔宋〕李焘：《续资治通鉴长编》卷二百八十八，"元丰元年二月庚戌"条，中华书局，1985，第7042页。
⑦ 〔宋〕李焘：《续资治通鉴长编》卷三百，"元丰二年十月丁未"条，中华书局，1985，第7310页。

千，戍久率苦疠，闽粤之士死者十常七八，北军生还者十之一二。"①

与此同时，交趾亦请求宋廷归还包括广源州在内的北部五州。元丰元年（1078）正月，交趾郡王李乾德上疏称："臣已奉诏遣人献方物，乞赐还广源、桄榔等州县。"九月，宋廷下诏交趾郡王："但以邕、钦、廉三州无辜之民，迁劫遐陬，久失乡井，宜尽根刷，牒送广西经略司交割，俟人口归复省地，其广源、思琅等处兵甲，当议追还，复隶交州管属。"②同年十月，在交趾归还省地人口的前提下，宋废顺州，以其地界交趾。时任广西转运副使的苗时中就此评论说："顺州所筑堡寨，深在贼境，馈运阻绝，戍卒死者十常八九，不如弃之。"③可见，当时并不具备在广源州设置飞地似的州县的交通、防卫、信息传递等条件。

广源州归还交趾，并不意味着侬智高事件的结束。侬智高起事失败后归明的首领侬智会、侬宗旦及其所领勿阳峒（古勿峒）、勿恶峒，也就是宋改称为归化州、顺安州的地方，事端和争议一直不断。据《宋史·熊本传》载："熙宁间，既以顺州赐李乾德，疆画未正，交人缘是辄暴勿阳地，而逐侬智会。智会来乞师，本檄问状，乾德敛兵谢本，因请以宿桑八洞不毛之地赐之，南荒遂安。"④元丰五年（1082）九月，交趾知上源州杨寿安不仅侵犯归化州，还打算进攻顺安等州。次年（1083）六月，宋廷的成卓与交州的黎文盛在邕州永平寨"计议疆至"，双方就疆界问题展开谈判。元丰七年（1084）十月，宋廷下诏交趾郡王：

> 向观奏牍，陈叙封疆，特命边臣计议辨正。卿保厘宠禄，世载忠纯，钦奉诏旨，申饬官属，分画州峒，本末以明。勿恶、勿阳二峒已降指挥，以庚俭、邱矩、吥岳、通旷、庚岩、顿利、多仁、勾难八隘为界，其界外保、乐、练、苗、丁、放近六县，宿、桑二峒并赐卿主领。卿其体此眷私，益怀恭顺，谨遵封约，勿纵交侵。⑤

而从黎文盛写给熊本的信中，我们可以知道宋、交分界的具体位置：

---

① 〔宋〕沈辽：《云巢编》卷八《东上阁门使康州刺史陶公传》，《四部丛刊三编》集部第 63 册，上海书店，1986，原书无页码。

② 〔清〕徐松辑：《宋会要辑稿·蕃夷》四之三七，中华书局，1957，第 7732 页。

③ 〔宋〕李焘：《续资治通鉴长编》卷三百，"元丰二年十月戊申"条，中华书局，1985，第 7310 页。

④ 〔元〕脱脱等：《宋史》卷三百三十四《熊本传》，中华书局，1977，第 10732 页。熊本曾任桂州知州兼广西经略史。

⑤ 〔宋〕李焘：《续资治通鉴长编》卷三百四十九，"元丰七年十月戊子"条，中华书局，1985，第 8372 页。

"成卓言：上电、下雷、温、润、英、遥、勿阳、勿恶、计、城、贡、渌、频、任峒、景思、苟纪县十八处，从南画界，以为省地。陪臣小子惟命是听，不敢争执。"① 在这封信中，黎文盛虽表示对于成卓提出的方案"不敢争执"，但还是抱怨道：

> 然侬氏所纳土，皆广源之属也。幸遇圣明，万政更张，何爱此硗确瘴疠之地，不以回赐本道，存庇外臣？或曰：昨王师所取者当还其守吏，执而归明者难复也。文盛以为土有主属，守吏执而逃去，盗主之物也。主守自盗不赦之赃，盗物寄赃，法亦不许，况可污于省籍乎？②

从以上两则史料可知，宋廷强调的是，"守吏"（侬氏等土酋）有权决定自己领土的归属。黎文盛则驳斥道，领土有更高的主属，而守吏执土归宋就是"盗主之物"，颇有现代民族国家主权主张的意味。宋廷又搬出更为久远的历史："归化州，故勿阳峒穴也，而知邕州、西京作坊使刘初以为皆广源州故地。开宝中，广源道坦绰侬民富愿以管下古耽、覆和十州比七源蛮内附输税，朝廷授民富以官，知广源州事。"③

事后，主持"计议疆至"的西京左藏库副使、邕州左右江都巡检成卓，因"差人画归化州地图，致侬智会乞割峒地与交趾"，而受到"降两官"并"夺爵二等"的处罚。其中，"割地"事件的原委已难以考究，但"画归化州地图"一事尤其引人注目，充分显示出宋代得到快速发展的地图绘制技术，已被用于帝国边缘地带的土地控制。

成卓的降官"告词"曰："敕：具官某。归化近蕃，与吾疆土相接。尔为边吏，而致其割地以附益远夷。不任其咎，罪将何执？夺爵二等。邦

---

① 〔宋〕李焘：《续资治通鉴长编》卷三百四十九，"元丰七年十月戊子"条，中华书局，1985，第 8373 页。另，十八处地名中，下雷今存其名，在大新县下雷镇；频峒、计峒、城峒、渌峒、任峒在乾隆《镇安府志》上均有其名，分别相当于今靖西岳圩镇、新靖镇、新靖镇诚良村、禄峒乡、壬庄乡，见乾隆《镇安府志》卷一《舆地志上·舆图》，清乾隆二十一年刻本。贡峒在新靖镇旧州以东的东立村墨海屯，当地有一宋代摩崖石刻，名为《贡峒清神景记》。其他多不可考。以"十八处"从南画界与今日之中越边界相去不远。

② 〔宋〕李焘：《续资治通鉴长编》卷三百四十九，"元丰七年十月戊子"条，中华书局，1985，第 8373—8374 页。

③ 〔宋〕李焘：《续资治通鉴长编》卷三百四十九，"元丰七年十月戊子"条，中华书局，1985，第 8373 页。

有常宪，往祗厥官，深体宽宥。可。"① 在这段"告词"中，中央官员称
"归化近蕃，与吾疆土相接"，无疑反映出当时宋廷对这个地域归属性质的
认知还是较为模糊的。在这个意义上，我们或许可以理解成卓的"画地图"
行为了。

到了元祐元年（1086）六月，交趾李乾德已经不满足于得到的"赐
地"，借宋朝新帝即位改元之机，再次索要此前归明的勿阳、勿恶二峒：

> 交趾郡王李乾德言："下邑有勿阳、勿恶二峒、八县，与省壤接
> 连，前后被守土人叛去，委身归明。其勿阳于丙辰年蒙收入省，勿恶
> 于壬戌年蒙收，设通康隘。虽此等弹丸之地，尤切痛怀，常不离梦寐
> 者，诚以先祖平昔诛擒僭逆，冲艰冒险，毕命之所致也。今末造不能
> 嗣承，岂敢备数于藩垣，偷生于顷刻也。甲子年，广西经略司尝为申
> 奏先朝，以宿、桑二峒、六县赐臣主领。按宿、桑等见属下邑，非今
> 兹陈请之地，不敢拜命。伏遇陛下一新宇内，谨具表以闻。"②

在上则史料中，李乾德称广源州乃其"先祖平昔诛擒僭逆，冲艰冒险，
毕命之所致"，概述了交趾王朝以武力征服广源州的历史过程。宋廷认为，
两次"赐地"已做到仁至义尽，便拒绝了李乾德的请求。元祐三年（1088）
八月，诏李乾德曰：

> 朕惟先帝圣德兼爱，怀柔远方。顷自富良班师，览卿恳请，即以
> 广源等州特行给赐。继缘安南首领妄认省地，寻复遣官辨正分画，又
> 于八隘之外，以六县、二峒赐卿主领，恩德之施，可谓至矣。朕祗述
> 先训，务宁边围，况累降诏谕，备极详明，勿恶、勿阳无复可议。其
> 修筑山隘，割丁戍守，皆疆场常事。况又归明在前，筑隘在后，亦理
> 无不可。③

由上则史料可知，划定疆至之后，宋廷曾在边境一线修筑山隘，并遣
人戍守。

① 〔宋〕苏辙著，曾枣庄、马德富校点：《栾城集》卷二十九《西掖告词·成卓》，上海古籍
　 出版社，1987，第 618 页。
② 〔宋〕李焘：《续资治通鉴长编》卷三百八十，"元祐元年六月壬子"条，中华书局，
　 1985，第 9242 页。
③ 〔宋〕李焘：《续资治通鉴长编》卷四百十三，"元祐三年八月乙未"条，中华书局，
　 1985，第 10041 页。

上述"计议疆至"事件，可视为侬智高起事失败后留下的"历史遗产"。侬智高在两个王朝之间，尤其是在交趾强势扩张之时，曾自立建国，但最终以失败告终，其原来控制的地域也为宋、交两个王朝所瓜分。对于宋、交双方而言，战争并没有解决疆至问题，最终还是通过"计议"的方式达到了划定疆域的目的。于是，一条界线随之应运而生。自此以后，宋、交之间再无战事。这种相安无事的状态，一直保持到有宋一代的终结。

这条界线产生之后，区域历史的发展态势到底如何？我们或许可以根据来自实地的两件摩崖石刻与铭文，来略加分析。

第一件摩崖在今靖西市新靖镇东立村墨海屯旁苍崖山的崖壁之上。[1]该摩崖由紧连的两块石刻组成。内容如下：

贡峒清神景记

尝闻，山川之秀丽则生英贤，家世之庆善则降禔祥。夫贡阳之奇裔，乃武卫之割宗，可谓山川之秀丽者也；张提幹，可谓家世之庆善者也。是以提幹居士隆兴甲申之岁，出于蛇城，舍资轮藏，复至蛮江而遇横州区文达，字升之，传紫姑之咒，请三岛之仙，日缀词章，夜联诗曲。矧以居士积功浩大，期道行之潜高，更佳景神清，湟湟池绕，楼阁亭台，思缘无量，不亦宜乎？命樵客张刚为记，仍立碑撰，传万代之不朽，喻子孙之祖宗。一方肃静，万物煦和，功行圆成，同登道岸，可不羡诸。太岁乾道戊子正月朔旦记。

权发遣贡峒公事黄充书。

权知贡峒事充提举隘栅沿边管界巡检张刚撰。

前权知贡峒事兼提举沿边伍隘道路巡检充提幹、招马官张元武立。

纯阳吕真人记。

余久辞烟地，显迹尘寰，伏教清河居士，修无量之福果，建广大之恩缘。今喜而不寐，辄以成诗一篇，记于崖石，流传今古，世世子孙，效此庆善矣。

纯阳吕真人作

造化曾经几万年，长长石穴涌清泉。昔闻驾鹤游三岛，今日沂风

---

① 此摩崖由白耀天先生和凌树东先生在 1980 年代发现，白先生在《切勿以假充真，伪造历史愚弄人——"南宋义士张天宗"辩》（《广西民族研究》1996 年第 2 期）一文中曾加以引用。笔者在当地进行田野调查期间，拍摄了此摩崖，整理出的文字跟白先生的稍有出入。

谒九仙。洛洛云涯排圣象，攸攸岩洞隐真贤。骖鸾政迹知何在？留许人间遍代传。

第一块石刻题为《贡峒清神景记》。元丰七年（1084），宋、交双方从诸峒以南划界时，贡峒是归属宋境的。石刻落款为“乾道四年”，而“乾道”为南宋年号，即公元 1168 年，离划界之时已过了 80 余年。落款中的“权发遣”“权知峒事”等官名，均是范成大《桂海虞衡志》中记载的侬智高起事失败后，宋廷授予溪峒首领的名号。此外，前峒官张元武还兼任“提举沿边伍隘道路巡检”，现任峒官张刚则兼任“提举隘栅沿边管界巡检”，说明宋、交分疆划界后，确实存在一条边界。其中，张元武兼任的“招马官”，更能说明问题。宋代政权南移后，从北方买入战马已无可能，故只能从西南的大理、自杞等国以及化外诸邦买入。由于左、右江溪峒地当要冲，且溪峒首领对“蛮情”又较为熟悉，所以他们便充当了“买马中间人”的角色。正是通过这种中间贸易，溪峒才得以深度卷入宋代的国家体系。

石刻记载，张元武曾于隆兴甲申年（1164）到过邕州①，还向横州（今广西横县）的区文达请教“紫姑之咒”，并能够“请三岛之仙，日缀词章，夜联诗曲”。这一方面显示了峒官的活动空间，另一方面也透露出峒官的文化取向。“请紫姑”是一项古老的民俗活动，南朝宋时已见诸史籍。如南朝宋刘敬叔的《异苑》云：“（紫姑）能占众事，卜未来蚕桑。”到了宋代，紫姑信仰渐渐在士人中流行起来，时常见诸时人的诗词记文之中。据沈括的《梦溪笔谈》载：“近岁迎紫姑者极多，大率多能文章歌诗，有极工者，余屡见之，多自称蓬莱谪仙，医、卜无所不能，棋与国手为敌。”②《夷坚志》还记载了一则绍兴七年（1137），福建莆田人方矞迎请“紫姑神”，希望其透露科举考试题目的故事。③史籍还称，政和二年（1112），宋徽宗亲自参与了一场请紫姑的仪式，并建祠岁祀之。④

第二块石刻上，是一首托名吕纯阳的律诗。吕纯阳即吕洞宾，被全真道奉为“纯阳祖师”。宣和元年(1119)，又被宋徽宗赐予“妙通真人”的

---

① 邕州城池据说是依“蛇迹曲折处”修筑而成，故又称“蛇城”。参见嘉靖《南宁府志》卷三《城池》，《天一阁藏明代方志选刊续编》第 67 册，上海书店，1990，第 85 页。
② 〔宋〕沈括撰：《梦溪笔谈》卷二十一《异事》，上海书店出版社，2003，第 181 页。
③ 〔宋〕洪迈：《夷坚志》戊集卷二《方矞招紫姑》，《续修四库全书》第 1265 册，上海古籍出版社，1995，第 610 页。
④ 〔宋〕何薳撰，张明华点校：《春渚纪闻》卷四《杂记》，《唐宋史料笔记丛刊》，中华书局，2007，第 64 页。

封号。明清时期，许多乩诗均是托名吕纯阳所作。总之，溪峒等中央王朝不能直接控制的边缘地区，应是通过贸易与文化上的联系整合到国家体系中的。

第二件摩崖是铜钟铭文。铜钟原在大新县①雷平镇附近一个叫驮庙的地方。据当地村民介绍，铜钟原是从越南下琅②飞来的。据清人谢启昆《粤西金石略》载，铜钟应是明正统年间，广西安平土司与安南思琅土司相互攻掠时，转入此地的。③《粤西金石略》与民国《雷平县志》④对铭文均有收录。下面是《粤西金石略》记录的铭文：

思琅州崇庆寺钟铭

抚忠保节佐理功臣富良州刺史兼广源、思琅等州节度观察使，金紫光禄大夫检校太傅兼御史大夫、同中书门下平章□□□弘农郡开国公、食邑一万户、食邑实封伍千户杨景通，特舍精铜柒千余觔，造洪钟一口留通供养。

　　…………

高祖太傅输忠悫谨，节操恭洁，而生定□，讳日登，耿介方直，深谋远虑，位至太保。太王父讳匡，宿修胜因，职终少傅。王父讳惠盈，文辞华丽，历掌图籍，述作渊懿，剿绝阿党，而生三子。公居季少，而姿采奇伟，仪表丰妍，伏遇先后，虽有皇姬之崇重，礼当下嫁便藩。遂诏公入觐，默中宸衷，俯膺眷顾，可作东祖，涓晨涤吉，礼尚寿阳。公主显承优渥，乡间钦美，族用增辉。仍蒙今上礼待殊异，荐加荣秩，总辖陬陲，嘉谋硕画，万举万全，威怙朔塞，玉关静柝，兵戎莫枕。

　　…………

上祝当今皇帝萝图绵茂，宝祚恬昌，坤厚博临，乾刚永运；次为圣善皇太后道迈握登，寿逾附宝；仍荐寿阳公主宝花台上永证于菩提，善法堂中同登于王觉。兼祝考妣二亲及诸眷等沐此良缘净土。钦祷钟主太傅杨公，洎令嗣郎□而降，冤辜消释、戬穀骈臻……

会祥大庆肆年正月十五日记

---

① 在靖西市东南，与越南高平省下琅县、重庆县接壤。
② 属历史上的越南思琅州。今越南境内还有上琅、下琅的地名，与大新县接壤。
③ 中国东方文化研究会历史文化分会编：《历代碑志丛书》第22册，江苏古籍出版社，1998，第126页。
④ 中华人民共和国成立前，大新县境设有雷平、万承、养利三县。

广教圆明寺洪赞大师释延寿刊

丞务郎校书省臣杨文挺书

户部员外郎集贤院学士赐紫金鱼袋臣曹良辅撰[①]

由铭文内容可知，此钟原为交趾思琅州司凛山崇庆寺所有。落款时间为交趾李朝"会祥大庆肆年"，即宋政和元年（1111）。铭文虽已残缺不全、晦涩难辨，但仍透露出不少珍贵的信息。全文主要记述了广源、思琅等州节度观察使杨景通兴建崇庆寺及捐献铜钟之事。《资治通鉴长编》载，杨景通曾在元祐元年（1086），遣人劫虏边民。[②]此外，《大越史记全书》中也有"驸马郎扬景通献白鹿"的记载。[③]宋废顺州，以五州之地界交趾之后，应是杨景通控制了这一区域。从铭文可知，杨家世代为官，他本人迎娶了寿阳公主，成为驸马郎。如前已述，将皇室公主下嫁给地方首领，正是交趾李朝政治整合的重要模式之一，杨景通迎娶公主，说明广源州及其附近区域也走完了这个步骤。此外，铭文还明确指出，杨景通施钟祝福的首要对象是李朝的皇帝、太后，从而说明了杨景通及其地域的效忠对象。

另外，从文化取向来看，杨景通及其地域与交趾李朝也基本保持一致。11 世纪的交趾李朝，在政治整合模式、官职名号、宗教信仰等诸多方面，都与唐朝相似。如在交趾李朝，佛教得到了极大的发展。越南学者认为："11 世纪左右，越南佛教十分繁盛。不但平民热心信奉，上至朝廷显贵甚至帝王，亦虔心笃信。"[④]《大越史记全书》中也多次出现了李朝皇帝亲自举办寺庙法会的记载。其中，有的法会是为了追荐先皇与皇太后："天符睿武四年（宋宣和五年，1123）三月辛巳，设庆成仙游广孝寺会，追荐圣宗及上阳皇太后。"[⑤]此外，交趾李朝还有皇帝禅位为僧等事例。[⑥]

最后，笔者要说明的是，元丰七年(1084)议定的"界线"，不应被赋

① 中国东方文化研究会历史文化分会编：《历代碑志丛书》第 22 册，江苏古籍出版社，1998，第 125—126 页。铭文同时参校了民国《雷平县志》所载版本。

② 〔宋〕李焘：《续资治通鉴长编》卷三百六十四，"元祐元年正月辛卯"条，中华书局，1985，第 8697 页。

③ ［越］吴士连原著，陈荆和编校：《大越史记全书》（上），东京大学东洋文化研究所附属东洋学文献センタ刊行委员会，昭和五十九年（1984），第 258 页。此处"扬"字与铭文及《资治通鉴长编》记载的"杨"不同，但应该是同一人。

④ ［越］陈文玶：《越南佛教史略——起源至十三世纪》（下），《东南亚研究》1985 年第 3期，第 79 页。

⑤ ［越］吴士连原著，陈荆和编校：《大越史记全书》（上），东京大学东洋文化研究所附属东洋学文献センタ刊行委员会，昭和五十九年（1984），第 263 页。

⑥ ［越］吴士连原著，陈荆和编校：《大越史记全书》（上），东京大学东洋文化研究所附属东洋学文献センタ刊行委员会，昭和五十九年（1984），第 259、315 页。

予更多的意义。究其原因，主要在于划界的行动并没有对当地溪峒社会造成实质性的影响。其实，早在熙宁八年（1075），宋与契丹也在两国接壤的代州、应州、蔚州（相当于今山西东北、河北西北一带）协商划界，双方就"澶渊之盟"以来，一直争议不断的"两不耕地"等达成了划分协议。① 与南方"边界"不同的是，北方界线里侧完全是宋朝直接控制的州县。《圣朝元丰九域图》② 中，宋与契丹之间的界线分明，而宋、交于元丰七年所计议的界线根本就没有出现。这点或许可理解为《圣朝元丰九域图》的作者还没来得及画上去，但更令人诧异的是，整个宋、交之间都没有明确的分界线。

对于此种情况，笔者提出以下三种可能性解释：第一，相对于势力强大的契丹、西夏而言，交趾从没有对宋廷构成过致命威胁，所以宋对其不够重视。第二，知识积累方面的因素。参与契丹分界谈判的沈括，曾通过研究地图等资料，为宋廷赢得了大片土地。他在任河北西路察访使出使契丹时，沿途仔细勘察边境的山川地势情况，并绘制成《使契丹图钞》一卷。③ 这些"知识积累"有助于《圣朝元丰九域图》的作者厘清宋、契丹之间的边界线；而对于南方溪峒地区，《圣朝元丰九域图》的作者显然没有相关的知识储备。第三，宋、交之间有着大片的溪峒过渡地带。在《圣朝元丰九域图》上，广南西路南边的界线画在邕州、钦州、廉州一线。我们知道，这是宋廷能直接控制的区域，即能设置地方州县的区域。而在田州、广源等溪峒地区，并没有界线的存在。

小结：宋代的"中国"与宋代的"边境"

本篇梳理了中、越两国史籍中，有关侬智高及其家族的史料，重建了侬智高及其父辈所面临的历史场景——侬氏处于北宋与交趾两个王朝的夹缝之中，特别是处于高速封建化、集权化进程中的交趾李朝，正极力向北扩张、压迫。本篇试图说明，在这种情况下，侬智高曾自主建国，但最终以失败告终，其原来控制的地域也为宋、交两个王朝所瓜分，从而为宋、

---

① 详见郭洪敏：《论熙宁变法和宋辽划界》，硕士学位论文，东北师范大学历史系，2005，第 12—15 页。

② 〔宋〕无名氏：《宋本历代地理指掌图》，上海古籍出版社，1989，第 92—93 页。据谭其骧先生所作序言，这些地图在宋政和、宣和（1111—1125）之时已经产生。

③ 卢良志：《中国地图学史》，测绘出版社，1984，第 89 页。

交双方深入控制这个区域提供了契机。于是，中、越两国之间的界线，就在双方力量交接处初具雏形。

在葛兆光看来，宋代是一个"中国"意识凸显的时代，是中国"近世民族主义思想的一个远源"，他还从"国境""爱国"主义以及"华夷"意识等方面加以论述。[①] 虽然学界普遍认为，古代"中国"常常是一个关于文明的概念，而不是一个有着明确国界的政治地理概念，但宋代的情形确实有些特殊。宋王朝周边既存在着一些强大国家（如契丹辽国、蒙元），也有一些国家的集权化正在加速推进（如交趾），还有一些地方酋领试图建立自己的国家政权（如广源侬氏）。面对周边众多挑战的宋王朝"自觉"意识凸显，"中国"一词的使用变得愈加频繁，这当中既有自称，也有他称。如前所述，广西转运使萧固曾言"顾今中国势未可以有事于蛮夷"；侬智高曾向邕州指挥亓赟探问"中国虚实"，侬还自称不惧"中国名将"；交趾李朝曾称"所部之民亡叛如中国者，官吏容受庇匿"。

11 世纪时，宋王朝在南方、北方，特别是在北方开展了大规模的划界行动，甚至还有绘制地图的行动；在南方的两广、荆湖地区，还出现象征政府管制，并与交趾等分界的"省地"概念。无怪乎陶晋生感慨道："宋人对于国界的重视，足以推翻若干近人认为传统中国与外夷之间不存在'清楚的法律和权力的界限'的看法。"[②]

国家除了控制土地外，最重要的就是控制人口。宋王朝对边境地区人口的控制逐渐强化，对其身份定义也相当清晰，这突出反映在王朝典制中频繁出现的"归明人"概念上。朱熹曾云："归明人，元不是中原人，是徭洞之人来归中原，盖自暗而归于明也。如西夏人归中国，亦谓之归明。"[③] 侬智高起事失败后，其部众来降者，均被宋廷定义为"归明人"。而在《庆元条法事类》这部宋代"法律"类编中，王朝国家对归明人的待遇和限制进行了长篇累牍的规定。[④] 其中一些条款，甚至可以从今日之"国民待遇"角度去理解。同样，交趾李朝对于边境地区人口也有着严格的控制。熙宁年间，交趾以"所部之民亡叛如中国者，官吏容受庇匿"为由，数次入侵宋境。

宋代"中国"之于边疆，无疑是具有政府管制特点的，但在某些特定

---

① 葛兆光：《宋代"中国"意识的凸显——关于近世民族主义思想的一个远源》，《文史哲》2004 年第 1 期。

② 陶晋生：《宋辽关系史研究》，联经出版事业股份有限公司，1983，第 101 页。

③ 〔宋〕黎靖德编：《朱子语类》，中华书局，1994，第 2719 页。

④ 详见谢波：《南宋的归明人法制——以〈庆元条法事类·蛮夷门〉为中心》，《甘肃社会科学》2010 年第 3 期。

地域，它只能依靠经济、文化联系来维系关系，缺乏固定清晰、连续绵延以至闭合的边界。在不同王朝国家之间存在着一些"过渡地带"，而在这些"过渡地带"甚至存在"无主"之土地与人民，他们也曾试图"以我为主"，建立自己的国家政权。

　　总之，王朝国家对各个地域施加的影响力、控制力有强有弱，并非均等，管理方式也多种多样。在这个问题上，笔者持一种类似进化论的观点：受制于当时的物质水平、交通条件、信息控制能力以及文教普及程度、社会发育程度等，牢固的边界不可能形成。

上篇　土司时代：
明代思明土府及其周边地区的考察

第一章　狄青奏授：宋末至明初土酋势力的动向及其祖先叙事的创制

依智高起事以及中央王朝的"平叛"事件，给后世留下了什么样的深远影响呢？笔者以为，至少有两点影响值得重视。第一点，可谓之"地方政治体灭亡的地方就是（两个）王朝国家边界生长的地方"，这点和王朝国家的内部绥靖不一样，在后种情况下，地方政治体的控制范围往往完整为（一个）王朝国家所接收。第二，历史事件可以转化为"历史资源"，后人会在具体的历史情景之下，动用"历史资源"以实现自身利益。

明清时期，广西左、右江地区的土司家族逐渐形成编撰祖先谱系的传统。白耀天认为，壮族土官族谱的形成与明初土官承袭制度的创制有关："为了防止冒袭，杜绝争端，洪武二十六年（1393），明太祖诏令土官报袭要上交亲供宗支图本，吏部验封司并立有《土官底簿》记载在案，使之不易混淆，查对有据。到了明朝中叶以后，土官们溯流追源，方才在亲供宗支图本的基础上形成了土官族谱。"①明清时期，在众多土司家族谱系书写中，北宋侬智高起事成为普遍的、模式化的借用场景，土司们的第一世祖先往往都是随狄青南下征讨侬智高的部将。那么，这种叙事模式的源头在何处呢？它的出现反映了一种什么样的历史情境呢？本章将从这两个问题切入，考察思明土府及其周边地区在宋末至明初时期的历史。此外，笔者还将揭示国家边界与人群身份认同意识的生成，以及这种生成背后的地方动因。

---

① 〔日〕谷口房男、白耀天：《壮族土官族谱集成》，广西民族出版社，1998，第27页；另洪武二十六年诏令的原文为："湖广、四川、云南、广西土官承袭，务要验封司委官体勘，别无争袭之人，明白取其宗支图本，并官吏人等结状，呈部具奏，照例承袭。"参见〔明〕申时行等：《大明会典》卷六《吏部五》，《续修四库全书》第789册，上海古籍出版社，1995，第113—114页。

一、左、右江区域的"随狄征侬"祖先叙事及其起源

下面，以明清时期右江地区势力最大的两个土司——泗城州①、田州②为例展开论述。泗城州岑氏土司较为完整的祖先谱系载于天启年间的石刻《岑氏宗支世系》上，其中，关于一世祖先的叙述如下：

> 岑仲淑，派自余姚，善于医道，立武功于宋高宗朝，授麒麟武卫怀远将军。随狄襄公征侬志高，克邕州城，破邕州，志高奔广南。襄公还朝，仲淑公善后，驻镇邕州，建元帅府，督桂林、象郡、三江诸州兵马以御志高。始通市马于水西，大火合兵扫荡西南夷，有群牁。布露上京，封粤国公。③

就田州岑氏而言，民国初年的《田州岑氏源流谱》中记载：

> 仲淑公仕宋，为麒麟武卫上将军。随狄青武襄公来粤西，征侬智高建功，事平，留公治永宁军，封粤国公，家于邕管。凡岭西有岑氏者，皆自公始也。④

不过，在《田州岑氏源流谱》中，岑仲淑已经被排到了第二十八代，他从浙江余姚跟随狄青征讨侬智高，战事结束后留居广西。而田州岑氏最早的祖先，则追溯到了东汉的岑彭。⑤祖先谱系编撰过程中的"层累性"，由此可见一斑。

左江上游黑水河流域（今广西大新县境），有十几个大小不一、不同姓氏的土司，他们都将自己的始祖追溯到侬智高时代。其中，恩城州⑥赵氏土司的"征侬"祖先书写，最早出现在一块立于成化八年（1472）的石刻上：

---

① 治今百色凌云县，明初设，清雍正五年（1727）改流。
② 治今百色田阳县，明初设田州土府，后改土田州，土田州在光绪元年（1875）改流。
③ [日] 谷口房男、白耀天：《壮族土官族谱集成》，广西民族出版社，1998，第164页。白耀天先生对"岑仲淑"进行了史实方面的考证，列出五点证据证明"岑仲淑"是凿壁虚构出来的。
④ [日] 谷口房男、白耀天：《壮族土官族谱集成》，广西民族出版社，1998，第229页。
⑤ [日] 谷口房男、白耀天：《壮族土官族谱集成》，广西民族出版社，1998，第207—208页。
⑥ 治今广西大新县恩城乡，明初设，雍正十一年（1733）改流。

赵仁寿，本贯系山东青州府益都县人氏，跟随总兵官狄青来征邕州南蛮侬智高，获功绩，得地方水土，一并归附。祖赵仁寿特令恩城州世袭土官知州职事，子孙相继，承授祖业，传之后嗣，耿耿不泯。故此刻石以为之记……

时成化八年岁次　三月三十日　致仕知州赵福惠立①

关于下雷州②许氏土官的一世祖许天全，《下雷许氏历代宗谱》中则有如下的记载：

厥祖许天全，原籍山东青州府益都县白马街居住人氏，生于真宗十一年之前……嘉祐皇四年壬辰秋月内，南蛮王侬智高作叛，其初起于广源州，兴兵攻夺交趾，僭称南天国王，发兵大寇邕州，兵势甚锐，百姓惊怵，各府州县望风逃遁，所到皆克。嘉祐王命狄青将军协我祖许天全奉旨征剿侬智高，得胜回朝。当时天子龙心大喜，在金殿大设宴席加功，圣旨加封原任太傅左射统领粮饷军机大臣兼理吏兵刑三部尚书。③

白耀天考证《下雷许氏历代宗谱》后认为，其内容有拼凑《五虎平南》《杨家府演义》《杨家将》等演义小说的现象。④

关于左江上游丽江流域的龙州⑤赵氏土官的一世祖赵鼎，则被如此描述：

一世祖鼎公，山东青州府益都县人，少有志节，饶有努（疑"膂"字讹——笔者注）力，善骑好射，读《左氏春秋》。甫弱冠，会交趾广源州蛮侬智高，寇邕、横诸州，围横州，诏以狄青为枢密副使，发兵讨之。皇祐四年，公从狄宣抚入粤。十二月，宣抚勒兵宾州。明年正月十五日，宣抚夜破昆仑关，斩贼万余，智高遁入大理。诏青还朝，

① 何农林编：《足迹——广西大新县文物普查保护资料汇编》（内部资料），大新县文物管理所、广西大新县博物馆，2006，第10页。
② 治今崇左大新县下雷镇，明万历十八年（1590）设县，1928年改流。
③ 许仙：《许氏历代宗谱内并记祖上功勋》（手抄本），1934年孟春月重录，无页码。此件由韦顺莉女士提供，谨表谢忱。
④ ［日］谷口房男、白耀天：《壮族土官族谱集成》，广西民族出版社，1998，第620页。
⑤ 治今崇左龙州县，明初设置，雍正三年（1725）被分为上龙、下龙两个土巡检司。下龙司雍正七年（1729）改流，上龙司1928年改流。

授枢密使，以赏平广南之功。复诏随征诸将分路追捕余贼，公提兵至太平路，击降数百人。……己未，捷报武襄公，奏留守上龙州，授武翼大夫都总管之职，以九溪峒民俗（疑"属"字讹——笔者注）焉。于是始置龙州，建署龙江之左，以控扼交趾，隶太平寨，统属邕州。是为迁粤开创世禄之始祖。①

由此可见，与右江岑氏土司将自己"祖源地"追至浙江余姚不同，左江上游流域的众姓土司认为，自己的祖先来自山东青州，但祖先随狄南征的情节并无二致。

我们对这类"随狄征侬"祖先叙事进行溯源式追索后，就会发现其源头正是明初著名文人解缙②为思明府③土官黄广成之父黄忽都所撰写的神道碑。其碑文内容如下：

知思明府黄公神道碑

黄氏系绪陆终之封于黄，今湖广黄州，故国也。春秋时，与会盟、尊周室，后并于楚。子孙益显且蕃，思明著族。宋仁宗时狄武襄奏补成忠郎，居思明周（疑为"州"——笔者注）南岸之离山，相传卜吉，连世有官。至训武君二男，长游元都，累官奉政大夫，同汉阳路；次袭知思明州，元世祖命镇南王脱欢讨交趾，为向导供给，从王入朝，世祖悦之，手抚其背，亲酌，赐之衣服金帛，授勋虎符龙虎上将军、广西两江道都元帅，仍思明路军民总管，是为公之高祖。至武毅将军兼南宁路总管讳克顺，是为公之曾祖。其讳万山，公之祖也，娶于万承许氏，六子皆贤。武略将军思明路总管赐金虎符讳武胜，公之伯父也，继为总管，升擢广西两江道宣慰使司都元帅。讳武宗，公之父也，母夫人龙州赵氏。祀梓盛宗，世储休庆。公讳忽都，字朝显，弱冠而孤。时方大乱，邻寇陆梁，镇之以静，抚民治兵，以俟天命。后三年，为洪武戊申，国朝兵下广东，转指南宁，即遣送印章，受约束以归。民皆安堵，不知有兵。明年己酉，诏以思明路为府，赐诰命印章，民仍惮之，戒莫敢犯。暇则

---

① 赵宏烈：《宋授武翼大夫都总管赵鼎之后裔赵氏家谱》，修于乾隆二十四年，1999 年重抄，第 4 页。此件由赵凯先生提供，谨表谢忱。
② 解缙（1369—1415），江西吉水人，洪武戊辰（1388）进士。
③ 治今广西宁明县明江镇，明初设府，雍正十一年（1733）裁撤，另设土思州，后者于光绪三十三年（1907）改流。

与其属人弋游娱乐，讲习御武。其属人皆亲附之，境内晏然安堵。后十八年为洪武丙寅，十万山象出害民稼穑，诏两通侯率兵二万余驱而捕之，建立驯象卫。思明府公率其民助治城、堑向道，穷山险峻，驱除兽害。未几，得白象以献，太祖赐赉之甚厚，因言地瘴僻远，不足立卫。又明年有诏迁卫横州，明年己巳三月二十日公以疾卒，生至正丁亥五月三十日，享年四十有三。夫人赵氏先卒，生子广平，时年十二。继室英氏，海北道元帅知上思州讳杰之女，生子广成，甫七岁，英氏扶持其家。后三年，广平袭为知府，年十六卒。又六年，广成入朝，嗣为知府。比岁从征，不遑启处。公先葬在乡那垄，卜云匪吉圹，有水泉。广成咨询谋度，梦寐惨伤，以永乐元年癸未始得吉所，仍举赵氏合葬，去水泉，得高爽。而墓道之碑未有刻辞，流涕而跪曰："余家守此将三百年，而当两世革命之际，前有训武公，后有朝列公，实宠绥之。不有彰微，其何以示子孙，俾思明之人有所考见哉。"斯言亦信，可书而刻之。广成字静学，有子九人，长曰玜，今为丘温卫指挥，次璘、瑢、瑗、瓛、琮、琉、珊、瓛。其辞曰：思明黄氏世阀阅，宗里再纪疆里截。元室肇基光烈烈，锡以虎符兼玉节。归朝稽首刃不血，黎民安堵无阻陕。耕凿岂知蒙帝力，家庆绵绵由善积。与国咸休子孙食，我铭斯文永康吉。[1]

《知思明府黄公神道碑》出自《解学士先生集》，但这个文集并不是解缙本人编撰的，而是由其后人黄谏于天顺年间刻印传世的。《四库全书·文毅集·提要》[2]载："缙所著有《白云稿》《东山集》《太平奏疏》等书，殁后多散佚。天顺初，金城黄谏始辑其佚文为三十卷，后亦渐湮。"[3]《文毅集·提要》还征引李东阳《怀麓堂诗话》之言曰："其诗无全稿，真伪相半，盖出后人窜乱者为多。"[4]明清时期，广西左、右江土司伪托名人手笔，为其祖先事迹进行张本的例子，就曾被许多学者发现过。如白耀天先生便认为，收入《古今图书集成》、署名王守仁的《泗城土府世系考》，便是托

---

① 〔明〕解缙：《解学士先生集》卷二十三《神道碑》，《中华再造善本》集Ⅱ 019，第5册，国家图书馆出版社，2010，原书无页码。

② 解缙文集收入"四库全书"，题作《文毅集》。

③ 〔明〕解缙：《文毅集·提要》，《影印文渊阁四库全书》第1236册，台湾商务印书馆，1986，第591页。

④ 〔明〕解缙：《文毅集·提要》，《影印文渊阁四库全书》第1236册，台湾商务印书馆，1986，第591—592页。

伪之作。① 因此，我们有必要对此碑文的真实性进行考辨。

笔者经过仔细考察对比后发现，此碑文应是出于解缙之手。其理由如下：

《明史·解缙传》载，永乐五年（1407），"缙坐廷试读卷不公，谪广西布政司参议。既行，礼部郎中李至刚言缙怨望，改交趾，命督饷化州。永乐八年（1410），缙奏事入京，值帝北征，缙谒皇太子而还。汉王言缙伺上出，私觐太子，径归，无人臣礼。帝震怒。缙时方偕检讨王偁道广东，览山川，上疏请凿赣江通南北。奏至，逮缙下诏狱，拷掠备至"。② 上述史料显示，永乐五年，解缙被贬为交趾参议，"督饷化州"；永乐八年，解缙回京奏事。据《知思明府黄公神道碑》载："以永乐元年癸未始得吉所，仍举赵氏合葬，去水泉，得高爽，而墓道之碑未有刻辞。"即永乐元年（1403），忽都与赵氏重新下葬，而解缙经过当地时，墓碑仍没有"刻辞"。这与解缙在永乐五年至永乐八年间的活动轨迹是符合的。

笔者认为，最为重要的证据来自解缙对思明黄氏祖先叙事的完整与丰满程度的考辨。解缙所作碑文指出，思明黄氏"发源"于湖广黄州，黄姓是"思明著族"。宋仁宗时，其高祖被狄青奏补成忠郎。虽然碑文中出现了仁宗封官的情节，却没有记载"移民"及"征侬"的具体情节。而在忽都之上有五代祖先的谱系，颇为符合口传谱系传统的特征。

现存最早的广西通志——嘉靖《广西通志》对思明府"土官沿革"作了如下记载：

> 土官知府黄姓，其先世知思明州，宋仁宗时狄青奏充路分官，以镇扼境土。元有黄克顺者，仕武毅将军兼南宁路总管，传子万山，生子六皆贤，长武胜，武略将军思明总管，赐金虎符；次武宗，以总管擢广西两江道宣慰司都元帅，子忽都继之，洪武戊申天兵至南宁，忽都纳土奉印章内附。明年诏以思明路为府，赐印授忽都世袭知府。③

我们通过对比不难发现，嘉靖《广西通志》的记载基本上沿袭了解缙的碑文。究其原因，大概在于洪武年间颁布的土官承袭制度，使得碑文内容成为亲供宗支图本的主要来源，并由此成为"官方档案"。

---

① ［日］谷口房男、白耀天：《壮族土官族谱集成》，广西民族出版社，1998，第 168 页。
② 〔清〕张廷玉：《明史》卷一百四十七《解缙传》，中华书局，1974，第 4121 页。
③ 嘉靖《广西通志》卷五十二《外志三·土官沿革二》，《北京图书馆古籍珍本丛刊》第 41 册，书目文献出版社，1988，第 613 页。

而在康熙二十七年（1688）编成的《思明府志》中，被狄青奏补成忠郎的那位黄氏祖先则被赋予了名号——黄善璋：

> 宋仁宗时有黄善璋者，从狄武襄征侬寇有功，奏补成忠郎，镇扼境土，甚得民心，世守此土。其后嗣袭失传，特详元明者，盖缺其所不知焉。①

康熙《思明府志》的作者特意注明，这段史料来自嘉靖年间所修的《思明府志》。但因这部志书早已佚失，故我们难以考证其真伪。但毋庸置疑的是，关于黄善璋从山东"移民"而来及其"征侬"的具体事迹，是康熙年间才被写进府志的。因为下则史料并没有注明出自嘉靖《思明府志》：

> 黄善璋，山东人，皇祐间从狄武襄讨侬智高邕州，二十日不解甲卧，体垢甚，就汤沐，虮虱丛丛下。武襄抚璋背曰："为国忘躯，丈夫当如是也。"璋曰："大将军知我，我以知己报大将军。且天子西顾不下咽，我奚忍爱其躯耶？"贼平，武襄上其功，拜成忠郎，世守永平寨，左江诸首领悉属之。璋初至永平，荆棘满道，豺虎争搏人。璋不遑寝处，艾荆棘，烈山泽，驱虎豹，民赖以安。交趾使谍观之，报曰永平非旧永平矣，于是不敢窥伺。②

黄善璋的事迹，令我们联想到的不是来自诗书之乡的高级将领形象，而是华夏边缘的地方酋领在与中央王朝搭上关系后，从野蛮向文明转变的形象。③

上则史料出自《黄氏宗谱》。康熙年间，思明府儒学教授高熊征编撰府志时，时任知府黄维鼎将这份宗谱交给了他，供他参考。可惜今日，我们已经找不到这份宗谱了。康熙府志中，还有多处征引了《黄氏宗谱》的内容，其中就包括一份《思明黄太恭人墓志铭》。黄太恭人就是忽都妻、广成母。但府志中却没有《知思明府黄公神道碑》，其原因可能在于宗谱

---

① 康熙《思明府志》卷五《宦绩志》，清康熙二十九年刻本。
② 康熙《思明府志》卷五《宦绩志》，清康熙二十九年刻本。
③ 2009年暑期，笔者与付广华博士到广西宁明县考察时，博物馆工作人员告诉我们，从长期被认为是宋代黄善璋墓的土司墓里挖出了明代正德年间土知府黄泽的墓志铭，这确证了黄善璋的子虚乌有。因此，关于黄善璋的描写，不过是黄氏后人对始祖及其面临情境的想象而已。

中没有收录此碑文，这也说明此碑不可能是黄氏后人伪造的。

在《解学士先生集·知思明府黄公神道碑》的正文前有这样一句话："明朝列大夫知广西思明府黄公墓在乡之莫萌岭，翰林学士国史总裁吉水解缙太绅刻其墓道之碑。"笔者由此猜想，《知思明府黄公神道碑》应是从实物上抄录下来的。那么，它是怎么被收进《解学士先生集》的呢？《解学士先生集》是由金城黄谏编写的，而黄谏曾出使过安南，在回程途中经过广西时，曾向两位广西官员收集解缙的诗文，或许碑文就是在此因缘际会下被编进文集的，并在数次重辑时保存下来，只是后来由于实物被毁坏，《黄氏宗谱》《思明府志》便没有收录此碑文。

下面，笔者将从《知思明府黄公神道碑》出发，考察碑文产生的历史背景，即宋末至明初，左江上游明江流域的区域历史变革、土酋势力的动向及其祖先叙事创制的具体场景。①

二、明江上游上思黄氏土酋的覆亡

在《新唐书·地理志》中，上思州已经出现在邕州都督府所管的羁縻州中。②《宋史》沿袭了《新唐书》的说法，而《元史·地理志》中则未载其名。上思州在今广西上思县，地处明江上游的十万大山。十万大山是横亘在今中越边境地区的一系列山脉的总称，而明江中下游即为明代思明土府的地域。这两个临近区域在宋末至明初均为黄姓土酋所控制，二者之间保持着联姻关系，说明二者之间形成了密切的地域整合关系。

我们从解缙碑文可知，明初，思明府知府黄忽都的继室英氏（黄广成的母亲）来自上思州黄姓土酋家族，其父乃"海北道元帅知上思州，讳杰"。在黄忽都及其原配赵氏去世后，英氏便承担起"扶持其家"的重任："夫人赵氏先卒，生子广平，时年十二。继室英氏，海北道元帅知上思州讳杰之女，生子广成，甫七岁，英氏扶持其家。"康熙《思明府志》中收录的《思明黄太恭人墓志铭》③对英氏的描述是：

---

① 白耀天先生曾对《知思明府黄公神道碑》所载思明黄氏的世系进行过考辨，详见〔日〕谷口房男、白耀天：《壮族土官族谱集成》，广西民族出版社，1998，第 321—350 页。

② 〔宋〕欧阳修、〔宋〕宋祁：《新唐书》卷四十三下《地理七下·羁縻州》，中华书局，1975，第 1145 页。

③ 康熙《思明府志》卷六《艺文志》，清康熙二十九年刻本。

所以子孙皆幼有成立，太恭人教之也。岂惟教其子孙哉？夫亡子幼，与其子数从征伐也。抚其人民，睦其宗戚，任其供输，给其乏绝。居者有安生之乐，行者无后顾之忧，三十年思明黄氏之维持也，非两宗之积庆焉，能至是哉？

在西南地区的边缘人群中，妇女在家族、政治以及军事活动中扮演着较为突出的角色。

关于英氏的家世，《思明黄太恭人墓志铭》的记载是：

> 太恭之先与黄氏（指思明黄氏——笔者注）皆家山东，从狄武襄公平交南，分镇邕管，世有爵土。太恭人父，知上思州，升海北道元帅参知政事同平章，移守南宁，尽忠胜国……母太夫人（指英氏母——笔者注），上思州仙洞宦族，平章公死之后，家益落，无他兄弟，乃迎养之致孝，今年八十有三矣。

《思明黄太恭人墓志铭》虽然也是署名"解缙"，但考虑到这篇墓志铭中包含了完整的"山东移民""从狄征侬"等情节，故笔者认为其很可能是托伪之作。此外，这篇墓志铭还称黄太恭人是在永乐八年（1410）十一月下葬的，而此时解缙已在回京奏事的途中，早已离开了思明府。需要指出的是，对于这篇"伪作"，我们只是无法判断其出自何人之手、产生的具体时间，并不影响对其内容进行一番分析、探查。

这篇墓志铭指出，上思黄氏与思明黄氏一样，都来自山东青州，随狄青征侬智高而来到广西，平定侬智高起事后便定居下来，"世有爵土"。英氏父亲去世后，上思黄氏便日渐衰落下来，英氏因无兄弟姐妹，母亲便为她"迎养"。那么，在宋末至明初这段时期，上思黄氏到底经历了怎样的变故，才落得如此下场呢？

虽然上思州之名早已见于《新唐书》《宋史》等官方史籍，但宋代及之前的上思州情形，却无史料记载。直到元朝至元二十九年（1292），中央王朝才第一次将视野聚焦到这个地方。《元史》载："时广西两江岑雄、黄圣许等，屡相仇杀，为边患。"[1] 史料中的黄圣许，就是当时上思州的土酋。其经常和右江土酋发生武装对抗，由此造成边患。在时人为曾领兵讨伐黄圣许的将领刘国杰撰写的墓志铭中，记载了黄圣许起事的情形：

---

[1] 〔明〕宋濂等：《元史》卷一百七十六《谢让传》，中华书局，1976，第4110页。

初，左江土官黄圣许内附，赐以金符，授上思州知州。而圣许雄据一方，伪立名号，结连交趾，以为外援。聚众二万，劫掠溪峒山寨九十有二，声言将取邕州。①

由上则史料可知，上思黄圣许相当独立且势力强大，"伪立名号，结连交趾"，不但"劫掠"众多溪峒，还有攻打邕州的计划。

而元人所作《招捕总录》中，则较为详细地记载了攻讨、招抚黄圣许的过程：

至元二十九年闰六月，知上思州黄圣许反，聚二万人，断道路，结援交趾，借兵攻邕州。遣副枢密程鹏②讨之。圣许战败，率三十人逃入交趾。既而，复至边地攻劫。

三十一年，同知两江宣慰司事杨兀鲁台上言，能不用兵招降圣许，从之。八月，圣许劫帮团长山隘，又与交趾兴道王结婚。未几，诏赦罪，许自新，行省差兀鲁台赴贼黄合巢内开读。圣许经一月亦不出，复以二万人讨之，时贼屯上思州那答栅、三戉栅、细良栅、石佛栅、那结栅、那次栅等砦。杨兀鲁台上言，圣许两招不出。三月七日，令子志宝同大小头目一千余人来言。圣许曾对天陈誓，不肯出官。赍到降状称，杨兀鲁台赍圣旨来招，岂不欣悦，望北谢恩外，圣许虽有誓不出，情愿投降，当令儿孙头目出官。圣许还本州，招集逃户复业。行省以圣许不出，依前进讨。三月十九日，圣许生日，坐草房正厅，紫罗盘领衫，里奇金带，据银交椅，其上悬朱漆金字阙牌，参贺人三呼万岁。

明年正月，圣许驻上牙、六罗、茅山林。既而兵败，自兜半山走交趾亨村、晚梦。久之，闻官军回，复还，由旁村至峙细潜居。官军约十月一日会合进讨，圣许败，获其妻女。

大德元年二月五日，圣许遣其子志宝，赍状赴广西两江道宣慰司出降，赴阙。寻诏圣许朝京师，圣许不肯，挟志宝走交趾万宁寨。志宝不听，逃回，诉于官。

六年，圣许复回故地，居凤凰旧巢，攻围诺屯、仙洞屯。既而，

① 〔元〕黄溍：《金华黄先生文集》卷二十五《神道碑·刘公神道碑》，《四部丛刊初编缩本》第 77 册，台湾商务印书馆，1967，第 252 页。
② 程鹏应为程鹏飞，为元初将领。

又使人来告降，且乞还其所虏之妾，朝廷羁縻之。延祐元年正月，圣许陷忠州，杀黄知州等。[①]

从《招捕总录》可知，黄圣许对元军采取的是敌进我退、敌退我进式的游击战术。即当元军前来攻讨时，圣许就逃入交趾；而当元军撤退后，圣许又复回旧巢，甚至攻略其他的州峒。

《招捕总录》还指出，黄圣许"与交趾兴道王结婚"。[②] 须知，兴道王陈国峻既是安南陈朝[③] 最为著名的将领之一，又是权倾一时的皇族。他本是陈朝开国皇帝陈日煚的侄子，因在抵抗元军于至元时期对安南的两次大举进攻中，起到了中流砥柱的作用，故死后成为本国民众最为崇敬的神明之一。《大越史记全书》对陈国峻的介绍是："故重兴[④] 间、有不世之功、名闻北虏、每称安南兴道王而不名。殁后、谅江州县灾疹、人多祷之。至今岁时、国有寇贼、致祭神祠、剑匣鸣、必大捷。"[⑤] 陈国峻的两个儿子，也分别受封为兴武王、兴让王。陈国峻本为皇族，又与皇帝一脉通婚。据《大越史记全书》载，甲戌二年（宋咸淳十年、元至元十一年，公元1274年），"册皇长子昑为皇太子、纳兴道王长女为太子妃"。[⑥] 黄圣许与陈国峻缔结姻亲则意味着，上思州黄氏与安南陈朝当时最有权势的家族形成了某种结盟关系。

鉴于黄圣许与安南陈朝的密切关系，继程鹏飞之后，主持征讨安南事宜的将领刘国杰曾致书安南朝廷：

> 顷岁以来，致使黄圣许，阴结外境之交，内蓄不庭之志；我是以有海隅之役。不意执事，纳我叛臣，自开边衅……夫上思之地，绝长补短，不至数百里；家计户算，人民不满五千宅。逋逃之渊薮，而执事又为之援者也。初谓圣朝之与执事，而执事之与黄圣许，孰重孰轻？天下之广，四海之众，与夫蕞尔上思，孰大孰小……
>
> 为今之计，其策有三，试为执事书之。兹者圣许，天地不容，神

① 〔元〕无名氏：《招捕总录》，《中国野史集成》第 12 册，巴蜀书社，1993，第 135—136 页。
② 此"结婚"当为联姻之意。
③ 安南李朝昭皇于天彰有道二年（宋宝庆元年，1225）禅位，陈日煚即为陈朝太宗，陈朝于明建文二年（1400）被外戚黎季犛篡立，历时 176 年。
④ 安南陈仁宗年号，为 1285—1293 年。
⑤ ［越］吴士连原著，陈荆和编校：《大越史记全书》（上），东京大学东洋文化研究所附属东洋学文献センタ刊行委员会，昭和五十九年（1984），第 380 页。
⑥ ［越］吴士连原著，陈荆和编校：《大越史记全书》（上），东京大学东洋文化研究所附属东洋学文献センタ刊行委员会，昭和五十九年（1984），第 349 页。

人共怒，脱身远窜，冯藉威灵，如死狗系颈，不烦加兵，就缚来降，通好如故，此上策也。上思地界，联于执事，或左右一二同恶，诱令舍匿，未之闻知，宜速乘此机会，掩而勿失，函首以献，此中策也。以奸宄为唇齿，海岛为藩篱，隐忍爱护而不发，犹豫狐疑而未安；内有容奸纳叛之名，外失以小事大之义。坐待胜负，临岐一决，此下策也。[1]

由第一段引文可见，安南朝廷对上思之地颇有觊觎之心。究其原因，可能在于上思州处在崇山峻岭之中，元朝的势力难以企及。在第二段引文中，为了消灭黄圣许的势力，刘国杰对安南朝廷可谓极尽威逼利诱之能事。但并没有材料显示，安南方面曾对刘的要求做出回应，反倒是黄圣许一直活跃于上思州与安南之间。

由《招捕总录》还可以看出，元廷一直试图招抚黄圣许。至元三十一年（1294）、大德元年（1297）、大德六年（1302），元廷都对其进行过招抚。但黄均采取虚与委蛇之策，借口自己曾经发誓"不愿出官"，只是让"儿孙、头目出官"。在他生日那天，他还端坐在银交椅上，接受众人朝拜。

除黄圣许本人外，其族人也一直在制造麻烦："（延祐）六年，圣许族人黄万山、万松、寿攻古能村、戈村，劫杀归龙团、皮零洞。至治三年，圣许婿黄县官，攻劫邕州渠乐墟，百姓逃避于弯团。"[2]

据《元史·泰定帝本纪》载，泰定元年（1324），元廷敕封黄圣许怀远大将军之后，他才致仕，其子黄志熟袭为上思州知州："十二月癸丑朔……以黄圣许为怀远大将军，遥授沿边溪峒军民安抚使，佩虎符，致仕。其子志熟袭为上思州知州。"[3]

据嘉靖《广西通志》载，至正十九年（1359），上思州土酋黄英衍利用元末动乱之机，攻取了左江上游三支支流交汇的区域——太平路[4]："前元至正十九年己亥，英衍乘元季乱，聚兵据太平路，夺印行总管事。"[5] 在此之前，太平路是由来自黑水河流域的太平州李氏土酋所控制的。万历

① ［越］黎崱著，武尚清点校：《安南志略》卷五《大元名臣往复书问·平章刘二拔都平黄胜许与安南书》，中华书局，1995，第 108—109 页。
② 〔元〕无名氏：《招捕总录》，《中国野史集成》第 12 册，巴蜀书社，1993，第 136 页。
③ 〔明〕宋濂等：《元史》卷二十九《泰定帝纪一》，中华书局，1976，第 652 页。
④ 治所在今广西崇左市市区。
⑤ 嘉靖《广西通志》卷五十二《外志三·土官沿革二》，《北京图书馆古籍珍本丛刊》第 41 册，书目文献出版社，1988，第 647 页。

《太平府志》记载，至元十四年（1277），太平州土官李惟屏获得了太平路总管的头衔："李惟屏，太平州土官知州，至元十四年，升任太平路总管……后升广西宣慰司宣慰使，亦多政绩云。"①据《元史》载，延祐五年（1318）、泰定三年（1326），太平路总管李兴隆、李郭扶曾分别向元廷进贡方物。②

明洪武元年（1368）七月，黄英衍或许是急于取得明廷对自己扩张地盘的认可，便与右江土官岑伯颜主动向进攻广西的明军将领杨璟请降："广西左江太平府土官黄英衍、右江田州府土官岑伯颜等遣使赍印章诣平章杨璟，降。"③次年七月，黄英衍与广西左、右江的其他土酋纷纷向明廷进贡马匹与方物，而英衍得到世袭太平府知府的头衔。《明实录》载，洪武二年（1369）六月丁未："广西右江田州府土官岑伯颜、来安府岑汉忠、向武州黄世铁、左江太平府黄英衍、思明府黄忽都、龙州赵贴坚，各遣使奉表贡马及方物，诏以伯颜为田州府知府，汉忠为来安府知府，世铁为向武州知州，英衍为太平府知府，忽都为思明府知府，贴坚为龙州知州兼万户，皆许以世袭。"④

但好景不长，就在同年九月，黄英衍的后方大本营——上思州爆发了"寇乱"：

> 洪武二年秋九月，上思州酋蛮黄龙冠作乱，命潭州指挥同知丘广为总兵官，宝庆卫指挥佥事胡海、广西卫指挥佥事左君弼为副，率兵讨之。龙冠，一名英杰，时聚众万余，寇郁林。知州赵鉴、同知王彬集民丁拒守，贼攻围半月不下，广西、海北等卫官军来援，贼夜遁，夜追至上思州境，破之，贼仍纠聚。事闻，命广等讨之。英杰逃十万山七洞口，官军追之，英杰阵亡。弟英览俘斩。余悉抚定。⑤

黄英杰、黄英览被斩之后，上思州土司一职便由来自明江下游的江

---

① 万历《太平府志》卷一《特祠》，《日本藏中国罕见地方志丛刊》，书目文献出版社，1990，第 203 页。

② 〔明〕宋濂等：《元史》卷二十六《仁宗纪三》卷三十《泰定帝纪二》，中华书局，1976，第 585—586、673 页。

③ 《明实录·太祖高皇帝实录》卷三十二，"洪武元年七月己巳"条，上海书店，1984，第 571 页。

④ 《明实录·太祖高皇帝实录》卷四十三，"洪武二年六月丁未"条，上海书店，1984，第 852—853 页。

⑤ 嘉靖《广西通志》卷五十二《外志三·土官沿革二》，《北京图书馆古籍珍本丛刊》第 41 册，书目文献出版社，1988，第 647 页。

州①土司族人黄宗荣担任，并世袭下去：

> 思明府上思州知州黄宗荣，江州土官籍，于洪武二年九月内给降印信，开设衙门。为因土官黄英杰作耗残民，无土民（疑为"官"字讹——笔者注）抚恤，申奉本府委领江州致仕土官黄威庆次男黄中荣，降印署理州事。三十三年二月除同知，后有本州土民陈用等，并思明府土官知府黄广成，赴京告保黄中荣，升知州。②

黄英衍虽免遭死罪，但失去了太平府知府的职位，且被"编管泰州"。③受此影响，太平府改流，成为左、右江地区的第一个流府。

综观上述，上思州独特的地理环境——中原王朝与安南陈朝的接壤山区，使得本地土酋势力能与中原王朝保持一种若即若离，甚至是对抗的关系。元中期以前，上思黄氏势力强大，且与安南陈朝有着特殊的姻亲关系，这就使得其在与元廷打交道的过程中，显得游刃有余。到了洪武元年（1368），土酋黄英衍为实现顺利"转身"，率先投降明廷，并由此取得了土司头衔。但好景不长，就在次年，上思黄氏势力便因"地方寇乱"而被彻底清除。回头再看《思明黄太恭人墓志铭》中所言，忽都妻英氏"无他兄弟"，怕是隐讳之语。从时间上判断，英氏或许与黄英衍、黄英杰、黄英览等存在兄妹（姐弟）关系。该墓志铭又言"家益落"，实际上指的是上思黄氏势力走向覆亡的结局。

三、宋末至元思明黄氏土酋的转向

思明，同为《新唐书·地理志》所载邕州都督府下辖的羁縻州。有宋一代，仍沿袭为思明州。元后，升为思明路总管府。明洪武二年（1369），又改为思明府。初，领有思明州、上思州、忠州、江州、思陵州、上石西州、下石西州、西平州、禄州、凭祥县等。④

由解缙碑文可知，黄广成因父亲墓碑未有刻辞而跪求解，而解也认为

---

① 治今崇左市江州镇，明初设土州，清光绪三十四年（1909年）改流。
② 〔明〕无名氏：《土官底簿》卷下，《影印文渊阁四库全书》第599册，台湾商务印书馆，1986，第388—389页。
③ 嘉靖《广西通志》卷五十二《外志三·土官沿革二》，《北京图书馆古籍珍本丛刊》第41册，书目文献出版社，1988，第647页。
④ 康熙《思明府志》卷一《沿革》，清康熙二十九年刻本。

"斯言亦信，可书而刻之"，所以碑文中所载世系应该是黄广成口述的。此外，黄广成虽将自己的祖先溯及侬智高起事的时代，但是他能指名道姓的训武君，却是宋末元初的人。碑文载："至训武君二男，长游元都，累官奉政大夫，同汉阳路；次袭知思明州，元世祖命镇南王脱欢讨交趾，为向导供给。"元朝镇南王脱欢的两次出征安南，分别发生在至元二十一年（1284）、至元二十四年（1287），由是可推知训武君生活的大致年代。

这个黄训武，并未见载于其他史籍中。史料显示，宋末元初，思明州的首领叫黄炳。宋末，左、右江区域面临着颇为复杂的"国际"局面。安南陈朝立国的第四年（宋绍定二年，公元 1229 年），安南国王陈日煚派遣使者带着方物，上表请求宋朝册封。端平三年（1236），宋理宗"赐安南国王封爵、袭衣、金带"，[①] 两国的朝贡关系正式确立。自此以后，双方使臣来往不绝。到了 13 世纪 50 年代末期，双方关系迎来了新的挑战。13 世纪初期，蒙古势力开始崛起。端平元年（1234），蒙、宋联合灭金后，蒙古铁骑将战线推至了长江、淮河一线。为了从侧面突破南宋的江淮防线，进而进攻其腹心地区，蒙古蒙哥汗二年（宋淳祐十二年，公元 1252 年），忽必烈分兵三路进攻大理国，并于次年底，攻破大理国都。宝祐五年（1257），蒙古将领兀良合台移兵进入安南，并遣使向安南"谕降"，遭到了安南方面的顽强抵抗。《大越史记全书》载，丁巳七年（宋宝祐五年，公元 1257 年）"冬十一月、令天下修缮器械。十二月十二日、元将兀良合台犯永乐阮。帝自将督战、前冒矢石"。[②] 在这种情况下，宋廷不得不加强对广西左、右江一线的边备。知潭州的李曾伯先是被任命为荆湖南路安抚大使兼知广南，后又改广南制置大使兼知静江府（今桂林）。面对安南境内的战事以及蒙古铁骑对右江区域的试探性进攻，左、右江区域的土酋们充当了宋廷情报提供者的角色，而黄炳也不例外。[③] 宋宝祐五年（1257）十二月，李曾伯上疏曰：

> 臣今日得广西经略司申特磨道侬士贵报，八月间，敌攻华沙寨，被蛮兵杀死万余骑；思明州黄炳等报，九月间，敌攻某阿国，退战，敌人杀死万余。经司虑其恐涉虚妄，未敢遽凭申朝廷，已令契勘地里

① 〔元〕脱脱等：《宋史》卷四十二《理宗纪二》，中华书局，1977，第 809—810 页。
② [越] 吴士连原著，陈荆和编校：《大越史记全书》（上），东京大学东洋文化研究所附属东洋学文献センタ刊行委员会，昭和五十九年（1984），第 339 页。
③ 黄宽重利用李曾伯的文集《可斋杂稿》，对当时宋廷在广西的军情搜集与传递，作了整体性研究。参见黄宽重：《晚宋军情搜集与传递——以〈可斋杂稿〉所见宋蒙广西战役为例》，《汉学研究》2009 年第 2 期。

远近及所报虚实。①

宝祐五年（1257）十二月，蒙军攻陷安南都城升龙（今河内），安南国王陈日煚败走海上。但蒙古大军仅在安南停留了九日，便因天气炎热而班师北归了。《元史·安南传》载："（十二月）兀良合台亦破其陆路兵，又与阿术合击，大败之，遂入其国。日煚窜海岛……国兵留九日，以气候郁热，乃班师。"②安南战败以后，与宋、蒙之间的关系发生了转变。即安南虽然继续维持与宋的朝贡关系，但很快就臣服于蒙古，并与其建立了朝贡关系。《大越史记全书》载，戊午八年（宋宝祐六年，公元 1258 年）春正月，"遣黎辅陈、周博览如元。时元使来索岁币、增其职贡、纷纭不定。帝命辅陈往、以博览副之、卒定三年一贡为常例"。③安南向蒙古称臣纳贡的原因有二，一是宋、蒙实力对比发生了变化；二是战争期间，安南方面曾向宋廷求援，但宋廷并未向安南派出一兵一卒。④

宝祐年间，思明黄氏不仅向宋廷提供情报，也与安南朝廷发生关系：

> 丙辰六年　宋宝祐四年（1256）秋七月、武成王尹挈家出亡。宋思明府⑤土官黄炳执送归我。尹安生王子、显慈所生也、安生有衅于国家、及显慈崩、失势、故亡之北国。帝赏炳金帛。
>
> 丁巳七年　宋宝祐五年（1257）春二月、黄炳挈家诣阙、进其女、纳之、册为惠肃夫人。⑥

由第一段引文可知，安南的武成王因政治上失势，企图逃亡宋朝。黄炳将其捉拿后送还了安南国王，并由此得到了安南国王的赏赐。在第二段引文中，黄炳"挈家诣阙"，并与安南国王建立了姻亲关系。

李曾伯在宝祐六年（1258）七月的"条具边事奏"中指出：

---

① 〔宋〕李曾伯：《可斋杂稿》卷三十四《续稿后》卷七《奏申》，《影印文渊阁四库全书》第 1179 册，台湾商务印书馆，1986，第 646 页。

② 〔明〕宋濂等：《元史》卷二百九《安南传》，中华书局，1976，第 4634 页。

③ ［越］吴士连原著，陈荆和编校：《大越史记全书》（上），东京大学东洋文化研究所附属东洋学文献センタ刊行委员会，昭和五十九年（1984），第 340 页。

④ 详见邓昌友：《宋朝与越南关系研究》，博士学位论文，暨南大学历史系，2004，第 85—86 页。

⑤ 此处书"思明府"，大概是因为《大越史记全书》的修撰是在明朝弘治、正德年间，此时思明已改府。

⑥ ［越］吴士连原著，陈荆和编校：《大越史记全书》（上），东京大学东洋文化研究所附属东洋学文献センタ刊行委员会，昭和五十九年（1984），第 338 页。

思明州黄炳通交已久，诸女皆嫁交国，左右多受交官。此却虽不致劫杀为患，而阴谋尤为难测。雄飞[1]与臣书亦虑之，深为左江之害者，此不特诸峒习见，未免仿效。而此等奸宄，人面兽心，平时犹梗吾化，有急必为敌用。[2]

由上则史料可知，黄炳不但与陈朝皇帝缔结姻亲，其部众大多也接受了安南官职。因此，在李曾伯看来，黄炳实乃"人面兽心，平时犹梗吾化，有急必为敌用"。

宝祐六年（1258）初，即在安南向蒙古纳贡称臣后，蒙古大军开始直接从云南进攻广西。加之宋廷对安南"附敌"情形不甚清楚，故对黄炳的"通交情形"只能听之任之了。李曾伯在当年八月的"回奏宣谕"中说：

观炳特一峒，交乃一国，炳附交之情固久露，交附敌之迹犹未明，去炳故易于去交。而谚谓打草惊蛇，恐犯此戒。不若且令雄飞姑容炳过，深查交情，事果当为，擒贼擒王，炳特余事。[3]

由此可见，宋廷此时已经无力控制思明这一地区了，李曾伯奏文中的"去炳故易于去交""擒贼擒王"，不过是自欺欺人之词。据《大越史记全书》载，癸亥六年（宋景定四年，元中统四年，公元1263年）冬十二月，"宋思明府土官黄炳进方物、仍将部属千二百人来附"。[4]

由思明黄炳的例子可见，11世纪以来，边缘人群的效忠与归属是相当易变的，当两边王朝的实力对比关系发生变化时，亦即自身受到的控制力发生变化时，这些边缘人群便会选择重新"站队"。

进入元代，思明地区面临着新形势：元廷凭借强大的军事战斗能力与十足的扩张野心，两次发动了对安南的攻讨，而在两次攻讨的过程中，思明均是作为进攻与撤退的重要据点而存在的。正是这两次攻讨安南的战争，强化了思明地区与中央王朝的联系，也形成了思明黄氏祖先记忆的重要场景。

---

[1] 雄飞，指刘雄飞，时任广南西路融宜钦镇抚使，兼邕州知州。
[2] 〔宋〕李曾伯：《可斋杂稿》卷三十四《续稿后》卷七《奏申》，《影印文渊阁四库全书》第1179册，台湾商务印书馆，1986，第694页。
[3] 〔宋〕李曾伯：《可斋杂稿》卷三十四《续稿后》卷七《奏申》，《影印文渊阁四库全书》第1179册，台湾商务印书馆，1986，第700页。
[4] 〔越〕吴士连原著，陈荆和编校：《大越史记全书》（上），东京大学东洋文化研究所附属东洋学文献センタ刊行委员会，昭和五十九年（1984），第343页。

　　第一次攻讨发生在至元二十一年（1284）十二月至次年六月，表面原因是，已经归附元朝并设行省以抚之的占城发生叛乱，元廷要求安南方面为出征的镇南王脱欢提供兵粮，而安南方面却派兴道王陈国峻阻击进入安南的元军。深层原因则是，元廷存有立省安南的企图。[1] 元军从思明进入安南境内后，取得节节胜利，并在次年正月，攻破了安南国都。但到了六月，由于受到以兴道王为统帅的安南军队的反击，元军中撤军之议渐起："官军聚诸将议，交人拒敌官军，虽数败散，然增兵转多；官军困乏，死伤亦众，蒙古军马亦不能施其技。遂弃其京城，渡江北岸，决议退兵屯思明州。镇南王然之，乃领军还。"[2] 在撤退途中，元军受到伏击，将领李恒中矢，"以毒发，薨思明州，年止五十"。[3]

　　至元二十四年（1287）十一月，元廷发动了对安南的第二次征讨。据《元史·安南传》载："十一月，镇南王次思明，留兵二千五百人，命万户贺祉统之，以守辎重。程鹏飞、字罗合答儿以汉、券兵万人由西道永平，奥鲁赤以万人从镇南王由东道女儿关以进。"[4] 由此可见，思明既是元廷征讨安南的军事基地，又是元军物资的陆路供应站。与第一次相似，元军很快就攻下了河内，但到了次年春，天气转暖后，元军便一直打败仗。至元二十五年（1288）三月，元军北撤，安南军队则沿路伏击。元军在白腾江（今红河）遭到水上阻击，大批将领被俘，镇南王从陆路艰难地撤回思明："镇南王次内傍关，贼兵大集……谍知日烜及世子[5]、兴道王等，分兵三十余万，守女儿关及丘急岭，连亘百余里，以遏归师。镇南王遂由单己县趋盝州，间道以出，次思明州。"[6]

　　据《安南志略》载，思明州牧黄坚曾帮助镇南王绕过设伏的女儿关："王闻彼兵掘陷马阱，守女儿关；遣思明州牧黄坚，引由他道，径至禄州，全师还。"[7] 这个黄坚，就是解缙碑文中黄训武次子、黄忽都高祖的原型："至训武君二男……次袭知思明州，元世祖命镇南王脱欢讨交趾，为向导供给，从王入朝，世祖悦之，手抚其背，亲酌，赐之衣服金帛，授勋虎符龙虎上将军、广西两江道都元帅，仍思明路军民总管，是为公

① 〔明〕宋濂等：《元史》卷二百九《安南传》，中华书局，1976，第 4641 页。
② 〔明〕宋濂等：《元史》卷二百九《安南传》，中华书局，1976，第 4645 页。
③ 〔元〕姚燧：《牧庵集》卷十二《庙碑》，载氏著，查洪德点校：《姚燧集》，人民文学出版社，2011，第 172 页。
④ 〔明〕宋濂等：《元史》卷二百九《安南传》，中华书局，1976，第 4647 页。
⑤ 陈日烜为陈朝圣宗，时为太上皇，世子指陈仁宗陈日燇。
⑥ 〔明〕宋濂等：《元史》卷二百九《安南传》，中华书局，1976，第 4648 页。
⑦ ［越〕黎崱著，武尚清点校：《安南志略》卷四《前朝征讨》，中华书局，1995，第 92 页。

之高祖。”

据《元史·世祖本纪》载，黄坚不仅向元廷奏报，上思州黄圣许“聚众”为患，还主动要求参与对黄圣许的征讨。至元二十九年（1292）闰六月，“湖广省左江总管黄坚言：‘其管内黄圣许聚众二万，据忠州，乞调军万人、土兵三千人，命刘国杰讨之。臣愿调军民万人以从。’诏许之。”① 史料中的“左江总管”黄坚，上思州黄圣许乃黄坚“管内”，充分显示左、右江区域的“溪峒”体制（或曰“行政区划”）出现了新的变化。这就意味着，各土酋势力的消长变化，使得地方酋领与中央王朝之间形成了新的结合方式。

元世祖时期，左、右江地区沿袭前朝的羁縻“溪峒”体制发生了重大变化。据《元史·世祖本纪》载，至元二十三年（1286）十一月，“改思明等四州②为路”。至元二十八年（1291）五月，“立左右两江宣慰司都元帅府”。③ 又据元人傅若金的《傅与砺文集》卷五《送南宁路总管朱侯之官诗序》载：“国初复邕州，即其地创宣慰司，制两江。后稍徙太平，加都元帅府。元贞初，始合广西、两江道，定置宣慰司都元帅府，治静江而分府于邕州。”④ 综上所述，至元二十三年（1286），左、右江的思明等州升为路。至元二十八年（1291），设立左右两江宣慰司都元帅府。⑤ 左右两江宣慰司都元帅府先治邕州，后徙治太平。元贞元年（1295），合并广西道宣慰司与左右两江道宣慰司为广西两江道宣慰司都元帅府，治静江，分府邕州。另据成书于元贞、大德间的《大元混一方舆胜览》载，左、右江地区曾设田州上思等处军民宣抚使司都元帅府。⑥ 鉴于《元史》等史籍中均未出现关于“田州上思等处军民宣抚使司都元帅府”的记载，故笔者推测，其存在的时间可能很短。

据嘉靖《南宁府志·艺文志》中收录的《邕州路重修儒学大成殿》碑记载，大德七年（1303），邕州路在重修儒学大成殿时，思明路黄昔剌不

---

① 〔明〕宋濂等：《元史》卷十七《世祖纪十四》，中华书局，1976，第364页。
② 指左江思明、太平与右江田州、来安四路。
③ 〔明〕宋濂等：《元史》卷十四《世祖纪十一》，中华书局，1976，第347页。
④ 〔元〕傅若金：《傅与砺文集》卷五《序》，《北京图书馆古籍珍本丛刊》第92册，书目文献出版社，1988，第710页。
⑤ 宣慰司都元帅府是介于行省与路、州、县之间的行政区划与管理机构。《元史·百官志》载：“宣慰司，掌军民之务，分道以总郡县，行省有政令则布于下，郡县有请则为达于省。有边陲军旅之事，则兼都元帅府，其次则止为元帅府。”参见〔明〕宋濂等：《元史》卷九十一《百官志七》，中华书局，1976，第2308页。
⑥ 〔元〕刘应李原编，郭声波整理：《大元混一方舆胜览》上册，四川大学出版社，2003，第25页。

花邀请到时任湖南宣慰使的赵淇撰写碑记：

> 七年癸卯正月，经始越五月，帅升治桂林，托其事于副都元帅古
> 檍唐公世忠。未几，都元帅思明黄公昔剌不花觐还，相与协心济美，
> 以克就绪……黄帅以石西州判冯遇龙请记长沙，曰之役也，陈帅实倡
> 之，身与唐帅继成之，在我固不敢扬己之善，而亦不敢夺人之美，愿
> 有以求诸辞而垂厥功，实乃邑士赖。①

碑文中的"黄昔剌不花"，很可能是黄坚的蒙古名字。他在与元廷密切合作的过程中，扩大了自身的权势，并得到了元廷的重用。《元史·世祖本纪》载，至元二十九年（1292）时，黄坚为"左江总管"，"左江"疑指思明路。大德七年（1303），他又被提拔为广西两江道宣慰司都元帅。而在解缙碑文中，黄忽都之伯父黄武胜亦有都元帅的称号，此一说真实性尚无法断定，但无论如何，这些无疑都是黄昔剌不花留下的历史印记。

在宋代，邑州控管着左、右江区域的数十个羁縻州县以及大量的溪峒，入元以后，在这些州、县、峒之中形成了层级、体系，这种体系又被结合进整个的国家管理（官僚）体制之中。左、右江的思明等州被升为路之后，与静江路、南宁路②等处于名义上的同等地位，其上层均为广西两江道宣慰司，由此便形成了划一的"行政区划"。元朝的政治与文化受到多个族群的影响，形成的政治制度不是以汉人为中心的，而是多元包容的。

总之，入元以后，中央王朝控制边缘人群的方式，开始由传统的"羁縻制"向"土司制"转变，但需要明确的是，明将元的制度框架继承下来时——明将元的"路"改为"府"——其内涵却发生了重大改变。"土司""土流之别"的制度与概念是明代的，元代虽有"土官"之语（见载较少），实无"土官"之制度。由于元代的官僚体系与行政区划根本没有土与流的对立与区分，所以在元代，"土官"常常用来指称那些尚未进入

---

① 嘉靖《南宁府志》卷九《艺文》，《天一阁藏明代方志选刊续编》第 67 册，上海书店，1990，第 335—336 页。
② 泰定元年（1324），邑州路改南宁路。

官僚体系的地方酋领。①

因此，区分中国历史上不同王朝的特性（包括族群性），可为我们祛除"溯源式"研究的后来之见，打破历代王朝连续性、一体化的刻板印象，恢复历史上一些制度、人事的原貌。

四、明初思明黄氏土官的动向与祖先叙事的创制

明初以后，黄忽都并没有像上思黄英衍那样，于洪武元年就急于向明军诣降。直到次年七月，黄忽都才和广西左、右江的其他首领一起，向明廷进贡马匹与方物，并得到世袭思明知府的封号。据解缙碑文载，洪武十九年（1386），十万山有象出没，损害庄稼，明廷借派兵捕象之机，试图建立驯象卫。在建立驯象卫的过程中，黄忽都先是帮助官军修造城池与道路，随后又上言"地瘴僻远，不足立卫"。洪武二十年（1387），朝廷将驯象卫迁至南宁附近的横州。

我们若是联系其他史料就会发现，明廷"捕象"的目的，除了为民除害外，更重要的是进行军事部署。位于上思境内的十万山，在很长历史时期内一直游离于中央王朝的控制之外，当地土酋与中央王朝的关系也处于对抗状态。直至洪武二年（1369），"英杰走十万山，官军追及，斩之，上

---

① 学界主流观点认为，土司制度形成于元，兴盛于明。实际上遮蔽了不少东西，笔者以为，元、明两个王朝与边缘人群关系的不同与区分值得重新检视，这对理解两个王朝国家的整体形态具有重要意义。在此，有两位学者的观点值得重视：一是民国学者余贻泽指出："元虽已有土司，土官，并无一定之制度，又因统治者为外来民族，对本地之多数少数民族待遇略同，故无多大问题发生。按元之影响于后代土司制度者，一为其职官之名称，二为西番之喇嘛教中兼掌土职。"参见余贻泽：《清代之土司制度》，《禹贡》1936年第5卷第5期，第1页。余的观点较少受到"溯源式"历史叙述范式的影响，较为客观公允，但"土司"一词是明嘉靖以后才出现在史籍中的，因此"元已有土司"一句，笔者不敢苟同。另外，王叔武先生对"土司"一词源流的梳理不同于一般之见，阐明了元、明之间制度的差别：虽然元代已有"土官"一语，但还没有"土司"之称。这是因为元代诸司（宣慰使司、宣抚司、安抚司等）是地方一级行政机构，各司主管长官是蒙古人或色目人，都是流官；在少数民族地区的各司可以"参用土人"……到了明代，废行省为承宣布政司，罢路为府，废除行省和府之间的各级地方行政机构——宣慰使司、宣抚司、安抚司等，而将各司移作专为土人设立的一套地方政权机构，"土"与"司"才结合起来。参见龚荫：《中国土司制度》，云南民族出版社，1992，第1469—1470页。此引自王先生为龚书所写的跋。于此顺带指出，在本书中，凡涉及明中期之后制度、统治等总体而论的情况，一般用"土司"一词。在明前期史籍中，多用"土官"一词，本书遵照之；明中期之后，如涉及土司个体时，亦用"土官"一词。如是指宋、元以至明初时期的地方首领，则用"土酋"一词。

思州平"。此次派兵捕象，正是朝廷深入控制十万山的大好时机。但是明廷在十万山立卫的计划，最终被黄忽都搁浅了。

据解缙碑文载，黄忽都死于洪武己巳年（洪武二十二年，公元 1389 年）。其后，"英氏扶持其家"。长子广平袭职仅一年，就去世了。据《土官底簿》载，洪武二十六年（1393），黄广成开始署事，两年后正式袭职。①

自黄广成袭职后，思明黄氏与明王朝的关系更为密切了。据康熙《思明府志》载，洪武二十八年（1395），右江奉议州土酋发生"叛乱"时，黄广成就曾领兵协助朝廷征讨之。②

进入建文朝后，安南国内形势发生了新变化。建文二年（1400），黎季犛废陈少帝自立，改国号为大虞。陈朝宗室陈天平转道哀牢（今老挝），最终逃入明境。永乐四年（1406），明成祖派遣五千大军护送陈天平归国复位，明军进入安南境内后，被黎朝伏兵击败，于是明成祖下令讨伐安南。时负责监督粮饷、后来担任安南布政使的黄福写信给黄广成，要求其为大军南征提供援助：

> 思明，列大边藩，密迩交土，铢离相喻，有无懋迁……未必无可向导之人，未必无不可为行间之士。储积有日，备御有方，府之富庶，孰有大于尔者？涉猎经史，作为文章，礼士夫，贯骑射，邻土贤之，僚属德之，守称得人，孰能出尔右者？心一或尽事，罔弗克使。兵或不集，则曰令不我行也。粮或不足，则曰民不我信也。箭药不备，则曰我法未施也。交谍未获，则曰我计未奇也。如此而存心，则尔之心尽，臣之职修矣。③

黄福在信中，先是对思明黄氏大加赞扬了一番，然后暗示黄广成应提供兵力、粮草、箭药、情报等方面的援助。在信的末尾部分，黄福还对黄广成威逼利诱道，若他帮助朝廷完成南征，就会"青史留名"，否则就会"家声坠矣"。据康熙《思明府志》载，黄广成参加了这次征讨，"永乐丁亥，征交趾为前锋，破鸡陵关，战富良江，全师以还"。④

---

① 〔明〕无名氏：《土官底簿》卷下，《影印文渊阁四库全书》第 599 册，台湾商务印书馆，1986，第 392 页。解缙碑文记载稍有不同：广平卒，"又六年广成入朝，嗣为知府"。
② 康熙《思明府志》卷五《宦绩志》，清康熙二十九年刻本。
③ 〔清〕汪森编辑，黄盛陆等校点：《粤西文载》卷五十四《书》，广西民族出版社，2001，第 136 页。
④ 康熙《思明府志》卷五《宦绩志》，清康熙二十九年刻本。

击败安南黎朝后，明成祖又于永乐五年（1407），对安南"郡县其国"，改安南为交趾，将脱离中央王朝 500 多年之久的安南，再次置于大明王朝的统治之下。宣德年间，在以黎利为首的安南反抗势力的沉重打击之下，明在安南的统治处于风雨飘摇之中。宣德二年（1427）十一月，明总兵官王通和黎利盟誓退兵。在撤军过程中，明军不得不倚重黄广成的儿子黄玹。据载，永乐五年（1407），明廷在安南境内"据其要害，设卫十一、守御千户所三。又于交广分界处，如潼关卫例，设丘温卫及坡垒、隘留二守御所"。① 当时，黄玹便被授予丘温卫指挥佥事一职。

宣德二年（1427），宣宗向黄玹下了两道敕谕：

> 皇帝敕谕丘温卫指挥佥事黄玹，尔即密差土兵前去交趾，报知总兵官成山侯王通等知之，及探交趾事情，具奏来闻，故敕。
>
> 又敕谕丘温卫指挥佥事黄玹，得尔奏报交趾事情及弃城不守失陷官军，具悉尔之勤劳。然尔既得脱罪亦不问，宜率土兵人等效力前驱，以图后功，故敕。②

第一道敕谕应在盟誓前发出，当时朝廷还拟增兵驻守安南；第二道敕谕应在盟誓后发出，明宣宗不仅表扬了黄玹及时上报交趾战况的行为，还明确表示不问其罪，希望其继续"效力前驱，以图后功"。

宣德三年（1428），明宣宗又给黄玹发出了两道敕谕：

> 皇帝敕谕丘温卫指挥佥事黄玹，尔父子忠事朝廷，尽心边务，多效勤劳，朕甚嘉之。今特升尔为广西都指挥佥事，率领土兵镇守龙州、凭祥、岐垒等处。往来御御，仍听总兵官都督萧授、都督山云节制。尔其摅忠效力，抚恤军民，镇守边备，以副朕眷注之意，故敕。
>
> 再敕谕广西都指挥佥事黄玹，得尔奏报，备悉事情。此系边方急务，难以遥制，敕至尔可相度虚实，可援则援，不可援则止。果其来归，随即收入腹里城池，加意抚恤，仍具奏来闻。不许纤毫扰害，以沮其忠顺之心，故敕。③

---

① 〔清〕李文凤：《越峤书》卷六《编年·国朝洪武至嘉靖庚子》，《四库全书存目丛书》史部第 163 册，齐鲁书社，1996，第 25 页。
② 康熙《思明府志》卷六《艺文志》，清康熙二十九年刻本。
③ 康熙《思明府志》卷六《艺文志》，清康熙二十九年刻本。

在大军撤离安南的过程中，明廷提拔黄玹为广西都指挥佥事，让其守卫左江上游的边境一线，并要求其对战败的明军或加以援助，或收入腹里，加意抚恤。由此可知，黄玹不仅担当奏报边事之责，还被授予军事上的相机行事之权，明廷对其倚重之深，由此可见一斑。

思明黄氏与明廷的关系，并非单向的付出关系，其中掺杂有利益交换的成分。[1] 思明黄氏主要是想借助明廷的力量，收回被安南"侵占"的"失地"。早在洪武十四年（1381），思明府即向明廷奏报说"安南脱、峒二县攻其永平等寨"。与此同时，安南亦向明廷报告说，"思明府攻其脱、峒、陆、峙诸处"。[2]

洪武二十九年（1396），黄广成再次上奏称：

> 本府自故元设置思明州，后改思明路军民总管府，所辖左江一路州县洞寨，东至上思州，南至铜柱。元兵征交趾，去铜柱百里立永平寨军民万户府，置兵戍守，而命交人供具军饷。元季扰乱，交人以兵攻破永平寨，遂越铜柱二百余里，侵夺思明属地丘温、如嶅、庆远、渊、脱五县，逼民附之。以是五县岁赋皆令土官代输，前者本府失理于朝，遂致交人侵迫益甚。乞令安南以前五县还臣旧封，仍止铜柱为界，庶使疆域复正，岁赋不虚。[3]

在奏言中，黄广成叙述了思明在元代的历史沿革，强调元征安南时，曾设永平寨万户府，其南一百里有铜柱与交人分界。元末乱世，安南侵占了铜柱以北二百里的丘温等五县。因此，朝廷只有收回丘温等五县，才可使"疆域复正，岁赋不虚"。在这里，黄氏土官运用王朝国家的语言，把自己的势力范围连到整个国家的疆域中去。其实，王朝国家并不能从土司

---

① Leo K. Shin 认为，明代广西土司与中央王朝之间是一种结盟关系，这无疑是重要的洞见。但其又说，这种结盟关系体现在土司从中央王朝那里获得合法性，而王朝则依靠土司维持地方的秩序，这却是未加具体考察的想象之见。麦思杰与唐晓涛的研究证明，中央王朝利用土司的最大目的是征调狼兵镇压广西、广东的僮民起义，而土司的目的则是扩大在地方上的利益。见 Leo K. Shin, *The Making of the Chinese State : Ethnicity and Expansion on the Ming Borderlands*. New York :Cambridge University Press, 2006, pp.73—74；麦思杰：《大藤峡猺乱与明代广西》，博士学位论文，中山大学历史系，2005；唐晓涛：《礼仪与社会秩序：从大藤峡"猺乱"到太平天国》，博士学位论文，中山大学历史系，2007。

② 《明实录·太祖高皇帝实录》卷一百三十七，"洪武十四年六月丙辰"条，上海书店，1984，第 2168—2169 页。

③ 《明实录·太祖高皇帝实录》卷二百四十八，"洪武二十九年十二月乙酉"条，上海书店，1984，第 3600—3601 页。

那里收到多少税赋。[1] 此奏文亦反映出，虽然古代中国有"普天之下，莫非王土；率土之滨，莫非王臣"的所谓"天下"观念，但同时亦存在着不同于"天下"的"疆域"观念。与之相似的观念，还包括"中国""版图"，等等。这类观念被黄广成运用，既体现了一种认同与归属，也是出于利益的考量。

洪武二十九年（1396），明太祖派行人陈诚、吕让出使安南，谕令安南归还侵占思明的丘温等五县。而安南对思明府的陈述逐一进行了反驳：

> 窃惟丘温、如嗷、庆远、渊、脱五县，自昔以来供输下国，赋役世世相传。而洞登乃渊县之地，天使往来之路。其思明府凭祥人，每岁与下国渊县人交割夫骑于凭祥界坡罗唯关。……苟不原其地与其人民而欲图侵占，乃不假。何时攻战？何时破灭？而此时立站，其地主与其人民乃拱手而视，不敢谁何，又从而供其赋役，何其灵异至于如此哉？
>
> 又谓元时大军二次捕交，回军设立永平寨，拨军守镇交边，着落交趾供给粮饷。窃按二次大军之将帅，惟镇南王不止而钱归，《元史》虽讳而不详，至文其归也，则曰镇南王次内傍关，贼兵大集，以遏归师，王遂由单己县趋盏州，间道以出。观此则军势可知，归路可辨，岂有回军永平，而拨军守镇，又责交趾供给粮饷者哉？
>
> 又谓下国越过铜柱二百余里，而侵占其所属丘温等五县者。谨按：汉建武十九年，马援讨交趾征氏女立铜柱时，至今一千三百五十余岁，千载之下，陵谷迁变，谁复能辨？又谓拘问老人黄伯颜供说云云者，伯颜亦思明人，岂不同其愿欲，虽千伯颜将可信耶？
>
> 又谓因前土官失于申明，昨袭牧职，画图具呈，及以建武志为说者，岂有广成之高、曾、祖、父不识古事，不能申明，而广成昨日始至，乃能见识古事而申明耶？[2]

由上述反驳可以看出，当时安南对丘温等五县拥有实际控制权，边界一线已与今日的中越边界相去不远，即今日广西凭祥与越南谅山同登之间。

---

① 明代广西土司地区的土地、赋税制度，正如时人所记："随其广狭，不复丈量。其土酋所领地，就俾其认纳税粮，定为额数，日后不得有所加增。"即土司地区的土地不经丈量，税粮由土司认纳而已，日后更不加增。引文见〔清〕汪森编辑，黄盛陆等校点：《粤西文载》卷五十六《议》，广西民族出版社，2001，第198页。

② 《明实录·太祖高皇帝实录》卷二百五十，"洪武三十年三月甲辰"条，上海书店，1984，第3624—3626页。

安南方面反驳如下，如果自己用建立驿站的方式侵占了思明属地，为什么当地人民没有起来反抗？又用《元史》的记载证明，镇南王并没有设立过永平万户府；又提出铜柱之说，早已时过境迁，而陵谷变迁，谁复能辨？故思明府人的供词实不足信；最后反问道，如安南侵占了思明属地，黄广成的先辈们为什么没有申明呢？

对于思明与安南的纠纷，明太祖并没有采纳大臣们提出的征讨安南的建议，反而说道："蛮夷相争，自古有之，彼怙顽不悛，终必取祸，姑待之而已。"[1]

到了永乐二年（1404），安南与明廷的关系日渐紧张。四月，黄广成再次上奏说："本府与安南接壤，禄州、西平州、永平寨皆先臣故地，迩岁安南屡兴兵侵夺，遂遽有之。今遇圣人，悉遵旧制，思臣土地累世相传，伏望天恩，明其疆域，谕使归还，不胜幸甚。"[2]六月，明成祖敕谕安南使者曰："安南昔称知礼之国，今思明府言禄州、西平州、永平寨皆思明故地，与安南接境，安南夺而有之。其归语王，如非安南地，则速归之，保境安分，惇修邻好，可以长享富贵也。"[3]或许是心虚于自身的篡立行为，安南黎朝做出了实际的割地举动。《大越史记全书》载："明遣使来割谅山禄州之地、时广西思明土官黄广成告谓、禄州系本府故地也。季犛命行遣黄晦卿为割地使、晦卿以鼓楼等村凡五十九村还之、季犛责辱晦卿、以所还数多、凡彼所置土官、命令土人以毒鸩之。"[4]由此可知，对于安南所割的五十九村等地，思明府是难以管控的。宣德间，明廷从安南撤军后，西平、禄州等地再次被安南侵占。[5]

明白前述情势，我们或许就能更好地理解思明黄氏祖先叙事的创制了。思明黄氏在与安南的土地争端中，为了得到王朝国家的支持，便急于从身份、认同等方面拉近与王朝国家的关系。明太祖的"蛮夷相争"之论，或许使他们受挫不小，所以黄广成才会"流涕而跪求"解缙的碑文。而解缙在《知思明府黄公神道碑》中称，黄氏故国在湖广黄州，曾"尊周室，后并于楚"；宋仁宗时，其祖先曾被狄青奏补成忠郎。这样的叙事显然能够

---

① 《明实录·太祖高皇帝实录》卷二百五十，"洪武三十年三月甲辰"条，上海书店，1984，第 3626—3627 页。

② 《明实录·太宗文皇帝实录》卷三十，"永乐二年四月癸酉"条，上海书店，1984，第 538 页。

③ 《明实录·太宗文皇帝实录》卷三十二，"永乐二年六月戊子"条，上海书店，1984，第 569 页。

④ [越] 吴士连原著，陈荆和编校：《大越史记全书》（上），东京大学东洋文化研究所附属东洋学文献センタ刊行委员会，昭和五十九年（1984），第 485 页。

⑤ 康熙《思明府志》卷一《沿革》，清康熙二十九年刻本。

去掉思明黄氏"蛮夷"的身份：黄氏的根在中原，祖先曾被中原王朝授予官职。此外，碑文还着重叙述了思明黄氏从宋至元的历史，这无疑增强了他们统治这块土地的合法性。正如黄广成所言："余家守此将三百年，而当两世革命之际，前有训武公，后有朝列公，实宠绥之。不有彰微，其何以示子孙，俾思明之人有所考见哉？"而元镇南王出征安南的历史事件，也被黄氏用来作为要求安南归还"侵地"的证据。

以上是明初，思明黄氏与安南王朝关于土地控制的争辩与争夺，那么，有元一代，是否真有安南"侵地"的事实呢？据现有史料来看，这恐怕真是一笔糊涂账。王颋认为："可以大体肯定：终合罕统治中国之世，'两江'地方并不存在安南国'侵盗'疆界的问题。"[1]另有史料显示，至元三十一年（1294），思明已开始向安南索要石西州、禄州与永平寨三地："时思明帅言石西州、禄州皆本朝地，为安南所侵，几二百里。……至永平寨，寨故宋戍兵遮道言，实安南部领侵扰，不得耕耨。"[2]这则史料虽没有提及安南何时"侵地"，却证实了至元三十一年之前，石西州、禄州与永平寨三地已为安南所实际控制。

如果再进一步上溯至北宋时期，则由本书《序篇》可知，永平寨乃宋王朝在南方边缘地区设置的一个军事据点。不过，像永平寨这类孤悬蛮境的寨，由于很难有效控制地方，再加上峒蛮时常"反边"扰乱，故宋廷也需要借助交趾的力量来维护当地社会的稳定。

另外，洪武二十九年（1396），黄广成给明廷的上疏中反复出现的"铜柱"，也值得我们注意。中国历代史籍中，有多处记载象征中原王朝南方边界的铜柱，[3]后人（包括历朝文人学士以及当代历史学者）大多秉持考证学的传统，对铜柱的具体位置进行了深入细致的考究，但笔者的疑问是：铜柱是在什么时间、在什么背景下、由谁提出的？

在宋之前的文献中，铜柱是与"象林""临邑国"联系在一起的。6世纪成书的《水经注》引《临邑记》曰："建武十九年，马援树两铜柱于象林南界，与西屠国分，汉之南疆也。"[4]"象林"即两汉时期设在今越南南部的日南郡象林县，也是汉帝国疆域的最南端，故铜柱在其南界。汉顺

---

[1]　王颋：《元代两江及其与安南的边界争端》，载萧启庆：《蒙元的历史与文化：蒙元史学术研讨会论文集》，学生书局，2001，第760页。

[2]　〔元〕袁桷：《清容居士集》卷三十四《传·萧御史家传》，《丛书集成初编》第2072本，中华书局，1985，第584页。

[3]　在今湖南西部又有溪州铜柱之说，此不论及。

[4]　〔北魏〕郦道元著，陈桥驿注释：《水经注》卷三十六，"郁水"条，浙江古籍出版社，2001，第565页。

帝永和二年（137），象林爆发叛乱，自称临（林）邑国，此乃后世之占城（占婆）。7 世纪成书的《隋书·刘方传》中，记载了大业元年（605），隋将刘方率大军出征临邑国的事件："王师力战，贼奔于栅，因攻破之，俘馘万计。于是济区粟，度六里，前后逢贼，每战必擒。进至大缘江，贼据险为栅，又击破之。逐马援铜柱，南行八日，至其国都。林邑王梵志弃城奔海，获其庙主金人，污其宫室，刻石纪功而还。"① 由史料可知，与汉代情形相比，铜柱的位置已经北移，在临邑国都之北，这无疑反映了中原王朝对临邑国的"独立性"已经有所体认。

有宋一代，史籍中除了沿袭前代的旧说外，又有了新的铜柱故事。成书于 12 世纪的《岭外代答》载，钦州、安南交界有马援铜柱："闻钦境古森峒，与安南抵界有马援铜柱，安南人每过其下，人以一石培之，遂成丘陵。"② 铜柱位置迁移背后反映的历史变迁是：唐末五代，交趾开始走向独立，北宋是其集权化快速发展的时期。钦州与邕州是当时中央王朝在南方的两个重要据点，而二者的主要区别在于，钦州下面并不是羁縻州县，而是编户州县，中央王朝的控制力量远远大于邕州。因此，在钦州出现象征国家边界的铜柱也就不难理解了。

明初，铜柱又被转移到西边的内陆地区，思明黄氏指其为与安南的"分界标志"。前代史籍中用以标示中原王朝南方疆域分界的铜柱被当地土官征用，说明这一区域的国家认同已逐渐生成。但其吊诡之处在于，这一认同过程却是融于土司企图扩大自身利益的过程中的，因此，这个边界既是国家的，更是地方的。

在成书于万历年间的《西事珥》中，铜柱的位置已落在今中越边界附近："伏波铜柱有二，一在凭祥州，属思明府南界；一在钦州分茅岭，则交址东界也。"③ 有意思的是，广东钦州界之西境分茅岭的铜柱位置，也是来自当地人的指认，再次体现了国家边界的观念是在王朝（官员）与地方人群的互动过程中形成的。道光《钦州志》中记载了崇祯年间任廉州知府的张国经寻访铜柱的经历："分茅岭，州西南三百六十里古森洞与交分界。山顶茅草南北异向。昔传马援平交趾，于岭下立铜柱，以表汉界。崇祯九年，张国经访铜柱远近，得帖浪老叟黄朝会云：万历间会至其地，见茅果

① 〔唐〕魏徵等：《隋书》卷五十三《刘方传》，中华书局，1973，第 1358 页。
② 〔宋〕周去非著，杨武泉校注：《岭外代答校注》卷十《古迹门·铜柱》，中华书局，1999，第 404 页。
③ 〔明〕魏浚：《西事珥》卷一，"两铜柱"，《四库全书存目丛书》史第 247 册，齐鲁书社，1996，第 753—754 页。

分垂两边，岭去铜柱尚远。"①

小结：国家边界的地方意义

综观本章，我们可以理解思明黄氏祖先叙事背后的真相：解缙碑文掩盖了地方势力的升降变动，与中原王朝若即若离甚至武力相向的上思黄氏被彻底清除，而思明黄氏则从"两边倒"的状态中顺利转身，投入中原王朝的怀抱。在与安南争夺土地的过程中，思明黄氏为了借助中原王朝的力量，便主动从身份、认同上拉近与中原王朝的关系。黄氏土官把自身的势力范围结合进国家的疆域里，土司的势力范围便逐渐成为国家的边界，并由此产生了后来成为模版的祖先叙事。

在上述过程中，有国家边界的生长，或者说有人群"区分意识"的生成。正如铜柱分界故事所透露的那样：原来的铜柱之说或是年远时久的片语残言，或是王朝官员自我标榜、激励的臆想（历史上汗牛充栋的"铜柱标功"诗就是明证），现在终于有当地人主动站出来，不仅将其与自身的利益纠葛联系在一起，更是用其界定王朝国家的边界。黄广成的例子之所以非常重要，是因为它使我们第一次观察到一个活生生的个体，如何展示自己的身份认同，如何参与王朝国家边界的塑造。当然，这些行动背后又夹杂着他维护自身利益的动机。

因此，笔者在这里提出"国家边界的地方意义"这个概念想要表达的意思是，国家边界是王朝（官员）与地方人群互动的结果，其形成的凭借在地方社会；国家边界与地方人群的切身利益相互纠葛，地方人群不仅对国家边界有着自身的独特认知，还在不断型塑着国家边界的形貌。此外，地方人群还懂得如何征用或规避国家边界。

另外，在明代的边缘地区，似乎可以观察到一种"民族主义"的酝酿。对于此种"民族主义"，我们最好把它放在元明易代的历史场景中加以理解。元代的政治、文化受到多个族群的影响，然而西南地区在行政制度方面更为划一，并未进行地域与族群的区分。元朝十足的扩张野心与强大的军事战斗能力，更使得此种"民族主义"成为"世界主义"。在明代，"土流之别"不仅是政府管制制度方面的区别，更体现了强烈的族群区分色彩。流官地区自是汉人居住的地方，而土司地区则被赋予了"蛮荒之地""蛮

---

① 道光《钦州志》卷一《山川》，清道光十四年刻本。

性未脱"的形象。从元到明，中国的"边界"或许有了一个深入演化的过程，以汉人为中心的政治与文化，开始在边缘地区形成一种类似近代西方的"民族主义"。[1] 解缙《知思明府黄公神道碑》开首即言："黄氏系绪陆终之封于黄，今湖广黄州，故国也。春秋时与会盟、尊周室，后并于楚。"由此可见，思明黄氏祖先叙事创制体现的内涵为：连缀祖先与起源的故事，并把这个故事溯源至遥远的历史，从而达致文化与地缘上一统性的想象。

---

[1] 尽管元明易代的"民族革命"色彩及其程度深浅，在学术界尚是一个见仁见智的议题，但朱元璋北伐时以"驱逐胡虏，恢复中华"为口号，开国之初大力革除蒙古礼俗等也是不争之史实，"土木堡之变"后，华夷之辨的族群认同更有进一步强化的趋势。总之，中国历代王朝的族群性当是中国历史的一个重要面相。详见张佳：《新天下之化——明初礼俗改革研究》，复旦大学出版社，2014；刘浦江：《元明革命的民族主义想象》，《中国史研究》2014 年第 3 期。

第二章 礼法之下：
明中期的土司家族、边境形势与王朝势力

前章已述，宋至明初，边缘地方的土酋势力经历了此消彼长的变动，有的被铲除殆尽，有的则因势扩张。那么，这些在明初即远赴京城，上贡方物，并取得世袭官爵的地方土酋们，会在新时代里面临什么样的新境遇呢？他们治下的方域，又会发生什么样的新变化呢？在本章中，笔者将重点探讨的是，土官承袭制度作为一套礼法话语，是如何被各方实践、利用的。

洪武二十六年（1393），明廷规定："湖广、四川、云南、广西土官承袭，务要验封司委官体勘，别无争袭之人，明白取具宗支图本，并官吏人等结状，呈部具奏，照例承袭。"①这一土官承袭制度的重点有二，其一是朝廷需"委官体勘"，其二是土官自身需提供"宗支图本"以及各式"结状"。该制度不仅促成了广西左、右江土司撰写祖先谱系的传统，更重要的是，其还更新了中央王朝治理地方势力的形式。在宋元时期，中央王朝只是对那些在地方竞争中取得胜利，且愿意向中央王朝纳贡称臣的土酋授予官职名号，而很少对所赐官职名号在地方势力内部的传承进行规定和干预。

洪武二十六年之后，明廷不断对土官承袭制度进行补充。洪武二十七年（1394），明廷对土官袭替原则的规定是，"令土官无子，许弟袭"；洪武三十年（1397）又规定，"令土官无子弟，而其妻或婿，为夷民信服者，许令一人袭"。弘治二年（1489），明廷对土官袭替的年龄进行了限制："令土官应袭子孙，年五岁以上者，勘定立案；年十五以上，许令袭。如年未及，暂令协同流官管事。"②更为重要的是，明廷还详细规定了土官袭

① 〔明〕申时行等：《大明会典》卷六《吏部五》，《续修四库全书》第789册，上海古籍出版社，1995，第113—114页。
② 〔明〕申时行等：《大明会典》卷一百二十一《铨选四》，《续修四库全书》第791册，上海古籍出版社，1995，第218页。

替的程序与制度保障：

> 正统元年奏准，土官在任，先具应袭子侄姓名，开报合干上司，候亡故，照名起送承袭。六年奏准，预取应袭儿男姓名，造册四本，都、布、按三司各存一本，一本年终类送吏部备查，以后每三年一次造缴。嘉靖九年题准，土官衙门造册，将见在子孙尽数开报，某人年若干岁，系某氏生，应该承袭；某人年若干岁，某氏生，系以次土舍。未生子者，候有子造报，愿报弟侄若女者，听。布政司依期缴送吏、兵二部查照。[①]

从土官袭替原则中，弟、侄、妻、女、婿均有资格递补袭替来看，这种规定在很大程度上是对原有权力转移方式的承认。这既是当时官方"文件"的特点，也是官方想要达到的效果——内容充满弹性，但形式程序严谨。这种规则形成文字，并进一步成为王朝推行的礼法后，王朝在调控土司势力以及土司内部各种势力之间的竞争时，都会持之以为自身的理据。

一、思明黄氏的衰落与"易储案"

据解缙《知思明府黄公神道碑》载，入明以后，思明府的第三任土知府黄广成共有玹、璘、瑢、暖、璷、琮、琉、珁、瓛九个儿子。据《土官底簿》载，永乐十一年（1413），思明府知府由黄珁袭替："（黄广成）故，长男黄珁永乐十一年六月奉圣旨，著他袭了，钦此。"[②] 而解缙碑文却称，黄珁并非长男，黄玹才是。由此可见，当时土官袭替的实际情况与官方文件的记载并不能画等号。[③] 况且《大明会典》关于土官袭替的规定中，并没有界定诸子中长、次，嫡、庶之别，这些都为土官职位袭替提供了争论的空间。

宣德时期，黄玹因对明廷贡献颇多，获得了都指挥佥事的头衔。正统

---

① 〔明〕申时行等：《大明会典》卷六《吏部五》，《续修四库全书》第 789 册，上海古籍出版社，1995，第 114—115 页。

② 〔明〕无名氏：《土官底簿》卷下，《影印文渊阁四库全书》第 599 册，台湾商务印书馆，1986，第 392 页。

③ 《土官底簿》载有明正德之前全国的土官袭替记录，四库馆臣疑为当时政府档案的抄件。详见〔明〕无名氏：《土官底簿》，提要，《影印文渊阁四库全书》第 599 册，台湾商务印书馆，1986，第 331 页。

二年（1437），他又获得了部领耕守于广西浔州地区的土兵的权力：

> 广西总兵官都督山云奏，浔州府平南等县耆民赴臣处言，浔州切
> 近大藤峡等山，猺寇不时出没劫掠居民，阻截行旅，近山多荒田，为
> 贼占耕。而左、右两江土官地方人多田少，其狼兵素勇，为贼所惮，
> 若选委头目起领前来屯种一带近山荒田，断贼出没之路，不过数年，
> 贼徒坐困，地方宁靖矣。臣已会巡按御史三司等官计议，诚为长便。
> 乞如所言，量拨田州等府族目土兵分界耕守，就委土官都指挥黄玹部
> 领，遇贼出没，协同官军并力剿杀。从之。①

由唐晓涛的研究可知，浔州大藤峡地区具有重要的区位优势和资源利
益：对峡江过往船只的征税带来的利益、浔州府平原平坦肥沃的田地。②
明廷将此地土兵交由黄玹部领，则意味着其势力、利益的进一步扩大。

正统十四年（1449），黄玹与桂西右江地区的思恩土知府岑瑛一起随
同官军出征，镇压其他"蛮夷"："十四年，夷贼窃发，思明府官族丘温卫
土官指挥黄玹、思恩土官知府岑瑛各以兵随征，蛮夷畏之。"③

景泰二年（1451），思明府爆发了一次动乱。兵科抄出左副总兵征蛮
将军都督金事武毅等题：

> 据守备龙州太平千户所副千户夏显呈，据缉事军人韦公真报：缉
> 知附近思明府，聚有兵马众多在府，不知有何缘故？得此，随委总旗
> 莫大一前去体勘。续据呈称：景泰二年八月十四日，前去思明府，果
> 见兵马众多，围裹一府，抄获知府黄玙等父子，并家人头目，就于本
> 府监禁。至十五日夜三更时分，忽闻兵喊，放炮三声，次日闻知黄玙
> 等俱被杀死。随于本府流官处说明等因。④

由上则史料可知，景泰二年（1451）八月十四日，思明府发生动乱，

① 《明实录·英宗睿皇帝实录》卷三十五，"正统二年十月戊午"条，上海书店，1984，第673—674页。
② 唐晓涛：《礼仪与社会秩序：从大藤峡"猺乱"到太平天国》，博士学位论文，中山大学历史系，2007，第45页。
③ 嘉靖《广西通志》卷五十五《外志六·夷情》，《北京图书馆古籍珍本丛刊》第41册，书目文献出版社，1988，第650页。
④ 〔明〕于谦著，魏得良点校：《于谦集》卷五《奏议·兵部为聚众谋杀土官事》，浙江古籍出版社，2016，第244—245页。

知府黄珚父子及众多家人、头目均被杀害。在兵部收到的报告里，还包括了一份呈词：

> 又据把总领哨都指挥使王玹呈：本年八月二十五日，得原籍思明府黄灏差家人黄清赍书报说，本年八月十一日二更时分，不知何处兵马，约四五千余名，包围本府，至十二日天明，将弟知府黄珚等俱各擒拿去。讫本日一更时分，复聚人兵，又来包围本职房屋，叫说我们都是本府四牌十二团百姓，被知府杀害亲戚，强娶妻女，占住祖业田产，百般科害，大人也不劝他。我百姓十分当他不过，所以聚人来问他讨银、儿女。你若不替我每主张，又去护他，替他动文书，我每众人也破荡你家。有男黄灏回说，府家之事，干我甚事。各人不言，住至三更时分退去。即今日遂互相挟仇乱行，差人缚牛、讨钱不息。书报到职，系干边境府治及弟侄都不知存亡，如蒙乞为差官前去安抚，及体缉弟侄下落。①

这份呈词为官族黄灏所写，落款为八月十三日。据呈词可知，动乱发生在十一日夜；十二日，知府被聚集的兵马擒拿；十三日，兵马包围黄灏的房屋，自称乃"本府四牌十二团百姓"，他们之所以起事，是因为知府有"杀害亲戚，强娶妻女，占住祖业田产"等残暴行为。黄灏最后请求，朝廷差官前去安抚百姓以及寻找知府下落。随后，明廷派巡抚广西兼提督军务的李棠等查办此案。

后出的史料揭示，这是一起土司内部的"篡立夺位"事件。据嘉靖《广西通志》载：

> 景泰二年八月，珚之嫡子铢怨不得袭，玹以计授之，聚兵五千，围府执珚及兄钧等，数其贪虐之罪，并家人族目幽于狱。越二日弑，余尽杀之。玹既图夺嫡，阴上其谋，乃使其子灏阳以其事闻于官，若欲为伸理者。已而巡抚刑部侍郎李棠、总兵都督佥事武毅发其恶，坐罪当死。②

---

① 〔明〕于谦著，魏得良点校：《于谦集》卷五《奏议·兵部为聚众谋杀土官事》，浙江古籍出版社，2016，第245页。

② 嘉靖《广西通志》卷四十九《侫倖传》，《北京图书馆古籍珍本丛刊》第41册，书目文献出版社，1988，第585页。

由《广西通志》可知，黄钧继黄珂之后，成为思明府的第五任土官。①由于他并不是黄珂之嫡子，所以引来嫡子黄鉽的怨恨。黄鉽在黄玹的谋划之下，杀死了兄长、父亲。但是，老谋深算的黄玹不仅揭发了黄鉽弑父杀兄的罪行，还安排自己的儿子黄灏向朝廷告状，希望借此夺取珂、钧一脉的权势。整个事件的最终结局是，玹、鉽均被朝廷下狱。

从前文可知，黄珂的身份并不清楚，而袭替其职位的黄钧也并非嫡子，这些都说明当地土酋势力原有一套自己的权力转移方式，暴力占夺即是其中的一种，但是现在，这套方式却遭遇到了新出现的朝廷礼法。那么，朝廷是在切实执行自己制定的礼法吗？

嘉靖《广西通志》载，黄玹被李棠、武毅下狱，"坐罪当死"，但根据其他史料可知，事情并非如此严重。就在景泰二年（1451）八月，王翱被派去总督两广军务时，就有大臣上疏说：

> 近年以来，为因副总兵都督武毅等，怯懦无谋，处置乖方，以致各该土官不肯信服，甚者中间心持两端，强梁跋扈，重为地方之患。即武毅等已是降黜，都御使王翱前去总督军务，剿杀贼寇，正在用人之际，而土官所部土兵，委系骁勇惯战，贼人素所畏惧。……请敕王翱到彼之日，拘集各该土官，宣明朝廷优待之意，并各人享有爵位之隆。兹当地方不宁，正宜效力补报。如土官都指挥黄玹先因为事提问，后都察院具奏要行疏放，宜从。
>
> 请敕各土官黄玹、岑瑛等体天道、顺朝廷，协力捕贼，悉听王翱节制，事平之日，重加升赏。仍先请给官库或户部折粮银一千两、表里四五付赍去，会同总兵、侍郎等官，先将得用土官黄玹、岑瑛等，每人给赏表里、银两，以固其心。②

由第一段引文可知，王翱的前任武毅，就是因为没有处理好与土官的关系，而受到降黜的处分，王翱则被要求改行优抚政策。为了鼓励土官们

---

① 《土官底簿》未指出黄钧袭替时间，只载黄珂"风疾，本年五月，男黄钧替"；而在康熙《思明府志》中保存一份"景泰元年赐土官知府黄钧敕"，据此推测，其在景泰元年前已经袭替。参见〔明〕无名氏：《土官底簿》卷下，《影印文渊阁四库全书》第599册，台湾商务印书馆，1986，第393页；康熙《思明府志》卷六《艺文志》，清康熙二十九年刻本。前引黄灏发出的文书中称"弟知府黄珂"，黄灏为黄玹之子，黄珂实为其叔，当时任知府的为其堂弟黄钧。
② 〔明〕张瀚辑：《皇明疏议辑略》卷二十三《征伐》，《续修四库全书》第463册，上海古籍出版社，1995，第45—46页。

协力捕贼，朝廷还承诺"事平之日，重加升赏"。在此情况下，释放黄玹的建议再次被提出。第二段引文还建议说，应先给黄玹、岑瑛等土官一定的赏赐，以固其心。

景泰三年（1452）四月，黄玹因进呈"永固国本事疏"，被卷入中央王朝的宫廷礼法争议之中。正统十四年（1449）的"土木堡之变"后，明英宗被俘，其弟郕王朱祁钰先是受命监国，随后被拥立为皇帝，改元景泰。景泰元年（1450），明英宗被放回，但一直处于被幽禁的状态。当时的太子仍是英宗之子朱见深，而代宗朱祁钰希望改立自己的儿子朱见济为皇太子。据《明史》载：

> 及郕王即位，心欲以见济代太子，而难于发，皇后汪氏又力以为不可，迟回久之。太监王诚、舒良为帝谋，先赐大学士陈循、高谷百金，侍郎江渊、王一宁、萧镃，学士商辂半之，用以缄其口，然犹未发也。会广西土官都指挥使黄玹以私怨戕其弟思明知府㻞，灭其家，所司闻于朝。玹惧罪，急遣千户袁洪走京师，上疏劝帝早与亲信大臣密定大计，易建东宫，以一中外之心，绝觊觎之望。疏入，景帝大喜，亟下廷臣会议，且令释玹罪，进阶都督。[1]

由上则史料可知，黄玹虽来自边缘地方，却善于审时度势，相机而动。他深知明代宗的心思，在朝臣均未开口的情况下，率先上奏"易建东宫"。大喜之下，明代宗不仅赦免了黄玹的罪行，还升其为前军都督府都督同知。随后，黄玹本人被召至京城，其下狱的家人具宥其罪，赴京随住。景泰四年（1453）五月：

> 都督同知黄玹自广西赴召至京，帝谓少保兵部尚书于谦等曰，玹素有机谋勇略，可留前府治事，拨与房屋居住。其子并家人为事系广西狱者，俱宥之。尔兵部遣官赍敕往广西，取玹子及家属赴京随住，沿途应付口粮并船。[2]

进京居住的黄玹对于田土仍怀觊觎之心，曾"奏求霸州、武清县'无主空地'二处"，最终被户部以侵占民产为由驳回：

---

① 〔清〕张廷玉：《明史》卷一百一十九《诸王四》，中华书局，1974，第 3638—3639 页。

② 《明实录·英宗睿皇帝实录》卷二百二十九，"景泰四年五月乙亥"条，上海书店，1984，第 5013 页。

都督黄玹以易储议得帝眷，奏求霸州、武清县地。炜①等抗章言：玹本蛮僚，遽蒙重任，怙宠妄干，乞地六七十里，岂尽无主者？请正其罪。帝宥玹，遣户部主事黄冈、谢昶往勘。还奏，果民产。户部再请罪玹，帝卒宥焉。②

据《明实录》载，景泰六年（1455）五月，"故前军都督同知黄玹次子瀚袭为永清左卫指挥佥事"。③由此推断，黄玹当在此年五月前去世。

明英宗复辟之后，黄玹家族的命运也就可想而知了。天顺元年（1457），虽然黄玹已死去数年，但英宗仍下令发棺鞭尸。④其袭为永清左卫指挥佥事的次子黄翰，也被下锦衣卫狱。⑤

关于黄玹在思明府动乱中所扮演的角色，存在着两种不同的说法。嘉靖《广西通志》称，黄𫓯弑父杀兄，是由黄玹策划的；而《明史》载，"黄玹以私怨，戕其弟思明知府珹，灭其家"。关于黄玹杀害亲弟黄珹的来龙去脉，《明实录》的记载更为详细：

先是，广西思明府致仕土官知府黄珹子钧，已代为知府，珹庶兄都指挥使玹欲杀钧，代以己子。玹守备浔州，托言征兵思明府，令其子纠众结营于府三十五里外，夜驰至府，袭杀珹一家，支解珹及钧，瓮瘗后圃。仍归原寨，明日乃入城诈发丧，遣人报玹捕贼，以掩其迹。方杀珹时，珹仆福童得免，走宪司诉其事，仍以征兵檄为证。阖郡人皆言杀珹家者，玹父子也。⑥

在《明实录》中，完全不见黄𫓯的踪影，整个聚兵杀害黄珹一家的事件，似乎完全由黄玹及其子完成。需要指出的是，景泰一朝的实录是以《废帝郕戾王附录》为题，附录在《英宗实录》之中的，二者都是在英宗

---

① 指刘炜，时任刑科给事中。
② 〔清〕张廷玉：《明史》卷一百六十四《刘炜传》，中华书局，1974，第4456页。
③ 《明实录·英宗睿皇帝实录》卷二百五十三，"景泰六年五月丁卯"条，上海书店，1984，第5472页。
④ 嘉靖《广西通志》卷四十九《佞倖传》，《北京图书馆古籍珍本丛刊》第41册，书目文献出版社，1988，第585页。
⑤ 《明实录·英宗睿皇帝实录》卷二百七十四，"天顺元年正月甲申"条，上海书店，1984，第5793页。
⑥ 《明实录·英宗睿皇帝实录》卷二百五十五，"景泰三年夏四月甲申"条，上海书店，1984，第4629页。

之子朱见深登基后的成化三年（1467）修成的。因此，在《明实录》《明史》中，黄玹被严重"污名化"也就不难理解了。

上引《明实录》载，赴宪司控告黄玹父子罪行的福童，只是黄珚的仆人，而据康熙《思明府志》载，完成这项控诉任务的，是一个叫陆祥的头目。陆祥是黄珚的亲家，即黄钧的岳丈。由于陆祥的控诉，黄钧八岁的儿子（陆祥的外孙）黄道，得以承袭土知府之职：

> 陆祥，字彦麟，秉性温良，谋略过人，善应对。知府黄珚慕公有家教，聘公女配男黄钧，生道。钧父子被害，道在襁褓，公负道佩印避患，赴各上台控诉，克复仇。道袭父职，甫八岁荣膺冠带，寻蒙实授，公之力居多。①

在景泰二年（1451）的思明府动乱中，陆祥与希图以己子取代黄钧的黄玹构成明显的竞争关系，更有史籍直截了当地指出，黄玹之子与黄道曾经争袭："思明知府卒，同族黄震②、黄道争袭。道父兄皆死于兵，地方汹汹，三司莫为计，或以为震当袭。"③黄钧岳丈陆祥的控诉，对于黄玹是极为不利的。

天顺元年（1457），黄玹被明宪宗发棺鞭尸之后，思明府开始陷入长久的纷争之中。由嘉靖《广西通志》可知，逃回思明府的黄玹之子黄灏（有些史籍写作"黄震"）及其子孙，构成了思明府长期动乱之源：

> 初，黄震与子绍走龙州。成化四年，都御史韩雍遣太平知府郭本捕震，诛之。十二年，黄绍复攻思明州，夺长子文昌。二十年，破下石西州，夺次子文盛。弘治六年，破上石西州，夺季子文荣。九年闰三月，密遣陆光等鸩杀钧之孙、府官男光燮。十一月，又遣赵保安等刺杀光燮父、知府黄道，遂据府治。督府遣兵捕之。十一年，绍纠忠州土官黄鑛拒敌，寻鸩杀道妻赵氏。副总兵欧磐率官军讨破之，擒斩无算。绍惧顺降，督府遣官戒谕，不听，复叛。十五年，官军捕急，绍仰药死。文昌仍擅迁思明州治于况村，筑城以□。文荣据所得州如

---

① 康熙《思明府志》卷五《人物志》，清康熙二十九年刻本。
② 即黄玹之子，在官方档案里写作"黄灏"，如《明实录》、兵部报告。而在《广西通志》中既有写作"黄灏"的，也有写作"黄震"的。
③ 〔清〕汪森编辑，黄盛陆等校点：《粤西文载》卷六十四《名宦小传》，广西民族出版社，2001，第23页。

故。十八年，文昌等忿，复连年劫掠，督府遣副总兵康泰、参政杨茂元等举兵致讨，遣恩城州土官赵忠顺计擒文昌、文盛、文荣等诣军门，咸正诸法。[①]

由嘉靖《广西通志》可知，逃回龙州的黄震在成化四年（1468），被时任两广总督的韩雍遣人诛杀。黄震之子黄绍分别在成化十二年（1476）、成化二十年（1484）与弘治六年（1493），攻下思明府所属的思明州[②]、下石西州与上石西州，并分别由其子文昌、文盛、文荣占领。黄绍还杀害了黄道妻赵氏、子黄光壁，占据府治。弘治十五年（1502），黄绍被官军"捕急，仰药死"。黄绍死后，文昌等擅迁思明州治于况村，筑城自守，并连年劫掠乡里。直至弘治十八年（1505），黄文昌、黄文盛、黄文荣才被恩城州土官赵忠顺计擒，正法。

二、明中期的土司纷争、明安关系与王朝礼法

黄珹去世后，思明府黄珚一脉与占据思明州等地的黄玹一脉长期相互厮杀，导致了思明黄氏的衰落，左江上游地区由此陷入群龙无首的局面。

思明黄氏衰落之际，右江岑氏的势力却处于逐步扩张之中。明清时期的广西两江土司中，左江以黄姓居多，右江则基本为岑姓。洪武元年（1368），朱元璋告谕广西土司："自唐、宋以来，黄、岑二氏代居其间，世乱则保境土，世治则修职贡。"[③]因此，就整个广西区域而言，黄、岑二氏实为此消彼长的竞争关系。根据唐晓涛的研究可知，英宗复辟之后，岑氏便抓住时机，一举控制了大藤峡地区。[④]而此前，这个地区曾一直为黄玹守备、经营。

正德、嘉靖时期，右江岑氏土司中，势力最大的是田州岑猛。他于弘治十一年（1498）袭职田州土知府，后因在土司内斗中"失陷府治"，朝

---

① 嘉靖《广西通志》卷五十五《外志六·夷情本朝》，《北京图书馆古籍珍本丛刊》第 41 册，书目文献出版社，1988，第 650 页。
② 治今崇左宁明县县城附近，明初设土州，康熙五十八年（1719）改流。
③ 《明实录·太祖高皇帝实录》卷三十六，"洪武元年十一月丙午"条，上海书店，1984，第 667 页。
④ 唐晓涛：《礼仪与社会秩序：从大藤峡"猺乱"到太平天国》，博士学位论文，中山大学历史系，2007，第 49 页。

廷拟"降猛千户，徙福建沿海卫分带俸"。① 但岑猛却依靠贿赂的手段，搭上当权太监刘瑾，由此得以留任田州府土官同知，继续掌印管事。从交结王朝官员中尝到甜头的岑猛，此后更加着意于发展同王朝官员的关系："督府、旗校至田州者，猛率厚赂结欢，誉猛者籍甚。"② 正德七年（1512），岑猛应都御史陈金之召，赴江西镇压"华林贼"，因战功卓著，升指挥同知。自此以后，岑猛开始插手左江上游地区的事务。

龙州位于思明府西边，属丽江流域。据嘉靖《广西通志》载龙州："宋置，龙州隶属太平寨。元大德中，升龙州万户府。明兴，复为州，九年改直隶广西布政司，编户五里。土官知州赵姓，原为龙州万户府官。国朝初，赵贴坚纳土内附，仍改龙州，赐印世袭知州。贴坚死，无嗣，侄宗寿袭，□□□□死，景昇袭，无嗣，以叔仁政袭。死，子南杰袭。死，子源袭。死，无嗣。"③

从明初归附的赵贴坚到赵源，其间共有六代土官，而赵源任职于成化十一年（1475）到正德三年（1508）之间。④ 赵源死后，因无子嗣，便由其侄赵相袭职。赵相的袭职引起赵相之弟赵楷的强烈不满，从而为右江岑氏插手龙州事务提供了契机。据《苍梧总督军门志》载，正德十三年（1518）：

> 初，龙州知州赵源妻岑氏，猛之姑也，恃家势专制部中。源死无子，而源之庶兄溥有二子，长相次楷。州人推相当立，楷妒之，语岑曰，主何不自为地，相诚立，则州非主有也。何不购乳子而拥之，以主家之灵何敢有异议。是主世世有龙州也。岑深然之，遂以仆韦队之子璋，诡云遗腹，鞠之外家。而猛遣府目韦好以兵三千纳璋龙州，弗克。楷遂奏言，璋实源子，为相所篡。事下督府，未有主相者。会有锦衣舍人黄祥以他务至太平，张声甚侈。楷言于猛，若欲纳璋，非朝命无以率众，今幸有朝使至，边民莫知何者，借势而图之，蔑不济矣。猛喜以千金赂之，诡云有制。调镇安、果化、向武等兵贰万人，送璋

---

① 《明实录·武宗毅皇帝实录》卷四，"弘治十八年八月己未"条，上海书店，1984，第128页。

② 〔明〕田汝成：《行边纪闻》，载氏著：《滇考·行边纪闻·雷波琐记（合订本）》，华文书局，1968，第413页。

③ 嘉靖《广西通志》卷五十二《外志三·土官沿革二》，《北京图书馆古籍珍本丛刊》第41册，书目文献出版社，1988，第620页。

④ 〔明〕无名氏：《土官底簿》卷下，《影印文渊阁四库全书》第599册，台湾商务印书馆，1986，第400页。

入龙州。①

由《苍梧总督军门志》可知，田州岑氏与龙州赵氏有着姻亲关系，赵源之妻岑氏就是岑猛的姑姑。在赵源生前死后，岑氏在龙州都享有较大的权势。另据《明史·广西土司传》记，赵源甫死，右江另一势力较大的土官——思恩知府岑濬就攻破了龙州："源死无子。思恩土官岑濬率兵攻田州□回，劫龙州，夺其印，纳故知府源妻岑氏。诏下镇巡官剿贼。"②岑濬不仅攻下了龙州，夺取了州印，还纳了岑氏为妻。由此可见，在两江地区，土官妻子的身份相当重要，在取得一个地方的控制权后，继任者常常会迎娶原有首领的妻子。

因此，赵楷以"世世有龙州"利诱岑氏，怂恿岑氏以仆人之子韦璋，假冒赵源之遗腹子，并由岑猛派兵护送韦璋入龙州。在不成功的情况下，岑猛又贿赂朝廷使者，谎称有朝廷旨意。岑猛再派大兵进攻龙州，造成当地社会的动乱。

由此可知，入明以后，因为朝廷开始对土官职位袭替进行控制，所以土官家族谱系引起土官自身以及朝廷的共同重视。但是，对于朝廷推行的新礼法，各种地方势力却懂得如何巧妙应对，乃至使其为己所用。为了达到袭替的目的，他们会伪造谱系，其至冒充朝命。诡称遗腹、贿赂朝使等，就是地方势力常用的夺权手段。而在夺权事件的背后，我们仍然能够看到依靠姻亲关系进行地域控制的传统。

岑氏"假子"的阴谋，最终以失败告终。但三年之后，也就是嘉靖元年（1522），龙州土官之职的袭替却波澜再起。赵相于嘉靖元年去世后，其子赵燨继任土官之职。嘉靖七年（1528），赵燨被赵楷杀害，州人便改立赵燨的族弟赵煖。当时，提督两广军务的是王守仁，赵楷便贿赂王守仁的幕客岑伯高，称："煖异姓，非赵氏裔，当立者楷也。"③随后，赵楷杀掉赵煖，并顺利取得了龙州州印。但黄安、黎容等几个州目，却声称找到了赵相的另一个儿子赵宝：

> 楷遂弑煖，一州大乱，州人恚恨，曰祸我者，天官也。先是，相

① 〔明〕应檟、刘尧海等：《苍梧总督军门志》卷十八《讨罪二》，《中国边疆史地丛刊》本，全国图书馆文献缩微复制中心，1991，第182页。

② 〔清〕张廷玉：《明史》卷三百一十九《广西土司三》，中华书局，1974，第8264页。

③ 〔明〕应檟、刘尧海等：《苍梧总督军门志》卷二十《讨罪四》，《中国边疆史地丛刊》本，全国图书馆文献缩微复制中心，1991，第191页。

生二子燧、宝，而以宝类已，欲立之。猛恶之，髠为奴。至是，州目黄安、黎容等潜往田州购宝，宝时为奴杨布家，年已十三矣。安等以百金购得之，言之督府。都御史林富谓楷势已张，毋持之急，乃令楷摄职，俟宝长让之。①

岑猛进攻龙州，发生在正德十三年（1518），到嘉靖七年（1528），已过了十年。假如岑猛真的掳走了赵宝，这就意味着，赵宝在不足三岁时便被掳走，那么，如何确定黄安、黎容等州目找回来的人就是赵相之子呢？其他文献记载了州目们提出的证据："相二子，长燧，次宝。相枝拇，宝亦枝拇，相绝爱之，曰：'肖我当立。'猛乃以宝去，髠为奴。"②

总之，这些传说的真实性虽然很难判定，但它们既反映了各方势力出于各自利益的考量，对不同袭替人选正统性的宣称与争论；也反映出当时依靠家族谱系进行土官职位袭替的实践遇到很多问题，假冒、替换等现象层出不穷。用文字书写的谱系始终停留在纸面之上，但在那个时代，对应袭之人"验明正身"却是一件相当困难的事情，所以才会出现以"枝拇"来证明身份的故事。

王朝官员亦注意到土官争袭问题症结之所在，故正德年间，出任太平府知府的胡世宁就曾提出建议：

> 如欲预绝其争袭之患者，宜令土官娶妻生子，及妻丧再娶，子丧续生，俱递申合于上司。各用厚纸大簿，掌印官重笔亲注明白，用印钤记，后可按籍而知。其应袭子孙则当定名申报，而稍长之日，听其代领目兵，或差赴上司禀事，要使人人皆知，难于轻改，则后自不乱。③

胡世宁的对策主要有两条：第一，将土官家族谱系书面化，使王朝官员可以"按籍而定"；第二，让应袭之人为众人所熟知，从而避免被"轻改"（假冒、替换，等等）。相较而言，第二条建议更具现实意义，因为王朝官员日益成为土官职位袭替的协调者、仲裁人。《粤西文载·宦传》载：

---

① 〔明〕应檟、刘尧诲等：《苍梧总督军门志》卷二十《讨罪四》，《中国边疆史地丛刊》本，全国图书馆文献缩微复制中心，1991，第191页。
② 〔清〕张廷玉：《明史》卷三百一十九《广西土司三》，中华书局，1974，第8265页。
③ 〔明〕张瀚辑：《皇明疏议辑略》卷二十二《武备》，《续修四库全书》第463册，上海古籍出版社，1995，第38页。

"（胡世宁）公令土官生子，太守即闻府，子弟应世及者，年且十岁，朔望或有事调集，皆携之见太守，为识年数状貌。父兄有故，按籍为请官于朝。"①

下面，让我们再回到赵楷争袭事件。在时任两广总督林富的支持下，龙州赵宝用"黄金五千两、腴田三十一村"，换回了龙州州印。赵楷并不甘心，声言先依岑猛、后又投靠自己的韦璋之子韦应，才是赵源的亲孙，故应由韦应来承袭龙州土官一职。韦应本就拥有右江岑氏的背景，又与赵宝之妻黄亚兴私通。黄亚兴又是思明知府黄朝的女儿，韦应由此又获得了思明黄氏的支持。嘉靖十七年（1538），在赵楷谋杀赵宝之后，韦应就带领右江的千名土兵，在黄朝的帮助下占据了龙州：

> 楷兵执宝寝所，斩之，截枝拇，及击杀数人而去。明日，以他盗闻。戊戌三月，应遂以向武及乌合兵千人据州治，亚兴亦挈印归焉。应私于朝曰，小人倘得官，当割地相谢。朝利之，发兵助应，势益焰。②

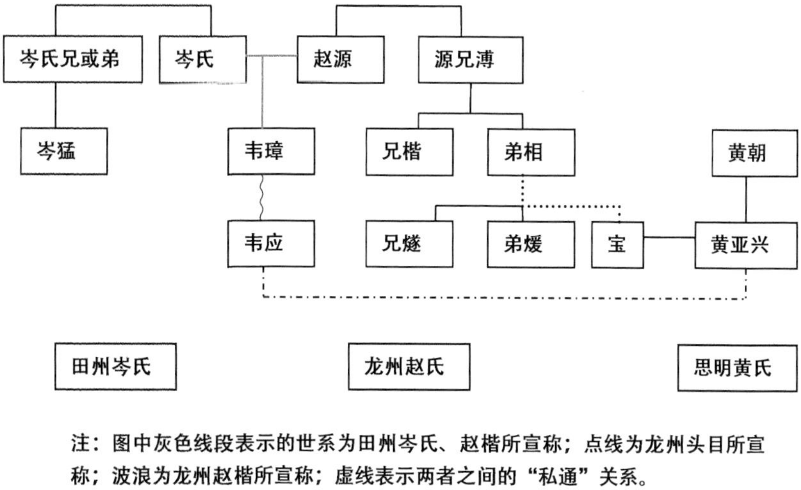

注：图中灰色线段表示的世系为田州岑氏、赵楷所宣称；点线为龙州头目所宣称；波浪为龙州赵楷所宣称；虚线表示两者之间的"私通"关系。

图 1 龙州争袭事件人物（土司家族）关系图

---

① 〔清〕汪森编辑，黄盛陆等校点：《粤西文载》卷六十五《名宦小传》，广西民族出版社，2001，第 54 页。

② 〔明〕应槚、刘尧海等：《苍梧总督军门志》卷二十《讨罪四》，《中国边疆史地丛刊》本，全国图书馆文献缩微复制中心，1991，第 192 页。

几乎与此同时，思明知府黄朝还参与了凭祥州土官"争袭"事件。凭祥州，亦在思明府西边，据嘉靖《广西通志》载：

> 洪武十八年置凭祥镇，永乐二年改为县，成化间改凭祥州……李昇，国朝初内附，十八年授凭祥峒巡检，永乐二年改镇，建凭祥县，擢为知县。昇死，子成勘袭。死，子寿祥以疾不能袭。成化十八年改县，升凭祥州，擢子广宁为知州。[1]

成化十八年（1482），李广宁成为凭祥土知州。李广宁死后，诸子争立，后由广宁次子李宸之子李珠嗣。嘉靖十年（1531），李珠死，其族弟李珍、李珏争袭。李珏取得胜利后，李珍被迫逃亡思明州，土官黄泰[2]将女黄孟嫁给李珍。嘉靖十四年（1535），凭祥州目们谋划废掉李珏，拥立李珍。为了获得黄朝的支持，他们甚至许诺下属思明府：

> 十四年，州目李清、李满、赵琪、苏寄枝等谋纳珍，说思明府土舍黄朝曰，李珍仁信君子也，失守宗祧，越在草莽。若以君之灵，得复入奉烝尝，愿以全州服事，备下属也。黄朝喜，遂约黄泰以兵七百人，纳珍凭祥。[3]

当上州主的李珍受人怂恿，不愿下属思明："南海浪人区绍贤、周缙客凭祥，说李珍曰，州故省属，视思明伯仲也，今属思明，则父子矣。窃为公耻之，珍遂悔约不属思明。苏寄枝、李满争之不得，遂有隙，而阴比黄朝。朝有外妇子时芳，长矣，诡云广宁孙也，父琏争立时避居思明生。朝以千人纳时芳凭祥，弗克。"[4]原来拥立李珍的州目苏寄枝、李满等出于失宠，于是与黄朝一起"诡云"黄朝外妇子时芳乃广宁孙进行争袭。面对王朝国家在土司职位袭替过程中的谱系控制，地方势力最常用的手段，就是捏造谱系。

在得到思明土官黄泰的默许后，李广宁季子李寰也加入这场争袭大战。

① 嘉靖《广西通志》卷五十二《外志三·土官沿革二》，《北京图书馆古籍珍本丛刊》第41册，书目文献出版社，1988，第621页。
② 黄玹一脉黄文昌被诛后不久，其子黄泰重新占据思明州。
③ 〔明〕田汝成：《行边纪闻》，载氏著：《滇考、行边纪闻、雷波琐记（合订本）》，华文书局，1968，第451页。
④ 〔明〕田汝成：《行边纪闻》，载氏著：《滇考、行边纪闻、雷波琐记（合订本）》，华文书局，1968，第451页。

李寰于嘉靖十七年（1538）三月，杀死了李珍。在这个过程中，与李寰有"私通"关系的李珍妻黄孟，为李寰提供了很大的帮助：

> 李珍日荒淫无度，醉即手刃人，州人患之。寰谋废立，而珍妻黄孟亦以失宠孤愤，寰通焉。十七年三月，寰谓区绍贤、周缙曰："李珍不道，贼虐部民，吾欲修众怨举大事，而难黄泰，奈何？"绍贤等曰："黄泰疑不助也，试为主公缓颊探之。"往见黄泰，曰："南海之滨，有不礼其妻而淫于他妻者，其妻之父兄，闻而弗怒，可谓仁恕大度人矣。"泰曰："是恶足称也，不礼其女，是不有其父也；不礼其姊若妹，是不有其兄弟也。若者忍之，是不自有其先人也。辱先之人，谓之不孝，是垢夫也，而恶足称也。"绍贤等归谓寰曰："主公无虑，黄泰不助珍也。"寰遂约苏寄枝、李满将为乱……寰复遣人谓黄孟曰："今夜十郎将即，子排闼无惊。"黄孟许之，以酒灌珍沉醉……黄孟惊起开门，而寰等拥兵入，执珍寝所，斩之。李清闻乱，呼赵琪以外甲入救，琪匿不至。寰遂持黄孟并坐，部兵发库藏争财，乱击杀者数十人。①

在左江上游地区，妇女在土司家族，或者说在地域控制中具有特殊的地位，因为她们往往代表着来自外部甚至更为强大的势力，而这种势力往往在土官家族权力袭替过程中发挥着重要作用。一方面，各种"争袭""夺位"势力在行动前，都需要争取到"妇方"的支持。如前已述，李寰先是勾通黄孟，再通过区绍贤、周缙来挑拨黄泰与李珍的关系。在确认黄泰不会帮助李珍的情况下，李寰才敢展开行动。无独有偶，韦应通过勾通黄亚兴，来争取黄朝支持的行径，与李寰如出一辙。另一方面，"妇方"也可能在"夫方"处于权力真空状态时，乘机扩大自己的势力，亦即凭借姻亲关系进行地域控制。右江岑氏插手龙州的土官职位袭替，就是一个典型的例子。

① 〔明〕田汝成：《行边纪闻》，载氏著：《滇考、行边纪闻、雷波琐记（合订本）》，华文书局，1968，第452—454页。

李广宁

次子宸 季子寰 珹 ？ 黄泰 黄朝 外妇

珠 时芳 珏 珍 黄孟 时芳

凭祥李氏 思明州黄氏 思明府黄氏

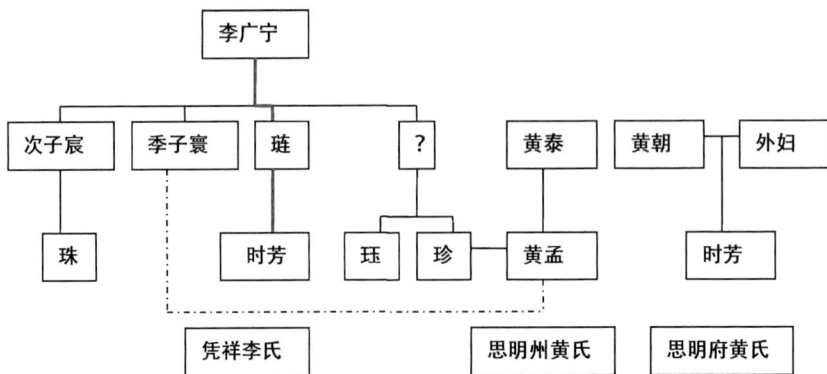

注：图中粗线表示的世系为思明府黄氏与凭祥头目所宣称；虚线表示两者之间的"私通"关系。

图 2 凭祥争袭事件人物（土司家族）关系图

嘉靖十七年（1538），左江上游地区正面临一个大变局，而这个变局使得发生在龙州、凭祥的土官争袭事件出现了意想不到的结局。

这个变局由明朝与安南朝廷关系的变化所引致。明宣德之后，安南进入黎朝统治时期。到了弘治、正德年间，安南黎朝逐渐走向衰落与动荡，宫廷政变与权臣谋反事件此起彼伏。黎朝皇帝在依靠某方势力击垮另一方势力的过程中，又不可避免地陷入其所依靠势力的宰制之中。正德四年（1509），黎朝威穆帝被其叔黎简修（又名潊，明朝史籍称晭）所杀，黎简修自立为王，称襄翼帝。正德十一年（1516），襄翼帝被权臣郑惟憻杀害后，众臣拥立黎昭宗为帝（名黎懿，明朝史籍称譓）。黎昭宗即位后，重用武臣莫登庸镇压此起彼伏的反叛活动，莫氏势力日盛。关于莫登庸，史载其"幼以渔为业、及长、有勇力、考中力士出身"。[1] 莫氏出身贫贱，主要凭借武力进入国家官僚体系。

嘉靖元年（1522），莫登庸独揽安南大权，黎昭宗密谋起兵反抗失败后，被迫出走。昭宗出走后，莫氏又改立昭宗的弟弟黎椿（明朝史籍称懬）为帝，是为黎恭皇。嘉靖四年（1525），莫氏取得统领全国军队的权力，并擒杀了黎昭宗。嘉靖六年（1527），莫氏迫使朝中大臣草拟禅位诏书，成功夺得皇位，并改元明德。[2]

安南莫氏的"篡逆"行径引起明廷的高度重视。据《明史·外国

---

① ［越］吴士连著，陈荆和编校：《大越史记全书》（上），东京大学东洋文化研究所附属东洋学文献セン夕刊行委员会，昭和五十九年（1984），第 835 页。

② 详见陈文源：《明朝与安南关系研究》，博士学位论文，暨南大学历史系，2005，第 76—77 页。

传》载：

> 十五年冬，皇子生，当颁诏安南。礼官夏言言："安南不贡已二十年，两广守臣谓黎譓、黎廌均非黎晭应立之嫡，莫登庸、陈暠俱彼国篡逆之臣，宜遣官按问，求罪人主名。且前使既以道阻不通，今宜暂停使命。"帝以安南叛逆昭然，宜急遣官往勘，命言会兵部议征讨。言及本兵张瓒等力言，逆臣篡主夺国，朝贡不修，决宜致讨。乞先遣锦衣官二人往核其实，敕两广、云南守臣整兵积饷，以俟师期，制可。乃命千户陶凤仪、郑玺等，分往广西、云南，诘罪人主名，敕四川、贵州、湖广、福建、江西守臣，预备兵食，候征调。[①]

由《明史》的记载可知，嘉靖十五年（1536），明世宗次子朱载壑降生，按例要颁诏安南遣使进贺。这时，两广守臣却提出，安南国内的权力传承存在问题，"黎譓、黎廌均非黎晭应立之嫡"，陈暠、莫登庸实属叛臣当国。嘉靖皇帝、礼部尚书夏言、兵部尚书张瓒皆认定，安南莫登庸乃"逆臣篡主夺国""叛逆昭然"。于是，明廷下令两广、云南守臣"整兵积饷，以俟师期"。

嘉靖十六年（1537），礼部尚书严嵩、兵部尚书张瓒再次召集大臣，商议征讨安南事宜，并历数莫登庸"篡主夺国"的十大罪状：

> 逼逐黎譓，占据国城，罪一；逼娶国母，罪二；鸩杀黎廌，伪立己子，罪三；逼黎宁[②]远窜，罪四；僭称太上皇帝，罪五；改元明德大正，罪六；设兵关隘，阻拒诏使，罪七；暴虐无道，荼毒生灵，罪八；阻绝贡路，罪九；伪置官属，罪十。[③]

为此，明廷还做好了粮饷督运、将官选荐等方面的工作，针对安南的军事行动似乎一触即发。

元廷对于在中南半岛开疆拓土、建立统治抱有极大兴趣，而明太祖朱元璋却在颁布于洪武二十八年（1395）的《皇明祖训》中，将安南国列为

---

① 〔清〕张廷玉：《明史》卷三百二十一《安南传》，中华书局，1974，第8331页。
② 昭宗之子，后在南方中兴黎朝，称庄宗裕皇帝。
③ 《明实录·世宗肃皇帝实录》卷一百九十九，"嘉靖十六年夏四月庚申"条，上海书店，1984，第4178页。

"不征之国"之一。^①明廷针对安南的两次出兵，皆因安南国内发生篡逆事件，从而造成权力传承的合法性危机。第一次出兵发生在永乐朝，第二次则发生在嘉靖朝。永乐时期，安南陈朝的皇位被外戚黎季犛篡夺，明廷派兵护送陈朝宗室陈天平归国复位。明军进入安南境内后，遭到安南军队的伏击，于是，永乐帝便派兵攻占了安南国土，"郡县其国"。由此可知，明朝统治者对安南皇位传承的合法性以及是否履行朝贡等礼仪，更感兴趣。嘉靖议征时，明朝官员在讨伐安南莫朝的檄文中直陈："天子为华夷之主，必敦兴灭继绝之仁；圣人为纲常之宗，必彰讨叛除凶之义。……今黎氏之遗裔未泯，而莫氏之恶贯已盈。天理人心，昭昭不可掩也。乱臣贼子，人人得而诛之。"^②这份檄文充分表明，"兴灭继绝""讨叛除凶"是明廷坚持的意识形态。

更有意思的是，永乐年间以及嘉靖年间的出兵安南，其推动者明成祖朱棣和明世宗朱厚熜也都面临着继承正统的合法性问题。或许出于此原因，他们才会热衷维护安南国内的礼法正统，借以表现自身的"合礼"形象。从这个角度来看，嘉靖前期的"议大礼"政治氛围，可谓朝廷高层决意南征的背后动因。

与礼部、兵部等中央官员的一片征讨声相比，两广地方官员的态度更为务实。如嘉靖十六年 (1537) 冬十月，巡按广东的御史余光就上疏反对出兵征讨安南：

> 盖莫登庸全有其地，诸酋率服，黎宁播迁，不知其所。且黎氏鱼肉国主，在陈氏为贼子，屡取屡叛，在我朝为乱魁，今具失国播逃，或者天假手于登庸以报之也。夫夷狄篡夺，实其常事。自宋以来，丁移于李、李夺于陈、陈篡于黎，今黎又转于莫，是陈为李贼，黎为陈贼，今莫又为黎贼，此好还之道也。若复立黎，是悖覆暴之义，势莫能久……故今日于安南，直宜问其不庭，责以称臣，约之修贡。彼若听服，因而授之，此因势以定，不在劳兵也。若必征剿，则势难穷追，

---

① 《皇明祖训》"首章"第四条即："四方诸夷，皆限山隔海，僻在一隅。得其地不足以供给，得其民不足以使令。若其不自揣量，来扰我边，则彼为不祥。彼既不为中国患，而我兴兵轻伐，亦不祥也。吾恐后世子孙，倚中国富强，贪一时战功，无故兴兵，致伤人命，切记不可。但胡戎与西北边境，互相密迩，累世战争，必选将练兵，时谨备之。今将不征诸夷国名，开列于后……"见〔明〕朱元璋：《皇明祖训》首章，《四库全书存目丛书》史第 264 册，齐鲁书社，1996，第 167—168 页。

② 〔明〕张镜心编考：《驭交记》卷九，《丛书集成新编》第 104 册，（台北）新文丰出版公司，1985，第 499 页。

兵难久驻，劳师生变，未见其便。^①

　　鉴于莫登庸已成为安南的实际统治者、各处首领皆已臣服、黎宁不知所踪等，余光的结论是，“夷狄篡夺，实其常事”。对于明廷来说，安南国内由谁当政、权力如何传递并不重要，只要其称臣修贡即可。尽管余光的观点更显务实，但违背了当时的“政治导向”，即嘉靖帝以礼乐正统自居，对外奉行“兴灭继绝”的政策。结果可想而知，余光的意见不但没有被接纳，其本人也因此受到责罚：“上曰：奏内事情及引用五季六朝等语，兵部参阅以闻。部覆谓其敷陈失当、比拟不伦、举动轻率，宜加罚治，命夺俸一年。”^②不过，余光提出的“今日于安南，直宜问其不庭，责以称臣，约之修贡。彼若听服，因而授之，此因势以定，不在劳兵也”，逐渐成为明廷处理莫登庸事件的一种“慑服”路线。

　　嘉靖十七年（1538），明廷派蔡经出任两广总督，并全权处理安南事务。因莫登庸曾经声称：“中国土官，比比弑逆，数十年无能正法者，而独虑及我，何哉？”^③所以，左江上游龙州、凭祥土官“争袭”“篡逆”等情形便引起了蔡经的高度关注。此外，这场打击土官的行动，还有更为务实的考虑，那就是蔡经获知凭祥土官李寰私通莫登庸后，担心当地其他土官也与安南暗通款曲，对征南行动造成不利影响。因此，蔡经便命广西左参政翁万达以及参议田汝成处理那些“篡逆”的土官们。

　　首先，翁万达暗中拉拢思明黄朝，设陷处死了韦应：

　　　　万达乃使朝内甲甘庆寺，以兵百人迎应、亚兴归宁为寿，而自理舟南下邕州，示以不疑。乘夜遣指挥钱希贤选劲卒伏路，伺应至，会甘庆寺兵擒之，械致督府论死。^④

　　接着，翁万达将赵楷诱骗至帐中，以立楷子为龙州州主作为交换条件，让赵楷书谕州人勿乱：

---

① 《明实录·世宗肃皇帝实录》卷二百五，“嘉靖十六年十月壬子”条，上海书店，1984，第4277—4278页。

② 《明实录·世宗肃皇帝实录》卷二百五，“嘉靖十六年十月壬子”条，上海书店，1984，第4278页。

③ 〔明〕田汝成：《行边纪闻》，载氏著：《滇考、行边纪闻、雷波琐记（合订本）》，华文书局，1968，第448页。

④ 〔明〕应槚、刘尧海等：《苍梧总督军门志》卷二十《讨罪四》，《中国边疆史地丛刊》本，全国图书馆文献缩微复制中心，1991，第192页。

（翁）万达召楷及邓瑀等入见，伏壮士劫之，曰："汝辈滔天罪，不得活，命尽今日矣，宜自为计。楷死，官必及汝子，可为书谕汝党，勿乱也。"……楷乃流涕头抢地曰："楷知罪矣。"为书谕其党曰："业已如此，乱无益也，可善抚我子，以存赵氏。"万达既得书，即日杖楷等毙之，以楷书谕其州人。时楷子匡，时生四年矣，会汝成立之，一州悉定。[①]

最后，翁万达在黄泰的协助下，暗杀了李寰、李满、苏寄枝等人：

又遣人谕泰曰："人言李珍之死，倡乱者汝也，狱必首汝。"泰大惊，辩白。翁万达曰："无多言，能擒李寰心事乃白耳。"泰谨诺。八月，万达遣指挥钱希贤征兵泰所，部勒若行边者。至凭祥袭之，擒李寰、李满、苏寄枝等，论死。[②]

李寰死后，李时芳依傍黄朝，企图再次冒充李广宁之孙，与李珏争夺凭祥土官一职。翁万达、田汝成查明李时芳身份后，将其处死，而凭祥土官之职则由李珍族人李琪之子李佛承袭：

已而，李珏、李时芳复争立，汝成以分守至左江。会万达鞫之，而时芳依黄朝，通赂上下，皆云当立。奸民侬球等复控督府，言时芳真李琏子、广宁孙也。万达、汝成立判白之，乃论时芳死，黜珏，而立李琪之子佛嗣珍。[③]

嘉靖十九年（1540），明廷加大了对安南的军事威慑力度。一方面，明世宗任命咸宁侯仇鸾为征夷副将军，兵部尚书毛伯温参赞军务，征讨安南莫登庸。另一方面，明廷又从两广、福建、湖广调集狼土官兵十二万余名，由广西、广东、云南分三路陈兵边境。该年十一月，莫登庸率大臣入镇南关向明朝官员纳地请降，明廷降安南国为安南都统使司。

总之，在明帝国为维护朝贡国内权力传递的正统性而发动的征南行

① 〔明〕田汝成：《行边纪闻》，载氏著：《滇考、行边纪闻、雷波琐记（合订本）》，华文书局，1968，第449—450页。

② 〔明〕田汝成：《行边纪闻》，载氏著：《滇考、行边纪闻、雷波琐记（合订本）》，华文书局，1968，第455页。

③ 〔明〕田汝成：《行边纪闻》，载氏著：《滇考、行边纪闻、雷波琐记（合订本）》，华文书局，1968，第455页。

动中，左江上游土官们的"篡逆"行径也被揭开了盖子。而这些"弑逆争立"事件充分表明，明廷推行的礼法秩序不但无法在边缘地带得到有效落实，反而被地方势力所改造、利用。龙州土官赵楷、凭祥土官李寰等人"争立作乱"的主要过程，最早是被参与"剿抚"安南行动的田汝成记载在自己的笔记作品《行边纪闻》中的。而在万历年间成书的《苍梧总督军门志》中，左江上游土官们的权力传承故事被描述得更加详细。如果没有明廷的两次征南行动，如果明廷没有君臣上下关注权力传承的合法性的政治氛围，左江上游土官们的权力传承故事，或许就会湮没于历史的尘埃之中，更遑论写进史籍了。

透过以上的论述，我们就能更好地理解明王朝盛行、笼罩的意识形态——权力传承的合法性了，不管是明朝的帝位传承，还是安南国内最高权力的传承，还是边缘地带土司职位的袭替，莫有逾此者。

三、争村夺峒：嘉隆时期王朝流官势力的扩张

嘉靖十七年（1538），王朝官员打击左江上游土官势力的行动，还给当地带来一个严重后果——王朝流官势力在当地的扩张。其主要表现在夺龙州十八村设立太平府附廓县、改四峒为四都、新宁州的设立等方面。

太平府是左、右江地区最早设立的流府，由于它在众多土司的包围之中，故更像是一块无可凭依的"飞地"。嘉靖十八年（1539）之前，它只有东、南、西三厢之地，三百四十余户。[①] 流官知府能够控制和依靠的最主要力量，便是卫所制度下的太平千户所的军队了，这突出反映在太平府城墙的修筑方面：

> 城建自洪武五年，知府赵鑑具奏，奉委千户程良督军筑造。周围六百四十二丈，墙高一丈五尺，宽丈三尺，□子高五尺。城门有五，东曰长春、南曰镇安、西南曰安远、西曰镇边、北曰拱辰。各建楼于上，敌楼八座，串楼五百六十四间。永乐六年七月，江水泛涨，淹塌城垣四百三十六丈，串楼二百四十六间。千户王宣等具奏，蒙委本府通文，同督军民修筑，时军多民少，军修七分，民修三分。各州县助

---

① 万历《太平府志》卷一《户口》，《日本藏中国罕见地方志丛刊》，书目文献出版社，1990，第181页。

之，易之以石。①

由上则史料可知，军队一直是太平府筑城的中坚力量。洪武五年（1372），开始筑造的城墙，便是由"千户程良督军"完成的。永乐六年（1408），城垣被水淹塌，"时军多民少，军修七分，民修三分"。这一方面说明军队是筑城主力，另一方面也说明官府控制的民户稀少。

民户稀少，又处于众多土酋的包围之中，故万历《太平府志》形容"太平界在虎狼之间"。②在此情况下，王朝官员不得不通过修筑高大的城墙，来保护居住在城内的"民"以及他们自身。③弘治、正德年间出任太平府知府的胡世宁，就因曾在府治北面三里的地方修筑具有防守性质的关隘，使得城中民众安居乐业，从而受到后世的颂扬：

> 壶关在府治北三里，旧筑土墙，风雨颓坏，正德三年，知府胡公世宁于旧关外以石砌筑，东西跨河一百九十丈二尺许。④
>
> 郡势面腋阻江，而背独无限，公庀才具量，构城壶关，城中妇子乃始帖席卧也。⑤

到了嘉靖十八年（1539），太平府民少地狭的情况终于有所改善。就在这一年，龙州的十八个村子被划拨出来，与崇善县合并，建立太平府的附廓县。

崇善改流，发生在宣德年间。宣德元年（1426），崇善土官赵暹起兵反叛明廷，攻掠邻州，并僭越称王。于是，明宣宗命总兵官顾兴祖会广西三司剿捕。顾兴祖使用分化的策略，擒获了赵暹及其同党：

① 万历《太平府志》卷一《城池》，《日本藏中国罕见地方志丛刊》，书目文献出版社，1990，第174页。
② 万历《太平府志》卷一《疆域》，《日本藏中国罕见地方志丛刊》，书目文献出版社，1990，第170页。
③ 今天，我们在左、右江地区行走时发现，至今仍保存有较好砖石城墙遗址的都是明初改流的府或州，即太平府、养利州（宣德三年改流，后复土，成化十四年最终改流）。而明代一直为府一级建制的思明府（治今宁明县明江镇），却从没有筑造过砖石城墙，今天看上去仍像一个稍大的村落。这也是"土、流之别"的一个表现。
④ 万历《太平府志》卷一《关隘》，《日本藏中国罕见地方志丛刊》，书目文献出版社，1990，第175页。
⑤ 万历《太平府志》卷二《艺文》，《日本藏中国罕见地方志丛刊》，书目文献出版社，1990，第223页。

宣德元年，崇善县土知县赵暹谋广地界，遂招纳亡叛，攻左州，执故土官，夺其印，杀其母，大肆掳掠，占据村峒四十余所；造火器，建旗帜，僭称王，署伪官，流劫州县。事闻，帝命总兵官顾兴祖会广西三司剿捕。兴祖等招之，不服，遣千户胡广率兵进。暹扼寨拒守，广进围之，给出所夺各州印，抚谕胁从官民，使复职业。暹计穷，从间道遁。伏兵邀击，及其党皆就擒。[①]

宣德八年（1433），崇善县被改流。嘉靖十九年（1540），时任崇善知县的陈景文将县治迁至太平府附廓。关于崇善迁县以前的情形，曾于隆庆五年（1571）出任崇善知县的何道临在《崇善县论》中的描述是："时在郭三厢并归化一十八村尚未隶籍崇善，所统治者，惟旧县两里之民，计家不满数百口。"[②] 由此可见，迁县之前的崇善只能用地狭民稀、建置凋敝来形容。

嘉靖十七年（1538），翁万达将赵楷诱擒于帐下后，以让楷子承袭龙州土官之职作为交换条件，换取了龙州十八村：

> 翁擒楷，谕以立其子，不绝赵宗。因曰，汝子三尺之婴，必立之者，以赵氏世有龙州，所谓定分也。龙州乱垂三十年，一旦待褞袄而定者，以篡夺必讨，罔可逃天宪也。汝不死，不足以明宪，十八村不出，不足以严分。楷涕泗请死，曰即是所以生楷也。手条列十八村籍，上之翁。[③]

随后，明廷将十八村编为崇善县归化图，并徙县治附廓太平府。此后，崇善知县徐锜、指挥王良辅还对十八村进行了"经理"。具体措施包括编里甲、定赋税、均力役、立社学，等等：

> 乃徙崇善县附太平府，而以十八村为崇善县归化图，编户十里。檄知县徐锜、指挥王良辅经理其地。锜、良辅来言曰，新民多偶语，疑有变。于是……以十三事抚新民，内二事定赋税，二事均力役，一

---

① 〔清〕张廷玉：《明史》卷三百一十八《广西土司二》，中华书局，1974，第8230页。
② 万历《太平府志》卷二《艺文》，《日本藏中国罕见地方志丛刊》，书目文献出版社，1990，第229页。
③ 〔明〕应槚、刘尧海等：《苍梧总督军门志》卷二十九《集议》，《中国边疆史地丛刊》本，全国图书馆文献缩微复制中心，1991，第389页。

事言立社学教子弟。①

那么，龙州十八村为什么会被"锁定"为改流对象呢？关于十八村的来历，据田汝成的《归化图纪略》载：

> 太平归化图者，龙州㑩宜、驮窖、宜阳诸十八村也，故为左州属。左州土官黄仁之谋立也，使人私于龙州赵奎曰，仁不忍宗祧之故，而有阋墙之争。顾寡援，仁又素贫，愿以君之力定之，使仁得奉其祭器，惟是先人之土田，不敢爱其以腴沃，若㑩宜十八村者，为君供汤沐具四十年。②

即，十八村最初属于改流前的左州③。左州土官黄仁和龙州土官赵奎约定，如果赵帮助黄顺利承袭土官职位，黄便把十八村割让给赵四十年。但若是对这桩"交易"的当事人进行考究，我们就会发现两人纯属子虚乌有。《归化图纪略》载，龙州土官赵奎的儿子叫赵贴坚，但从《土官底簿》的记载来看，赵贴坚之父名赵清任："上、下冻州知州赵贴从，本州世袭土官籍，父赵清任，前授龙州万户府元帅，生长兄赵贴坚，前授万户府万户，洪武元年，将印并脚色归附。"④而在嘉靖《广西通志》中，赵贴坚以上的世系则付之阙如。直至万历年间编撰的《苍梧总督军门志》"舆图"卷中，龙州土官世系才追溯到赵奎："元时，土官赵奎知州事，故，子贴坚袭。洪武间，贴坚故，孙武成袭。故，子仁政袭……"⑤

此外，《归化图纪略》还称，成化年间，左州改流时，十八村仍归属龙州，当时的左州土官名黄昱，是黄仁之孙。而据《土官底簿》载，黄昱之祖父是黄胜爵，黄胜爵于洪武三十二年（1399）准袭本州同知。⑥

退一步来说，即使《归化图纪略》中记载的黄仁、赵奎确有其人，而

---

① 〔明〕应槚、刘尧海等：《苍梧总督军门志》卷二十九《集议》，《中国边疆史地丛刊》本，全国图书馆文献缩微复制中心，1991，第389页。

② 〔明〕应槚、刘尧海等：《苍梧总督军门志》卷二十九《集议》，《中国边疆史地丛刊》本，全国图书馆文献缩微复制中心，1991，第388页。

③ 治今崇左市左州镇，明初设土州，成化十三年（1477）改流。

④ 〔明〕无名氏：《土官底簿》卷下，《影印文渊阁四库全书》第599册，台湾商务印书馆，1986，第399页。

⑤ 〔明〕应槚、刘尧海等：《苍梧总督军门志》卷四《舆图二》，《中国边疆史地丛刊》本，全国图书馆文献缩微复制中心，1991，第86页。

⑥ 〔明〕无名氏：《土官底簿》卷下，《影印文渊阁四库全书》第599册，台湾商务印书馆，1986，第400页。

根据二人的世系判断，赵奎为赵贴坚之父，必为元代之人，而黄仁为黄昱祖父，应为明代之人。

因此，黄仁将十八村割让给赵奎的故事，无非是各利益相关方编造的借口，而十八村划拨龙州的真正原因，在《归化图纪略》中说得很明白：

> 左州太平府属，龙州则否①，而十八村环太平府郭。又太平故无附县，故十八村为左州，则太平不以为逼，为龙州则太平孤立土酋中，大惧不能自存。②

既然十八村原本就归太平府左州所有，那么，现在将其从龙州赵氏手中收回，组建太平府附廓，就有理有据了。

土流之间，有关土地、村落权属的纷争在史籍中还有很多。如万历《太平府志》载：

> 国初，太平领三厢四隅……
>
> 四隅：一曰东隅，领十八村。
>
> 曰归龙，今为思明府所据。时元末间，归龙江中蛟螭为害，太平府土官黄英衍悬赏以招治者，思明府土官黄忽都以药弩射蛟，殪之。英衍奉百金为谢，不受，惟索归龙村输□四十年。洪武二年，英衍以罪除灭，改铨流官，今为思明府所据。
>
> 曰大浪，曰駄贡，曰木牌，曰駄漠，曰漠那，曰大秾，曰陇殿，曰叫竟，曰秾黄，曰掇坤，曰渠楼，曰岩马，曰拱凤，曰长圻，曰駄掃，曰赖吞，曰渠钱。按：大浪村以下十七村，今为江州所据。原江州土官黄威庆因英衍之灭，声言英衍曾贷庆五百金未偿，遂举兵取大浪以下十七村。③

上则引文包括两个故事：其一，元末，思明府黄忽都因帮助太平府黄英衍射杀江中蛟螭，从而取得归龙村；其二，明初，江州土官黄威庆趁太平府黄英衍被灭之机，以黄英衍欠债未还为由，派兵攻取大浪等十七村。

---

① 明代，龙州土司直隶广西布政司。
② 〔明〕应槚、刘尧诲等：《苍梧总督军门志》卷二十九《讨罪四》，《中国边疆史地丛刊》本，全国图书馆文献缩微复制中心，1991，第389页。
③ 万历《太平府志》卷一《疆域》，《日本藏中国罕见地方志丛刊》，书目文献出版社，1990，第169页。

由此可见，土酋时代，土地、村落在不同土酋之间的流动自有其合法性理据，而流官势力进入当地后，为了向土司争夺土地、村落，不得不重视、继承这些传说故事，甚至创造出同类的合法性理据来，如前述龙州十八村的例子。

由于这些传说故事只是一种证明合法性的理据，所以它们极易发生变异。如在雍正《太平府志》中，归龙村的故事就演化为：

> 明季，归龙江中有蛟为害，舟楫难通。知府悬赏招治，思明府土官着土人药弩射蛟，殪之。谢以金，不受，索府厢地归龙村，管收地利酬功。约身后退还，勒有碑记竖本村，事载古志。后，其子孙将碑石槌碎灭迹，至今仍据未还。①

通过对比两版归龙村的故事可知，故事情节虽无重大改动，但雍正《太平府志》中，不但完全抹去了土官黄英衍的痕迹，还将故事发生的时间从元末改为明季。换句话说，雍正《太平府志》把土官之间的交易改为流官知府与思明土官之间的交易。这就从一个侧面表明，雍正时期的流官势力已经十分强大，左江上游地区甚至"只知流府，不知土官"了！

在明廷议征安南以及打击土官势力的大背景下，左江上游地区那些原本"无主"或控制权属不明晰的地区，逐渐成为王朝流官势力的突破口。

在思明府与忠州②之间，有一个叫作四峒③的地方。这四个峒的名字分别为：武黎、华阳、沙水（有的史籍称作"水口"）、吴从（有的史籍称作"异闻"）。据《宋史》载，邕州所属羁縻州县中，就有武黎县之名。④田汝成在《四都⑤纪略》中这样描述明代以前的四峒历史：

> 四都者，化外武黎、华阳、水口、异闻四峒也。土碛峣，古为遐荒，弃不臣仆。汉开百粤，大抵郁林属也。称峒始于宋季，元末，生

---

① 雍正《太平府志》卷六《厢村》，《故宫珍本丛刊》第 195 册，海南出版社，2001，第 78 页。
② 位于思明府东北，明初至万历初年属思明府，后改属南宁府，1912 年改流。今为崇左市扶绥县南部。
③ 今为扶绥县北部。
④ 〔元〕脱脱等：《宋史》卷九十《地理六》，中华书局，1977，第 2240 页。
⑤ 四峒在嘉靖十八年（1539）改流为四都，属南宁府，隆庆六年（1572）归属新置的新宁州。

齿以盗耗，田尽芜靡。①

由田汝成的叙述可知，四峒显然处于中央王朝的控制之外，是典型的王化未到之地。再结合本书《序篇》对于侬智高时代左、右江流域溪峒的描述，我们便不难发现，四峒就是当时左江流域众多溪峒中的四个。

关于四峒入明以后的历史，万历十二年（1584）担任新宁州知州的杜思在《新宁州记》中的描述是：

> 退陬绝徼，图籍无稽，其详莫可考矣。爰咨父老，谓沙水、吴从、华阳在国初为峒，峒有长。武黎以功封土县，即隶以三峒。溯此疆宇，盖自有邑以来，即邕属也。特治以不治尔，继思明土府有征剿勋命，割偿吴从、渠黎等村。……历数传，罔知为非也。②

《新宁州记》先是称，四峒"在国初为峒，峒有长"，当属实情。接着又称，"武黎以功封土县"，因该事不见于正史，故笔者推测，其很可能是父老为"有邑以来，即邕属也"寻找的理据。最后则称，入明以后，四峒为思明府所控制。但其叙述方式显然是"流官中心主义"的，即四峒原是由"流区"（邕属）割让给思明土府的，用以奖赏思明土府四处征讨的功劳。只是过了数代以后，土人都不知道四峒本非自己所有了。那么，明嘉靖以前，当地社会实情到底如何呢？据《四都纪略》载：

> （四峒）与南宁、思明府、忠州接壤，而思明、忠州，土酋也。又忠州以隙故，诉不属思明，两相构怨有年。故思明强则四峒役思明，而忠州争；忠州强则四峒役忠州，而思明愤。两酋虎视，比垄断。为相争杀死者日继，率弃不葬，复相杀取偿□□，四峒以困。又邻境亡命至峒者，共禁不出，时相率走他境，事剽掠。南、太、钦、廉之间骚然，而渠魁无所□诘。③

由《四都纪略》的记载可知，四峒位于南宁、思明、忠州之间，思明

① 〔明〕应槚、刘尧诲等：《苍梧总督军门志》卷二十九《讨罪四》，《中国边疆史地丛刊》本，全国图书馆文献缩微复制中心，1991，第387页。
② 光绪《新宁州志》卷五《艺文志》，《中国方志丛书》本，成文出版社，1975，第464—465页。
③ 〔明〕应槚、刘尧诲等：《苍梧总督军门志》卷二十九《讨罪四》，《中国边疆史地丛刊》本，全国图书馆文献缩微复制中心，1991，第387页。

强盛时属思明，忠州强盛时则归忠州，两地土司也因四峒的归属问题长期争斗，四峒由此成为战争的常发之地，民人死伤严重。此外，四峒还是亡命之徒的渊薮。用今天的话来讲，四峒基本上就是一个没有国家、政府与秩序的区域。

到了嘉靖年间，"思明遣守吴从，族目为忠州所击杀，仇结兵连，经岁不解"。[①]嘉靖十八年（1539），翁万达向督府建言：

> 夫趁俱伤之后者，收二虎之名；持不断之疑者，失渔人之利。愚以为，割四峒属南宁，降峒豪黄贤相。[②]

对于翁万达提出的趁思明、忠州两败俱伤之机，割四峒属南宁的建议，督府表示支持。于是，翁万达派了两名熟知四峒情形的"商贩"进入四峒，号召当地土司归属南宁府：

> 军舍戚恩、刘琦者，以商贩信于四峒，遣二人号于峒曰，为南宁者左袒，为忠州者右袒。于是峒人悉左袒，呼号拥恩、琦至南宁者数百人。[③]

据《苍梧总督军门志》载，峒人悉数左袒，愿属南宁。南宁府举人陈大伦也描述了峒人主动投诚的情形："有峒民黄纲者，率其徒党十余人，首先效款，奉以其地舆图，愿编户为王臣。"[④]

随后，南宁府将四峒改为四都，实行编户齐民，并专派府判、督备指挥各一员管理当地事务：

> 郡守郭公楠，议复其业。众欢踊惊惮，俛而泣下，幸得更生。尽取诸峒编为户，改其峒名为都……今都各有长。以十家为一甲，甲有总，五总为保，保有长，以约于都。长自为钤制。而又专设府判一员、督备指挥一员，加意抚御之。由是乃筑营垣，建官舍，分戍守，定疆

---

① 光绪《新宁州志》卷五《艺文志》，《中国方志丛书》本，成文出版社，1975，第 465 页。
② 〔明〕应槚、刘尧海等：《苍梧总督军门志》卷二十九《讨罪四》，《中国边疆史地丛刊》本，全国图书馆文献缩微复制中心，1991，第 388 页。
③ 〔明〕应槚、刘尧海等：《苍梧总督军门志》卷二十九《讨罪四》，《中国边疆史地丛刊》本，全国图书馆文献缩微复制中心，1991，第 388 页。
④ 〔清〕汪森编辑，黄盛陆等校点：《粤西文载》卷二十四《城郭公署记》，广西民族出版社，2001，第 208 页。

界，正赋役。其土地人民，一隶于邕。①

需要指出的是，四峒改四都只是当地"改流"进程中的一个环节，直到隆庆六年（1572），新宁州建立后，当地"改流"才终告结束。

隆庆二年（1568），思明土司、忠州土司对四都再起争夺：

> 隆庆二年冬，思明府土官黄承祖奏取四都地方，事下督府议。贤相遂争之，勒都民投戎，啖以□□，犒以牛酒，擅立总管诸名目，分兵数千戍守其地，纵令剽掠村落，焚荡室庐，为祸甚烈。贤相复诈为都民上状曰，民心思附本州，如商民避纣，尽归西伯。请自部千兵诣军门求理，盖胁之也。南宁人情汹汹，更相告变。②

由上可知，思明府土官黄承祖企图奏取四都，由此引起忠州土官黄贤相的争夺。其实，四都之民之所以"叛服不常"，不仅是因为"土酋煽惑"，还跟管理当地的"督备武人抚驭无术"有很大的关系："知府林乔相议曰，四都之民虽隶南宁，寇则叛服不常，因土酋煽惑致然，亦由督备武人抚驭无术，如钱应龙辈索赂激变。"③

时任广西布政使的郭应聘决定捕杀黄贤相，并派兵备佥事谭惟鼎负责这次行动。谭惟鼎到四都后做的第一件事，就是条列了黄贤相的数条罪状："绞母、弑叔、杀弟、戕妻，悖天逆伦，屠戮无算，而且征调不赴，例马不贡。"④

在谭惟鼎条列的黄贤相诸条罪状中，"弑叔"是其悖天逆伦的罪状之一，而实情却是：

> 父廷宝故，贤相嗣立，廷宝弟廷器兴兵谋杀贤相，夺其官印。总督林都御史富樾参议郑惟新、左参将倪缙督兵讨廷器，斩之。贤相得

---

① 〔清〕汪森编辑，黄盛陆等校点：《粤西文载》卷二十四《城郭公署记》，广西民族出版社，2001，第208页。
② 〔明〕郭应聘：《郭襄靖公遗集》卷十八《纪事》，《续修四库全书》第1349册，上海古籍出版社，1995，第392页。
③ 〔明〕郭应聘：《郭襄靖公遗集》卷十八《纪事》，《续修四库全书》第1349册，上海古籍出版社，1995，第396页。
④ 〔明〕郭应聘：《郭襄靖公遗集》卷十八《纪事》，《续修四库全书》第1349册，上海古籍出版社，1995，第396页。

治州事。①

起初，黄贤相的叔父黄廷器为了争夺土司职位而起兵诛杀黄贤相时，时任两广总督的林富派兵捕杀了黄廷器，而现在，"弑叔"却成为黄贤相的罪状之一。由此可见，礼法有时会沦为中央王朝政治宣传的工具。

黄贤相被官兵捕毙于狱中后，由其子黄有翰袭职，明廷先是尽收忠州未吐之地，后又进一步将四都与强迫忠州"吐退"出来的部分地方合并，组建新宁州。在郭应聘看来，新宁州的建立使得"官有常政，民有定主，以绝思明、忠州觊觎之念，而构争之祸自此可息。以控太平、南宁之冲，而左江上下，舟楫可恃无虞"。②

嘉靖时期打击左、右江流域土官势力的行动，为王朝流官势力进入当地提供了一个契机。但如前已述，王朝流官们仍需一个村一个峒地争取，犹如虎口拔牙。总之，土流之间有关土地、村落权属的纷争，既折射了土流势力的对比变化，又反映了当地社会正在发生的缓慢变动。

小结：共同实践中的王朝国家

入明以后，左江上游土酋们遇到的新事物，大概是一种叫作"礼法"的东西。从表面上看，王朝的土司承袭制度是对原有地方传统的承认与妥协——承认夫妻、兄弟、叔侄、翁婿等之间的"部落式"权力传承关系，但在当地的实际场景中，"父子"传承逐渐取得主导性的地位，也更具"合法性"；"亲生""嫡庶""长幼"等血缘谱系观念也在当地逐渐落地生根，其或许是王朝官员宣扬、教化的结果。

虽然中央王朝在太平府治设立了太平千户所，但在传世文献中，卫所最主要的职能就是筑城防守，太平府城的修筑即是一个例子。除筑城防守外，卫所还负责打探情报信息，思明知府黄㻋父子被杀，就是卫所军官最早上报给朝廷的。根据全国的经验，明正统以后，卫所制度已经到达了崩溃边缘：逃亡军士占到全国军伍总数的二分之一弱。③ 据万历《太平府志》

① 〔明〕郭应聘：《郭襄靖公遗集》卷十八《纪事》，《续修四库全书》第 1349 册，上海古籍出版社，1995，第 392 页。

② 〔明〕郭应聘：《郭襄靖公遗集》卷一《奏疏》，《续修四库全书》第 1349 册，上海古籍出版社，1995，第 21 页。

③ 北京市历史学会主编：《吴晗史学论著选集》第二卷，人民出版社，1986，第 235 页。

载，明初，太平千户所的屯田正粮为"壹千捌百陆拾肆石"，而到万历时，只剩下"正余粮肆百肆拾叁石"。①因此，对左江上游土司们而言，其所面临的朝廷军事压力是比较小的。而王朝官员打击土官势力的招数，不外乎挑拨离间、拉拢一家打倒另一家、诱骗、暗杀等。翁万达捕杀龙州赵楷、凭祥李寰，就是典型的例子。

那么，对于朝廷新加于自己身上的礼法，左江上游土司们是如何应对的呢？他们并不是被动地接受，而是主动地加以利用，如编造虚假世系、冒充土官子孙等，甚至于主动介入中央王朝宫廷的礼法争议之中。如土官黄竑抓住明代宗有意改立自己的儿子朱见济为太子的心理，率先上奏"易建东宫"，不仅使自己身脱囹圄，还尽享荣华；但明英宗复辟后，黄竑则被发棺鞭尸。嘉靖年间的"议征安南"事件，本是一场维护两个王朝之间礼法秩序的行动，但也揭露了左江上游区域在土官职位袭替方面，王朝礼法与地方传统相互杂糅的面相。而这次"议征安南"的行动，还为王朝流官势力进入左江上游区域提供了难得的机遇。

国家既是一个地理空间，也是一套管理制度（主要包括政治、军事、财政以及文教等方面的制度）。此外，国家还是各种主体（组织、群体甚至个人等）共同实践中的国家。明中期，边缘地区的地方首领在介入中央王朝宫廷的礼法争议之后，其家族命运也随着王朝政治的变动而起伏不定，而这完全可视作国家整合的一个表征。

王朝国家的臣民不仅相信某种"大一统"礼法确实存在，还时常围绕这种礼法而争吵、博弈。对于国家整合来说，礼法的意义并不亚于地理空间的确立以及政治、军事等制度的构建。土司内部的不同势力为了取得土司职位袭替的胜利，不断援引、改造王朝国家推行的家族礼仪、承袭制度，这既是一个地方人群学习、实践礼法的过程，也是一个"大一统"礼法普及推广的过程。

虽然明朝统治者希望自己的意识形态能达到无远弗届的地步，但是当时的王朝国家已对国界形成了清晰的认知。如嘉靖十七年 (1538)，莫登庸就扬言称："中国土官比比弑逆，数十年无能正法者，而独虑及我，何哉？"可见在莫氏心目中，"中国"的界限是确定的，边缘地带的土司们属于"中国"，而他自身则否。

---

① 万历《太平府志》卷一《田赋》，《日本藏中国罕见地方志丛刊》，书目文献出版社，1990，第 381 页。

第三章 文武之道：明末清初王朝的文教、军事措施与思明土府的崩溃

上章已述，明中期，思明黄氏由盛而衰，显赫一时的黄玹被发棺鞭尸，朝廷颁布的土司承袭制度也使得边缘地带的土司倍感压力，地方统治传统受到压制。在嘉靖朝"议征安南"事件前后，地方土司势力受到严重打击，思明土府领地不断被蚕食。明末清初，思明土府走上了覆亡之路，土府所属土州、县先后改属流府，土官孱弱不振，地方动乱频仍。明末，中央王朝开始于土府地方"流土分治"，并推进文教措施；清雍正时，地方上的"强悍"村寨、头目被官兵剿灭，思明土府终遭裁撤。在本章，笔者将对比明清两个王朝在统驭边缘地区方面所具有的不同特色。

一、万历年间思明府所属土州改属与土官动向

如前所述，明初，思明府曾领有思明州、上思州、忠州、江州、思陵州、上石西州、下石西州、西平州、禄州、凭祥县等。与其存在紧密联系的上思州，在弘治年间被改流，到了嘉靖、隆庆年间，位于思明府与忠州之间的四峒也被改流，设置四都以及新宁州。这些都挤压了思明府黄氏的权力空间。进入万历年间，原属思明土府的土州纷纷改属流府，王朝势力进一步深入思明府。

历史上，忠州曾经隶属思明府，隆庆年间任广西巡抚的郭应聘在《议忠州改属南宁疏》中，就引用了思明府的申称：

> 本府额辖忠州、上下石西州、迁隆等州峒。忠州近因土舍黄贤相承袭，妄称直隶，不服本府管辖。申乞备查，该州原无奏奉明文，行

令照依旧制，归属本府。①

忠州在承认曾属思明府的同时，又称在嘉靖十九年（1540）已经直隶广西布政司：

> 忠州土官男黄有翰申称，本州原属思明府，该府吞噬不休，屡代仇杀。于嘉靖十九年内奉讨安南有功，蒙两广都御史蔡经批准，本州改隶广西布政司，钱粮径自解纳，征兵径自调发，至今三十余年。②

忠州土官黄贤相于隆庆年间去世后，其子黄有翰执掌州事，势力甚弱。因此，广西巡抚郭应聘便将南宁府的申称作为定调，上报朝廷：

> 据该府呈称，查得忠州原属思明，继改隶广西布政司后，因土官黄贤相多年叛乱，钱粮不解，征兵不出，专一劫夺，启衅地方，隆庆三年，擒获监故。该本府议呈分巡道霍金事转详，定属本府，备行忠州遵照外，就据该州管事官男黄有翰申解隆庆三年、四年分粮银，共一百六十八两到府缴纳。讫今又告要直隶布政司，缘黄贤相冒称直隶得以抗衡邻境，恣肆暴虐，杀掠无忌。
>
> 是以议属南宁便于控制，况忠州与新宁接壤，既居上流地方，又广足以自固。一许改属，则前日侵暴之辙将复蹈矣。窃谓不当论其旧案之有无，直以今事势断之，其应属南宁无疑。③

在第一段史料中，南宁府声称，忠州在隆庆三年（1569）黄贤相"监故"后即属南宁府。由第二段史料可知，郭应聘的主张是，不管忠州之前的隶属情况如何，为了便于控制以及防卫新成立的新宁州，忠州应归属流府南宁府。据《明史·地理志》载，万历三年（1575），忠州"来属"南宁府。④

到了万历年间，思明土府的腹里之地——思明州也陷入了任人宰割的

---

① 〔明〕郭应聘：《郭襄靖公遗集》卷四《奏疏》，《续修四库全书》第 1349 册，上海古籍出版社，1995，第 95—96 页。

② 〔明〕郭应聘：《郭襄靖公遗集》卷四《奏疏》，《续修四库全书》第 1349 册，上海古籍出版社，1995，第 96 页。

③ 〔明〕郭应聘：《郭襄靖公遗集》卷四《奏疏》，《续修四库全书》第 1349 册，上海古籍出版社，1995，第 96 页。

④ 〔清〕张廷玉：《明史》卷四十五《地理六》，中华书局，1974，第 1160 页。

境地。据《土官底簿》载，明初，思明州的首任土知州黄钧寿是思明府土知府黄忽都的弟弟：

> 黄志铭父黄钧寿，系本府知府黄忽都弟。款附。洪武二年三月，赴京授思明州知州。故。志铭洪武二十一年七月奉圣旨，著他袭了，钦此。[①]

思明府土官黄珐于景泰年间去世后，其后人依然盘踞在思明府地区，并占据了思明州。据嘉靖《广西通志·土司传》载：

> （思明州）土官知州黄姓，与思明府同族。洪武初，黄钧寿始授世袭知州，卒，子志铭袭。子郝、孙真相继以死。有黄义者，称为真所生，□□承袭。成化十三年，况村黄绍以兵逐之，而据其州，夺大小民村凡二十有四。弘治六年，绍复以兵胁知府黄道给券与其子文昌领州事。九年，义奏愬于朝，下所司捕之。绍仰药死。十六年，文昌仍具牒冒黄真宗支争袭，数为边患。上命副总兵康泰、参政杨茂元讨之，文昌伏诛，以黄义子永宁袭。[②]

从上则引文可知，思明土州传到黄钧寿的曾孙黄义时，被黄珐之孙黄绍攻占。黄绍在杀害了黄义后，还胁迫思明知府黄道给予凭证，让自己的儿子黄文昌领思明州事。黄绍死后，黄文昌仍假冒黄真宗支争袭，直到弘治十六年（1503），黄义之子黄永宁才得以袭职。不过，嘉靖七年（1528），黄文昌之子黄泰又夺回了思明州土官的职位。[③]

据《万历武功录》载，黄泰正室生有四子：恩诏、恩锡、恩隆、恩佑。因诏、锡先后物故，第三子恩隆"以恩诏妻赵为妻，恩锡妻黄为次妻"，并于万历八年（1580）承袭了思明州土官之职。值得注意的是，黄恩隆的次妻黄氏，乃时任思明府土官黄承祖之姊。黄恩隆未袭职前，为了得到黄承祖的扶持，不仅十分宠爱黄氏，甚至承诺将来由黄氏所生长子拱廷继承自己的职位。黄恩隆成为土官后，由于与黄承祖发生黎龙等处的田土争端，

---

① 〔明〕无名氏：《土官底簿》卷下，《影印文渊阁四库全书》第 599 册，台湾商务印书馆，1986，第 394 页。
② 嘉靖《广西通志》卷五十二《外志三·土官沿革二》，《北京图书馆古籍珍本丛刊》第 41 册，书目文献出版社，1988，第 614 页。
③ 嘉庆《广西通志》卷六十《职官表四十八·土司二》，清嘉庆六年刻本。

故在病逝前，忽然决定让正妻赵氏所生之子拱极袭职：

> 庚辰中，隆从征诸傜有功，得给印以嗣。隆尤宠黄，虑拱廷、拱
> 圣实庶出，势不得嗣，于是，谋于承祖……异时拱廷得嗣也。隆既嗣，
> 即夺祖所侵黎龙、白鹇、蕾蓬、那横、那炼诸村田土，弗得。兴动干
> 戈，旦莫相仇杀也。亡何，隆罹霜露之病，以为承祖于我隙益深，设
> 百岁后，是属岂为我子孙计久远乎？乃大书遗命，取州目恩佑、黄冕
> 及州民具结，因以印并皆附拱极。①

万历十四年（1586），黄承祖在闻知黄恩隆死讯的当天，就发兵攻打
黄拱极。随后，又声言黄拱极毒死黄拱廷，于法不当嗣，故应由黄拱圣袭
职。为此，黄承祖还派人积极拉拢思明州头目：

> 我郡太守意以为，有如乡老能以拱圣嗣，归黎龙诸田，两相和好，
> 他日升赏如约。不然，我以兵虏掠乃众也。②

在黄承祖的威逼利诱之下，思明州头目们捕杀了黄拱极及其支持者，
拥立黄拱圣为州主。但在南宁府、太平府以及驻扎南宁的左江兵备使的介
入下，黄拱圣被下狱处死，黄承祖被革除冠带，思明州土官之职由黄拱极
之子黄世延承袭，并改隶流府太平。

需要提及的是，黄承祖之姊先嫁黄恩锡，后为黄恩隆次妻，当属"同
族"③通婚。"同族"之所以无法限制住土官们的婚姻实践，主要是因为当
地传统的地域联系，正是依托政治联姻等方式建构的。

此外，黄恩隆的"妻嫂"现象也颇值得注意。黄恩隆在承袭土职之前，
就迎娶了两位兄长之妻，应是对家族中"妇方"势力的一种平衡。如果黄
恩隆另娶，就会牵涉更多的势力，招致更多的麻烦与争端。因此，娶兄之
妻就是对原先姻亲关系的确认和尊重。但在王朝官员看来，黄恩隆娶嫂为
妻、嫡庶不分等违背家族礼仪的行为，是逆天的，是必会遭到天谴的：

① 〔明〕瞿九思：《万历武功录》卷四《广西》，《续修四库全书》第436册，上海古籍出版社，1995，第278页。
② 〔明〕瞿九思：《万历武功录》卷四《广西》，《续修四库全书》第436册，上海古籍出版社，1995，第278页。
③ 思明府黄氏与思明州黄氏是从黄玹、黄珫兄弟分支的。

语有之，天道好还，丝毫不差，岂不信哉？恩隆两妻丘嫂，欲传嗣于庶，而乃嗣拱极者。此非情也！卒之，拱圣以庶子弑兄，僇及宗枝几尽，诚天所以报施恩隆。[1]

关于思明土府的"分崩离析"，万历《广西通志·土司志》曾如此评价：

国初，思明辖七州一县，故称望郡。殆其后也，日割月蹙，上思与忠州入邕，思明州入太平，凭祥由县改州令直隶。上石西州[2]渐齿内地，而禄州、西平州沦于交夷，且不复返矣。[3]

不过，土司之间的隶属关系，当不同于我们一般的认知。即使是存在隶属关系的两个土司之间，其关系也是较为平等、独立的，甚至还会相互争斗与对抗。如忠州与思明土府之间，就是如此。那么，思明土府"分崩离析"的意义到底何在呢？笔者以为，这个问题需要更多地从王朝流官势力的深入、强化等角度来加以分析。土州归属流官之后，土官报袭、土兵征发、钱粮提调等，都要由流官掌管。因此，与"属土"时期相较，各属土州所受之控制更加严密了。此外，流府的筑城、守城等夫役，也会强加给各属土州。

如前已述，思明府土官黄承祖勾结思明州头目们杀害黄拱极，拥立黄拱圣袭职，但明廷对二人的处置截然不同，黄拱圣被下狱处死，而黄承祖只是被革除冠带。之所以如此，大概是缘于黄承祖与官府的热络关系。据《明史·土司传》载，嘉靖四十一年（1562），黄承祖得以袭职的一个重要原因，便是他取得了"平傜、僮功"。[4]隆庆六年（1572）、万历四年（1576）、万历七年（1579），黄承祖均领兵随征，参与平息广东罗旁（今属广东肇庆市地方）傜人、广西怀远（今属广西三江县地方）傜人、僮人以及"十寨"（今属广西忻城县地方）诸僮动乱的军事行动，先后获得朝

① 〔明〕瞿九思：《万历武功录》卷四《广西》，《续修四库全书》第 436 册，上海古籍出版社，1995，第 279 页。
② 上石西州大约在天顺、成化年间改流，先是"州治荒芜，前后莅州者率寄妻孥太平府，间入州视事，若奇公然。万历十九年，知州孙继先始新州治，携家人以从，复建社稷、山川、郡厉诸坛，修城隍、土地二祠，拓城甃井，州治始改观矣"。见万历《广西通志》卷三十二《外夷志二》，明万历二十七年刻本。
③ 万历《广西通志》卷三十二《外夷志二》，明万历二十七年刻本。
④ 〔清〕张廷玉：《明史》卷三百一十八《广西土司二》，中华书局，1974，第 8236 页。

廷黄金三十两的奖励。[①]

又据《明实录》载，明廷在革除黄承祖冠带时，允许其立功自赎。[②]而在黄承祖被革除冠带后的第十年，发生了安南黎氏的请贡事件，黄承祖在此次事件中出力颇多。

嘉靖六年（1527），莫登庸篡夺了安南黎氏的政权。嘉靖十一年（1532），黎氏旧臣阮淦在安南南部地区拥立黎昭宗之子黎宁为帝。万历年间，安南黎氏、莫氏实力对比发生巨大逆转。万历二十年（1592），黎朝权臣郑松举兵占领升龙（今河内），杀死莫朝皇帝（明朝文献称"安南都统使"）莫茂洽。

万历二十四年（1596），底定安南绝大部分地方的黎氏向明廷提出通贡请求。莫氏失去政权后，莫茂洽之子莫敬恭与莫氏其他宗室旧臣纷纷逃奔到广西龙州，并与广西境内土司勾结，企图阻挠黎氏的请贡之举。据《大越史记全书》载，万历二十二年（1597）五月：

> 莫敬恭及其伪党窜居明龙州。至是、多率龙州人出掠谅山各州。节制郑松差兵会谅山三司兵攻逐之、伪党奔回龙州。
>
> 七月初二日、莫驸马都尉太傅沱国公莫玉璨聚兵万宁州、病死、其子驸马山东等奔入龙州，附莫敬恭。[③]

由上则引文可知，莫敬恭逃到龙州后，莫氏其他宗室旧臣也先后附聚于此。据载，龙州赵氏土官还有劫夺朝使之念，使得封贡形势较为复杂、危险："龙州土酋赵英者，冥顽叵测，有深怨于黎夷……尚思假莫拥兵抢夺返朝使之驾。"[④]

万历二十四年（1596），广西按察司副使杨寅秋受命处置安南黎氏的请贡事宜。思明土官黄承祖率先应命，积极协助杨寅秋完成了这一使命。据杨寅秋《临皋文集》载：

---

① 〔明〕瞿九思：《万历武功录》卷四《广西》，《续修四库全书》第436册，上海古籍出版社，1995，第248、264、272页。

② 《明实录·神宗显皇帝实录》卷一百九十六，"万历十六年三月辛酉"条，上海书店，1984，第3699页。

③ [越] 吴士连原著，陈荆和编校：《大越史记全书》（下），东京大学东洋文化研究所附属东洋学文献センタ刊行委员会，昭和五十九年（1984），第902页。

④ 〔明〕杨寅秋：《临皋文集》卷三《书》，《影印文渊阁四库全书》第1291册，台湾商务印书馆，1986，第697页。

下令诸土司曰："有能乘时扶义，共襄绥怀盛举，吾能优异之。"思明府土官黄承祖以所探海东莫敬章被歼事，率先应命。余觇知其故负谴，欲自赎。且有夙憾于龙州，稍推诚鼓之，承祖勃勃思奋。[①]

在杨寅秋看来，黄承祖"率先应命"，提供莫氏宗室莫敬章被杀的情报，充分表明其立功赎罪之心十分迫切。

万历二十五年（1597），明廷在镇南关举行纳款封贡仪式时，黄承祖的儿子、女婿承担了军事戒备的任务。据杨寅秋《临皋文集》载：

> 余与杨参戎相继发幕府，至则誓汉、土师，以迁隆峒土官黄兆基领兵千五百有奇，守岜口隘；以应袭黄应雷领兵千二百有奇，守强村隘；以上石土舍黄应宿[②]领兵五百，守绢村隘。应雷、应宿皆承祖之子，兆基其婿。[③]

在杨寅秋主持封贡仪式的过程中，安南黎氏不肯下跪行礼，黄承祖从旁厉声曰："维潭今复国，不费槟榔半咽，而靳此四拜乎？"乃拜，各酋目俱头抢地罗拜。[④]

封贡仪式结束后，黄承祖与杨寅秋似乎建立了深厚的交情。杨寅秋离任时，黄承祖先是亲自送至南宁，后又派手下头目远送至三江，并馈赠白米千石及大量地方特产，但都被杨寅秋婉拒。因此，杨寅秋在《谕思明府土司》中盛赞黄乃"敦诗书而有情致者"：

> （黄承祖）本官父子远赴南邕，奉本道严阻，不得一见而返，又遣头目护送至三江……兹于三水遣发各目回还，一应奇南、交绢、交草、沉速，俱不收受，白米俱尽行发回，本官照数点明收入。夫本官父子实有劳于封疆，本道方愧叙不酬劳，而惓惓以本道远行为念，岂非土司中之敦诗书而有情致者哉？[⑤]

---

① 〔明〕杨寅秋：《绥交记》，《中国野史集成》第 25 册，巴蜀书社，1993，第 218 页。
② 思明黄氏有田地在上石西州，故此处有上石土舍之称。
③ 〔明〕杨寅秋：《绥交记》，《中国野史集成》第 25 册，巴蜀书社，1993，第 221 页。
④ 〔明〕杨寅秋：《绥交记》，《中国野史集成》第 25 册，巴蜀书社，1993，第 222 页。
⑤ 〔明〕杨寅秋：《临皋文集》卷四《杂著》，《影印文渊阁四库全书》第 1291 册，台湾商务印书馆，1986，第 745 页。

二、思明土府头目变乱与王朝流官势力的深入

尽管在封贡安南黎氏的过程中，思明黄氏土司与王朝官员建立起了相当热络的关系，但其在地方上的控制力却面临着巨大的挑战。这些挑战亦跟安南境内分裂、动荡的政治形势有关。黎氏虽在名义上统一了安南全境，但北部地区仍然盘踞着各种割据势力。这些割据势力与明朝境内的各种势力相互勾结、相互利用，各取所需又矛盾重重。

万历三十二年（1604）前后，思明府发生了头目陆佑之乱：

> 陆佑、黄尚俱思明头目，时知府黄应雷屡惬不振，佑、尚专政。会思陵知州韦绍曾不善抚御其众，众多怨之，韦光缙欲夺其职。周佑为绍曾掌记，尝以奸淫事为绍曾所逮，及其子保俱收系，欲置之法。佑素结交禄州夷官韦达礼，而陆佑亦拜达礼，称为乾儿。先是，佑、尚图植光缙，伴约达礼互市。故负其牛畜价，扬言事由思陵，欲激怒达礼。周佑父子亦阴附光缙，至是密投达礼。佑、尚为之怂恿，达礼惑于骗牛之说，方欲释憾思陵。遂统兵众万余，直捣思陵，攻拥入州。就狱中释周佑父子，携绍曾及印，大掠人口财畜而去。以绍曾爱妾葡萄赐周佑。

> 陆佑乘绍曾被执，遂与黄尚发兵纳光缙思陵，称为新主。已而达礼知其谋，悔为所卖，亟送绍曾及印归。陆佑嗾州民告逐绍曾，又尝以旧事憾张同知，乃集目兵为乱，闯入官衙，砍杀斫伤衙众无数。

> 周佑既归达礼，而故习交州事，知黎、莫争长未定，遂谀达礼有奇相。且曰不黎不莫，可收鹬蚌之功。教令屯兵储粮，据险结寨。达礼从其计，因假称内附，诬交南耆目逆篡，冀绝贡道，以图举事。督府闻之大骇，以其事闻，责郑松令擒达礼、周佑，责黄应雷令擒陆佑等。调江州等州官兵压思明府境上以待。郑松得檄，遣其子郑枻统兵众疾驰入禄州，擒达礼。达礼闻之，先期逸去。止获佑、保等，以夹板公文从便道献。官兵既入思明境，至风门岭，应雷亦获黄尚出献。陆佑阻兵抗命，遂逐应雷而夺其印，率众与官兵拒战。官兵失利，乃浚城坚垒，时出劫掠邻州财物，招集兵众。左江大震，于是议调集东西两省汉、土兵分四道并进，贼出战不能敌，遂大败，佑自刎死。[1]

---

[1] 〔明〕魏浚：《西事珥》卷八，"诛陆佑韦达礼"，《四库全书存目丛书》史第247册，齐鲁书社，1996，第833页。

由引文可知，陆佑、黄尚为思明府头目，周佑、周宝为思陵州头目，四人均与安南境内禄州"夷官"韦达礼交往密切。其中，陆佑不仅拜韦达礼为干爹，自称"乾儿"，还与韦达礼有着贸易上的往来。陆佑故意"负其牛畜价，扬言事由思陵"。韦达礼"惑于骗牛之说"，攻破思陵州，掳走了思陵土官韦绍曾及州印。陆佑则趁韦绍曾被掳之机，拥立韦光缙为新州主。韦达礼送还韦绍曾之后，陆佑又唆使州民"告逐"韦绍曾。此外，陆佑还曾攻打思明府同知①官衙，杀伤衙众。

但是，这些地方头目之间的内斗以及小规模的地方动乱，显然构不成明廷大动干戈的理由，真正引起明廷关注的是，边境两边的地方势力相互勾结，阴谋阻绝安南黎氏进贡的道路。因此，明廷在向思明府调兵遣将的同时，一方面要求黎氏权臣郑松擒拿韦达礼、周佑等，另一方面要求思明府土官捉拿头目陆佑。

关于陆佑与安南境内势力勾结的证据，据《西事珥》载，陆佑曾以"天朝思明府掌兵头目"的名义向安南境内势力写信求助。陆佑在信中云："（朝廷）再限四五月内大调两江兵进攻，此理必虚，但用银赎罪而已。又云，其事亦不为小，不下一万银费，愿恤难中加助一二。"②由此可知，陆佑写信的最终目的，是请求安南境内势力援助银两。

后来，思明土官黄应雷不但未能擒获陆佑，反而被陆佑驱逐。陆佑"率众与官兵拒战"，明廷只好派遣四路大军围剿陆佑。

思明土官黄应雷"屡儎不振"，被实力头目驱逐之事，充分表明当时思明黄氏土官已经无力控制地方了。广西巡抚杨芳在"思明善后疏"中较为详细地描述了黄应雷的"傀儡"形象：

> 思明府土官黄应雷懦弱无为，荒淫不检，威令不行于左右，事权旁落于家奴。当陆佑衔命之日，一力士可以擒解，乃姑息曲庇，至捏报已逃。其违旨欺罔，已负莫赎之罪矣。迨事穷势蹙，复以府印私授，致佑籍印号召村寨，威劫目民，敌杀官兵，劳师费饷。③

---

① 明制规定，在土司府州县需设流官佐之，故思明土府有同知之职。但是关于这项制度的落实情况以及土司地方流官到底扮演什么作用，即使全国范围内也少有资料证明。到了万历以后，思明府流官同知才逐渐进入史籍之中。

② 〔明〕魏浚：《西事珥》卷八，"诛陆佑韦达礼"，《四库全书存目丛书》史第 247 册，齐鲁书社，1996，第 834 页。

③ 康熙《思明府志》卷六《艺文志》，清康熙二十九年刻本。

据《明实录》载，万历三十四年（1606）二月，"磔斩安南逆犯陆佑[1]等四人于市，余徒杖有差"。[2]前引《西事珥》则称，陆佑乃自刎而死。《驳交记》又载，陆佑逃入安南境内后，自刎而死："（陆佑）自知罪重，逃入安南。于是一面议剿，一面传檄彼国擒献。佑势穷，拔刀自刎，寨民将佑尸献出。"[3]

陆佑之乱平定后，杨芳在"思明善后疏"[4]中详列了以下数条措施：

（一）"定袭爵以安目民。看得应雷有罪当废，应宿系黄承祖螟蛉之子，其不宜袭也"。"独黄承祖幼子黄应聘，官族目民俱结其为真子，阖府归心，各土州申词如出一口，似应准其袭，以存黄氏宗祀"。即黄应雷有罪当废，应由黄承祖幼子黄应聘承袭土官之职。

（二）"处罪人以杜乱阶。看得黄应雷既以罪废，而令与应聘同城而处，终伏隐祸。据议降为土舍，移植北段院子峒及弄辱、弄怀二村，制其出入，籍田养赡。不许管事，此后生有子，亦只袭土舍"。即黄应雷降为土舍，迁居城外，其子孙只能承袭土舍之职。

（三）"摄府篆以控边地。看得黄应聘会勘已真，其应承袭土知府之职，无容议者。惟是年甫七岁，何能管理印务？今佥议，暂属流同知署掌。待至十五岁交印接管，其地方一切兵民事务，分流土官署印，接印之日担当。各俸薪照旧，庶边郡控驭有人，而奸人窥伺可杜也"。即在黄应聘十五岁以前，由流官同知署掌印务；黄应聘接印后，流土分治、分别署印。[5]

（四）"建学校以广风教"。关于此条，杨芳是根据万历三十三年（1605）出任思明府同知的苏日登提交的建学报告拟就的，而这份报告以《建学缘由》[6]为题，被完整地收录在康熙《思明府志》中。

下面，笔者将依据苏日登的报告，考察明代后期，科举文教在边缘地

① 明廷疑陆佑跟安南境内势力有联系，故称"安南疑犯陆佑"。
② 《明实录·神宗显皇帝实录》卷四百一十八，"万历三十四年二月庚申"条，上海书店，1984，第7915页。
③ 〔明〕张镜心编考：《驳交记》卷十一，《丛书集成新编》第104册，（台北）新文丰出版公司，1985，第505页。
④ 康熙《思明府志》卷六《艺文志》，清康熙二十九年刻本。
⑤ 关于流土分治的大致划分，据康熙《思明府志》载："思明地方原有流、土分汛管辖，其三寨、四村、六柳、安马、洞朗、力尊等村俱在城外附近数里，离城东六十里至伯江、峙北、那禄、海渊、动驴、什八六哨，离城南五十里至三村板方、可擎、淋贴各哨，离城北二十里至田山段，离城东南一百五十里至内外峒，系属土府所辖；离城西南十里至那炼、邓横、雷蓬、白鹏四寨，离城西南九十里至上下黎龙、上下平央、坤争、益另六团地方，系属清军厅所辖，各有专辖。"参见康熙《思明府志》卷二《疆域志》，清康熙二十九年刻本。
⑥ 康熙《思明府志》卷四《学校志》，清康熙二十九年刻本。

方产生的影响及其引发的社会力量变动。

由苏日登的报告可知，思明府建学的动议最早是由思明府寄太平府学①的生员们提出的：

> 据本府寄太平府儒学生员屈三锡、郑於泾、黄镶、林志道、杨海玹等呈称，窃惟善法缘于更化，建学所以明伦。粤稽本府世袭土官，代尝遣民子弟附寄太平府学，奈彼地阻抑多端，所以文教未甚兴，礼义未甚著，习俗渐靡，凶顽辈出。迩如不识字墨之陆佑逆天横行，不晓礼法之氓望风响应，动致縻财兴师，祸且伏尸流血。锡等忧抱杞人，计图善后。合无近照先土官黄承祖所议，远仿云贵诸土官事例，请专设学，作养化诲，庶诗书礼乐成风，孝弟忠信遍俗。民不期化而自化，乱不期销而自销。

由上则引文可知，思明土府生员们提出建学的主要理由是：土官时期，由于学之未建，子弟只好附寄太平府学，受到太平府生徒们的多方阻抑，从而导致本地文教未兴，诸如陆佑等"不识字墨"之"凶顽辈出"。此外，这份报告还举了一个例子，来说明"阻抑"的具体情形："一遇考期，群起攘逐，往往赴试之士未交笔阵，已被拳摧中。"可见，即使在边远之地，生员们对科举功名依然十分热衷——连入学资格的竞争都如此残酷，科举文教制度在笼络人心方面的成功之处，亦由此可见一斑。

在闻知思明府请求建学之后，思明州生员们纷纷表示，希望"统收一学，就近作养"，尽管他们此前已改为太平流府管辖：

> 又据思明州附太平府学生员罗大鹏、黎应元、郑一凤、蒋士诚、甘大霖、黎应科、程道高、黄日登、黄星耀、蒋士贤、黄日新、农太明等呈，为请建儒学，一体作养，以弘雅化，以固边围事……本州原府旧属，一脉亲枝，先因彼此争地，故求改属。今幸仁台莅任，作兴斯文，多士喁喁以向风，各目忻忻而教子。本府生员屈三锡乘此善后，仰承德意，请尚建学。大鹏等原属莘莪，咫尺门墙，宁忍自外？乞一视同仁，统收一学，就近作养，斯文幸甚。

思明州生员们提出"统收一学，就近作养"的目的，无非是希望礼部

---

① 太平府学建于洪武三十年（1397），遗址至今尚存，即崇左市高中校园，当地老人习称此处为"黉宫"。

另设学额，以提高自身的命中率。据苏日登"考校"，当时思明府加上思明州共有生员二十名，儒童五十余名，因土司地区未建学，故他们均附寄于太平府学。苏日登的描述，大致反映了王朝教化在当地的落实状况。其实，据康熙《思明府志》载，早在正德年间，思明府一个名叫陆峦的贡生，便为嘉靖年间修撰的《思明府志》作过一篇序，该序后被收录于康熙《思明府志》中。其中，陆峦这样描述自身的经历：

> 愚自早岁颇好学，每挟策出外就正。正德丁卯，寓横槎①，提督学政慈溪姚公考试，谬取观场，汇送太平府儒学肄业。碌碌庸才，历数科不第。兀兀穷年，徒寻行数墨而已。②

陆峦的自述，为我们描述了一个生长边地，汲汲于科举之途的读书人形象。我们还可得知，思明府生员求学需远赴南宁附近的横州，只有通过考试后，才可附寄于太平府儒学。关于陆峦在地方上的影响，据康熙《思明府志》载，"嘉靖三年，生员陆峦具呈左江道佥事杨凤，为乞立社学，以训顽童"。但由于种种原因，社学并没有建立起来。③

由苏日登的报告可知，思明土府生员们申请建学的一个理由是，先土官黄承祖已有建学之议，现在"凶顽荡平"，不过是照原议而行罢了。

苏日登在报告中，引述了思明府头目郑守义叙述的黄承祖申请建学的情形：

> 先任土官黄承祖议之已久，盖因送考诸生每逼于太平府儒学之不相容，不得已而有是请。时又虑上宪以土司不肯准允，故议于辖属流州上石地方建设。议将该吏目裁革，移其柴马工食以为学官门役等费，而本府有田一分坐落该州，议递年收其租银二十两作为祭祀之需。至如诸生廪粮、创建工费，俱本官自愿措办。
>
> 时因本府生员止四五人，而属土州子弟亦未成才可以充学。致蒙提学刘副使批，据申本官之意良美，本道当从其成。但该府诸生人数尚寡……且照旧肄业太平府儒学，已戒谕诸生决不致再构隙，毋以小嫌自阻。候人才渐盛，可自为一学，议建未迟也。

---

① "横槎"指横州，距离南宁不远，是中原贬谪官宦在广西的汇聚之地，故陆峦会到此地就正学问。
② 康熙《思明府志》卷一《旧序》，清康熙二十九年刻本。
③ 康熙《思明府志》卷四《学校志》，清康熙二十九年刻本。

由郑守义的叙述可知，黄承祖曾为建学做好了充分准备，但提学刘副使提出，鉴于思明土府"诸生人数尚寡"，仍旧肄业太平府儒学，待人才渐盛之后，再议建学。康熙《思明府志》中还收录有《太守黄承祖训读》一文。黄承祖曾感慨道："若子弟亦曾闻中都衣冠文物之盛乎？中都言必称诗，动必称书，娴然美矣。若子弟耳目同中都，手足同中都，言语色笑同中都，而乃目不知书，耳不闻书，手持足履、言语色笑皆不知书，则无耳无目无手足，不能言语色笑同也。"①在这篇文章中，黄承祖明确指出，在天资禀赋方面，本地子弟与中都子弟都是相同的，两者之间的区别主要在于本地子弟不读书。他热切鼓励本地子弟学习中原文化的行为，向我们展示了这位"助逆倡乱"土官的另一面。

此外，在苏日登的报告中，还涉及学宫的建筑、员役的设置、经费的筹措等内容，其中，建学经费主要来自对黎龙、白鹇一带的征税：

> 卑职查黎龙、白鹇一带地方，先因本府与思明州官相争，故议属清军厅同知收管，已经题允，给有钦降关防……其征收照汉官一条鞭法，每年每丁定议量征银四钱或五钱，则百姓欢喜无地然。此即今残败之后，每年亦尚可征银三百余两，先一年尽作建学之费，以后递年充为师生俸粮、门役工食、祭祀香烛等用。或有余剩，仍归清军厅同知，作正支销或申报别项公用。如此则以两家原争之地方，作养两家之人才，以原归流官专辖之钱粮，供给流官提调之师生，似亦长久之策也。

从上则引文可知，黎龙、白鹇一带在经过府、州相争之后，改归清军厅同知收管。思明府同知何时改称清军厅同知，史籍并无确切记载。在这里，"清军"是指清理、管理卫所军伍。明代，为了防范、解决军伍空虚和军籍管理涽乱等问题，对军伍实行清理、勾补等举措。宣德时，开始向全国派遣清军御史；成化后，有清军同知之设。②土司地方有土兵征调、清理事务，而这些事务大概均由流官同知管辖，故又称"清军厅同知"。据《明实录》载，颁给思明府同知管理黎龙、白鹇一带关防的时间，是在万历二十二年（1594）六月："铸给广西专管黎龙、白鹇等村寨流官同知关防。"③随后，这一地区被陆佑占据，陆佑之乱平定后，拟按照一条鞭法

---

① 康熙《思明府志》卷六《艺文志》，清康熙二十九年刻本。
② 曾国庆：《试论明代的清军制度》，《史学集刊》1994年第3期。
③ 《明实录·神宗显皇帝实录》卷二百七十四，"万历二十二年六月辛亥"条，上海书店，1984，第5073页。

征税，其所征税款用作建学之费以及师生俸粮等。

最后，苏日登还明确了学校教官的尊崇地位：

> 教官，诸生师表也。籍令土官得凌驾而上，不将斯文气索哉？谓宜教官止属流同知提调，若土官则宾主平礼，即应袭土舍亦先要入学拜师，庶地方上晓然知读书之贵。

即教官只受流同知提调，与土官则"宾主平礼"，"应袭土舍亦先要入学拜师"。关于生徒的地位，苏日登明确指出："以原归流官专辖之钱粮，供给流官提调之师生。"由此推断，生徒似乎也归流官提调。

据《明史·土司传》载，万历三十三年（1605），时任两广总督戴燿所上"思明善后疏"的内容与杨芳大致相同，皇帝"诏悉从之"。[1]

万历三十七年（1609），思明府学最终建成，《建学记》中如此描述学宫的规模："先寝殿，次戟门，次明伦堂，次东西庑，次斋舍、庖湢、泮池，规制大备。丹垩藻绘，焕然伟观，即视大邑通都，无少逊也。"[2]《建学记》的描述显然有夸张的成分，但毋庸置疑的是，学校建成后，确实为思明土府培养了一批功名人士。从万历建学到明朝灭亡，思明府共出了两名举人（分别为崇祯乙卯科与乙酉科），另有贡生十六名。[3]

崇祯七年（1634），思明府发生的一场土、流官争讼，使我们得以一窥陆佑之乱善后措施的落实情况以及地方权势所发生的变动。这场争讼的官方判决文书还被刻成石碑，以示永为遵守。该碑碑文被收录于康熙《思明府志》。其内容如下：

> 崇祯八年，思明府知府黄戴乾为恳遵成案立碑永杜纷争事，为照。本府自宋立功建府，至国朝添设同知，柴马役食出自府供，岁有定额，政不相侵，向无他议。嗣因伯父黄应雷缘事，父应聘定袭，年幼，印寄流官同知接署。祖制遂致纷更，本府一切租税混行兼并。万历三十八年互相讦构，蒙院司题定，流官所管地方曰上下黎龙、上下平央、坤争、盏另，此六团也。曰白鹏、那炼、邓横、雷蓬，此四寨也，钱粮岁入，土官不得而与；土官所管地方曰剥江、岽北、那禄、什八、海渊、动驴，此六哨也，又有内外六峝、南北二段，钱粮花利，流官

---

① 〔清〕张廷玉：《明史》卷三百一十八《广西土司二》，中华书局，1974，第 8237 页。
② 康熙《思明府志》卷六《艺文志》，清康熙二十九年刻本。
③ 康熙《思明府志》卷四《选举志》，清康熙二十九年刻本。

不得征收。各明职守，毋相侵越，流、土官永为遵守，毋容轻假。

不幸父应聘接印未几而逝，遗腹生职，寄住太平，印复寄军厅署管，遂以全府花利专为己物。职于崇祯五年，始奉文接印管事。时该署印本府清军同知刘朝升以牛判、鸭税、大粮、私粮、月米等项留为该厅养廉，执而不退。职查大粮、私粮、月米、鸡鸭税俱出六哨地方。祖制，军厅经历各官柴马役食差使供应，正出于此。今刘同知执为养廉，又复再征柴马工食，一粮两征，民岂堪命？职思关系祖制成规，目民疲困难堪，允难曲从。刘同知因是嗔恨，遂以谋叛劫夺、驱逐命官等事，倡率生员扛帮，申请移建该厅衙门于六哨地方，激变兵民，几致大祸。

职随具呈为险害日甚，冤情莫伸，沥血吁天恩查，题定成案，立碑遵守，永杜纷争。于崇祯七年正月内通详三院，檄左江道临府，将刘同知与诸生员前后互相申告事情逐一清审。军厅衙门仍旧不许移建，六哨牛判、月米等项悉还上府，民心乃定，祸端始息。而刘同知遂以前事去官，该厅印务委太平府李知府兼摄。蒙整饬左江兵备道按察司佥事梁批允转行太平府，仰戴乾勒石府前，永为遵守云。①

从碑文内容可知，明廷在土司地方设置流官同知，土官需要承担"柴马役食"等差役或者折银。思明府的祖制是，这些供应由六哨②地方承担。因黄应聘袭职时尚且年幼，故由流同知署印，结果导致祖制紊乱，一切租税混行兼并。万历三十八年（1610），上司再次厘定了土、流各自的管辖范围，而流官所管的"六团""四寨"正是思明府、州相争的黎龙、白鹇之地，这次厘定基本上是对万历二十二年以及三十三年进行的流、土之分的再次确认。黄应聘接印不久便死亡，由遗腹子黄戴乾袭职。黄戴乾于崇祯五年（1632）接印时，时任同知的刘朝升不但收取六哨地方"钱粮岁入"，还另征"柴马役食"。在黄戴乾明确拒绝后，刘同知便以"谋叛劫夺、驱逐命官"为借口，要求将该厅衙门移建于六哨。刘同知虽然得到了当地生员们的"扛帮"，但左江道最终还是否决了刘同知与生员们的"申告"，

① 康熙《思明府志》卷二《疆域志》，清康熙二十九年刻本。
② 土司地方的地域划分很复杂，正如碑文所示，分别有"团""寨""哨""峒"等称谓。关于"哨"这个称谓，有研究认为，"哨的建置是由外来引进的，受到王守仁兵制变革的影响"，"我们可以推测，可能一开始先把俍兵编制为哨，即 100 名俍兵编为一哨，然后把提供这 100 名俍兵的溪峒、村寨，相应编制成为一个哨，作为一个征兵单位，以便完成国家征调兵的义务。因此，哨就演变成为人、兵的社会组织"。此可备一说。详见李小文：《论壮族社会组织"哨"的起源与变迁》，《广西民族研究》2006 年第 3 期。

将部分六哨"钱粮岁入"归还给土官。

虽然此案以土官一方获胜告终，但在"流、土分治"、应袭土官年幼时须由流同知署印等规制之下，思明土官的权势已与明初或明中期时不可同日而语了。尤为引人注意的是，科举文教制度在当地的推行，开始影响当地社会的权力结构，新的地方权力阶层也逐渐萌生。苏日登在建学报告中，明确了学校教官的崇高地位，而由学校培养出来的生员们也站在流官一边，这应该就是"以原归流官专辖之钱粮，供给流官提调之师生"的后果吧。

三、清初的军事行动与思明土府的终结

虽然思明土府于万历年间就建起了学宫，设置了教授的职位，也培养了一批功名人士，但即使到了清初，文教事业对地方社会整体形貌的改变程度仍旧不能被高估。

康熙二十六年（1687），一位名叫高熊徵的官员被任命为思明府学教授。他"循例谒夫子庙，但见荒郊茂草，片瓦无存"。经过明清鼎革，思明府学宫已被毁坏殆尽；康熙十年（1671）重修，仅成正殿一座，康熙十三年（1674），吴三桂反清，思明土府再遭重创："吴逆变乱，庶官男黄维畿争袭，勾引交夷入寇，战争者五载，府城灰烬，圣庙复毁，故荒废如此。"高熊徵初到学宫时，甚至连住的地方都没有，只能"借住生员郑瑜家"。[①]

高熊徵担任思明府学教授后，极力推动当地文教事业的恢复和发展，思明府学宫、学署以及书院等，均得到重修。此外，他还撰写了一篇《请正风俗条陈》，对当地"蛮俗"进行了鞭挞。其中一条是，禁止当地生员的妻室们穿着"蛮服"：

> 土司妇人椎髻、黑齿、跣足、撒鞋，袖大可以摇风，衣则仅蔽乳上，裙虽系于乳下，长至拖地。俯仰之间，肌肉尽露……今纵不能尽变其蛮俗，亦宜首严于士人。倘有生员之妻仍然蛮服，责令学官申报，戒饬示儆。秀才之家既变，则头目、客民相观而化，不难矣。[②]

---

① 康熙《思明府志》卷六《艺文志》，清康熙二十九年刻本。
② 雍正《太平府志》卷三十八《艺文二》，《故宫珍本丛刊》第 195 册，海南出版社，2001，第 244 页。

在高熊徵生活的时代，除了推行文教事业、培植功名人士之外，王朝势力深入控制地方出现了新的选项——军事力量的部署。康熙初年，左江上游地区所有的土司府、州，统归太平府管辖。

高熊徵在进呈给太平府的《移兵驻防思明议》中写道：

> （思明土府）田虽广而民极贫，安马①、四寨素行剽劫，号为盗薮。今则不独安马、四寨，虽附近各村亦然。总因府城无兵无威，只□土墙多半崩缺，任其横行，夜聚晓散。或放人鱼塘，偷人□畜。近则明火劫杀，或烧屋，或斫人矣。有司□□□，不敢具报，土人愚蠢，虽被杀，亦只含冤。离太平府一百余里，既鞭长不及；离馗纛营三十余里，然无统辖兵，亦不得过而问之。查馗纛营之设，不过为交趾各隘耳，今则交趾效顺，隘上实为无虞。徵初到思明，阖郡绅士曾经具陈，欲设兵防守，诚恐粮饷无措。今馗纛营设有守备一员、千总一员，战守兵近三百名，议以守备带兵一半移守思明，千总留一半驻防馗纛隘。既无烦于增饷，实可资乎？
>
> 若能请而行之，实可镇压。或进而少得新太添拨百名，犹加声势。盖土人风俗狡薄，□威而不怀德，趋利而少□□。睚眦之怨，至亲亦必兴讼。至于地方强暴，纵奉上司拘提，多抗不出，或半路抢夺，或具文请销，百种怪异。故恶者不能剪除，而善者反遭陷害。若有官兵，则后有拘提，必不敢抗拒，亦无能抢夺矣。弭盗安民，计无便于此者。②

在《移兵驻防思明议》中，高熊徵将思明土府的盗贼肆虐、明火劫杀，甚至对抗官府等，皆归因于"府城无兵"。入清之后，太平府设有新太营，思明府设有馗纛营，但馗纛营的主要职能是沿边防守。故高熊徵请求，将馗纛营以及新太营的部分兵丁移驻府城以"弭盗安民"，为社会管治提供武力保障。此外，高熊徵称"四寨"等地为"盗薮"，反映了"四寨"虽然早在万历年间就归流官管辖，但直到康熙年间，流官仍然无法对基层社会进行有效治理。

雍正年间，为打击地方势力、重塑地方社会秩序，朝廷对思明土府地方展开了大规模的用兵。雍正四年（1726），鄂尔泰调任云贵总督，两年

---

① 在明江南岸，距离白鹇、那炼、邓横、雷蓬四寨不远。
② 雍正《太平府志》卷三十八《艺文二》，《故宫珍本丛刊》第 195 册，海南出版社，2001，第 243 页。

后又兼辖广西，在西南地区推行了声势浩大且又影响深远的改土归流运动。据李世愉统计，雍正一朝，共革除土司二百二十家，其中，在鄂尔泰主政西南之前被革除的仅有七家，其余的或在他任内或在他离任两三年内被革除。①雍正五年（1727），鄂尔泰亲自率领大军驻扎于与广西泗城土府仅有一河之隔的贵州安龙，迫使泗城岑氏土官交出印信，接受改流。泗城土府的改流拉开了整治广西土司地区的序幕，针对思明土府地方的大规模用兵就是其中的重要一环。

雍正年间，朝廷对思明土府的用兵地点，选在了四寨之一的邓横寨。如前已述，位于思明土府、州之间的四寨，一直是双方争夺的对象。万历二十二年（1594），朝廷颁发了流同知管辖的关防。万历三十三年（1614），陆佑之乱平定后的善后措施中，思明府学的经费正是来自四寨的税收。万历四十三年（1615），时任思明土府同知的林梦鼎在《思明四寨条编记》中称：

> 四寨东南接交夷，西北界思明府、州之中。往时府、州争得之，治兵相攻、累年仇杀，当道讯谳□平，争不能决。万历二十三年，奏隶府流官，争始释。三十年复设府学，议赋田一分条编四钱，充为师生俸饩，征戍、兵役咸蠲除之，法其善也。然奉一撮土错之不夷不夏之间，其民犷而难驯，而利有四寨者，又骄蹇而计煽之，使抗不就汉官约束，迄八年无成议。余既至，集乡父老，为陈利害祸福，民忻然听命，请少宽其额，余为定三钱，兵马诸役除如初约。民始忻然输纳。②

林梦鼎在《思明四寨条编记》中，以自我夸耀的口吻，描述了自己在四寨推行条编的情形，"余为定三钱"，"民始忻然输纳"。但就整段文字推断，长期"不就汉官约束"的四寨，是不可能仅凭林同知的只言片语便俯首听命的。

康熙六十年（1721），时任广西巡抚的高其倬在奏折中列举了广西尚不"安静"的两处猺獞，其中一处便是邓横寨獞人。奏折称，邓横寨獞人因"抢夺邻村牛只，捕拿太急，反致畏怕不出"。于是，高其倬"令同知王以丰到其寨中，谕令赔还牛只，许其改悔"。结果，"各獞人携老幼顶香

① 李世愉：《清代土司制度论考》，中国社会科学出版社，1998，第59页。
② 康熙《思明府志》卷六《艺文志》，清康熙二十九年刻本。

叩头，其寨目十人尽随该员到省衙草服罪"。①

雍正二年（1724），时任太平府知府的甘汝来写过一篇《谕邓横寨》。该文详细描述了邓横寨僮人"不遵法纪"的情形：

> 邓横寨之黄兴运、冯惟高、莫志公、莫宾兴等，恃居山谷，无恶不为。前者白昼□□□路抢劫江那村民黄祥汉等猪、米、牛只，捉去男妇不还，勒要多金回赎。又前后抄掠五团、院利、叩山等处民人谭学恭、李父福、郑载宁等家猪、牛、银物。及祥汉等赴控军厅，差役拘拿，胆敢将公差严刑拷打，捆锁禁锢，种种灭法叛形显然。查抢夺律载，人多且有凶器，强盗得财，皆斩。又犯罪拒捕，殴所捕人者，绞……此谕一至，若能五日内将先后抢掠财物、人口逐一给还，各家放出公差，尔等二三人即亲身来府，泥首阶前谢罪，誓做好人，本府即将尔等前罪一概免究，听尔自新，安居乐业，永守庐舍坟墓，共享太平。倘违此限，再限五日，若仍不遵，是终昏迷梗化，甘做叛民，且藐视天子命吏，本府断不容尔等于天地间，定即飞请发兵剿灭。②

由《谕邓横寨》可知，康熙以前，邓横寨僮人抢夺牛只、捉去男妇、勒索赎金等行径，应该是当地社会的常态，其或许是由世仇造成的，或许是某种解决纠纷的机制。但到了雍正时期，这些行为统统被视为"灭法"，触犯了"抢夺律""拒捕律"。雍正初年任广西巡抚的李绂曾上疏建议，将土民之间的"仇杀"行为"比照内地大盗劫杀"进行惩处，一改此前只是遣官和解的做法，"请嗣后土司仇杀之案，督抚、司、道、府、厅等官比照内地大盗劫杀一例处分。其从前土民自相仇杀，止遣官谕解之例，概行停止"。③乾隆时期，广西也发生了多起僮人"违法"案件。④总之，康雍时期，清军厅逐步承担起承审民人控告、拘拿疑犯等职能，尽管公差有

① 《广西巡抚高其倬奏报所属地方傜僮民情折》，康熙六十年十二月二十日折，载中国第一历史档案馆编：《康熙朝汉文朱批奏折汇编》第8册，档案出版社，1985，第858—859页。
② 雍正《太平府志》卷四十一《艺文五》，《故宫珍本丛刊》第195册，海南出版社，2001，第293页。
③ 〔清〕李绂：《穆堂初稿》卷三十九《疏·条陈广西土司事宜疏》，《续修四库全书》第1422册，上海古籍出版社，1995，第28页。
④ 例如，乾隆五年（1740），署理广西巡抚安图就审理了两起马平县僮民违法犯罪的案件：一件为僮民因田土之争戳死人命，一件为僮民为偷窃放火伤命。两案分别见载于《乾隆五年三月十三日署理广西巡抚安图揭报戳死人命审实分别拟罪》《乾隆五年四月十八日署理广西巡抚安图揭报结伙行窃放火伤命审实分别拟罪》，载张伟仁主编：《明清档案》第93册，联经出版事业股份有限公司，1986，第52645—52694页。

时会遭到当地土民的禁锢、拷打；统一化、标准化的国家法律（观念）在不同层级官员的主导之下被引入当地，曾经"不夷不夏""不就汉官约束"的人群，也被逐步纳入同质化的国家机器之中。

此外，甘汝来还在这份告谕中，责令邓横寨僮人限期归还抢掠的财物人口、"放出公差"，并责令土民"泥首阶前谢罪"，否则"定即飞请发兵剿灭"。由此可知，高其倬奏折中的"衔草服罪"等语，要么是邀功谎报，要么是邓横寨人的权宜之计。

雍正五年（1727），时任广西巡抚的韩良辅在一份奏折中提及针对邓横寨的行动：

> 前新太营参将蔡成贵、太平府知府王渟请兵会剿，出师无功，草率招抚了事。其器械未经尽缴，而捏报病故之恶目黄兴运、罗锡照，闻现今尚在，且土府地方盗犯发觉，多窜入其寨内藏匿。①

可见，雍正五年（1727）时，邓横寨的问题仍然没有得到解决：器械未经尽缴、恶目尚在人世、盗匪藏匿寨内。

雍正六年（1728）六月，鄂尔泰上奏称，去年六月曾访闻："邓横等寨渠魁王兴运②等以大竹环门，深塘绕寨，器械毕备，自卫甚固。差役不敢窥探，官兵莫能拘捕，截路掳掠，横行劫杀，肆恶尤甚。"于是，鄂尔泰向雍正帝建议："乘此泗城改流，加以整顿，但将最恶最强者，如邓横寨王兴运者剪除一二，则其余不劳而自定。"③可见，邓横寨坚壁自固、截路掳掠等行为已经引起"高层"的重视，对于该地的整治势在必行。

雍正八年（1730），朝廷展开对邓横寨的大规模军事行动。该年八月，思恩协副将尚清受命攻打邓横；九月，驻扎南宁的左江镇总兵齐元辅也加入征剿的战斗。据齐元辅自述：

> 邓横寨掳掠江那村一案，一面咨报，一面严饬营将缉拿。不料蛮贼特险抗拒，以致雍正八年六月内奉文擒剿。因思恩协副将尚清统兵

---

① 《广西巡抚韩良辅奏陈料理边境缓急事宜及越狱监犯莫东旺业经拿获折》，雍正五年八月十九日折，载中国第一历史档案馆编：《雍正朝汉文朱批奏折汇编》第10册，江苏古籍出版社，1991，第437页。

② 前文中有黄兴运者，疑为同一人。在当地方言中，"黄""王"很容易混淆。

③ 《云南总督鄂尔泰奏报会剿不法夷目王兴运等情形折》，雍正六年六月十二日折，载中国第一历史档案馆编：《雍正朝汉文朱批奏折汇编》第12册，江苏古籍出版社，1991，第679页。

于八月初二日攻打不下，复于二十八日再攻，仍不能破。元辅准咨，即星赴军前，于九月初一日到营盘。[①]

据称，当时进攻邓横寨的兵力有：官军三千四百余名，土兵二千六百余名。[②] 官兵遇到的主要困难是：

> 邓横贼巢势成犄角，竹木丛杂，木栅密排。过田即沟，逾墙即塘，其塘层层险阻，面面回环，一线危堤，数丈高坎。其坎上下俱开枪眼，前后通筑炮台，而炮台下掘穴通壕，由壕入屋，凶蛮从此出没。若欲涉塘上坎钻穴，分路前进，正面两肋非刀石并下，即枪炮交加。及深入内寨，而墙垣板壁又开孔放枪，纵持挡牌，讵能全卫？[③]

上则引文虽有夸张成分，但亦可见邓横寨不仅利用地形地势，建有堡垒、地穴等工事，还持有枪炮等器械。

面对邓横寨的坚壁自固，时任广西巡抚的金鉷写信给齐元辅，提出攻打的战略战术：

> 其外层竹围须用火攻。虽系青箐，若多堆干柴，火力即大，必能焚烧。其隔墙、土墙虽坚，若抬大炮逼近施放，自可洞墙彻屋。
>
> …………
>
> 若贼寨有紧要炮台，须将送到之定南炮专击，炮台之贼不得存身，则炮台之近者可夺，远者无用矣。再将土兵亦分三班，拨三百名，令抬大炮，挑干柴，多带撅墙器械，跟随在后，遇竹便烧，遇墙便拆，遇栅便斫。遇塘壕不能渡者，一面令兵或拆墙填壕，或斫竹搭桥，一面抬驾大炮，攻打隔塘之墙屋。[④]

齐元辅由于没有按期奏捷，"反被贼人出寨，杀伤兵丁，所卷护身之

---

① 《雍正九年九月三十日云贵广西总督鄂尔泰揭报镇臣剿蛮不力审实拟罪》，载张伟仁主编：《明清档案》第49册，联经出版事业股份有限公司，1986，第27906页。

② 雍正《广西通志》卷一百一十八《艺文》，《影印文渊阁四库全书》第568册，台湾商务印书馆，1986，第488页。

③ 《雍正九年五月二十二日署广西左江总兵官蔡成贵揭报剿灭凶蛮撤师抵署日期》，载张伟仁主编：《明清档案》第47册，联经出版事业股份有限公司，1986，第27023页。

④ 雍正《广西通志》卷一百一十八《艺文》，《影印文渊阁四库全书》第568册，台湾商务印书馆，1986，第488—489页。

土又被占据"。① 雍正九年（1731）三月，齐元辅被革职查办，转由左江总兵官蔡成贵主持进攻事宜。在蔡成贵的运筹帷幄下，朝廷最终取得了征剿邓横寨的胜利。事后，蔡成贵在给朝廷的奏报中称：

> 该寨玖、肆、陆等甲尽行毁灭，共计擒杀贼首壹百壹拾叁级，悬示众寨，投到大小男妇陆百柒拾贰名口，押解赴省，鸟枪、腰刀、藤牌、炮位等项存营毁、用。②

笔者曾往邓横寨故地③踏访，该地现在已经是一片片的良田了。据向导王姓老人讲，这里曾发生过一场大的战斗，整个村子都被毁掉了。周围村民在这里干活时，经常会发现一些铅弹与坛、罐的碎片。而田野四周的地名，也跟那次战斗有关。比如，"墥④炮"就是架炮台的地方，"墥总督"就是总督驻扎的地方，等等。他还说，邓横寨有两个大英雄，一个叫黄维国，一个叫莫斌琼；一个是大鼻子，像瓶口那么大；一个是大耳朵，像葵扇那么大。两人是拜把兄弟，能背起牛，能把磨盘石扔出去很远。二人不服从地方官的管理，甚至经常与官府对抗。

由上段口述资料可知，在世代传承下来的地方记忆中，雍正年间的那场战斗是非常残酷的，而对抗官府者则被塑造成长相奇特、力大无穷的"野蛮"人。王朝国家意识形态所具有的改造人群思想、观念的能力，着实令人惊叹。

邓横寨被剿灭的第二年，即雍正十年（1732），思明府治周边的村子就发生了动乱。接替鄂尔泰署任云贵广西总督的高其倬于七月二十六日接到了左江道的报告：

> 据思明同知崔杰禀称，本月初三日，思明土府各村百姓聚集数百余人，执持器械，围绕土府衙署，声称土官听信宠役黄瑞卿等，审断不公，竟冲入衙署抄洗一空，捉出黄瑞卿乱刀砍死，土官夫妇逃出南

---

① 《雍正九年九月三十日云贵广西总督鄂尔泰揭报镇臣剿蛮不力审实拟罪》，载张伟仁主编：《明清档案》第 49 册，联经出版事业股份有限公司，1986，第 27911 页。
② 《雍正九年五月二十二日署广西左江总兵官蔡成贵揭报剿灭凶蛮撤师抵署日期》，载张伟仁主编：《明清档案》第 47 册，联经出版事业股份有限公司，1986，第 27023 页。
③ 在今广西宁明县寨安乡顺宁村附近，邓横被剿灭后，改名顺宁，以示归顺、安宁。参见雍正《广西通志》卷十九《关梁》，《影印文渊阁四库全书》第 565 册，台湾商务印书馆，1986，第 510 页。
④ 当地壮语读作"bo"，有小山坡之意。

街躲匿。①

左江道的报告称，土官"宠役"黄瑞卿是被冲入土府衙署的百姓杀害的。关于黄瑞卿的死因，起初，官员得到的消息称，黄瑞卿"恃宠多事"，且与鱼肉百姓的头目"勾通"，由此引来愤恨：

> 太平府知府屠嘉正禀称，思明土府黄观珠向有门役黄瑞卿，以广东人□入土署，恃宠多事。土头目谭道美、郑可传鱼肉小民，而黄瑞卿潜与勾通，以致村民聚众将瑞卿砍杀。②

但官员深入调查后发现，黄瑞卿之死跟思明府的改流有关。雍正十年（1732）七月之前，思明府土官黄观珠"自愿"将思明府治周边的村庄交由流官管理，自己则迁到东边山区的伯江村一带：

> 思明土府黄观珠少不更事，懦弱无才，不能约束土民，具呈地方官，情愿将安马、洞郎等伍拾村让归流官管辖，该土官迁于伯江村场管理。③

忠州土官报告称，思明土官割让村落的行为引发官族及众村庄头目的不满。他们均认为，自己管下的村寨被土府与黄瑞卿"卖与流官"，故传集土人将黄瑞卿杀害：

> 土忠州禀起衅缘由前来。据禀云，卑职确查起事之由，皆因官兄监生黄高朗与奸目黄芳兰、周之宾等，不肯归流，称言土府与黄瑞卿上省将他们管下各寨卖与流官，遂召集力蒡、婆元、陇卢各寨奸目星洪等，分途传集土人万余，于七月初三日辰时进城，操戈破街，烧毁

---

① 《署云贵广西总督高其倬奏报广西思明土民聚众不法及办理剿抚情形折》，雍正十年九月初三日折，载中国第一历史档案馆编：《雍正朝汉文朱批奏折汇编》第 23 册，江苏古籍出版社，1991，第 222 页。
② 《广西提督张应宗奏报思明府土民拥众围署杀官保土已被解散情节折》，雍正十年七月二十日折，载中国第一历史档案馆编：《雍正朝汉文朱批奏折汇编》第 22 册，江苏古籍出版社，1991，第 980 页。
③ 《广西提督张应宗奏报思明府土民拥众围署杀官保土已被解散情节折》，雍正十年七月二十日折，载中国第一历史档案馆编：《雍正朝汉文朱批奏折汇编》第 22 册，江苏古籍出版社，1991，第 980 页。

□房，男女星散，并搜获黄瑞卿，牵出照墙砍死。①

　　忠州土官称，思明土目"传集土人万余"，可见土目才是地方实权控制者，由于割地归流影响到他们自身的权势地位，故起衅生事。土忠州的报告还称："周之宾将土府接入家内居住，明做好人，实暗地看守，不许土府出门。为首者实系周之宾，黄芳兰势力最大，呼应最灵。黄芳兰仅在家中鸣钟三次，各土兵立刻即至。"②与掌握地方实权的土目相比，土官形如傀偏。总之，在王朝改流的压力之下，土司虽然愿意放弃世袭的统治权力，地方实权控制者仍在做最后的抵抗。

　　左江镇等处的营兵进驻思明土府后，带头生事的几名头目被收监，其他头目俱"情愿归流"，官员给牌委用。自此，这场动乱才告结束。

　　高其倬在《敬陈邓横善后等事疏》③中，针对思明府的处置措施大致包括：

　　（一）废邓横立新村。"邓横一寨应招徕相近朴实民户无田土而有家室者，于平坡有水之处居住，另立村名，所遗田地令其开垦，承纳钱粮"。

　　（二）设置保甲、土练、乡约。"邓横等寨地险俗悍，今乘剿定之后，应将各寨编定，十家一甲，设甲长一人，令稽查居人出入。又每甲选年力精壮者三人为土练，又每五甲设练长一名，选勤慎者充之，约束土练，听地方官稽查管辖，以防御地方。所有新招寨民及那炼等三寨百姓，每寨各设乡约正一名，择谨厚者为之"。

　　（三）将四寨地方与思明府治周边的安马、洞郎等村划归宁明州④管辖。思明府降为思明州，管理东部伯江村一带地方。并在原思明土府治地，设太平府理土督捕同知。

　　（四）在原思明土府治地部署营兵。"请于该协⑤添设右营守备一员、千总一员、把总二员，将左江镇标现贴防思明等三汛兵二百五十名，再于该镇标内抽兵一百九十二名，共四百四十二名，拨入新太协，合足一千名

①　《署云贵广西总督高其倬奏报广西思明土民聚众不法及办理剿抚情形折》，雍正十年九月初三日折，载中国第一历史档案馆编：《雍正朝汉文朱批奏折汇编》第23册，江苏古籍出版社，1991，第224页。

②　《署云贵广西总督高其倬奏报广西思明土民聚众不法及办理剿抚情形折》，雍正十年九月初三日折，载中国第一历史档案馆编：《雍正朝汉文朱批奏折汇编》第23册，江苏古籍出版社，1991，第224页。

③　雍正《广西通志》卷一百一十三《艺文》，《影印文渊阁四库全书》第568册，台湾商务印书馆，1986，第396—399页。

④　思明土州在康熙五十八年（1719）改流，雍正十一年（1733）改称宁明州。

⑤　指新太协，由太平府新太营改。

之数。即令新设之右营守备带领千总、把总三员、兵丁四百名，移驻新改流之原思明土府地方，与思明同知同驻弹压，仍贴防宁明、思陵二汛，并于邓横寨、万包岭等处，相度要隘设汛防守"。

就这样，一个土府走到了历史的尽头，中央王朝最终实现了对该地域的直接统治。尽管在改流初期，中央王朝仍不得不依靠与重用土司时代遗留下来的头目们。

笔者在广西宁明县明江镇（原思明土府治地）走访期间，有幸收集到《陆氏宗谱》①一本。在这份宗谱中，被明廷称作"安南逆犯"的陆佑被列为"三房高祖"，而参与杀死黄瑞卿事件的头目陆仪，则为陆佑长兄的重孙。此外，宗谱里还收录了陆仪的一篇自述文字。据陆仪的自述可知，他曾担任过思明土府的"掌府"之职：

> 愚名仪，土知府名黄观珠，见愚平日性巧，有智有德，每事谨慎……土知府黄观珠与愚相和好，□邀请愚当任掌府之职。帮办理事，不惧烦劳，行为谨慎，屡立奇勋。②

在思明土府降为土州，大部分村落改流归属宁明州后，陆仪曾任流官治下的总目之职，还被赏给"善化其乡"的牌匾：

> 改土之后，仪当掌府之职已去，犹授总目之任。圣旨钦赐委州主之初来，姓李名瑜，给赏善化其乡之匾额。③

更有意义的是，陆仪还讲述了陆佑的故事。而他口中的陆佑，与官员记录的版本（如《西事珥》）多有不同：

> 公名佑，其人品何如，身高九尺六寸长，白面书生。天庭饱满，地阁方圆，两耳垂肩，□□宽长一尺六寸，双手过膝……佑自幼业儒，未冠。④

---

① 在毛边纸上用毛笔写成，修撰年代不详，收藏者为陆志威。
② 因《陆氏宗谱》本身无页码，故征引时，标注数码相机拍摄时所自动生成的序列号。本处文字的号码为：DSC00305。下同。
③ 《陆氏宗谱》：DSC00313。
④ 《陆氏宗谱》：DSC00297。

在陆仪的自述中，陆佑就是一个长相奇伟的白面儒生，这与万历年间，思明土府生员们的描述——"不识字墨"的凶顽之徒，相去甚远。此外，陆仪还称陆佑：

> 长大已冠成人，性果欲，通商贸易。情笃爱，济人利物。其人实有义气慷慨，不论□□府州县并村庄士民，连本境五十三村寨人民，各各皆共知闻名。
>
> 四海之内，远近往来贸易之宾，盘缠中途费用，闻名无有不向借之情，公亦无不应之义。日日发收仓库，未有千千万镒，亦有数百余万两之金银。①

以上两则口述史料讲述的是陆佑从事贸易的情形，我们可以从中获得其贸易范围广泛、财富充足、势力强大等信息。这与官方的记载：陆佑从事牛只贸易，能驱逐土官、号召村寨，具有契合之处。关于陆佑与安南境内势力勾通的情节，陆仪却讳莫如深。

关于陆佑之死，陆仪的描述是：

> （陆佑）方登艾寿，大开华诞宝杖之期，本境五十三村寨，半多佃丁，各人齐来贺寿拜杖……酒筵之始日，主摆台□满至旬月之久。筋著未尽毕举，十分之宽怀喜庆。爆竹时时发□光辉，械器宝贝满屋，闪闪光□，室家兴旺最隆。即为此而庆获福，反因此而祸难临身。
>
> 土知府命差衙役睨而视之，返告知府，犹不及其佑家之喜庆者也。土知府抱怀自虑……今佑运开发达，财源茂盛，老幼人称虚名为员外郎。平日又得人心，日后□□买官求荣。我为土知府，后将受他羞丑，不如在此随机寿酒之期谤毁。行文报奏圣上，今有人名陆佑，招兵买马造翻（反），免得后我挂怀。便有妙计，速速行文报奏圣上。
>
> 圣上据奏惊恐，命召连大提。②公固不俟驾而行。公之平日交易，公平而发达，性直端庄，实无生端异事，并无一□□王法，往也无妨。未到京都之内，土知府命人中途毒害。
>
> 后钦差查访到中途，遇见此像奇观，试问因由，此像何姓何名，曰姓陆名佑。即递上殿与圣上观看，看念明白。此像来到我金銮殿，不是作孽造翻（反）之像。此乃神像，即是□相。不是非凡像，乃是

---

① 《陆氏宗谱》：DSC00298—DSC00299。
② 此句疑有错漏。

财帛星公之像。边末之地最深最远，寡人访之不闻，寻之不得见者也。寡人不得尊贤而容众，乃是寡人之罪也。今不负天官所生之像，地中所载之人。寡人当面追封为将军，可慰天官所生其相貌，并遂地中寡人之心志。①

陆佑举行贺寿酒宴，场面豪华，耗时长久，参加人员众多，由此引来土官的妒忌。土官认为，陆佑势力坐大之后，必然会威胁到自身的权位，便向"圣上"控告陆佑造反，并在陆佑进京途中将其毒死。机缘巧合之下，圣上看到了陆佑的画像，断定其不是造反作孽之人，于是追封陆佑为将军。总之，在陆仪的自述中，陆佑"造反"的罪名被彻底推翻，矛头直指土官的妒忌与诬告，而"圣上"则被塑造成公正、英明、仁恕的仲裁者。

陆佑故事的重新叙述，或可用于一窥改土归流之际，思明土府所发生的权势转移。土官的统治与权势已告终结，思明土民不得不与那个距离遥远但影响巨大的"圣上"打交道，因此，名誉、威望等的合法性来源便集中到了"圣上"身上。

小结：明清变迁与国家治理

明万历之后，思明地方权力发生"一府两制、流土分治"的重大变化。利用平定土府内乱之机，朝廷将土司地方流官同知的权力凸显；文教措施随之输入，新兴功名人士阶层开始隐现，但这些变化并未从根本上改变当地的权力结构与文化面貌。如前所述，当地社会发生本质变化，是在清雍正时期。

美国的中国西南边疆史研究学者当中，曾经流行"殖民化"的理论。该理论将明清王朝与近代西方的殖民帝国进行比附研究，从而强调王朝国家与地方土著之间的对抗性与武力性。②但透过本章个案可以看出，王朝国家对南方疆土的治理采取的是"文先武后"的步骤，其历史进程跟西方殖民帝国的拓殖活动大为不同，并非部分西方学者所持的"南向殖民"理论能够加以解释。

由本章论述可知，明末清初，中央王朝各有一次针对思明地方的军事行动，但从出兵目的、善后措施以及最终结局来看，两次行动存在很大的不同。

① 《陆氏宗谱》：DSC00299—DSC00303。
② 代表性著作如：John E. Herman, *Amid the Clouds and Mist: China's Colonization of Guizhou, 1200 — 1700*, Cambridge, Massachusetts and London: Harvard University Press, 2007.

明末出兵，事关中央王朝与安南的朝贡"礼仪"，即担心安南黎氏进贡的道路被阻绝。清初出兵，主要是为了整治那些"不遵法纪"的村寨与土民，为官府管制地方基层扫清障碍。邓横寨在被官军剿灭之前，曾多次被要求缴出器械，拆毁拱卫村庄的竹围；被灭之后，则另立新村。朝廷官员关于"寇乱抢掠"的报告如潮水般涌现，并不意味着地方基层真的集中爆发了这些现象，而是说明政府管制的建立和加强。在沿袭已久的地方传统被视为"不遵法纪"之后，武力整治也就接踵而至了。

如果说明廷对左江区域的控制主要体现在笼络与调控几个土官方面，那么，清廷对左江区域的控制则下移、深入到基层，管治对象也变为村庄与土民个体。如果说明代调控土官主要依靠的是"礼法"，那么，清初治理土民依靠的是以暴力为后盾的"王法"。高熊徵申请移驻营兵、邓横寨被剿灭，就是很好的例证。总之，从武力镇压、基层管制等层面来看，清初王朝国家的整合能力已经大大加强，而明廷针对左江区域土司的军事行动，更多属于挑拨离间或者设陷埋伏等。

清初的军事行动之后，思明土府降为土州，其大部分地方均被改土归流，本地留驻营兵以资弹压。康雍乾时期是现代中国疆域底定的重要时刻，在这项伟大的工程中，雍正时期鄂尔泰在西南地区推行的"改土归流"，无疑是其中的重要一环。整体来看，对西南疆土的整治方式，与针对其他地区（例如西北）的并无二致，武力因素均在其中发挥了重要的作用。这或许可以折射出清朝的些许族群特色。

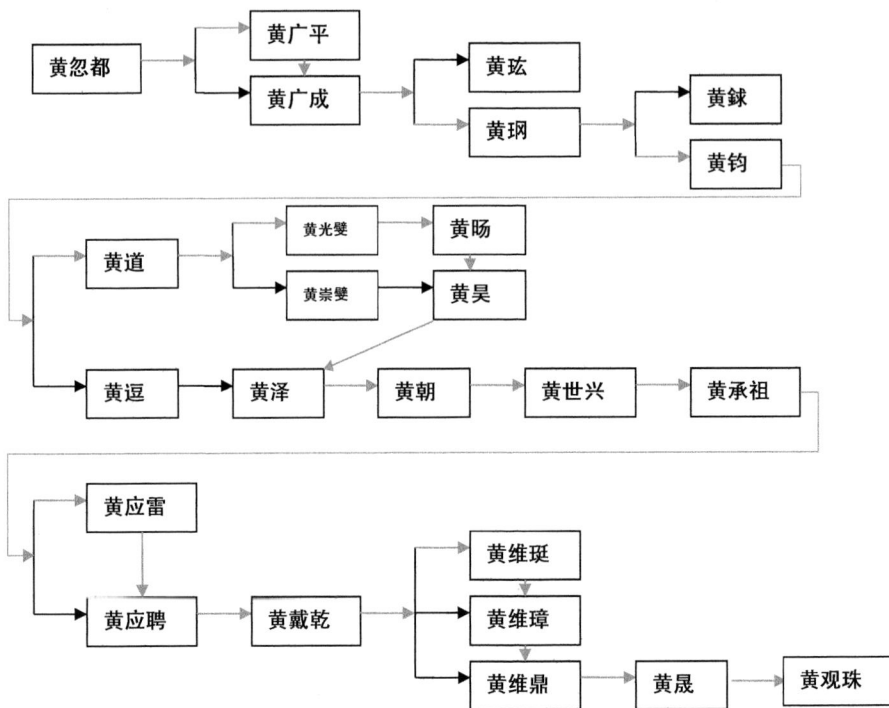

图 3 思明府黄氏谱系图（灰色线段表示土官职位传递路线）

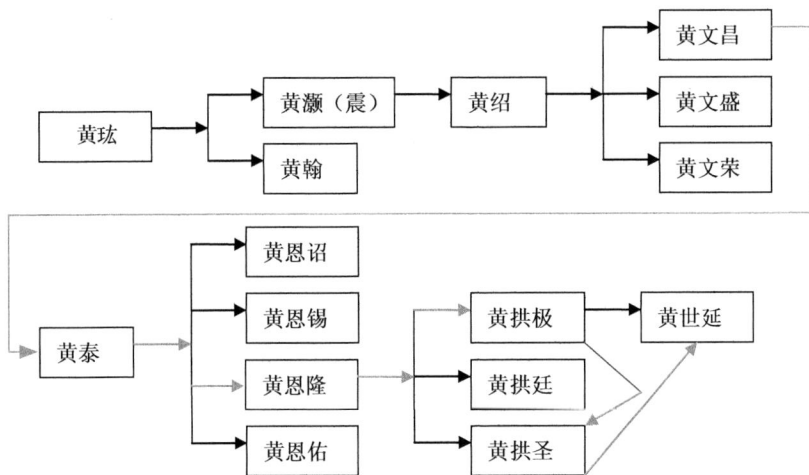

图 4 思明州黄氏谱系图（灰色线段表示土官职位传递路线）

下篇　改土归流：
清代以降归顺州及其周边区域的考察

第一章 立废兴衰：清初之前区域网络中的归顺州岑氏土司

本书上篇考察的对象为明代思明土府及其周边地区，在下篇中，笔者将视野转向清代经由改土归流而来的归顺州。以今日之行政区划而论，两地同处广西的中越边境地区，两者之间大致有一县之隔，前者在南，后者在北。在本章中，笔者将简述清初之前，归顺土州的立废兴衰及其改土归流的过程。右江地区的岑氏是明代土司制度的受益者，入明以后，其势力经历了一个迅速扩张的过程，而归顺州岑氏土司统治的建立，正是在这个背景之下完成的。岑氏一方面通过打击、吞并地方"诸峒"，另一方面通过主动为朝廷提供战马兵源，建立了归顺土州。虽然归顺土州与右江诸土司有着家族、姻亲联系，但是他们之间一直争斗不止。归顺土司正是在内斗不止的局面中，才逐步走向衰落的。清初，右江地区因矿产开发、运输而被卷入国家体系，归顺土州则受"挖窖案"的牵连而被改土归流。因此，在本章中，笔者还将分析王朝国家的资源开发运动与地方民众的宗教应对之间的关系。

一、明初之前岑氏土酋的崛起与右江区域格局的奠定

关于侬智高起事后至明初右江流域及其周边地区的材料，史籍中的记载实在是支离破碎，故我们只能通过南宋《桂海虞衡志》、元代《招捕总录》以及正史性质的《宋史》《元史》等，来对这段历史进行简要概述。

在成书于淳熙二年 (1175) 的《桂海虞衡志》中，左、右江区域还不见岑姓土酋的踪影：

> 羁縻州峒隶邕州左、右江者为多。旧有四道侬氏，谓安平、武勒、

思浪、七源四州，皆侬姓。又有四道黄氏，谓安德、归乐、归城、田州，皆黄姓。①

近岁，峒酋多寄籍内地，纳粟补授，无非大小使臣，或敢诣阙，陈献利害，至借补阁职，与帅守抗礼。其为招马官者，尤与州县相狎。子弟有入邕州应举者，招致游士，多设耳目，州县文移未下，已先知之。舆骑、居室、服用，皆拟公侯。如安平州之李械、田州之黄谐，皆有强兵矣。②

第一段引文描述的似是左、右江区域在侬智高起事前的情形，其中的"四道黄氏"之"四道"，即指右江地区。第二段引文叙述的是左、右江区域在南宋时期的情形，右江田州仍为黄姓所有，而左江安平的侬氏被李氏取代。侬智高起事失败，应是导致这一变化的重要因素。

此外，引文还称，两江峒酋们随着势力日增，气焰愈发嚣张，其中尤以招马官为甚。关于两江峒酋充当买马中间人的缘由，正如本书序篇所言，主要是由宋廷南渡，失去北方马源所造成的。南渡刚完成，峒酋们便提出市马往建康的请求："建炎末，广西提举峒丁李械始请市战马赴行在。"③峒酋们的马源在大理，《岭外代答》载："马产于大理国。大理国去宜州十五程尔，中有险阻，不得而通。故自杞、罗殿皆贩马于大理，而转卖于我者也。"④马匹从大理进入右江地区后，横山寨是宋廷接收马匹的地方："蛮马入境，自泗城州至横山寨而止。"⑤横山寨的马市相当繁荣，且有不断扩大的趋势。如绍兴初年，"岁额一千五百匹，分为三十纲，赴行在所"；绍兴二十七年（1157），"令元额外，凡添买三十一纲，盖买三千五百匹矣。此外，又择其权奇以入内厩，不下十纲"。⑥

买马贸易不仅强化了左、右江区域人群与中央王朝的关系，还使得岑

① 〔宋〕范成大著，胡起望、覃光广校注：《桂海虞衡志辑佚校注》卷十三《志蛮·羁縻州洞》，四川民族出版社，1986，第 179 页。
② 〔宋〕范成大著，胡起望、覃光广校注：《桂海虞衡志辑佚校注》卷十三《志蛮·西原蛮》，四川民族出版社，1986，第 234—235 页。
③ 〔宋〕李心传：《建炎以来朝野杂记》甲集卷十八《兵马·广马》，中华书局，1985，第 279 页。
④ 〔宋〕周去非著，杨武泉校注：《岭外代答校注》卷五《财计门·宜州买马》，中华书局，1999，第 189—190 页。
⑤ 〔宋〕周去非著，杨武泉校注：《岭外代答校注》卷五《财计门·宜州买马》，中华书局，1999，第 191 页。
⑥ 〔宋〕周去非著，杨武泉校注：《岭外代答校注》卷五《财计门·宜州买马》，中华书局，1999，第 187 页。

姓土酋在贸易中脱颖而出。南宋刘宰在为嘉定间（1208—1224）任"广西
经略安抚司干办公事同措置买马"的范克信撰写的墓志铭中指出：

> 君之至广右也，溪蛮作仇，马不时至。君问其故，以羁縻州岑汝
> 弼者，与别种黄璨争招马之利，诱致溪洞于唐兴、路城等处为寇。蛮
> 得博马银锦而归，率为所掠。故惩艾不出，日图所以报复。君既驰书
> 谕蛮出马，仍戒诸洞，凡马所过，咸开门献牛酒，由是皆敛兵释仇。
> 而岑、黄方閧，各驻兵五千于买马路左右，君复挺身深入，谕以祸福，
> 岑即退听，而黄亦罢兵。以故，比君去三年，马至必时而数溢于旧。[1]

上则引文中的唐兴、路城，位于今广西、云南的交壤区域，[2] 而岑汝弼
则是该区域的峒酋。为争招马之利，岑汝弼与黄璨展开了激烈的竞争，二
人甚至引诱其他溪峒劫掠蛮人博马所得的"银锦"。此外，引文还称，岑、
黄曾"各驻兵五千于买马路左右"，岑汝弼的势力由此可见一斑。

南宋宝祐五年（1257）十二月，蒙古军队从云南进攻右江田州的途中，
溪峒首领居然没有抵抗，甚至连情报也没有传递。时任广南制置大使兼知
静江府的李曾伯推测，其可能和宋廷在买马过程中"有失蛮心"有很大的
关系：

> 且将命将出路城以剿遏，不虞未至横山而敌已犯田州城。由特磨
> 以来所经溪峒不一如无人之境，而卒无一能御之者。如许忠义辈素负
> 固弗服，固相疑忌。而岑邈父子部落颇众，亦不能为我出力，此则恐
> 是连年因往买马，有失蛮心。[3]

为了劝说土酋们出兵抵抗蒙古军队，李曾伯立刻致函将领刘雄飞，"选
择知地里人开谕岑邈、许忠义党羽，晓以祸福。恐其以透露为惧，则语以
官司当尽释勿问。恐其以往买马为说，则许以寇退申朝廷区处。谕以敌久
据尔巢，亦岂尔利？使之邀击敌人，以立功自见，相与要约，毋负国家"。[4]

---

① 〔宋〕刘宰：《漫塘集》卷二十九《墓志铭·故广西经略司干官范承事墓志铭》，《影印文
渊阁四库全书》第 1170 册，台湾商务印书馆，1986，第 680—681 页。

② 今百色市田林县有潞城瑶族乡；百色市辖区西北有塘兴村。

③ 〔宋〕李曾伯：《可斋杂稿》卷三十四《续稿后》卷七《奏申》，《影印文渊阁四库全书》
第 1179 册，台湾商务印书馆，1986，第 715 页。

④ 〔宋〕李曾伯：《可斋杂稿》卷三十四《续稿后》卷七《奏申》，《影印文渊阁四库全书》
第 1179 册，台湾商务印书馆，1986，第 721 页。

除路城、唐兴两州外，右江其他地区也渐有岑姓土酋见诸史载。南宋景定三年（1262）九月，左、右江分水区域的归化州①岑从毅纳土输赋，愿为王臣，于是宋廷改归化州为来安州，并授予岑从毅职衔："归化州岑从毅纳土输赋，献丁壮，为王臣。诏改归化为来安州，从毅进秩修武郎、知州事，令世袭。"②如前已述，侬智高起事失败之后，归化州是由侬智会纳土归明的，而岑从毅受封之事表明，南宋末年归化州已经易主。

据《元史》记载，岑从毅分别在至元十二年（南宋德祐元年，公元1275年）十一月、至元十四年（景炎二年，公元1277年）四月，两次向元朝投降：

> 丙子，宋权融、宜、钦三州总管岑从毅，沿边巡检使、广西节制军马李维屏等，诣云南行中书省降。③
> 甲子，宋特磨道将军侬士贵、知安平州李惟屏、知来安州岑从毅等，以所属州县溪洞百四十七、户二十五万六千来附。④

岑从毅第一次投降时，自称"宋权融、宜、钦三州总管"；第二次投降时，则自称"知来安州"。白耀天认为，岑从毅企图利用元廷不明底细，获取较大职衔，但并未成功，便只好如实申报。⑤

或许是因为丧失了"买马"这一笼络右江土酋的重要手段，元廷与土酋们的关系并不融洽。土酋们时常发动大规模的反叛行动，并构成了两者关系的主流。如成书于元代的《招捕总录》载，至元十八年（1281）：

> 镇安州镇抚岑毅反，与特磨道侬士贵书曰，设有达达军马来起差税，吾与尔皆一家之人，围裹战杀，实不愿作大元百姓。于是放兵攻劫，杀顺安知州李显祖。官军讨之，出降。⑥

此处的"镇安州"即改流前的来安州，岑毅即为岑从毅。由引文可知，岑从毅与特磨道侬士贵勾通，不但抵制元廷的差税，还杀害了顺安知州李显祖。

---

① 今百色市那坡县境。
② 〔元〕脱脱等：《宋史》卷四十五《理宗纪五》，中华书局，1977，第883页。
③ 〔明〕宋濂等：《元史》卷八《世祖纪五》，中华书局，1976，第170页。
④ 〔明〕宋濂等：《元史》卷九《世祖纪六》，中华书局，1976，第190页。
⑤ 〔日〕谷口房男、白耀天：《壮族土官族谱集成》，广西民族出版社，1998，第245页。
⑥ 〔元〕无名氏：《招捕总录》，《中国野史集成》第12册，巴蜀书社，1993，第136页。

在元代，除了镇安州岑氏外，右江上游来安路①岑氏也开始崛起。这支岑氏势力应该是从宋末唐兴、路城等州岑氏中脱颖而出的。大德、延祐年间，来安岑氏在扩张势力的过程中，造成不小的动乱：

> （大德十一年）来安路总管洞兵万户岑雄作乱，杀其侄世杰。延祐七年，来安总管岑世兴反，十二月十七日，烧田州上林县那齐村。明年二月，杀怀德知州凌顺武，夺州印，又攻那带县。世兴寻出降，称溪洞事体与内郡不同，自唐宋互相仇杀，并不曾杀官军侵省地。②

由上则引文可知，来安路总管岑雄、岑世兴父子不断攻夺附近州县。岑世兴投降时称，"溪洞事体与内郡不同"，互相仇杀是唐宋以来的传统。至元年间，岑雄还曾与左江上思黄圣许"屡相仇杀"，可见其势力扩张之迅猛。

面对元廷，岑雄、岑世兴父子时而"叛乱"，时而听抚。《元史》载，至治三年（1323）十二月："广西右江来安路总管岑世兴遣其弟世元入贡。"③第二年，元廷封岑世兴为怀远大将军，遥授沿边溪峒军民安抚使，佩虎符，仍来安路总管。④至元二年（1336）秋，岑世兴及其子郎罕再次反叛："广西右江獠岑世兴反，寇南宁等郡，其子郎罕攻定远诸寨，众合十余万，杀长吏，置伪官。"⑤随后，元廷派江西省平章图噜默色哈雅、湖广省平章诺海合兵讨之。二人先派江西省宣使王谨往以谕之，结果：

> （世兴）乃悟曰："我溪夷耳，不识是非利害以至于此，罪不容诛。惟天使善为我言而宽宥之。"遂皆免冠拜阶下。谨曰："诺。然归侵地，反俘获，诣大军听命，有他虞者使人任之。"世兴曰："诺。"四月七日，以世兴父子至柳州，平章命世兴子特穆尔与其党十三人朝京师，遣世兴还，乃班师。⑥

---

① 据《续文献通考》载，元代来安路领有泗城、唐兴、路城等州。见〔明〕王圻：《续文献通考》卷二百二十九《舆地考·广西》，《四库全书存目丛书》子第189册，齐鲁书社，1996，第353页。其地方应在今百色凌云县，与来安州没有关系。
② 〔元〕无名氏：《招捕总录》，《中国野史集成》第12册，巴蜀书社，1993，第136页。
③ 〔明〕宋濂等：《元史》卷二十九《泰定帝纪一》，中华书局，1976，第641页。
④ 〔明〕宋濂等：《元史》卷二十九《泰定帝纪一》，中华书局，1976，第652页。
⑤ 〔元〕梁寅：《石门集》卷七《序·王谨谕右江蛮序》，《影印文渊阁四库全书》第1222册，台湾商务印书馆，1986，第664页。
⑥ 〔元〕梁寅：《石门集》卷七《序·王谨谕右江蛮序》，《影印文渊阁四库全书》第1222册，台湾商务印书馆，1986，第665页。

在王瑾的劝谕下，岑世兴最终接受了"归侵地""反俘获"等条件。岑世兴之子特穆尔等人朝贡京师之后，岑世兴也被朝廷释放。

元末明初，右江区域的权力格局重新调整。其中最值得注意的，就是右江河谷核心地带——田州被岑氏所控制。据雍正《广西通志》载：

> 至正末，土官黄英衍乘中原之乱，遂据太平路，岑伯颜据田州路，诸溪峒悉从诱胁。明太祖定鼎，遣湖广行省平章杨璟移兵讨之，英衍、伯颜等惧，乃率诸蛮诣降。诏贳其罪，改路为府，设流官监治焉。[①]

据《土官底簿》载，占据田州的岑伯颜，就是元末来安路总管岑善忠的宗叔。而田州在宋代为黄氏所控制，北宋时，侬智高曾以田州首领黄光祚之母为妻。南宋乾道八年（1172），有宋廷官员上奏，请求给予招马有功的田州黄姓首领以奖赏。[②]

岑伯颜崛起后，又回头吞并由元来安路所改的来安府，来安府降为泗城州：

> （泗城州）岑振系本州土官知州，岑善忠嫡长男，振祖父岑恕木罕授宣命散官武略将军、来安路总管，父岑善忠袭，授宣命武略将军、来安路总管。洪武初款服，给降印信，授来安府知府。五年，被宗叔岑坚[③]捏词排陷，大军搜捕，已沐恩宥。总兵官江夏侯将来安府与田州府知府岑坚兼守御事。本府衙门不曾革并，七年复附，降印，授泗城州知州职事。故，长男岑振袭。[④]

据引文可知，泗城州土官岑振之祖父名恕木罕，父名善忠，都曾担任过来安路总管之职。考虑到十四世纪二三十年代时，来安路总管为岑世兴，据此推测，岑恕木罕可能是岑世兴之子。但史有明载，岑世兴之子只有郎罕与特穆尔。岑善忠曾被授予来安府知府，洪武五年（1372），却被自己的宗叔、田州知府岑伯颜（又称岑坚）"捏词排陷"，来安府归并于田州府，岑善忠则被授予由来安府降级而成的泗城州知州。

---

① 雍正《广西通志》卷九十四《诸蛮》，《影印文渊阁四库全书》第 567 册，台湾商务印书馆，1986，第 579 页。
② 〔清〕徐松辑：《宋会要辑稿·兵》二十三之八，中华书局，1957，第 7163 页。
③ 岑坚，即岑伯颜。
④ 〔明〕无名氏：《土官底簿》卷下，《影印文渊阁四库全书》第 599 册，台湾商务印书馆，1986，第 404 页。

岑伯颜不仅夺取了田州府，吞并了原属来安府的大部分地方，其势力还从右江河谷核心区域——田州扩展到更东边。洪武二年（1369），岑伯颜被授予思恩州印信。其后，岑伯颜二子永泰、三子永昌相继担任知州。永乐年间袭职的永昌之子岑瑛屡立战功，思恩由州升府。

至嘉靖前期，田州府、泗城州、思恩府以及从宋、元的归化州、来安州、镇安州、镇安路沿袭下来的镇安府①，成为右江区域势力最大的四个土司。控制整个右江河谷及其周边区域的这四大土司均为岑姓。

入明以后，右江岑氏土司亦发展出撰写家族谱系的传统。据嘉靖《广西通志》载："（泗城州）土官知州岑姓，旧为溪峒蛮夷酋长。家叶自谓汉征南将军武阴侯岑彭之后，无考。"②这就表明，嘉靖时期泗城岑氏已经将祖先追溯至汉朝了。据落成于天启年间的泗城《岑氏宗支世系》石刻载，泗城、田州、思恩、镇安四地岑氏的始祖为兄弟关系，四人同为来安路岑世兴之子：

> 岑恕木罕，长房，分古磡③，是为古磡始祖。
> 岑帖木尔，次房，分理田州路，是为田州始祖。
> 岑阿剌兰，三房，袭父职桥利，是为思恩始祖。
> 岑不花也先，四房。
> 岑阿剌辛，五房，分理东州路，是为镇安始祖。④

这种谱系关系的真实性、准确性，尚存一定的疑问。据前文可知，镇安岑氏似乎自有传承脉络，但田州、思恩岑氏确由来安路岑氏生发。明初，岑氏势力向东扩张应是事实。总之，这种始祖兄弟故事的塑造与讲述，反映的是处于同一较大地域、同享某些共同资源、联系密切又相互竞争的人群的历史境遇。⑤

右江岑氏土司之间确实是一种既相互合作又彼此竞争的关系。成化十六年（1480），泗城、思恩岑氏就趁田州头目变乱之机，分别割占了田州

---

① 元有镇安路，治今百色那坡县。明初设镇安土府，治地迁至德保县。清康熙二年 (1663 年) 改土归流为镇安府。

② 嘉靖《广西通志》卷五十二《外志三·土官沿革二》，《北京图书馆古籍珍本丛刊》第 41 册，书目文献出版社，1988，第 617 页。

③ 泗城州治地，今凌云县城。

④ ［日］谷口房男、白耀天：《壮族土官族谱集成》，广西民族出版社，1998，第 117 页。

⑤ 王明珂先生对始祖兄弟故事的分析具有相当的说服力，详见王明珂：《英雄祖先与弟兄民族——根基历史的文本与情境》，中华书局，2009，第 23—24 页。

土地：

> 十六年，田州头目黄明聚众为乱，知府岑溥走避思恩。总督朱英调参将马义率军捕明，明败走，为思恩知州岑钦所执，并族属诛之。已，溥复与钦交恶。钦攻夺田州，逐溥，杀五十余家。时泗城州岑应方恃兵强，复党钦，杀掳人民二万六千余，与钦分割田州而据其地。[①]

岑溥之子岑猛掌权后，又克复泗城州治。嘉靖二年（1523）："猛率兵攻泗城，拔六寨，遂克州治。岑接告急于军门，言猛无故兴兵攻寨。猛言接非岑氏后，据其祖业，欲得所侵地。"[②] 这里，田州、泗城岑氏之间的家族联系成为岑猛入侵泗城的借口，即岑猛声称，泗城州土官岑接并非岑氏后人，侵占自己的祖业。

右江岑氏土司的权力格局还时常面临内部头目的冲击。如前已述，北宋侬智高起事实际上是由一个大首领带领一群小首领（峒酋）进行的战斗，他们之间具有很强的独立性和分裂性，而这种性质正是由当地的生态单元——"峒"所决定的。明廷推行的土司制度，在本质上是朝廷承认那些实力最强土酋的首领地位，给予其官职头衔，并使这种权力在某些家族内部有序地传承下去，以便更好地对这些人群和地域进行控制。

但土司手下的头目们时常犯上作乱，挑战土司的权力。以田州为例，在天顺元年（1457）、成化十六年（1480），分别有头目吕赵、黄明之乱。弘治九年（1496），田州知府岑溥被长子岑猇弑杀，头目黄骥、李蛮平乱，岑猇亦死。岑溥次子岑猛在头目黄骥的护送下，赴梧州总督府告袭。黄骥与李蛮因为争权夺利，存在着严重矛盾，导致岑猛无法顺利入城就职。[③]

明代右江四大土司的结局大致如下，弘治十八年（1505），明廷讨平伙同泗城侵掠田州的思恩岑濬之后，设置思恩流府。嘉靖五年（1526），田州岑猛也被讨平，随后王守仁出任两广总督，招抚思恩、田州的二十四个头目，设置二十四巡检司，归辖于思恩府。田州由府降为州，仍由岑氏世袭。泗城州和镇安府则一直承袭到清朝初年。

---

① 〔清〕张廷玉：《明史》卷三百一十八《广西土司二》，中华书局，1974，第 8246 页。
② 〔清〕张廷玉：《明史》卷三百一十八《广西土司二》，中华书局，1974，第 8248 页。
③ 〔清〕张廷玉：《明史》卷三百一十八《广西土司二》，中华书局，1974，第 8246—8247 页。

二、地域、姻亲、家族关系与归顺州土司的兴衰

明代归顺州岑氏土司的治地在今靖西市旧州街，清代迁至计甲（计峒），即今靖西市新靖镇城关。清代改土归流后，归顺州治地大致相当于今靖西市。据《序篇》所述，这个地域在宋代为溪峒"体制"，有众多溪峒密布其间。北宋侬智高起事失败后，酋领侬宗旦归明，在此区域设置顺安州。关于此地在宋至明初的情形，史籍中极少记载。本书《序篇》中所引南宋石刻《贡峒清神景记》显示，南宋时，当地仍是溪峒"体制"。据《招捕总录》载，元代，顺安州曾有李姓知州被镇安州岑从毅杀害。

弘治五年（1492），归顺州由峒升州。据嘉靖《广西通志》载：

> 州治旧为峒，隶镇安府。永乐间，府以岑永福继领峒事，传子瑛，屡率峒兵报效军门。以峒邻安南为交夷侵掠，弘治五年奏改直隶广西布政司。断诚、禄、计、顺安①四峒、稔朗等二十六村隶其版籍。
>
> 土官知州岑姓，裔出镇安岑氏之后，有岑永福者，为归顺峒酋长，传子岑瑛，屡率峒兵随大军剿贼。朝廷嘉其忠顺，从督府奏请，改峒建州，授瑛为知州，未授职先死。子岑璋保袭，生子二瑶、瓛。②

嘉靖《广西通志》称，归顺州土官裔出镇安，永乐间有岑永福为峒长。而《明史》载："归顺州，旧为峒，隶镇安府。永乐间，镇安知府岑志纲分其第二子岑永纲领峒事。"③而当地发现的石刻材料则称，永乐间分居归顺的是岑永福。该石刻落成于成化六年（1470），作者为岑永福之子岑远继：

> 予乃广西宦族，镇安华胄，祖父授中顺大夫。卒，伯父永寿系/④焉。考永福分土迁家归顺州，外抵交邦，筑城世居之。夫所居之城东一山昔有张神仙至此题诗于石，遗龛于岩，今号东山古迹。城南一山石崖紫赤，草木丛茂，樵牧往来，朝暮歌唱，号曰紫壁樵歌。城西一

---

① 弘治时，顺安已为峒名，即后来的归顺州岑氏土司的治地，大致相当于今旧州。
② 嘉靖《广西通志》卷五十二《外志三·土官沿革二》，《北京图书馆古籍珍本丛刊》第41册，书目文献出版社，1988，第621页。
③ 〔清〕张廷玉：《明史》卷三百一十九《广西土司三》，中华书局，1974，第8266页。
④ "/"表示石碑原文中的换行。下同。

泉，源流渊洁，下有龙潭，昔产一卵，人见之拾归，抱出鹅子。长成，忽于三月三日风雨晦暝，鹅化而去，乡人故谓之神，每岁是日祀之。予常往来于此，号曰灵泉晚照。城北一径，萦回宛转，直抵冻州，传诏迎恩，络绎不绝。径边又有一峰高耸，号曰北径云峰。予忝牧斯土，幸□圣上诞，敦尧舜之治，保障边方，共荷太平之日，四时游玩，乐不倦焉。于是遂□□山/四景，□制近体四首，匪以诗言，俾后人观鉴，以志吾其乐也。（此下未录）

　　归顺土官竹轩岑远继

　　大明成化六年二月良日书①

　　石刻称，归顺岑氏乃"镇安华胄"，由永福迁居归顺，筑城世居，永福与承袭镇安府知府的永寿为迁居兄弟。《土官底簿》记载的明初镇安府的建置与承袭，可以与石刻内容相互印证："岑天保②，本府土官籍，洪武二年授知府。故，嫡长男岑志刚二十八年十一月袭。永乐元年患病，男永寿署事。"③

　　此外，该石刻还介绍了城东南西北各一景，此四景均在今旧州周边两公里的范围内，故此区域应是归顺岑氏土司治地的核心地区。由此观之，岑氏迁居归顺，建立统治并由峒升州，应属于明初右江岑氏势力扩张的一部分。

　　该石刻落成于成化六年（1470），当时归顺州尚未得到明廷正式承认，但据石刻内容可知，岑氏已经与中央朝廷、地方官员交往不断，"传诏迎恩，络绎不绝"。弘治年间，归顺州终于得到明廷的承认。嘉靖《广西通志》载："有岑永福者，为归顺峒酋长，传子岑瑛，屡率峒兵随大军剿贼。朝廷嘉其忠顺，从督府奏请，改峒建州。"引文中的岑瑛，与石刻作者岑远继似为同一人。正是他率领峒兵报效朝廷，归顺才得以由峒升州。

　　入明以后，朝廷由于多次大规模讨伐广西东部以及广东西部的瑶人，④故十分倚重左、右两江土司所率领的峒兵（又称"土兵""狼兵"）。右江田州、泗城等土司由于占据着右江河谷的稻米地带，人口稠密、兵强马壮，故成为朝廷的重要兵源。像归顺州之类的地区及其酋领，正是因为被卷入

① 此摩崖石刻位于靖西旧州南山崖上，即成化六年石刻中的"城南紫壁处"。石刻内容据靖西市博物馆拓片整理。
② 有的史籍称"岑添保"。
③ 〔明〕无名氏：《土官底簿》卷下，《影印文渊阁四库全书》第599册，台湾商务印书馆，1986，第392页。
④ 参阅麦思杰：《大藤峡猺乱与明代广西》，博士学位论文，中山大学历史系，2005。

"战争链条"，才引起中央朝廷、地方官员的注意，并得以进入官方的行政层级的。

此外，嘉靖《广西通志》还称："弘治五年奏改直隶广西布政司，断诚、禄、计、顺安四峒、稔朗等二十六村隶其版籍。"将四峒隶入归顺州版籍，不过是在原来的溪峒体制上面新加上一层王朝认可的行政层级。因为旧体制仍然存在，所以我们不难发现，归顺州控制的范围模糊不清，或曰极具弹性。镇安府土司家谱文献《岑氏宗记》①"历代知府小传"中记载，弘治八年（1495），镇安府"被归顺州岑璋纠合田州恶目李蛮大破府治，掳去掌印恭人，以为璋妻。随夺占计、诚二峒"。②由此可见，弘治八年（1495）以前，岑氏可能只是控制着旧州及其周边地区，计、诚二峒③是在弘治八年通过武力取得的。官方文献中所谓的"断四峒隶其版籍"，与岑氏夺取、控制计、诚二峒的实际过程，实在是相去甚远。

岑璋出任知州后，归顺州的势力迅速强大起来。据田汝成的《行边纪闻》载："岑璋者，归顺州土官也，多智略，善养士，兵冠右江。"④在《岑氏宗记》"历代化峒⑤峒官小传"部分，还详细记载了归顺州岑氏吞并化峒的过程。据《岑氏宗记》载，化峒的首任峒官为镇安府首任知府岑天保之四子岑志德。弘治八年（1495），"岑璋提兵数千围攻峒署，被困数日，兵民饥饿，死者甚众。铎（志德之孙——笔者注）见痛心，乃亲与岑璋相战，讵料马失前蹄，忽然僵仆，遂被岑璋一枪刺死"。弘治十二年（1499），岑璋"破化峒，兼并其地"。⑥

归顺州岑璋不仅通过侵掠、控制接壤的"峒"来扩大自身的势力范围，还广泛参与右江区域事务之中。嘉靖五年（1526），两广总督姚镆讨平田州岑猛时，就借助了岑璋之力。当时，归顺州岑氏与田州岑氏本有姻亲关系，岑璋为岑猛之岳父。据嘉靖《广西通志》记载，弘治十五年（1502），岑猛被思恩岑濬攻陷府治后，便逃到归顺州。正德十六年（1521），岑猛进攻泗城岑接时，所"纠合"的土官也是岑璋。⑦由此可见，岑猛和岑璋

---

① 《岑氏宗记》最早之序言由岑统藩作于康熙三十年（1691）。岑氏后人逐代予以修补。目前，此文献由现居南宁的岑光备收藏，感谢黄家信、岑仲平先生帮助拍摄、邮寄。
② 《岑氏宗记》，IMG4077。
③ 分别为今靖西市区、旧州东北的诚良村。
④ 〔明〕田汝成：《行边纪闻》，载氏著：《滇考、行边纪闻、雷波琐记合订本》（影印嘉靖刻本），华文书局，1968，第433页。
⑤ 今靖西旧州东面有化峒镇，即历史上之化峒。
⑥ 《岑氏宗记》，IMG4127—IMG4128。
⑦ 嘉靖《广西通志》卷五十六《外志七·夷情本朝》，《北京图书馆古籍珍本丛刊》第41册，书目文献出版社，1988，第659、661页。

曾有过一段过从甚密的时期。据田汝成的记载可知，王朝官员之所以成功
离间二人，一是因为岑璋之女受到岑猛的冷落，二是巧妙利用归顺与镇安
之间的"世仇"，扬言将支持镇安攻打归顺。此外，官府也开出了诱人的
奖赏条件："督府奏猛反状，请令诸土官能擒馘猛者，赐千金，秩一级，
畀其半地。"① 于是，岑璋不仅向进攻田州的官兵提供了帮助，还在田州被
攻破后，诱杀了岑猛：

> 时猛仓皇不知所度，遂挺身佩印，从璋使走归顺……（璋）乃设
> 酒贺猛，鼓乐殷作，酒中以锦衣二袭、鸩饮一瓯，献猛曰："天兵索
> 君甚急，不能庇护，请自便，无波及也。"猛大怒，呼曰，竟堕老奸
> 矣。遂仰鸩死。②

不过，当时就有官员声称，"猛实未死，死者道士钱一真也"。③嘉靖
七年（1528），田州头目卢苏等向两广总督王守仁联名具状愿受招抚时，
也称岑璋不但没有杀死岑猛，还有意协助其恢复权力：

> 当年九月内，归顺土官岑璋书报，岑猛见在该州，前月已将道士
> 钱一真功次假作岑猛解报军门，尔可作急平定地方，来迎尔主。……
> 续于十月内，岑猛又差人促令邀同王受招复乡村，因见府治空虚，乘
> 便入城休息。又遣迎岑猛。岑璋回说，尔今地方未定，姑候来春，我
> 当发兵三十余营送尔主来，且替尔防守。苏等因此逃命屯聚，以候
> 岑猛，并无叛心。嘉靖六年正月，有人传说，岑猛于天泉岩内急病
> 身死。④

据上则引文可知，嘉靖六年（1527）正月，又有人声称，岑猛死于急
病。总之，在这场土司之间、土司与王朝官员之间的博弈中，真相到底如
何，至今依然不得而知。

---

① 〔明〕田汝成：《行边纪闻》，载氏著：《滇考、行边纪闻、雷波琐记（合订本）》，华文书
　　局，1968，第433页。
② 〔明〕田汝成：《行边纪闻》，载氏著：《滇考、行边纪闻、雷波琐记（合订本）》，华文书
　　局，1968，第437—438页。
③ 〔明〕田汝成：《行边纪闻》，载氏著：《滇考、行边纪闻、雷波琐记（合订本）》，华文书
　　局，1968，第439页。
④ 〔明〕王守仁著，王晓昕、赵平略点校：《王阳明集》卷十四《奏疏七·奏报田州思恩平
　　复疏》，中华书局，2016，第420页。

归顺与镇安毗邻，虽然是近族，却世代相仇；归顺与田州相距较远，却通过联姻方式结成了联盟关系，由此，我们亦可一窥当地土司之分裂局面以及远交近攻的竞争策略。

嘉靖十四年（1535），田州头目卢苏再次倡乱，造成田州权力真空，镇安土官男岑真宝拥护出任桂东南武靖州知州的岑猛第三子——岑邦佐回到田州。但当时的归顺土官岑璋乃卢苏之婿，岑璋因与岑真宝有隙，趁岑真宝入田州，纠集人马攻入镇安，"发真宝父母墓"，"占据诸峒寨"。在中央王朝的压力之下，岑璋退回峒寨：

> 时苏倡乱，田州无主，镇安府土官男岑真宝以兵纳岑邦佐于田州。归顺州岑璋，苏婿也，及向武州黄仲金，皆与真宝有隙。乘真宝入田州，苏遣璋及仲金袭破镇安。真宝闻乱，走还，苏会目兵追围之武陵寨。璋等遂发真宝父母墓，焚其骸，分兵占据诸峒寨。真宝诉之军门，督谕璋等不退。久之乃解。①

万历以后，归顺州及其周边地区面临着新的变数，即高平莫氏政权的建立。《上篇》已述，万历十一年（1583），莫氏政权被黎氏推翻。万历二十五年（1597），黎氏请贡成功，明廷正式授予黎维潭为安南都统使，但同时要求其将莫氏后裔安插于高平府，不得侵害："莫敬用亦自愿安插高平，合炤漆马江事例，断以高平府治一处，拨给莫敬用安插。仍禁谕莫维潭以后不得侵害。"②

于是，迁居高平、与归顺州为邻的莫氏又成为区域竞争、合纵连横的主角。据《驭交记》载：

> （天启六年冬十二月）莫敬宽袭归顺州。先是归顺州土官岑大伦，与莫敬宽结盟缔好，唇齿相济。迨因安南黎维祺以宽跋扈，执之。而宽无所窜，投之归顺。伦乘其败，缚宽送黎。意宽无再生之日，遂执宽妻，收宽所有。后莫酋幸脱而归，故怀愤恨，遂于十二月构兵围杀，挟州印，掳伦及子继纪、继纲、继尝而去。③

---

① 〔清〕张廷玉：《明史》卷三百一十九《广西土司三》，中华书局，1974，第8244页。
② 〔明〕张镜心编考：《驭交记》卷十一，《丛书集成新编》第104册，（台北）新文丰出版公司，1985，第504页。
③ 〔明〕张镜心编考：《驭交记》卷十二，《丛书集成新编》第104册，（台北）新文丰出版公司，1985，第507页。

由上则引文可知，归顺岑大伦曾与高平莫敬宽结盟，在莫敬宽因被安南黎维祺驱逐，投靠岑大伦后，岑大伦却将其缚送黎氏。莫敬宽侥幸逃生后，发兵攻打归顺州，并掳走了岑大伦及其三个儿子。

崇祯十年（1637），在归顺州周边的下雷、龙英、向武等地活动的徐宏祖称，莫氏的侵扰亦跟归顺、镇安、田州之间的矛盾有关：

> 初，莫彝为黎彝所促，以千金投归顺，归顺受而庇之，因通其妻焉。后莫酋归，含怨于中，镇安因而纠之，遂攻破归顺，尽掳其官印、族属而去。后当道知事出镇安，坐责其取印取官于莫。镇安不得已，以千金往赎土官之弟，并印还当道。既以塞当道之责，且可以取偿其弟，而土官之存亡则不可知矣。后其弟署州事，其地犹半踞于莫彝。
>
> 镇安与归顺，近族也，而世仇……未几，身死无后，应归顺继嗣，而田州以同姓争之。归顺度力不及田，故又乞援于莫。莫向踞归顺地未吐，今且以此为功，遂驱大兵象阵入营镇安。是归顺时以己地献莫，而取偿镇安也。[①]

关于高平莫氏最初的入侵，徐宏祖的记述与《驭交记》有所不同。徐宏祖称，莫氏被黎氏攻打时，向归顺岑氏寻求庇护，不料岑氏竟与其妻私通，于是镇安土官趁机怂恿怀恨在心的莫氏，一起攻破了归顺。

据徐宏祖的记载，在官府的压力之下，镇安赎回了归顺土官之弟[②]，并让其署理州事，但归顺一半的土地都被莫氏占据了。没过多久，镇安土官绝嗣，应由归顺土官三弟继尝继嗣，但田州岑氏又以同姓相争。归顺自知实力不济，便向莫氏乞援，希望以镇安之地来补偿自己的失地。

这一区域土司之间的复杂关系，着实让徐宏祖感到迷惑不解。徐宏祖经过下雷州时，莫氏彝兵刚好路过此处前往镇安，州人言："乃田州纠来以胁镇安者，非归顺也。盖镇安人欲以归顺第三弟为嗣，而田州争之，故纠莫彝以胁之。"[③]几天之后，徐途径向武州时，遇见归顺使者刘光汉。刘光汉亦称，莫彝乃由田州纠来：

---

① 〔明〕徐宏祖著，褚绍唐、吴应寿整理：《徐霞客游记》（上），上海古籍出版社，1982，第 478—479 页。

② 徐此处记述之土官当为岑大伦之长子继纪，其弟即为继纲。

③ 〔明〕徐宏祖著，褚绍唐、吴应寿整理：《徐霞客游记》（上），上海古籍出版社，1982，第 485 页。

（镇安府）昔年土官岑继祥没，有子岑日寿存宾州，当道不即迎入，遂客死，嗣绝。其由镇安分者，惟归顺为近，而胡润次之。田州、泗城同姓不同宗，各恃强垂涎，甚至假胁交彝，则田州其甚者也。[1]

刘光汉称，镇安土官岑继祥死后无嗣，理应由关系较近的归顺继嗣，但同姓不同宗的田州、泗城却恃强垂涎，由此裹胁安南莫夷。

此外，镇安与归顺虽为世仇，但存在着如遇嗣绝则相互继嗣的关系，地域、家族之间关系的复杂性可见一斑。徐宏祖还称："余观周文韬所藏归顺宗图，岑濬之子再传无嗣，遂以镇安次子嗣之。继祥之与大伦，犹同曾祖者也。"[2]可知，镇安岑氏也曾继嗣归顺岑氏，岑继祥与岑大伦有着同一个曾祖父。

明清之交，归顺州及其周边地区在相当长一段时间内是南明朝廷的势力范围。为争取左、右两江的土司势力，南明朝廷不仅授予这些土司高官，还提高了两江地区的政治地位。永历（1647—1661）时，归顺州便被升为兴明府。顺治十六年（1659），时任两广总督的李栖凤奏报，已经擒获南明江夏王朱蕴钥等，并平定了广西南部的南宁、太平、思恩等府。[3]就在同年六月，兴明府土官岑继纲向清军报告疆域被占：

卑府自汉分祚以来，世为边牧，向守无虞。祸因交阯逆酋莫敬耀，伊祖莫登庸谋篡安南王位，后被黎家逐出，窜据高平。两江土司无不遭其蹂躏，谋吞边地，奸计多端。更有恶酋沈文崇，原为云南舨朝州官族，因叛其主，事败逃出，东窜西投。恃敬耀之势，强踞镇安，而镇安土府本是卑职之地。文崇自知难以久居，故与敬耀阴谋诡立文崇妻侄唐绳武，伪称岑族，于本年正月贰拾柒日合兵攻破卑府，掠去男妇，屠杀人民，尸横遍地，怒气冲天，荼毒最甚，苦惨非常。至今拥踞未退，图屯世守。卑职栖身无地，残民性命悬丝，伏乞天台轸怜。[4]

① 〔明〕徐宏祖著，褚绍唐、吴应寿整理：《徐霞客游记》（上），上海古籍出版社，1982，第496页。
② 〔明〕徐宏祖著，褚绍唐、吴应寿整理：《徐霞客游记》（上），上海古籍出版社，1982，第496页。
③ 《顺治十六年十月之十九广西巡抚于时跃揭报恢复南太思恩府属并调防官兵情形》，载张伟仁编：《明清档案》第35册，联经出版事业股份有限公司，1986，第19703—19717页。
④ 《顺治十六年十二月之十九两广总督李栖凤揭报交夷遣使投诚并乞释捕获原党靖旨定夺》，载张伟仁主编：《明清档案》第35册，联经出版事业股份有限公司，1986，第20054—20055页。

由引文可知，在明末清初归顺州及其周边地区的争斗中，安南莫氏一直是其中的主角。而来自云南广南府皈朝州（又称土富州）的官族沈文崇也加入了战团，不仅强据镇安，攻破归顺，还曾被南明朝廷授予开武将军，具有一定的实力。[①] 土富州即今云南与广西接壤处的文山壮族自治州富宁县，而这一带正是宋代的特磨道，即侬智高起事失败后逃往的区域。

在南、太等府平定的情形下，岑继纲向清军报告疆域被占的目的，是希望借助清军的力量恢复自己的权势。顺治十六年（1659）九月，清广西总兵马雄率军击败莫、沈，安南莫敬耀献出冒充岑继常[②]之子的唐绳武。唐绳武供称：

> 沈文崇叫小的改名做岑天保，说岑继常是小的父亲，小的该做归顺的官……莫王又把小的交与他家豪郡公叫陈光华，同沈文崇的头目黄贵带去归顺壬庄[③]，叫小的做土官。出票收银子、米的都是陈光华，只用小的名色。收的东西陈光华留一半，送一半与莫王。归顺十三峒，沈文崇占了四峒，莫家占了八峒，只把陈峒一峒与小的，还是和黄贵共的。[④]

由唐绳武的供述可知，沈文崇让唐绳武改名岑天保，冒称岑继常之子，并在沈文崇和安南莫氏的安排下，到归顺州壬庄做土官，但银、米都是莫氏方面收纳的。归顺十三峒，被莫、沈占了十二峒，唐与另一头目共占一峒。

总之，在明末清初的动荡局势下，归顺岑氏虽然恢复了昔日地位，但经过安南莫氏、云南土富州沈氏以及镇安、田州岑氏的轮番侵扰，其控制力量大为削弱，雍正年间难逃被改土归流的命运。

---

① 《清实录·世祖章皇帝实录》卷一百三十三，"顺治十七年三月丙寅"条，中华书局，1985，第 1028 页。
② 前文作"岑继尝"，即土官岑继纲之弟。
③ 今靖西市岳圩镇。
④ 《顺治十六年十二月之十九两广总督李栖凤揭报交夷遣使投诚并乞释捕获原党请旨定夺》，载张伟仁主编：《明清档案》第 35 册，联经出版事业股份有限公司，1986，第 20066 页。

三、"挖窖案"与归顺州的改土归流及区域历史场景

雍正年间，随着鄂尔泰主政西南，左、右两江的土司们亦受到不同程度的改流压力。雍正五年（1727）八月，广西巡抚韩良辅上疏雍正帝，以时任归顺知州的岑佐祚"昏庸孱劣""兵目擅权""扰累地方"等为由，建议将归顺州改土归流：

> 归顺土知州岑佐祚，因其庶兄岑启祚争袭，彼此各立羽翼，时播流言。而岑佐祚又昏庸孱劣，不能钤束其下，是以各兵目专权用事，扰累地方。亦应捕其恶目黄金茎等置之于法，将土知州岑佐祚革职，改土为流。[1]

雍正六年（1728）二月，两广总督孔毓珣上奏称，岑佐祚主动将世袭田亩归公充饷：

> 广西归顺土知州岑佐祚请将公田苗价银陆千伍百两归公充饷，臣经题报，并请委思恩府知府陈尧贤勘丈在案。但查此项公田原为土州世业，向因岑佐祚年幼袭职，其母许氏行止不端，多有私用印照将田分给亲狎头目，久已踞为己有。厥后许氏虽经物故，而岑佐祚懦弱，头目强悍，不能清回，往往致讼，是以详报归公。[2]

由引文可知，岑佐祚请求归公充饷的田土，实已久被头目霸占。不过，此举也可能是岑佐祚在改流的压力之下，不得不做出的姿态。雍正帝在上述两份奏折的朱批中，均透露出对岑氏土司的同情，故归顺州岑氏尚能继续苟延残喘下去。雍正八年（1730），岑佐祚因被卷入一桩"挖窖、散扎"案件而被革职，随后土州改流。鉴于透过这起案件，颇能一窥当时此区域方方面面的历史情势，故在此详述之。

这起案件是由泗城府武举岑映翰首报的。雍正八年（1730）正月，泗

---

[1] 《广西巡抚韩良辅奏陈料理边境缓急事宜及越狱监犯莫东旺业经拿获折》，雍正五年八月十九日折，载中国第一历史档案馆编：《雍正朝汉文朱批奏折汇编》第 10 册，江苏古籍出版社，1991，第 437—438 页。

[2] 《两广总督孔毓珣奏报添委广西田州土知州协丈归顺公田事宜折》，雍正六年二月初六日折，载中国第一历史档案馆编：《雍正朝汉文朱批奏折汇编》第 10 册，江苏古籍出版社，1991，第 599—600 页。

城府知府祖良范上疏称：

> （雍正七年）十二月十二日，据武举岑映翰禀，本月初十日，陡
> 有罗安面递禀帖，系班康、吴顺、黄全、罗安名字，俱是府城素不务
> 业之人。拆看都是不法之语，不胜骇异。武举世受皇恩，粉身难报。
> 因兄映宸不肖，改土归流，犹蒙准予存祀。日前叩谒督部院，又蒙训
> 诲奖赏，听聆之下，感泣无已。今班康等自己为人所愚，又来哄骗武
> 举，为祸不小，特将原禀进呈等语。随问岑映翰。据罗安供说，为首
> 的人本姓韦，系土田州人，自称李天保，现住在田州街上，去来不定。
> 他叫我来说，若要做官，拿十二两银子给李天保，讨一张符扎来，就
> 可做官了。[1]

　　明代的泗城州，在顺治十五年（1658）被升为土府。而升为土府的原
因是，清军进攻云南之时，泗城土官岑继禄迎导有功。雍正五年（1727），
在鄂尔泰的主持之下，土知府岑映宸因"横征滥派""众不聊生""杀劫为
活""以夸强悍"而被革职，土府改流。同时，泗城府位于红水河以北的
地区划归贵州管辖，并在此设置南笼府（后改称兴义府）。划归地区大致
相当于今册亨、贞丰、望谟等县。岑映宸之弟映翰则被赏赐顶戴，给田奉
祀："查岑映宸之祖岑继禄，曾有率土兵迎导大军之功，请将映宸之弟、
武举岑映翰赏给八品顶戴，仍居泗城，量给田产奉祀，不得干预地方生
事。"[2] 由此推测，岑映翰企图通过首报来向清廷表忠心、邀功赏。
　　从岑映翰的叙述来看，该案更像是一件散发符扎、诈骗钱财的案件。
那么，该案为什么会引起清廷的重视呢？其原因就是，在岑映翰首报的前
几天，广东恩平也发生了一起散发符扎的案件。其主犯声称：

> 交趾有李九葵聚集六十万兵马，十月里就到广西……台湾朱一贵
> 之子朱三太子在交趾小西天，已出到巫山，不久有大兵来，并有瘟疫、
> 鬼魅。若领其符扎，不怕瘟疫、兵鬼。又供，广西大伦地方有文姓之

---

[1] 《云南总督鄂尔泰奏查拏饬审两广地方散布伪扎匪类折》，雍正八年正月十三日折，载中
国第一历史档案馆编：《雍正朝汉文朱批奏折汇编》第 17 册，江苏古籍出版社，1991，
第 705—706 页。

[2] 《清实录·世宗宪皇帝实录》卷六十，"雍正五年八月癸卯"条，中华书局，1985，
920 页。

兄在陕西要图大事，招兵二十五六万，从广西就到广东……①

上段引文称，交趾李九葵聚集六十万大军，欲进攻广西；广西大伦地方之文姓企图谋逆，这两件事引起了清廷的重视。

岑映翰所首报案件的结案档案载：

> 看得广西奉议州民李天保等，捏造妖言散卖符扎诓骗财物一案，据云南总督鄂疏称，缘广西归顺土州打淰村土道士李布翁即蒙□，素以画符挖窖开岩惑人。雍正元年间，苏臣拿出李布翁所给挖窖之书，与土道士李天保阅看，同寻挖窖未获而散。
>
> ……………
>
> （李天保）又于雍正二年捌月偕黄色全、冯显臣、欧瑞盘、陆尚琪、王奇龙、王志龙、邓景荣去见李布翁。时有黄玉石约同冯钰代抄李布翁邪书，路遇同往。又有刘文相、韦日富先已在彼，共拾贰人，复求李布翁开岩挖窖秘诀。李布翁言，欲寻岩挖窖须念桥臣佛号，方能寻获。将冯显臣、王志龙、王奇龙、陆尚琪、何志魁、王道经、□宗广安为七家桥臣，李布翁为巫本之太祖盘王李金星……
>
> 于是李天保等领符受教，照书内号头寻挖，依然无验。冯显臣辄起骗财妄念……李天保亦因连年挖窖无获，反耗己资，思欲设计骗财，住宿蒙荐之家，书符打卦，治病解禳。诡称异术系太祖盘王传授，并得挖窖天书，不日开岩，盘王出世，窖内有天兵天将、油米酒物、金银宝贝。②

由此可知，当时有一批人相信，可凭借书、符开岩挖窖，获取金银宝贝、油米酒物等。据称，始作俑者为归顺州土道士李布翁，其还自封为"太祖盘王李金星"。李天保等人极为热衷"挖窖取财"，并在挖窖未果的情况下，以挖窖天书为名骗取钱财。

雍正七年（1729）十二月十四日，岑映翰因捕获李天保，被赏赐千

---

① 《广东布政使王士俊奏报恩平县李梅等散扎骗钱原委折》，雍正八年正月初二日折，载中国第一历史档案馆编：《雍正朝汉文朱批奏折汇编》第17册，江苏古籍出版社，1991，第637页。

② 《雍正十二年五月八日之一云贵广西总督尹继善揭报土州官病故请准其子承袭》，载张伟仁主编：《明清档案》第59册，联经出版事业股份有限公司，1986，第33819—33820页。

金。雍正朱批还要求，广西官员对岑映翰兄弟加以提拔。① 李天保被抓获后，供出了李布翁，于是官府的注意力便转向归顺州。雍正八年（1730）五月，右江总兵官蔡成贵上疏称，李布翁被归顺州吏目以及土目"纵匿"：

> 李布翁妖言惑众，实系渠魁，前差刘文济于正月初柒日访获知情之周德麟、梁士奇等，密讯该犯踪迹，据称在归顺州属□□村。即商之吏目俞绍彪，设计搜擒。讵料该吏目始则藐玩迟延，继则泄机支饰，以致不法土目岑承晋、岑承泰、黄金茎等乘间纵匿该犯。②

此外，李天保还供述，云南土富州黄玘平等亦曾接受符扎。黄玘平被擒获后，又供出土富州官妹沈氏亦与此案有所牵连。沈与黄玘兆、盘王（又称莫王）等纠党，并有攻打交趾之约：

> 黄玘兆、盘王、黄卜昌、黄阿、何斗冲、陈养等居住云南土富州练村地方，黄玘兆系跟随土富州官妹沈氏，并往来盘王岩洞，在外散扎纠党，约定三月间在泗城府齐同去打交趾。③

沈氏供称：

> 有农院、韦卢……说，归顺打淰村有个太祖叫盘王，我们去投他，你就嫁了他罢。他们后去见了盘王，随得两张小符，又两张黄布符，有朱笔字，长印、方印在上。小妇人拿给哥子看，叫装香点灯供奉着。后农院们领了盘王到练村，小妇人与他私做了亲。第二次来时，曾带他去见哥子，哥子送一匹白马与他。及讯沈氏盘王来往商量什么，有

---

① 《云南总督鄂尔泰奏报两广散布伪扎案情俟审结从重惩处并请录用岑映翰兄弟折》，雍正八年四月二十日折，载中国第一历史档案馆编：《雍正朝汉文朱批奏折汇编》第18册，江苏古籍出版社，1991，第517页。
② 《广西右江总兵蔡成贵奏报办理归顺州土人李天保传散伪扎情节等事折》，雍正八年五月十七日折，载中国第一历史档案馆编：《雍正朝汉文朱批奏折汇编》第18册，江苏古籍出版社，1991，第695页—696页。
③ 《云南总督鄂尔泰奏报拏获土富州各要犯及讯供缘由折》，雍正八年七月二十四日折，载中国第一历史档案馆编：《雍正朝汉文朱批奏折汇编》第18册，江苏古籍出版社，1991，第1044页。

要出身做王逆语，虽供不曾见兵，而囤积仓谷已直认不讳。①

沈氏承认，自己曾接受盘王符扎，并与盘王成亲；哥子土官沈肇乾则送给盘王一匹白马。此外，沈氏还承认，不仅与盘王商量过"出身做王"等情，还有囤积仓谷等行为。

沈肇乾坚称，只知莫王，不知盘王。官府抓获莫王后，审讯得知莫王乃安南高平莫氏后裔莫敬曙。顺治十六年（1659），清军击败莫氏、沈氏之后，高平首领莫敬耀就向清廷投诚。顺治十八年（1661）五月，兵部等衙门议复："安南国都统使莫敬耀，带领高平等处地方效顺，应增本秩，封为归化将军，以示鼓励。印信敕书，俟进贡到京之日给发。"② 该年十一月，清廷正式授予高平莫氏安南国都统使印信。康熙十六年（1677），安南黎氏消灭了割据高平的莫氏政权后，高平莫氏后裔纷纷逃散于清朝境内，其中，继莫敬耀任都统使的莫元清就曾逃到云南土富州，并与平西王吴三桂勾结。③

而与土富州官妹做亲的莫敬曙，则居于泗城府。他供称："伊祖上顺治十七年颁赐银印一颗，伊父寄寓泗城，被毁……又祖遗交阯传代玉印一颗，伊父在泗城土府岑继禄处当银三百两，现存岑映翰处。"此外，官兵还从莫敬曙家中搜出其与下雷土司许元育所立之攻打安南的合同、发给他人的"开国大将军"等札付："随差往搜，获木印并合同一张，系下雷州牧许元育与莫敬曙公立打交阯合同，两人各有印信。又莫敬曙与镇安府属郑之裕札付一张，札内系开国大将军，俱系雍正二年事。"④

莫敬曙承认，自己与沈氏结婚的目的，在于借助土富州知州沈肇乾的力量攻打交阯，而盘王实另有其人：

莫敬曙供称，果在打淰村会过盘王李金星，盘王叫他往练村与沈

① 《云南总督鄂尔泰奏报擎获土富州各要犯及讯供缘由折》，雍正八年七月二十四日折，载中国第一历史档案馆编：《雍正朝汉文朱批奏折汇编》第 18 册，江苏古籍出版社，1991，第 1045 页。

② 《清实录·圣祖仁皇帝实录》卷二，"顺治十八年五月乙亥"条，中华书局，1985，第 68 页。

③ 《清实录·圣祖仁皇帝实录》卷一百二，"康熙二十一年四月丁亥"条，中华书局，1985，第 24 页。有关高平莫氏政权的情形，详见牛军凯：《朝贡与邦交：明末清初中越关系研究（1593—1702）》，博士学位论文，中山大学历史系，2003，第 68 页。

④ 《云南总督鄂尔泰奏报擎获李天保散布伪扎案内莫王及供吐情由折》，雍正八年九月初四日折，载中国第一历史档案馆编：《雍正朝汉文朱批奏折汇编》第 19 册，江苏古籍出版社，第 100 页。

氏做亲，原想沈氏拿银子招兵打交趾。做亲之后，才到皈朝会沈土官。曾替盘王带来一张总统大元帅札付，交与沈土官。他送白马一匹，就起身回泗城去了。①

沈肇乾后来承认，自己曾与盘王勾通，故在雍正八年（1730）七月，被革去了职衔。岑映翰则因首报有功，并亲自抓获了李天保，受到朝廷的赏赐与重用。

雍正八年（1730 年），沈氏举报岑映翰托名泗城知府索贿，沈氏与岑映翰的姑甥关系由此被揭露出来，②故岑映翰也被革去职衔。同年，归顺土司岑佐祚也因"挖窖案"被革职查办，土州改土归流。在雍正十二年（1734）的结案档案中，岑佐祚被定罪斩监候：

> 归顺土州岑佐祚平昔学习符法，□□匪李布翁藏匿伊境，毫无觉察，以致该管土目岑承晋、岑承泰引李布翁逃匿。迨官弁齐集搜擒，岑佐祚复捏造盘王不法伪谕，令书役卢起元誊写，遣张兴送至富州发行，妄希卸责于富州。③

即岑佐祚不仅自己沉迷法术，还不能管束土目，以致李布翁逃匿。当官弁搜擒之时，还捏造"不法伪谕"于土富州散发，企图卸责、嫁祸于土富州。

而颇具戏剧性的是，雍正十二年（1734）的结案档案还称，土富州沈氏兄妹实与此案无关。缉捕军官因向沈肇乾索贿不成，便怀恨在心，故意陷害沈氏兄妹。可知，沈氏兄妹供称的"与盘王勾通"等情，实属刑讯逼供所致。

至于莫敬曙与沈氏做亲及与沈肇乾交往之事，结案档案中并未记录。但是，下雷州参与莫敬曙"归国"计划，则是证据确凿的：

---

① 《云南总督鄂尔泰奏报擎获李天保散布伪扎案内莫王及供吐情由折》，雍正八年九月初四日折，载中国第一历史档案馆编：《雍正朝汉文朱批奏折汇编》第 19 册，江苏古籍出版社，第 101 页。

② 《云南总督鄂尔泰奏报擎获土富州各要犯及讯供缘由折》，雍正八年七月二十四日折，载中国第一历史档案馆编：《雍正朝汉文朱批奏折汇编》第 18 册，江苏古籍出版社，第 1046 页。

③ 《雍正十二年五月八日之一云贵广西总督尹继善揭报土州官病故请准其子承袭》，载张伟仁主编：《明清档案》第 59 册，联经出版事业股份有限公司，1986，第 33823 页。

　　莫敬曙本系交趾莫氏后裔，昔被黎、郑占夺杀害，逃避内地，久经安插广西泗城府地方。常思报复祖、父之仇未果，于雍正贰年拾贰月内，意在进京叩谒，欲谋归国。有下雷州土目苏老，因伊下雷之三山峒、七甲、上琅十村昔被交趾侵占，□□敬曙有赴京之意，冀其返国退回所占地方，遣赵英往邀莫敬曙至家，同协理许续武并许续武堂弟许圣武、曾圣典等公，同至黄义坛家内写立合同，钤用土州印信。许助赴京盘缠，莫敬曙亦用所携安南国都统使副印。莫敬曙易姓为王，曾圣典亦将先未承袭土官许乾毓之名改为元育二字。①

　　莫敬曙常思报祖、父之仇，于雍正二年（1724），打算进京争取清廷的支持。下雷州土目得到消息后，纷纷赞助莫敬曙银两，并将土官之名改为许元育，与莫氏签署了合同凭证。其实，当时边境两侧时常有莫氏后裔或托名莫氏的起事行动与传言。如雍正三年（1725），太平府知府等就报告：

　　　　有奸棍潘腾龙，诡称系安南国从前莫王子孙，私入内境，雇募懒汉土民，护送往安南……潘腾龙向潜住归顺土州头目黄把势家，又有该土州衙役陈乱弹等先已招有口外土彝数百人，在交趾高平府屯聚，俟黄把势人到，同送莫彝归国。②

　　再者，史料显示，土富州跟安南莫氏的关系非同一般。天启六年（1626），莫氏被归顺岑氏出卖后，便投奔了土富州；③康熙年间，莫氏政权被黎氏推翻后，都统使莫元清也曾逃往土富州。由此推测，土富州沈氏兄妹与莫敬曙交往之事，很可能是真实的，只是诬告者将盘王的名号套在了莫王头上，故沈氏兄妹供称的盘王，其实就是莫王。这样一来，就牵连出了流散于广西、云南境内的高平莫氏后裔势力。该案尚未结案，莫敬曙

---

① 《雍正十二年五月八日之一云贵广西总督尹继善揭报土州官病故请准其子承袭》，载张伟仁主编：《明清档案》第59册，联经出版事业股份有限公司，1986，第33824页。

② 《广西巡抚李绂奏安南奸棍私入内境土民兵弁查拿折》，雍正三年二月二十九日折，载中国第一历史档案馆编：《雍正朝汉文朱批奏折汇编》第4册，江苏古籍出版社，1991，第556页。

③ 道光《归顺直隶州志》卷二《地舆·沿革》，《中国方志丛书》载，成文出版社，1968，第46页。此志为手抄本，据道光二十八年（1848）何福祥序言载，这部志书为其续增前代志书而成，本名为《续增归顺州志》，但是现在我们看到的这部志中又有道光之后的内容，疑后人抄写时，又有增添。归顺州于光绪十二年（1886）改直隶，故成文出版社以《归顺直隶州志》为名出版。

就在牢狱中死去，而盘王一直未被抓获，他似乎只存在于传说之中。

通过上述案件，我们可以一窥雍正初年归顺州及其周边地区各种势力的历史处境：广西、云南边境地区的土司们遭到了普遍的怀疑与迫害，甚至是革职改流；割据、流窜的高平莫氏后裔则数次招兵买马，意图复国，但均以失败告终。不仅如此，上述案件还突显出西南边疆地区一个时代的特色，即雍正、乾隆时期的矿业开发运动以及人们对金银等贵金属财富的狂热崇拜。

根据严中平的研究，云南铜矿开发从雍正元年（1723）开始兴盛，极盛时期则在乾隆一朝。① 云南铜矿虽主要集中于滇中、滇北与滇西，但位于安南、云南接壤地区的都龙铜厂号称十八世纪安南北部地区产量最高的铜矿，每年出产四十五万斤，其中的大部分出口到中国。② 在安南与归顺接壤的高平地区，则有产量巨大的银矿。乾隆三十二年（1767）出任镇安知府③的赵翼在《粤滇杂记》中指出：

> 滇边外则有缅属之大山厂，粤西边外则有安南之宋星厂，银矿皆极旺。而彼地人不习烹炼法，故听中国人往采，彼特设官收税而已。大山厂多江西、湖广人，宋星厂多广东人……宋星厂距余所守镇安郡仅六日程，镇安土民最懦钝无用矣，然一肩挑针线鞋布诸物往，辄倍获而归。其所得银皆制镯贯于手，以便携带，故镇郡多镯银。④

据《粤滇杂记》载，镇安离宋星厂有六日路程，那么，位于边境之上的归顺州离宋星厂就更近了。宋星厂是极旺的银矿，由于当地人不会冶炼之法，故银矿都由广东人开采。镇安土民仅靠售卖针线、鞋布，也能获利颇丰。为了便于携带，镇安土民常将银子打制为银镯，因此镇安多银饰。

不过，外出贸易有时只不过是广西土民到安南开矿的借口，早在雍正九年（1731）的一份上谕中，皇帝就提及了这种"违禁"行为：

---

① 严中平：《清代云南铜政考》，载沈云龙主编：《近代中国史料丛刊》第 55—56 册，文海出版社，1970，第 8、10 页。
② 〔日〕武内房司：《从西江走廊看十九世纪前期的中越关系——以云南和越南西北部傣族社会为中心的考察》，"明清帝国的建构与中国西南土著社会的演变"国际学术研讨会会议论文，广州，2010，第 365 页。
③ 镇安土府于明末绝嗣，康熙二年（1663）设思恩通判管辖之，雍正七年（1729）设流官知府，归顺州雍正八年（1730）改流后属之。
④ 〔清〕赵翼：《檐曝杂记》卷四，"缅甸安南出银"条，《续修四库全书》第 1138 册，上海古籍出版社，1995，第 335 页。

广西道通交趾，闻该地方常有无知愚民，希图意外之利，抛弃家业，潜往交趾地方开矿。其所去之人，有资本用尽乞食而回者，有侥幸获利而回者，有一去而永不回者。地方官虽禁谕稽查，伊等总以出外贸易为词。①

其实，不只是粤西之人前往安南北部开矿，"云南、广东、福建、江西、湖广等省民人，往交贸易及开挖矿厂者，亦不可胜数"。②

矿产开发使右江上游地区成为矿产运输、人员流动的重要节点。根据明末成书的《滇志·旅途志》载，从云南入广西共有三条道路，其一便是从土富州入小镇安③，再过归顺州至太平府，再沿左江水路下南宁。④到了雍正年间，由云南剥隘至广西百色⑤的矿产运输更为繁盛。这是因为从百色可顺着右江直抵南宁，大大缩短了旱路，方便了大宗货物的运输。

雍正八年（1730），鄂尔泰上奏称："自剥隘至百色之旱路，从前甚属险窄，今知臣经过，侬、僮人等争先开修，已成大道。"⑥鄂尔泰称，剥隘至百色的旱路现成大道，颇有夸张、表功的成分。其在雍正四年（1726）的上奏中就指出，云南临安局制造的铜钱由剥隘下船，再运至两广，已甚为便易。⑦乾隆以后，剥隘、百色更是成为各省局运输滇铜的枢纽。滇铜进入广西境内后分为两路，一路沿西江直下广州，另一路则往桂林过兴安灵渠，最后进入长江水系：

凡九省：江苏、浙江、广西、广东、江西、陕西、福建、湖南、湖北委员领运上游各厂铜斤，由省城转运剥隘，计二十四站。自省城

① 乾隆《镇安府志》卷八《艺文志》，清乾隆二十一年刻本。
② 〔清〕杨锡绂：《四知堂文集》卷五《奏疏》，《四库未收书辑刊》玖辑第二十四册，北京出版社，1998，第152页。
③ 今那坡县。明初，镇安府治由那坡迁至德保后，当地的建制在史籍中不甚清楚，直到清乾隆年间才设置小镇安土巡检，很快被改土归流设小镇安厅，属镇安府。
④ 〔明〕刘文征：《滇志》卷四《旅途志二·粤西路考》，《续修四库全书》第681册，上海古籍出版社，1995，第363—364页。
⑤ 百色本属土田州，雍正年间鄂尔泰经营西南时，因其处于交通枢纽，又具军事据点意义，故雍正七年（1729）清廷在此设百色厅，属思恩府，为今百色市区。
⑥ 《云南总督鄂尔泰奏报巡察广西所见沿途城池营伍土官彝情暨田粮水利河道等情折》，雍正八年正月十三日折，载中国第一历史档案馆编：《雍正朝汉文朱批奏折汇编》第17册，江苏古籍出版社，1991，第698页。
⑦ 《云南巡抚鄂尔泰奏请裁减钱局以流通钱法折》，雍正四年六月二十日折，载中国第一历史档案馆编：《雍正朝汉文朱批奏折汇编》第7册，江苏古籍出版社，1991，第495页。

至竹园村，计八站，马运；由竹园村至剥隘，计十六站，牛运。①

各省局赴云南买铜者，各厂铜自寻甸店、省店运至竹园村，由竹园村至剥隘。金钗厂铜，自蒙自县运至剥隘，再由剥隘经百色、宝广，径达粤江，余局由陀河达湘江。②

只有将"挖窖案"置于矿产开发、运输的历史场景之下，我们才能获得更好的理解。

乾隆八年（1743），在滇、桂、黔三省接壤地带又发生了一起挖窖案，从中颇能一窥当地人群对于寻找、获取金银等贵金属财富的热衷与痴迷。此案最初发生在贵州南笼府永丰州（今兴义市贞丰县），其也是雍正五年（1727）从广西泗城划归黔省的地方。贵州总督张广泗与总兵官韩勋在三月二十一日的奏折中，叙述了该案始末：

据该州属监生王礼、亭目王今禀称，正月内有匪类黄三等五人，在州属岜赖寨卢全家中安歇。黄三等自称，我会做巫公③，并访问古硐④银厂，我有符章粘在硐门，就可收得。若有银两，分与你们大家去用，有军器宝贝要拿去送新王，后来都有好处等语。生等见其妖言惑众，干系地方，当即设法于二月初七日将黄三等四名擒获。⑤

在贵州按察使宋厚的奏折中，录有"各犯口供"。其中，黄三供称，当地人认为，山中藏的银子有恶鬼守护，须有高人用符咒降服恶鬼，才能取得，而李天保案的漏网分子便扬言"善取鬼银"：

黄三籍隶广西，赤贫无赖。因乾隆三年二月内闻西隆州⑥夷民卜益言，该处茔内鬼银甚多，无人能取。黄三遂萌贪念，寻访能人。适

---

① 无名氏：《铜政便览》卷四《陆运》，《续修四库全书》第 880 册，上海古籍出版社，1995，第 335 页。
② 《大清五朝会典·嘉庆会典》卷十四《户部·广西清吏司》，线装书局，2006，第 189 页。
③ 今日之百色地区民间仍有"巫公"（又写作"麽公"）。这种仪式专家受道教影响，但他们所用经文是用地方土俗字（壮学研究者称为古壮字或方块壮字）写成，做仪式时亦用本地话（壮语），以区别于当地的道士（当地称道公）。
④ "硐"指藏有矿产的山洞。
⑤ 中国第一历史档案馆藏：《朱批奏折·民族事务类·贵州安笼总兵宋爱等奏在永丰岜赖寨民卢全家缉获散符控害的黄三、韦阿三、罗阿韦、罗龙，打死王阿利，续获王阿耳、王文甲、王文魁、阿保、郭师傅审办释放等有关折》，全宗 4 卷号 2074 号 1。
⑥ 泗城府属，相当于今日之隆林各族自治县，为广西最西部，与黔省接壤。

遇广西已正法李天保案内漏网奸民黄祖先，系南宁府人，自称曾受陆尚琪符书，善取鬼银。令黄三探实银洞，约伊同取。黄三仍归西隆寻访，不获而止。

除寻访古硐法外，当时还流传有炼铜成银的说法：

又有罗平[①]夷民阿保等赴西隆贸易，闻该处有黄祖先能以山翠铜斤烧炼为银，阿保等信以为实。寻遇黄祖先同回罗平，于是铜可为银之说传扬邻境。

黄三等人闻之，马上购买铜斤，请黄祖先烧炼，最后却发现，黄祖先不过是用真银冒充自己烧炼出的银子：

黄祖先试炼未成，诡称观看人多，所以无效。黄三等又向阿长之父阿定买铜十二两，黄祖先图人信服，暗将真银十两藏于炭内，伪称炼出。被卜蒋之子阿蒋并阿保窥破。

除炼铜成银外，当时还有炼铜成金的说法：

又有南笼府夷民黄燕，因闻铜可造银，亦欲效尤图骗，更称铜可造金。诱令陆光任等收买废铜烧炼，未成。诡称必须石羊、石马口内之水点入炉内，方可成金。[②]

南笼府破获符书挖窖案之后，驻扎于百色的广西右江总兵毕瑛也抓获一"行踪诡秘者"。此人供称，曾参与过用铜煮炼假银、假金的活动：

兵丁陈上选等访缉匪犯至西林县[③]属板达村，访得王抱显行踪诡秘，会同里民拿解回营，当即会同西林县审讯。据王抱显供称，今年正月内，在云南广南府土富州板龙村抱达家，见李开花、李天保、马

---

① 云南罗平州，位于西隆州西面，是滇、黔、桂三省接壤地带，今为曲靖市罗平县。

② 中国第一历史档案馆藏：《朱批奏折·民族事务类·贵州安笼总兵宋爱等奏在永丰岜赖寨民卢全家缉获散符控害的黄三、韦阿三、罗阿韦、罗龙，打死王阿利，续获王阿耳、王文甲、王文魁、阿保、郭师傅审办释放等有关折》，全宗 4 卷号 2074 号 15。

③ 泗城府属，相当于今日之西林县，为广西最西部，与滇省接壤。

朝烈、老蒙在洞里出来，俱系会做假银的师傅，小的将白铜拾陆两与他，老蒙用药煮洗，倾得拾贰两假银、肆两假金等语。[①]

王抱显供称，自己在土富州见到曾参与雍正八年（1730）"挖窖案"的李天保、马朝烈等人，他们能将白铜煮炼成假金、假银。

曾任广西巡抚的杨锡绂上疏总结了"挖窖案"的大致情形："一种挖窖取银之说，不知始自何时，创自何人，居然有书有图，抄写流传。其黠者明知子虚而故奉为神奇，其蠢者相随附和而暗堕其术中。"[②]

总之，上述"挖窖案"中的寻访古硐之法，炼铜成银、成金之术，都不过是对当时矿业开发领域中各项技术的模仿与借用。因此，从某种意义上来说，"挖窖案"可谓反映了一个时代的特色：铜、银矿的大量开采与运输，激发了人们对"挖窖取财"的迷信与崇拜，人口流动的增加，则为这种社会风潮的传播提供了可资利用的社会网络。

清初，矿业开发本就是一项十分冒险与刺激的事业，在没有现代技术的情况下，寻矿、开矿过程中充满了种种不确定性，开矿人的命运也由此变得捉摸不定。[③] 嘉道时人吴其濬曾记述了一位铜厂"管事"的神奇经历：

> 常有管事资本乏绝，用度不支，众将瓦解，徘徊终日，寝不成寐。念及明日天晓，索负者，支米、油、盐、柴者，纷沓而至。何以御之，无可如何，计惟有死而已。

> 辗转之际，硐中忽于夜半得矿，司事者排闼入室告之，管事喜出望外，起而究其虚实，询其形质高低。逾时更漏既尽，门外马喧人闹，厂主及在厂诸长，咸临门称贺。俄顷服食什器，锦绣罗绮，珠玑珍错，各肆主者赠遗络绎，充牣阶墀……当此之时，其为荣也，虽华衮有所不及；其为乐也，虽登仙有所不如。[④]

吴其濬的描述充分反映了由开采矿藏获取财富的不确定性及其对人们

---

① 中国第一历史档案馆藏：《朱批奏折·民族事务类·提督广西总兵谭行义等奏缉获审办黄三供出的广西西林县王抱显"窝犯"云南土富州的抱达等人及续查李捷三、廖士美等的奏折》，全宗 4 卷号 2075 号 3。

② 〔清〕杨锡绂：《四知堂文集》卷五《奏疏》，《四库未收书辑刊》玖辑第 24 册，北京出版社，1998，第 148 页。

③ 详见严中平：《清代云南铜政考》第六节（甲）目"当时人对矿山地质和矿砂品质的认识"，载沈云龙主编：《近代中国史料丛刊》，文海出版社，1970，第 50—56 页。

④ 〔清〕吴其濬撰，徐金生绘：《滇南矿厂图略》卷一，"附浪穹王崧矿厂采炼篇"，《续修四库全书》第 880 册，上海古籍出版社，1995，第 151—152 页。

心理、精神的扭曲，可见开矿取财在本质上是一种难以把握、充满神异的事业。从这一角度出发，"挖窖案"中种种荒诞无稽、求诸奇术的行径与心态，也就不难理解了。

小结：清初的资源、人员与信息流动

综述本章，自宋迄明，右江流域岑氏势力有一个扩张的过程。南宋时，当地土酋主要依靠马匹贸易，与宋廷建立了联系，岑氏也逐渐在买马活动中崭露头角。元代，由于土酋与元廷之间失去了买马这条"纽带"，故双方的关系并不融洽，土酋叛乱频仍。明初，岑氏奠定了在右江区域的主导地位，田州府、泗城州、思恩府以及镇安府均为岑姓土司所控制，归顺州岑氏也在这个过程中建立了统治地位。明代，由于中央朝廷开始重视并调控地方权力的传承谱系，由此形成大大小小的土司家族，族谱的撰写便是明显表征。同时，地域之间的关系逐渐表现为家族之间的关系。

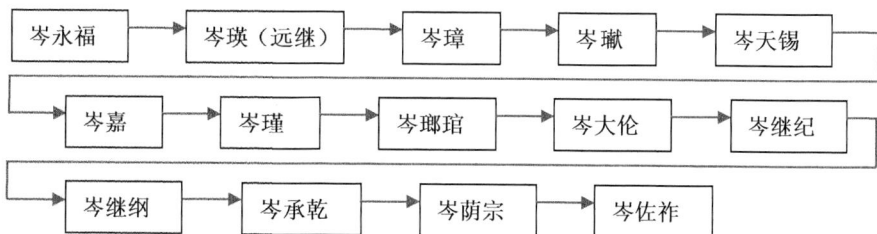

归顺州岑氏土官谱系图

这一时期，由于中央王朝多次发动针对广西东部、广东西部傜人的军事讨伐，右江流域土司们依靠出兵作战而与王朝国家联系起来。但是，在王朝国家的控制之下，此区域各个势力之间仍然自有一套"相处"秩序和"行事"规则。这些秩序和规则依托的是家族关系、联姻关系，以及着眼利益的结盟关系。有时，这些秩序和规则甚至不受王朝国家边界的限制。明末，安南高平莫氏就曾在此区域纵横捭阖。雍正时期，在一场"挖窖案"中，安南莫氏势力最终走向终结，而归顺土州被改土归流，地方土著权力结构被瓦解，流窜、潜伏的"国外"势力被甄别、清除。以上这些，都象征着右江流域的国家整合进程迈上了新台阶。

"挖窖案"背后的真相是，清初，右江上游区域正以一种新的方式——矿产的开发与运输——被卷入王朝国家的体系。雍正、乾隆时期，此区域已成为清帝国矿业运输、人员流动的重要节点。这不仅给当地社会带来巨大冲击，也使当地人群的精神世界为之一变。铜、银矿的大量开采与运输，激发了人们对金银财富的迷信与崇拜；人口流动的增加，则为这种社会风潮的传播提供了可资利用的社会网络。在传统社会，一个地区的人员流动强度与资源开发强度，可以表征其被国家整合的程度。

2013 年，一本有关清代云南铜矿开发的专著《国家资源：清代滇铜黔铅开发研究》[①] 出版。该书重点叙述了国家需求、国家管制与矿业开发之间的关系。其中，国家的矿产需求包括币材需求、军备需求等。除了国家层面的因素外，当时的矿业开发甚至跟国际市场、国际竞争关系密切。17 世纪以后，日本铜材在很长一段时间内成为清廷铸币的主要材料来源，但康熙年间，日本限制对中国出口铜材以后，清廷便全力推进滇铜的开采。"地方物产"成为"国家资源"，无疑象征着地域的国家整合所取得的巨大成功。

---

① 参见马琦：《国家资源：清代滇铜黔铅开发研究》，人民出版社，2013。

第二章　义士辟疆：
官员、功名人士与归顺州文化面貌的建构

本章主要叙述了归顺州改土归流之后，当地社会、文化面貌所发生的巨变。首先，简述边地初开之后，外来流官对本地的印象，以及他们在行政、教化方面的举措。其次，重点分析科举制度推行后，地方权势阶层由土司头目向功名人士转变的过程。使用的分析材料主要是两个家族的数十块墓碑。社会阶层的变动深刻地改变了地方文化的面貌，新兴功名人士开始撰写祖先谱系，逐步形成"广东南海"的祖源叙事模式；发展壮大后的功名人士甚至重构本地的地方历史——归顺州实乃宋末的抗元义士所开辟。最后，探讨了文化面貌的建构与原有地方传统之间的关系，并回应华琛"标准化"理论的争论。

一、门户初开与外来官员对当地的经营

雍正八年（1730），归顺土知州岑佐祚因"挖窖案"被参革，次年，时任广西巡抚的金鉷以该土州"世职应袭无人"为由，请将归顺土州改土归流。①改土归流后的归顺州属镇安府管辖。明末，因镇安府土知府岑吉祥无子承袭，镇安遂为云南土富州沈文崇所占据。康熙二年（1663），朝廷将镇安府改土归流，暂由思恩府通判管辖其地。雍正七年（1729），鄂尔泰上奏，请将镇安升为流府，原设通判裁去，改设流官知府一员，管辖归顺、奉议等土州。②

---

① 道光《归顺直隶州志》卷九《艺文·疏》，《中国方志丛书》本，成文出版社，1968，第86页。

② 道光《归顺直隶州志》卷九《艺文·疏》，《中国方志丛书》本，成文出版社，1968，第85—86页。

乾隆二十一年（1756），时任镇安府知府的傅圣编成《镇安府志》。透过这部方志，我们可以一窥改土归流后，外来官员对于包括归顺州在内的整个地域的经营情形。这部府志草创于乾隆十三年（1748），傅圣到任之后，"取而续编之，补阙订讹，别为体例，灿然可观"。[1] 这部志书最为特别之处在于，傅圣创立"方言"一目，"至各志不载方言，某则辑方言一帙，以通其不通者"。[2] 傅圣将当地方言[3]中的一些日常用语，用汉字记音的方式记录下来。比如：

天曰亭上声　地曰堆上声　日曰他文　月曰恩孩　风曰临　云曰文怕　雷曰博雷　雨曰盆上声　阴曰钦　晴曰烈平声　冷曰浪　暖曰透　远曰归　近曰惧上声　高曰嵩　低曰敦　行曰派平声　立曰邓　坐曰囊　睡曰暖　来曰麻　去曰卑　迟曰锥上声……[4]

傅圣将方言入志的做法，得到了时人极高的评价。如时任布政使的德福就在该书"序言"中写道：

其中创立而大有功者，惟方言一帙为最。盖向惟言出殊方，喉舌不相习，故上之官府，下之商旅，往往无事则对面瞪目，手作形状，而不能得其一中。有事则通译传言，颠倒拨弄，吏胥上下其手，奸人奇货是居。此当其事者，所怒目倾耳而无可如何者也。自有此帙，字不满千言，而括尽各土民日用饮食、衣服器用之俗。凡官于此，旅于此者，取而识之，不过一二日之劳，而夷音蛮语之字句俱已熟悉胸中，而入耳了然，无复受其欺，亦无虑其情之壅矣。则此帙也，不可以导亲睦，绝罔诈，为中外合一之良法哉？[5]

从德福之言，我们大概可以推知当时的社会情势：改土归流后，不仅王朝官员来此地任职，商旅也涌入此地。如前章已述，安南境内的银矿、铜矿开发以及百色成为各省局铜运的枢纽，使得这一区域成为人口流动的重要通道。乾隆四十八年（1783），在归顺州西北部的安德圩，广东人便

---

① 乾隆《镇安府志》，"杨应琚序"，清乾隆二十一年刻本。
② 乾隆《镇安府志》，"德福序"，清乾隆二十一年刻本。
③ 现今学者将之归于南部壮语中的德靖（德保、靖西）土语。参见梁庭望：《壮族文化概论》，广西教育出版社，2000，第491页。
④ 乾隆《镇安府志》卷一《舆地志上·方言》，清乾隆二十一年刻本。
⑤ 乾隆《镇安府志》，"德福序"，清乾隆二十一年刻本。

与其他客商一起重修了当地的北帝庙。据当时所立碑文记载："我安德居民常畏天命，安仁怀德，曾于圩之南隅，供奉北帝庙，朝夕瞻仰，知所畏惧。祇缘殿宇卑隘，岁久剥落。粤之人士，集议而新之，苦于绵力，爰谋诸收山货者，锱铢积累，物料颇足，而公费尚缺。"① 在这种情况之下，语言交流就成为十分迫切的问题。正如德福所言："对面瞠目，手作形状，而不能得其一中。有事则通译传言，颠倒拨弄，吏胥上下其手，奸人奇货是居。"

早在雍正五年（1727），泗城府改土归流之际，时任广西巡抚的李绂就向鄂尔泰建议："新设流官务令学习土话，不惟听讼催科，官民之情得通，不受奸胥蠹役当面欺哄；亦可借劝农之举，亲至各甲面谕土民、宣布条约，俾尽知朝廷德意。"②

傅圣的方言一帙，虽然不能达到"不过一二日之劳，而夷音蛮语之字句俱已熟悉胸中，而入耳了然"的效果，但充分反映了流官对学习当地语言、熟悉地情民意的重视。因此，德福甚至将方言入志置于"导亲睦，绝罔诈""中外合一"之良法的高度，即国家整合的高度。

除方言外，这部方志还讨论了镇安府的星野，借助这种具有悠久传统的理论，镇安府在王朝国家内的位置开始得以确定。

该府志言："经星垂象于天，郡国各以其封域应之。乃壤接而度异，地隔而度反同，果可为定论乎？镇安僻在蛮徼，唐宋以来未隶职方，宜乎星野所属，历代阙如也。"经过引经据典，这部志书得出如下结论："国朝《周天易览》以顺治十二年乙未冬至为历元，自轸三度至十七度为广西分野，则镇安自与全粤同属轸分无疑。"即唐宋以来未隶职方的镇安，应为轸三度至十七度。由于缺乏文献佐证，镇安府所属轸分的具体度数始终无法确定："《广西通志》以桂林、庆远、浔、郁皆轸十一度，平、梧入轸六度，柳州则三度，南、太则十三度，镇安、思、泗三郡，不载何度数。"③

此外，这部方志还详细记录了镇安府各属的气候。关于归顺州，则有如下描述："归顺州虽山高阴重，然较天保④ 稍开爽，春温夏暑，秋有微凉，冬无冰雪，遇旱涝不免疾疫。"据说，这些气候知识是提供给那些远道而来，可能不服水土的仕宦、商旅们的："镇安一府，汉土九属，水土

---

① 广西壮族自治区通志馆编：《中法战争调查资料实录》，广西人民出版社，1982，第 339 页。
② 〔清〕李绂：《穆堂初稿》卷四十二《书·再与总督鄂公论泗城土府书》，《续修四库全书》第 1422 册，上海古籍出版社，1995，第 75 页。
③ 乾隆《镇安府志》卷一《舆地志上·星野》，清乾隆二十一年刻本。
④ 即乾隆四年（1739）设立的镇安府附廓县，大致相当于今德保县。

气息，均非平善，中土人居之，殊难调适。其间州县相去百余里，或数十里，气候微有不同，姑述其概，俾仕宦、商旅来此土者，览而知慎焉。"①因此，方志中还抄录了数条诊治"瘴疠"的药方。

具体到归顺州，直到雍正十年（1732），王朝选派的知州才首次进入该地。这名知州名叫骆为香，是来自福建惠安的一名荫生。据光绪《归顺直隶州志》"宦绩"部分载：

> 骆为香，福建惠安县人，荫生，才识明敏，练达政治。时改流伊始，诸务创作，能因势利导，次第就功，而民不扰累。州旧有公田，私田，夫田，巫、祝、医、卜等田，为香为之详准，首报公、私田均摊以禾担科银，此其为惠之大者。②

光绪《归顺直隶州志》称，骆为香因整顿当地田亩赋役有功，而受到时人赞颂。现今保存于靖西市壮族博物馆中的一块石碑，记载了骆为香在整顿赋役方面的举措。该石碑题名《奉宪革除站银碑》，立于乾隆四年（1739）五月。其碑文言：

> 镇安府属之归顺州有站银一项，案于雍正十二年内，奉 / 前两院宪批，前司会同驿盐道呈详会看得，归顺州知州骆为香详陈该州公私田亩均摊完赋，每年需用长 / 短夫价钱，请以站银匀入钱粮数内，每两酌增一钱，扣留支应，以公济公。无论目民，一体随田应□□底，造册报查，以免侵□等情。先后奉 / □宪批令司道会同即速查议，转饬遵照，勒石垂久。

由碑文内容可知，雍正十二年（1734），归顺州的赋税已经均摊入田亩之中，而在此之前，应该有一个勘丈田亩的过程。在土治时期，王朝、官府因无法掌握该土司地区的田亩数目，故许多志书均以"田无顷亩"，一言概之。如前已述，雍正五年（1727），归顺土知州岑佐祚主动将世袭田亩归公充饷时，两广总督曾专门派人前去勘丈田亩。

雍正十二年（1734），骆为香上疏，请将夫役钱以站银的形式匀入钱粮数内，随后该请求获得了批准。雍正十三年（1735），这项站银由每两一钱降至每两六分："查前项站银，先系每粮银壹两收银壹钱，嗣经详减

---

① 乾隆《镇安府志》卷一《舆地志上·气候》，清乾隆二十一年刻本。
② 光绪《归顺直隶州志》卷五《列传·宦绩》，光绪二十五年刻本。

肆分，于雍正十三年起，每粮银壹两止收站银陆分，以为支应夫差等项，并□剩买储社谷之用。"①

乾隆四年（1739），骆为香又以"请革陋规，以除民累"为由，请将站银全部革除。布政使司与驿盐道经过会商后，同意了这一请求：

> 今本司道会查得，该州虽系改流未久之地，情形与内地不同，但既经赏给养廉银每年捌／佰两，其钱粮耗羡又不提解，□遇事樽节，亦不致有缺乏之虞。且粤西已隶广东制宪统辖，则该州为僻远／之区，往来差使尤为减少。至于该州该府公事往来，原应自行出价雇夫，不得累及百姓。又该府差催事件人／役，亦应赏给盘费，该州可以毋庸滥给。夫边地贫民，完纳钱粮减一分，即受一分之福，合无请将此项站银革／去，在民受寔在之惠，在官亦免冒销之虞。相应会议详请，伏候／本部堂查核批示缴奉，此拟合就行备牌，仰府照依会详，奉／抚宪批示事理，即便转饬归顺州遵照，将前项随粮征收站银应夫之项实力革除，勒石永禁。②

由碑文内容可知，当时归顺知州每年有八百两的养廉银，钱粮耗羡也不提解，加之地处偏远，来往公务较少，故骆为香提出，当地夫役价钱等都应由官员自掏腰包。

乾隆五十五年（1790），出任归顺知州的李宪乔却对骆为香的"善政"不以为然：

> 雍正十年，骆君肇立，为均田赋、黜陋例、禁加派，立定章程，其功甚巨。但赋役本有经，因革必令可久。骆君于此，或不无笼络边民之意，或驭之以术亦不免焉……余赋性疏拙，其于为治远愧骆君，而稍有一得之长，则不欲自昧其心。凡所以示民者，即与民相约，惟日存实心，说实话，行实事。③

为什么会有这种反差？难道骆为香没有"存实心，说实话，行实事"？现今保存于靖西市壮族博物馆中的一块石碑，揭露了个中缘由。该石碑题

---

① 《奉宪革除站银碑》。
② 《奉宪革除站银碑》。
③ 道光《归顺直隶州志》卷九《艺文·记》，《中国方志丛书》本，成文出版社，1968，第107、109页。

名《分派夫役碑记》，立于嘉庆二十五年（1820）。碑文内容如下：

分派夫役碑记

盖闻均力以岁，君上恤下之深仁；官功□执，小民乐役之大□□□□□□□□ / 役，此固分所当为，力所能为者也，敢以抗悖，自取罪戾哉。但吾计甲六班□□□ / 民□送夫役及竹料小工，历□□□□尝异焉。因梁士升承充总目，不□□□ / □折，滥派种种，大有苦累，□属劳逸不均，□□六班村等联名呈控，幸蒙□□□ / □□，勤恤民隐，好所好而恶所恶，业□□□在案。六班等第恐日后新充其目者 / ，重蹈前辙，私折浮派，复联名具呈，恳恩照旧，赐定章程。蒙批候饬新充总目 / □□□查照旧规办理，但地方一切事宜，久有一定章程，尔等亦不得稍有违抗，/ 致干查究等示在案。酌确自此以后：

一凡遇上宪提镇、道府巡阅，而起程□□ / 二百名者，六班等均拨□送。

一若遇州主因公他出，无论夫役多寡，往东则东 / 拨，西则西拨。

一至新旧州主□仓工役，四路统拨，每路数十名，亦均派六班应 / 役。

一凡衙内所用之青□□竹根以及各项水工或五六名，俱系四班十五村□ / 应，历有遵照旧规，庶民均应□□，勿容另议。

嗣后，承充总目务祈秉正诚实□□ / 公，不得私折加派。倘有不准旧规，私折加派者，吾计甲六班村等仍要联名具呈 / 鸣官□革，去奸□良，同□ / 皇恩之高厚；趋善赴公，共游化日之舒长。爰立章程，勒碑以垂不朽。

计甲一三五班共一十四村□往至化峝及其利交

觉村、把索、枯靠、岜金、教场、头路以上六村□往至□□交

计隆、牌□计二四六班 /

（以下文字漫漶不清）

嘉庆二十五年岁次庚辰十一月十五日立

由碑文内容可知，立此碑的原因是，计甲 ① 村庄联名控告总目私折滥派夫役。官府在重申原来的章程后，确定计甲分六班应役，并分别条列了

---

① 即计峒，改流后归顺州治地，今靖西市区。

上级巡阅、州主公出、衙内备办等所需夫役的分摊方式。虽然早在雍正年间，夫役钱就以站银的形式匀入钱粮内；乾隆四年（1739），站银被正式革除，但是直到嘉庆二十五年（1820），夫役依旧派给村民。这就充分表明，骆为香的"善政"并没有得到有效的实施。

乾隆三十二年至三十五年（1767—1770），担任镇安知府的赵翼在《檐曝杂记》中称：

> 土民事事有土例，如出夫应役，某村民自某塘送至某塘，欲其过一步不肯也。凡交官粮及杂款，旧例所沿，虽非令甲亦输纳惟谨。彼固不知有所谓朝制，但祖、父相传，即以为固然也。有流官不肖者，既征数年，将满任，辄与土民约，某例缴钱若干，吾为汝去之，谓之卖例。土民欣然敛财馈官，官为之勒碑示后。后官至，复欲征之，土民不服，故往往滋事。[①]

可见，在赵翼任知府的时候，土民仍是沿"祖、父相传"之例服役纳税，不知道有所谓的"朝制"。有的流官则趁任满将去之机，以"卖例"的形式搜刮土民钱财。卖例之后，下任到任又欲复征。此虽没有具体指称乃归顺州的情形，但亦可见镇安府改土归流地区的一般情形。

在明万历以后，全国大部分地方均推行一条鞭法，农民用上缴白银的方式来代替亲身应役，农民与官府的人身依附关系逐渐被打破。但直到清嘉庆年间，在王朝边缘地区的归顺州，实际运作的仍是亲身应役的方式。当地虽曾有过设立站银—革除站银的过程，但由赵翼的描述可知，直到清嘉庆年间，当地基层的实际运作依旧是沿袭旧例。

在靖西市壮族博物馆还存有一块《鼎建龙神庙碑》，碑文是骆为香于乾隆五年（1740）所撰。他在担任归顺州知州时，在州城东面一水潭边修建了一座龙神庙。其碑文云：

> 州之东六里许有龙潭，古胜迹也。水自山隈注，澄澈汪洋，潆洄四达。州之田胥赖灌溉，此则龙潭之水大有裨于民矣。余来牧是州，观此潭之浩瀚，探兹流之所自，究莫穷其源，而又以虹贯不竭，如此则知潭以龙名，诚神异也。水之沾被于民，实龙之呈能于水也。且询之耆人，凡值亢阳祈求雨泽，恒于斯祷，无不应。则龙之显灵益著，

---

① 〔清〕赵翼：《檐曝杂记》卷四，"土例"条，《续修四库全书》第 1138 册，上海古籍出版社，1995，第 333 页。

> 幽明之理固是不爽。所谓人敬神，神佑人，而栖神之所，讵可缓乎？
> 肇造于岁甲寅，立庙于山麓而临潭水，设龙神位于中，使人展礼之，
> 以报福泽佑民之德。己未岁又扩而重建之……

由碑文内容可知，这座龙神庙始建于雍正十二年（甲寅年，1734），扩建于乾隆四年（己未年，1739）。这个水潭不仅具有某种神性——祈雨必应，更为重要的是，潭水还能灌溉归顺州的大片田土。骆为香由潭水的浩瀚以及莫穷其源，[①] 推演出"潭以龙名，诚神异也"。虽然该潭之前可能就以"龙"名之了，但笔者认为，这个"龙"很可能是语音的转写，因为在当地方言中，水潭的发音与"龙"有几分相似，故骆为香极可能据此而将该潭记载为"龙潭"。

如果我们将目光转移到与归顺州接壤的镇安附廓天保县，就能更清晰地了解当地土人对龙神的认知程度以及官员们"推广"龙神的努力。乾隆十九年（1754），时任镇安知府的傅圣也在治地东边的一座山上建了龙神庙。据傅圣所撰的《建芳山龙神庙记》载：

> 落成之日，僚属相与语曰，土人好鬼，多淫祀。若龙神之兴云雨，
> 泽润天下，其有功德于民最巨，顾反忽而不讲，岂非惑与？今庙既成，
> 宜记其颠末，不惟昭垂久远，且以示土人知所崇奉，祈年报赛，非淫
> 祀所可同日语也。[②]

由碑文记载可知，僚属鉴于当地"土人好鬼，多淫祀"，却把功德最巨的龙神"忽视"了，于是请求傅圣将龙神的起源写出来，使土人知晓并崇奉之。因此，傅圣就在庙记中详细考证了龙神的起源和祭祀历史，其结尾一段尤为重要："我世宗宪皇帝念切民依，如伤在抱，虑四方旱涝之不济，爰于雍正八年敕封龙神分主各省，令天下俱立庙虔祀。其为四海苍生计，至周且渥矣。"[③] 由此推测，雍正十二年（1734）、乾隆十九年（1794），归顺州、镇安府修建龙神庙不过是王朝政治运作的一个环节。上至皇帝下至地方知州，都在从事着同一种实践，那就是利用祭祀、信仰等，来达到王朝国家在文化方面的一统性。

---

① 经过笔者实地考察以及查阅相关资料，发现该潭水实为地下河涌出。因该地为喀斯特地貌，地下多溶洞，水常从地下冒出，形成泉水，甚至积聚成潭。
② 乾隆《镇安府志》卷八《艺文志》，清乾隆二十一年刻本。
③ 《建芳山龙神庙记》。

其实，这种"一统性"最终表现为一种融合的状态。王朝推广的某种神灵进入某一特殊地域后，该神灵本身的意义也就发生了改变，其不得不与地方原有的神灵结成一种同盟关系。

鹅泉（又称灵泉）位于靖西市新靖镇念安屯，泉旁建有一座龙神庙。在庙里的龙神塑像旁，还塑着一位老妇人，村里人称其姓杨。那么，龙神怎么会有老妇相伴呢？

龙神庙前的修建碑记，立于嘉庆六年（1801），是该庙现存最早的遗迹。嘉庆二十二年（1817），归顺州知州宋庆和题写的"龙神庙"匾额至今仍在。嘉庆六年的碑记云：

> 叠叠峰峦来此岗，滔滔潭水甚汪洋。一方咸赖鹅泉泽，灌润邻疆并外邦。/龙神在此极灵感，凡有祈求罔不藏。临祭一歌鱼便起，浮游水面尾朝苍。昔自大明成化六年欣逢　州主岑宗绍会集群黎建庙堂，奏明圣上龙颜喜，封为灵泉晚照驱邪王，现有志诗在崖上。其诗云，滴滴流泉屋一间，书声/遥傍出区寰，风回远树云常护。日落孤村门自关。花影入簾从上下，燕泥落缄任飞还。可能绝客频勾引，赖得林深路几/弯。迨至大清乾隆乙酉年庙貌颓倾，幸得杨公名世旺为首，捐资重建庙堂，祭歌不改，鱼起如常。迨至嘉庆四年，□/复崩倾，程宽宝、杨正□等感灵泉而奋志，睹庙颓以兴怀，遂会众捐资，复起庙宇依然，祭歌不移。至/嘉庆六年，程宽宝、杨瑞祥等复同心竭力续鼎拜亭，兹工告竣，/谨勒碑以遗后云。
>
> （下有捐款姓名未录）
> 皇清嘉庆六年岁次辛酉孟夏月朔七日谷旦立

据碑记可知，鹅泉旁的龙神庙始建于明成化年间，曾于乾隆三十年（乙酉年，1765）、嘉庆四年（1799）分别重修。而碑记中所载的崖上志诗至今仍在，该诗题名《灵泉晚照》，落款为"大明成化六年三月前归顺州主岑□□题"。崖上志诗中并无"州主岑宗绍会集群黎建庙堂，奏明圣上龙颜喜，封为灵泉晚照驱邪王"的记载。

成化六年（1470）二月，归顺土官岑远继[①]在旧州南山崖所作的摩崖石刻（见前章第二节），也记载了鹅泉的神性："城西一泉，源流渊洁，下有龙潭，昔产一卵，人见之拾归，抱出鹅子。长成，忽于三月三日风雨晦

---

① 题名《灵泉晚照》的诗文作者疑为岑远继，而嘉庆六年（1801）的龙神庙碑误作岑宗绍。

暝，鹅化而去，乡人故谓之神，每岁是日祀之，予常往来于此，号曰灵泉晚照。"在岑远继的描述中，并没有出现龙神的身影，而故事的主角是一只鹅，该鹅于三月三日化去，被乡人奉为神灵，每岁是日祀之。乾隆《镇安府志》则称，鹅泉乃由鹅搅拌而成："鹅泉水，在城西十五里，相传有鹅搅水为潭，深十余丈，广数倍，澄泓幽碧，中多鲤鱼。人于上巳时，鼓吹歌饮其上，鱼浮跃凝听，举网捕之不可得。"①

在龙神庙前，立于光绪十年（1884）的《重建凉亭》碑，则如此描述鹅泉及其旁边的庙宇：

> 靖城南二十里，地曰鹅泉，为州八景之一。世传山泉初出甚微，有杨媪拾卵，复□生鹅子。鹅子浴于泉，泉流渐大，久遂成潭，广数亩，深莫测底，民田之资灌溉者千／余顷。土人食其利，为媪立庙，每岁重三日，同城文武官至鹅泉修禊，肃衣冠以祭□，旋观鱼跃，卜岁丰歉。

由碑文可知，明成化间，旧州南山崖石刻所载的拾卵而归的人，被坐实为杨媪。如今，念安村仍以杨姓居多。前引嘉庆六年（1801）的碑记也称，乾隆三十年（1765），"幸得杨公名世旺为首，捐资重建庙堂"。杨媪拾卵生出鹅子，鹅子开导出鹅泉，鹅泉具有强大的灌溉作用，因此，人们立庙纪念杨媪。无论是对鹅子的祭祀还是对杨媪的祭祀，都与龙神无关。或许在改土归流后，圣上、龙神等才随着新来官员参与鹅泉"修禊"而进入鹅泉的神性故事中，龙神和杨媪的塑像由此被摆在了一起。

一方面将新开地域在王朝国家中的位置加以确认，另一方面将大一统的神灵象征推广到地方，就是新来官员在地方上的两大政绩。相比之下，他们推进的制度变革（如革除赋役等），就不是那么立竿见影了。

二、功名人士的出现与祖先谱系的编撰

初来乍到又言语不通的流官，是如何管制地方的呢？毋庸置疑的是，他们需要借助土官时代遗留下来的阶层结构和权力架构。乾隆三十二年至三十五年（1767—1770）出任镇安知府的赵翼在《檐曝杂记》中的"镇安

---

① 乾隆《镇安府志》卷二《舆地志下·山川》，清乾隆二十一年刻本。

民俗"部分指出：

> （地方）各有头目，其次有甲目，如内地保长之类，小民视之已
> 如官府。有事先诉甲目，皆跪而质讯。甲目不能决，始控头目，头目
> 再不能决，始控于官，则已为健讼者矣。余初作守方，欲以听断自见，
> 及至则无所事。前后在任几两年，仅两坐讼堂。①

　　赵翼任镇安知府的时间不过四年（1767—1770），由于从征缅甸两年，
故实际坐镇镇安府的时间不到两年。而在这两年间，他仅"两坐讼堂"，
其原因就在于地方基层原有一套"头目—甲目"的权势阶层。与"头目—
甲目"阶层相对的是土民阶层，土民之间的纠纷先控诉于甲目，甲目不能
判决后，再诉至头目，头目仍不能判决后，才会控诉于官府。如此一来，
"诉于官"就成为当地非常罕见的现象了。根据 20 世纪的实地调查可知，
除"裁决"权力外，阶层差别还体现在土地占有、劳役摊派、风俗习惯等
方面。

　　靖西市旧州街原是归顺土州时期的州治，其东偏北两公里处有个叫上
安马②的村屯。由于村民几乎全为许姓，故通过搜集整理该村许姓墓碑的
碑文，我们可以勾勒出一个头目家族在清初改土归流前后的经历。改流前，
许氏父子均担任土司头目；改流之初，许氏父子仍受到流官的重用，继续
掌握地方实权；到乾隆时期，整个许氏家族就逐渐归于沉寂了。下面是其
中五则碑文的具体内容：

> （1）清故显考许公、妣黄氏老大、安人之墓
> 考□□，号承福，生癸酉年，享阳七十四。缘因夷攻破，绳武僭
> 充，为地方苦楚，蒙给受禄 / 广小头目二分。又喃总皈命，复上峒头
> 目，实任 / 沾连世。不幸丙戌年十月申日辞世。
> 清故显考许公、妣黄氏老大、安人之墓
> （不清）
> （2）归顺州头目许公、林氏老大、安人之墓
> 显考讳有财，承福之子嫡也，赋性纯良，平生公道，蒙 / 土官
> □□□□□□升授州老，为顺城□之目也。/ 原命生于壬子年七月初

---

①　〔清〕赵翼：《檐曝杂记》卷三，"镇安民俗"条，《续修四库全书》第 1138 册，上海古
　　籍出版社，1995，第 322 页。
②　上安马屯属于旧州街道，旧州街道属于新靖镇管辖。

七日辰时，享阳／□□岁，不幸殁于□□年□月□日□时

归顺州头目许公、林氏老大、安人之墓

（不清）

（3）归顺州头目许公老大人之墓

祖名玘黄，字泰积，系曾祖承福之次子，高祖许宁／之孙也，素性温良，持家勤俭，蒙土／官给赐甲禄，为顺城同氓之目也。

归顺州头目许公老大人之墓

择得乾隆二十七年三月初九日未时起／碑，大吉兆也。

孝男肇远 孙男士荣、媳黄氏 曾孙□

艮山坤向之原

（4）皇清待赠显考讳肇云许公、妣许门钟氏梅老大、安人之墓

考讳肇云，系祖泰瑾之子，曾祖承福之孙也，赋性灵敏，持身和平，事君／以忠，交友有信。蒙土官念及乔门，委授元老，佐理州政。民心胥服，于雍正／八年□土参革，流官莅政，矢心效力，不避险阻，委东路总目，上勤理事，／下无累民，因年迈七旬，告□归田。齿德流芳，永享福禄也。原命生丙寅年壬辰／月壬辰日丙午时，享阳八十一岁，忌于丙戌年辛卯月丁卯日癸卯时正寝。

皇清待赠显考讳肇云许公、妣许门钟氏梅老大、安人之墓

妣氏名梅，系外翁锺玘佛之女也。妇道素守，母训夙娴，持家有法，内助有／方，实是淑德安人也。原命生于丙寅年乙未月辛酉日丙申时，享阳八十岁。／忌于乙酉年正月初八日丑时，寿终于内寝。

择得乾隆四十三年八月二十五日寅时葬

艮山坤向辛丑辛未分金

奉祀男士显、英、奇、扬 媳黄、麻、韦、黄、邓、陆氏 孙元瑞、理、旺、兴、乡、佐、相、美、武、□、丰、组敬立碑记

（5）皇清寿化显考许君、妣邓氏老大、安人之墓

考讳士奇，系祖肇云之子，曾祖泰瑾之孙，高祖承福之玄／孙也。赋性灵敏，持身勤俭，蒙州主考验忠诚，选举征／收国饷。知进知退，禀称归农，任意清闲也。原命生于癸／卯年壬戌月甲辰日甲戌时，享阳七十四岁，大限于丙／辰年己未月癸未日己卯时正寝。

皇清寿化显考许君、妣邓氏老大、安人之墓

妣氏将，乃外翁邓文彰之女。坤道素娴，母仪克著，实属／优贤也。原命生于乙巳年乙酉月壬辰日癸卯时，受阳／六十五岁，终于己酉年庚午月乙亥日辛巳时内寝。

艮山坤向辛丑未分金吉兆

谨詹己酉年七月二十九日巳时葬

报祀男延理、兴、相、智　媳李、农、黄、梁氏　孙男必运、华、茂、辉、康、泰敬立。

上引五则碑文共涉及四代人。其中，碑文（1）因缺字较多，文句颇难理解。笔者据碑文推测，此墓主名曰承福，当生于崇祯六年（癸酉年，1633），死于康熙四十五年（丙戌年，1706）。承福先后经历了高平莫氏入侵时期及唐绳武僭充时期，并被授予小头目；碑文"喃总饭命，复上峒头目"中的"喃总"，似指安南境内势力。该句句意不甚明确，只知承福又成为上峒头目。

墓碑（2）（3）的主人分别为承福的两个儿子。墓碑（2）的主人名有财，应生于康熙十一年（1672），死亡日期不明。墓碑（3）的主人名尪黄，字泰积，生卒年月不详，只知葬于乾隆二十七年（1762）。据碑文推测，二人大致生活在康熙、乾隆年间。有财"赋性纯良，平生公道"，升授州老；尪黄"素性温良，持家勤俭"，土官给赐甲禄。这是描述改土归流前的情形。

墓碑（4）的主人名肇云，生于康熙二十五年（1686），死于乾隆三十一年（1766），是承福之孙、泰瑾之子。可惜的是，笔者没有找到泰瑾的墓碑。据碑文载，肇云"赋性灵敏，持身和平，事君以忠，交友有信"，再加上出身"乔门世家"，改流前，被土官"委授元老，佐理州政"。改流后，他仍得到流官的重用，担任东路总目之职。

在上安马屯旁的一座山上有一摩崖石刻。上书：

修路桥碑

信士头目许绍云诚心捐资修整

己亥年正月二十二日卯时架记

乾来水巽向

由此可知，康熙五十八年（1719），作为头目的许肇云[①]曾修整路、桥。当地人介绍，经上安马的这条路，历史上曾是旧州连通县城（计峒、计甲）的大道。头目在村落、区域事务中所扮演的角色，亦由此可见一斑。

---

① 许肇云，在"修路桥碑"中写作"许绍云"。在当地方言中，"肇"和"绍"的发音相同。

墓碑（5）的主人名士奇，是肇云第三子。生于雍正元年（1723），死于嘉庆元年（1796）。许士奇经过流官州主的考验，被选举征收国饷，可见改流后的很长一段时间内，许氏家族仍是流官倚重的对象。该碑还称，许士奇"知进知退，禀称归农，任意清闲"，似乎暗示着某种转变。在许氏墓地中，许士奇辈以下墓主的墓碑上，再无有关墓主生平事迹的记载，且墓碑的形制、石材也都没有许士奇及其先辈们那么壮观与精良。笔者推测，这些墓主应已归于平庸了。此外，从该村其他姓氏墓地的情况来看，到乾隆后期，再也没有出现被称为"头目"的墓主。这无疑从一个侧面显示出，"头目—甲目"阶层的没落与蜕变，即土官时代遗留下来的阶层结构和权力架构似已崩解。

改土归流后，另一个阶层开始成长起来，即通过王朝科举考试而取得一定的政治经济地位，且又形成某种文化品位的功名人士[1]。

归顺州改流后，文教措施次第展开，官方学校性质的文庙在雍正十三年（1735）落成，位置在州治之东。庙成之时所立的《创建文庙碑记》详细记载了文庙的形制："先崇圣祠、大成殿，次两庑、大成门，名宦乡贤翼辅左右，又次泮池、棂星门及礼门、义路，循序并建，复于宫右构明伦堂、学署、讲斋，规模备具矣。"[2] 另据《大清会典则例》载，归顺州的学额为："（乾隆三年）又覆准广西泗城、镇安二府学均设廪增各四名，归顺州学设廪增各二名"；"（乾隆五年）又覆准广西泗城、镇安二府及归顺州学新设廪生，俟十年后府学三年一贡，州学四年一贡"。[3] 即乾隆三年（1738），归顺州学廪生、增生各两名；乾隆十五年（1750）以后，每四年选一贡生。

官建民办性质的学校——道南书院创建于乾隆二十七年（1762）。道光年间，书院开始由山长主持，以书院名义设立的膏火田，在嘉庆初年有十八亩，岁收米两千斤。之后，递年又有官民乐捐，田产不断增加。[4]

---

[1] 笔者不打算使用习见的"士绅"一词，一方面是因为士绅概念本身具有争议，例如著名学者何炳棣认为，生员并不应当算入士绅，而张仲礼则将他们处理为低层士绅；另一方面是因为本书的研究区域是边疆少数民族地区，而以往士绅研究通常集中于江南等历史上经济较为富庶、政治较为中心的地区，这个概念可能因其刻板印象而带来误导。因此，笔者直接用"功名人士"来指代那些在科举考试中获得各种功名的人群，这个标准是确定的，不具有主观性。

[2] 光绪《归顺直隶州志》卷六《艺文志》，光绪二十五年刻本。

[3] 《大清会典则例》卷六十九《礼部·仪制清吏司·学校二》，《影印文渊阁四库全书》第622册，台湾商务印书馆，1986，第282、294页。

[4] 道光《归顺直隶州志》卷二《地舆·沿革》，《中国方志丛书》本，成文出版社，1968，第115页。

怀抱变"僻壤遐陬"为"声名文物之邦"理想的外来官员，也注意培植当地的文教事业。例如，乾隆二十三年（1758）出任归顺州知州的黄叔显便"勤学爱士，暇日以文课诸生，手自点定，循循善诱，如老儒塾师"。与此同时，担任归顺州学学正的王星烛也"日与诸生赏奇析疑，孜孜不倦"。①

尽管拥有公私学校、经费支持以及官员培植，但有清一代，归顺州的文教事业不算发达。究其原因，是由它所处的边缘位置所决定的。从光绪《归顺州直隶州志》中的"选举表"可知，当地学子取得的最高功名是举人，自改流以迄光绪二十五年（1899），归顺州先后产生十位举人，其中有两位是乾隆初年外省入籍考试的，还有恩赐举人、武举各一名。这就充分说明，当地产生的绝大多数都是低阶功名人士，他们的影响主要限于本地。

那么，这一功名人士群体最初是以什么样的形象出现的？他们的行动与实践给当地社会带来了哪些变化呢？

首先，我们关注的是一位早期贡生及其活动。在靖西市西郊一座石山的山腰处有一岩洞，当地人称之为太极洞，又称药王庙，因为里面供着药王菩萨。在洞口之上有一块摩崖石刻，上书："太极洞 乾隆甲子洞主彭绍英立 同治甲子曾孙舒重镌。"太极洞洞主彭绍英，便是归顺州历史上的第二位贡生，即乾隆二十一年（1756）岁贡。而他修整这个岩洞并命名为太极洞，则是在乾隆九年（1744）。据光绪《归顺直隶州志》载：

> （彭绍英）为人温文博雅，旁通医卜。城西有岩洞，丘壑玲珑，颜之曰太极，尝读《易》其中。生平好行善事，恤患救贫。往镇郡疗太守病，早行遇虎，舆中作诗驱之，虎遁去。②

由光绪《归顺直隶州志》可知，彭绍英曾在太极洞里研读《易经》，他不仅会治病救人，更神奇的是，还能作诗驱虎。虽然有"温文博雅，旁通医卜"等溢美之词，但我们仍能窥知这位早期贡生兼具的巫、道、医等身份。此时，善施法术的地方仪式专家转变为掌握科举知识的功名人士，并凭借王朝国家授予的功名品级获得了身份和地位。同治三年（1864），彭绍英曾孙彭舒重镌了"太极洞"三字，还将一尊药王菩萨请进岩洞。据光绪《归顺直隶州志》载："乞签祷方，甚显灵应。"③

---

① 光绪《归顺直隶州志》卷五《列传·宦绩》，光绪二十五年刻本。
② 光绪《归顺直隶州志》卷五《列传·人物》，光绪二十五年刻本。
③ 光绪《归顺直隶州志》卷五《列传·人物》，光绪二十五年刻本。

成为贡生之后，彭绍英俨然成为地方公共事务的主导者，并逐渐与王朝官员、地方领袖建立了交往、联系。乾隆三十年（1765），彭绍英等人在县城西门外主持兴建了一座天后庙。在庙成之日撰写的碑记中，彭绍英叙述了建庙过程：

鼎建西门外天后庙碑记

世盛年丰，同享升平泰运，人安物阜，全凭川岳钟 / 灵。亘古如兹，于今为烈。若山水有所缺略，必须人 / 力补培，是以楼建而永保荣华，塔起而连绵科第。/ 征诸□海内外，耳闻目见，在在皆然，指不胜屈。吾 / 州迩年以来 宰官德政，无坠不举，四境墰坛庙 / 宇，道路桥梁，皆也次第兴修，洵称尽美。惟西门外 / 美中微有不足，城临泉水浩瀚，自□绕来，刚至城 / 门，旋折西南而□去，《雪心赋》所谓水未入怀而□ / 跳，此其是矣。乾隆乙酉，绍英随首事曾玉碧、陈显 / 明、梁群英□创拟培，而须建神坛□□，到处安□，/ 随时降福，宇内□□，永垂勿替，兆邦俎豆，尚属□□。/ 如鼎建 / 天后庙宇，诚一举而两善也。是役兴工于孟冬之吉日，□ / 众捐金，得信士曾玉廷□等七十有三人□□□□，/ 于是刻日鸠工完砌石墩，上建庙一座三间，□ / 貌焕然，祀典章程咸备。至次年季春之吉，始告竣 / 工。从兹宫殿巍峨，绘出太平景象，神明显赫，□□ / 全盛规模。地以人灵，人由地杰，荣华鹊起，科甲珠 / 联，世居受景福于无涯，乐善垂嘉名于不朽。于是乎记。

  归顺州贡生彭绍英熏沐敬撰 彭绍英印（还有一印不清）

  宰官

  协镇广西镇安协都督府温 捐银四两

  广西镇安府归顺州正堂杨 捐银四两

  广西镇安协都闻府文 捐银二两

  广西归顺州督捕厅王 捐银二两

  归顺州总埠宋古甫 捐银二两

  绅衿信善捐助金资

  芳名另注□□勒诸在壁

  福有攸归

据彭绍英的叙述可知，乾隆三十年（1765），在宰官德政之下，四境埔坛、道路等均得到修缮，唯独西门外的风水需要补培，故彭绍英便与三位首事倡议鼎建天后庙。乾隆三十年（1765），天后庙开始修建，并于次年落成。修建庙宇的目的在于补培风水之不足，以求"荣华鹊起，科甲珠联"，即文教与科举事业的兴盛。从捐助金资题名可见，当时归顺州的文武官员均有捐款。雍正十三年（1735），两广总督鄂弥达上疏称，镇安壤接安南，有数隘口需要巡查，兼之改流未久，请将镇安营升为镇安协，以资弹压。① 镇安营升协后，并不驻扎府城，而是驻扎于离边境更近的归顺州，镇安协右营都司也驻扎于州城，故题名中有"都督府温""都阃府文"两人。

新兴功名人士不仅主导公共事务，与仕宦往来交游，更重要的是，他们还在基层社会的家族内部创造出新的传统，即追溯祖先世系，讲述祖先来历，并把这些刻在墓碑上面。覃恩祚是归顺州历史上的第九个贡生，为乾隆四十六年（1781）恩贡。覃恩祚是旧州人，覃氏的墓地在旧州西北约两公里处的上甲屯，笔者在那里找到一座明代万历年间以及两座清代乾隆年间的坟墓。碑文如下：

（1）明故显考覃印峰公之墓
万历壬辰年十二月初六日卯时下葬
亲妣林氏琶正魂之墓

命生于己亥年十一月十一日寅时，寿阳七十一岁，殁于万历三十七／年正月初九日申时在家寿化
明故显考覃印峰公之墓
万历三十九年闰十一月十九日卯时下葬吉

继妣黄氏舍正魂之墓
阳世孝男覃珍福、覃珍美、覃文高立石
（2）皇清候诰貤赠孺人讳黄氏覃太母之墓
孺人广荣公之元配也，生前孝敬端庄，懿行攸著，故明／德之后，积而必昌，是以长孙恩祚秋闱虽未报捷，已即／日赍文咨部，选修职佐郎，而恩普亦文才后先媲美，／卜掇巍科，移孝作忠，此世德所由来与。原命生于戊子年／七月二十二日丑时，寿阳七十五岁，卒于壬

---

① 乾隆《镇安府志》卷八《艺文志》，清乾隆二十一年刻本。

寅年二

皇清候诰赀赠孺人讳黄氏覃太母之墓

月初九日寅时，今卜葬于坤艮山向之原，爰志于石，庶/过乎此者思敬思哀云。

奉祀男覃福仁 媳张、庞氏

孙男恩祚、普 媳黄、黄、钟氏 恩璿、济立

乾隆四十七年岁次壬寅季秋月二十日辰吉旦

（3）皇清候诰赀赠考公讳广荣覃太公之墓

公乃文元祖之长子，明善祖之嫡孙也。粤稽始祖印峰肇自广东南海，归马平/乐，后移归顺州乐业。生珍福、珍美、文高三房，传及二世，珍福生世瓒，珍美/生良玉，文高生良贵、良轩。支派流长，然年代久远，不尽屡述。且录良玉一枝，玉生/明善，生文巨、文彬、文元，而文元生公焉。公生康熙乙酉岁十二月廿五日辰时，享/年六十六岁，卒于乾隆庚寅岁十二月初一日亥时，爰是卜葬于兹，丁癸山向之原。

皇清候诰赀赠考公讳广荣覃太公之墓

（略）

归顺州候选儒学修职佐郎廪生孙恩祚敬识

乾隆四十八年岁次癸卯仲春谷旦 奉祀男福仁 侄福享 孙男恩祚、恩普、恩济、恩璿同立

墓（1）是覃印峰及其两位妻子的合葬墓。覃印峰生于嘉靖十八年（1539），死于万历三十七年（1609），为他们立碑的是三个儿子珍福、珍美、文高。这块明代墓碑较为特别的是，刻写"明故显考覃印峰公之墓""亲妣林氏琶正魂之墓""继妣黄氏舍正魂之墓"处呈凸起的圆顶长条状，形制极像三尊祖宗牌位。

墓碑（2）的主人为覃广荣之元配黄氏，即覃恩祚的祖母，其生于康熙四十七年（1708），死于乾隆四十七年（1782），墓碑立于当年。碑文指出，覃恩祚秋闱没有中式，但"即日赍文咨部，选修职佐郎"，指的是其于乾隆四十六年（1781）被举恩贡之事。

墓碑（3）的主人为覃广荣，即覃恩祚之祖父，其生于康熙四十四年（1705），死于乾隆三十五年（1770）。墓碑立于乾隆四十八年（1783），碑文的撰写者是已"候选儒学修职佐郎"的覃恩祚。覃恩祚不仅在碑文中列

举了从印峰到广荣的世系，即印峰—珍美—良玉—明善—文元—广荣，更重要的是，他还叙述了祖先的来历："始祖印峰肇自广东南海，归马平乐，后移归顺州乐业。"而这些在覃印峰的墓碑上面并无相关记载。如今，靖西市绝大多数姓氏皆称祖先来自广东南海。

功名人士对祖先世系、来历的关注，大概是缘于科举考试对应试之人的出身非常重视，学子们参加考试时需要填写自身的籍贯以及祖上三代的履历。[①]笔者在靖西市区西北约三公里处的新村屯（化名）调查时，得知村里有座"榜眼墓"后惊喜异常。当笔者跟随林万星（化名）老人来到村头一处荒地时，颇感莫名其妙，但仔细查看一番后，才找到两块孤零零的石碑。石碑上分别刻着：

敕封文林郎梁氏祖茔　乾山巽向

本支共十穴、旁支共十八穴
梁氏历代祖茔
耳孙浙江试用知县 XX[②] 及弟庠生擎汉
子国柱、桢　国材、幹、模同立
大清道光七年三月初一日立

林万星老人告诉笔者，这位梁姓"榜眼"的母亲是州城人，她走亲戚路过此处时，被一个逃窜的乞丐玷污，后来就生下了梁。因梁考中榜眼，朝廷便追查他的身世。由于乞丐后来亦死于此处，梁母便说祖坟就在此处，故才有了这块敕封碑。[③]

光绪《归顺直隶州志》载："梁 XX，字立夫，州城人。笃志好学，熟宋五子书，嘉庆已卯以第一人举于乡。"[④]嘉庆二十四年（1819），梁考中了乡试的第一名（解元，并非榜眼）。道光五年（1825），梁升任浙江淳安县知县，后又调任青田县知县。由"榜眼祖墓"的故事不难看出，祖先世系、来历以及祖墓，对于功名人士的意义十分重大，如果身世不明，就必须"创造"出世系、祖墓来。如"梁氏历代祖茔"碑上刻有"本支共十穴、旁支共十八穴"，但附近竟然连一个坟头也没有。

---

① 商衍鎏：《清代科举考试述录及有关著作》，百花文艺出版社，2004，第 5 页。
② 此为省略真实姓名的特殊处理。
③ 报道人：林万星；时间：2010 年 10 月 30 日下午；地点：靖西市新村屯。
④ 光绪《归顺直隶州志》卷五《列传·人物》，光绪二十五年刻本。

清初，随着"改土归流"的大力推进，归顺州的地方治理方式发生了巨大变革。原有权力阶层（土司及头目阶层）失去昔日光环，逐渐瓦解溃散。与此同时，新兴功名人士接受了儒家的宗族与孝道观念，受到王朝国家制度环境的规训，由此创制出撰述祖先谱系的传统。当然，他们撰述的祖源传说与迁徙故事，很多都是借用和模仿的，在此情形下，其祖源地必然会指向王朝国家的腹地。

那么，用汉字书写的姓名与世系，在当地人群日常生活中的作用和意义是什么呢？笔者的一次田野调查经历，颇能说明这个问题。2009 年 11 月 28 日下午，笔者到靖西市区南边的金龙村下古龙屯进行田野调查，村干部让笔者去找一位名叫"覃成信"的老人。笔者在村口向一群村民打听"覃成信"的情况时，竟没有一个人知晓此人。经过一番交头接耳后，其中的一个年轻人说，他是不是"公林"！大家这才恍然大悟，覃成信就是"覃某林"的爷爷。

在当地传统习俗中，成年人的称呼都是以家庭中的未成年人（未结婚者）为中心的。即当一对夫妇生子后，众人对他们的称呼分别是"伯（父亲之意）＋小孩名""乜（母亲之意）＋小孩名"，爷爷、奶奶的称呼则变为"公＋小孩名""婆＋小孩名"。在当地人看来，这样的称呼习惯在村落生活中是相当合理甚至"科学"的。其原因有二：一是对于本村村民来说，彼此的家庭、亲属关系都了如指掌。因此，与汉名相比，这样的称呼习惯显然更能适应他们的社会生活。二是当地人认为，这样的称呼是对于对方的尊重，因为它充分显示出对方有子有孙。只有外来人才会直呼其名，若是村落内部的人这样做，就是不尊重对方的表现。由此可知，村干部口中的"覃成信"这个称呼，很可能只是出现在政府档案中，本村村民很少这样称呼。

再回到历史上，汉字书写的姓名与世系，最开始很可能只为那些土司、头目拥有，改土归流后，再由新兴功名人士推广到基层社会。因为新兴功名人士需要与外界联系，更重要的是，需要与王朝、官员打交道。比如，完粮纳税、科举考试等。因此，两种不同的命名（称呼）系统，可视为当地人群所使用的两套语言，一套用来与村落外部（如官府等）进行交往，一套在村落内部使用，二者是共存而不是取代的关系。

20 世纪 80 年代，针对中华帝国晚期的文化整合问题，华琛提出了"标准化""正统行为"的概念。二十年后，苏堂栋等学者在对华琛概念进行反思的基础上，提出了区分"伪标准化"这一重要论点。苏堂栋等学者认为，不同地方在仪式上的相同之处，有时甚至只是一种所谓"伪标准化"，即地方文人坦率地或有目的地，以上行下效的外表掩饰地方风俗，把地方风俗装扮成正统的做法，使其获得正当性。[①]

另外，苏堂栋还引用 Judith Berling 关于中国书面语言与口头语言关系的观点——在中国发展出两个层面的话语系统，在书面语言中，它遵循大一统文化的行为准则与道德观念，变得更加一致；而在外人不懂的方言层面，地方人士却可以保持语言与文化上的不同——来支持他"地方成功实现对中央统一力量的抵抗"的观点。[②]但笔者认为，Judith Berling 的观点似乎与笔者下述观点更为映衬。

笔者由本部分个案推知，在村落内部的命名习惯基本没有改变的情况下，当地人又掌握了墓碑的制作技艺，学会了在墓碑上书写规整的汉名谱系。尽管当时就全国层面而言，后者都是非常"标准"和"正统"的做法，但这种现象显然不能用"真""伪"来简单区分、定义。换句话说，就是不能把前者视为"真"，后者视为"伪"。

其实，"伪标准化"观点低估了社会历史中个人的多面性与适应性，把一种非此即彼的观念与想法强加在研究对象的头上。笔者以为，较合理的办法是从当地人的生活场景出发，考察他们文化实践的层次性。以本部分个案中的研究对象为例，他们的两套命名（称呼）系统，其实是针对两种不同使用场景的两套语言，两者都是"真实"的，它们并行不悖，各自发挥作用。"标准化"和"正统化"的谱系记录以及命名方式无疑体现了国家的整合和一统，而村落内部的命名传统则彰显了文化与礼仪的层次性与多样性，这就是中国文化多层又一统的玄妙之处。

这就像一个人或者一群人完全可以同时掌握数种语言系统一样，这些语言可以是英语、法语、汉语普通话，甚至是中国的地方方言。当其处于不同场合、面对不同对象时，可灵活地换用。总之，判定"标准化"真伪的意义并不大，研究者首先应把研究对象的各种实践等量齐观，即使有些实践在研究者看来是相互矛盾的，也应进一步分析不同实践所影射出的社会场景与历史过程。

[①]　Donald S.Sutton, "Death Rites and Chinese Cuture:Standardization and Variation in Ming and Qing Times", *Modern China* Vol. 33, No. 1 ,2007.

[②]　Donald S.Sutton, "Ritual, Cultural Standardization, and Orthopraxy in China: Reconsidering James L. Watson's Ideas", *Modern China* Vol. 33, No. 1 ,2007.

三、功名人士崛起与地方历史的再造

在详细考察了新兴功名人士群体的文化实践后，下面将要重点考察的是，功名人士群体发展壮大后，对地方文化的经营情况。

归顺州新兴功名人士群体的发展壮大，可用墨海屯[①]李氏的经历加以说明。旧州东面约两公里处的墨海屯李氏，经历了一个由头目阶层向功名人士阶层蜕变的过程。旧州既拥有大片的良田，又有鹅泉流经所形成的便利灌溉条件，故靖西人认为，旧州是靖西最大的"峒"。旧州曾是归顺土州的治地，前文已述，清初，在其东偏北两公里处的上安马屯，生活的是许氏土目。墨海屯的农业生产条件较为优越，其生产的糯米号称"贡米"。改土归流前，是岑氏土司统治的核心区域。由村旁石崖上的《贡峒清神景记》可知，在宋代，此地就已得到开发，并有一个"峒"的组织存在。

墨海李氏的坟地就在村子的东头，现将其中数则墓碑的碑文抄录如下：

（1）归顺州头目李公老大、安人之墓

考讳国安，乃祖茂堂之子，曾祖天乔之孙。/ 高祖李平之曾孙，始祖李世玄孙也。赋性 / 纯良，平生公道，蒙土官以世家乔门，为顺 / 城之目也。原命生于戊辰年，享阳五十三 / 岁，忌于庚申年十月初四日未时善终

归顺州头目李公老大、安人之墓

妣名氏兴，乃外祖赵庆芳之女也。原命生于 / 丁丑年，享阳八十五岁，忌于辛丑年六月 / 初一日戌时，在家善终

乾隆五年十一月甲申日未时安葬大吉

乾山巽向

孝男李正权、奇、泰、耀 媳李、许、周氏 孙如奂、芸、□立

（2）皇清待赠显考李公、妣许氏、继黄氏老大人、安人墓

考讳正泰，乃祖国安之长子也。赋性英灵，生 / 平厚重，教子有方，□入泮林，幼习书算，道义 / 颇明。蒙州主委理总库，数任办公，毫无错 / 误也。原命生于乙未年正月十六日辰时，寿 / 阳四十四岁，

---

① 各种地图、政府文件中写作"布胲""岶胲"，但是本地壮语发音更接近"mohai"，"mo"是泉水的意思，"hai"是月亮的意思。因该屯有一泉水名"mohai"，后成村屯的名字。此屯现有四姓，李、卢、梁、杨，共八十余户，李占三分之二，卢有十几户，梁、杨各四五户。

不幸殁于戊寅年四月二十四/日寅时，终于正寝

皇清待赠显考李公、妣许氏、继黄氏老大人、安人墓

妣名氏卢，系肇云许公之三女也。原命生于丙申年正月十八日戌时，寿阳三十二岁，不幸于丁卯年十二月初四日酉时终于内寝。合/葬辛山乙向，辛酉辛卯分金之原。择于乾隆二十三年十一月十九日午时安葬

孝男如芸、熏 弟正奇、权 媳卢、彭氏同立

（3）皇清恩授郡庠显考讳如芸李公老大人、妣卢氏、陆氏母孺人墓

考乃天乔玄孙，茂堂曾孙，祖国安长孙，正泰公之长子也。生逢盛/世，雅化作人，苦读经文，例入胶庠，於于宗师准给衣顶。原命生/于乾隆丙辰年乙未月丙寅日甲午，时享年六十九，不禄于嘉庆九年/十月初六日申时

皇清恩授郡庠显考讳如芸李公老大人、妣卢氏、陆氏母孺人墓

（字迹不清，未录）

奉祀男文炳、明 媳黄、罗氏 孙时知、成、赠 女氏金、扬、三胞弟如熏 侄文运、文秀同立

嘉庆九年十一月十一日

（4）皇清恩授郡庠显考讳如莲李公老大人墓

考天乔玄孙，茂堂曾孙，祖国安之孙，正耀公之长/子。平生忠厚，言行不苟，苦读经文，於于宗师取/胶庠。原命生于辛巳年丙申月乙巳日丙申时，享/阳四十四岁，不禄于甲子年五月初六日申时，不

皇清恩授郡庠显考讳如莲李公老大人墓

肖恭承祖命，于是年五月十四辰时附葬于史/骇祖茔，辛山乙向兼辛卯辛酉分金。 妻黄氏奉祀男文焕、文萃、义男文义 媳韦氏、何氏女氏周、熊、氏报

嘉庆九年十一月初五日立

（5）皇清恩授郡庠显考讳如芝李府君、妣黄氏孺人之墓

考乃曾祖国安之孙，祖正奇公之长子。生平谦和，苦读经文，/於于宗师准给衣顶。原命赋于乾隆庚申年庚辰月□/未日庚子时，享阳五十一岁，不禄于乾隆庚戌年十月十六/日戌时正寝，至十一月初六日寅时安葬……（不清）

皇清恩授郡庠显考讳如芝李府君、妣黄氏孺人之墓

奉祀男文伟……（不清）

道光二年十一月十四日午时谷旦

（6）皇清待赠显考讳文运李公老大人之墓志

考乃如熏公之长子，正泰祖之长孙也。一生笃志，欲树家风，文 / 武兼习，屡往应试，奈何命中无缘，竟作弃器耳。原命生于乾隆壬 / 辰年戊申月辛酉日庚寅时，享阳六十六岁，于道光十七年正 / 月初一日申时终于正寝。卜葬于祖茔，辛山乙向正针之原

皇清待赠显考讳文运李公老大人之墓志

（字迹不清，未录）

大清道光十七年冬十二月初五日辰时安葬

（7）皇清恩授庠生显考讳文秀李老府君之墓

考曾祖正泰之孙，祖如熏次子也。生平忠厚，务习胶庠，蒙 / 于张宗师取入州学第一名。原命赋于乾隆己亥年 / 丁卯月甲辰日癸酉时，享阳四拾肆岁，不禄于壬午年 / 八月初九日巳时正寝

皇清恩授庠生显考讳文秀李老府君之墓

附葬于辛山乙向

奉祀男时铭、□ 时钟、栋 媳覃、冯氏 卢、黎氏 女氏蒲、□

胞侄时彦同立

道光二年八月十五日谷旦

（8）皇清恩授庠士显考讳文伟李老府君之墓

考乃曾祖正奇之孙，祖如芝之长子也。少失□ / □，欲肖祖父之志，承四祖督责，勤习武经，蒙朱 / 宗师□入胶庠。原命生于乾隆庚戌年丙戌月 / 丙午日辛卯时，受阳五十八岁，不幸于道光二 / 十七年五月十三日辰时正寝，附葬于祖坟

皇清恩授庠士显考讳文伟李老府君之墓

……（字迹不清，未录）

光绪二十□年十月三十日卯时安葬

根据上述八则墓碑的碑文所透露出的信息以及竖立于墓地中的《李氏宗图》碑①,可将八位墓主之间的世系关系绘制如下（括号内数字为碑文序号，方框内人名的墓碑缺失）：

---

① 该碑正面为重修于 1983 年的《李氏宗图》，背面为道光三年（1823）所作《李氏宗支谱序》，为两块石板夹在一起。

国安（1）
├─ 长子正泰（2）
│　　├─ 长子如芸（3）
│　　└─ 如熏
│　　　　├─ 长子文运（6）
│　　　　└─ 次子文秀（7）
├─ 三子正耀 ── 长子如莲（4） ── 次子文萃
└─ 四子正奇 ── 长子如芝（5） ── 长子文伟（8）

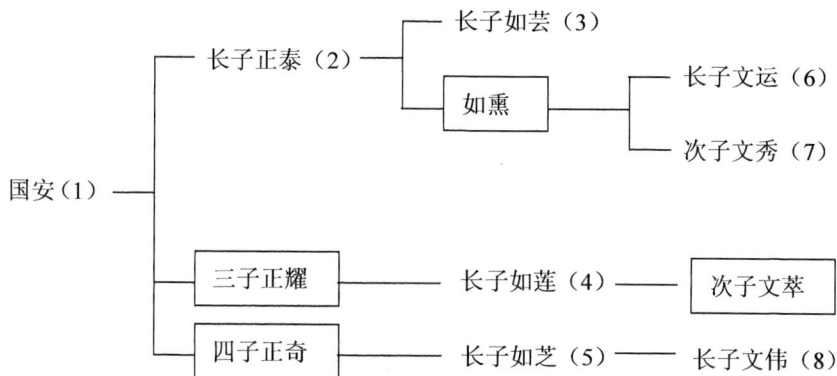

图 1　李氏墓地墓主世系关系图

为便于论述，笔者将国安视为第一代，其余的则以此类推。据碑文（1）可知，国安生于康熙二十七（戊辰年，1688），死于乾隆五年（庚申年，1740），以"世家乔门"而被土官委授归顺州头目。据碑文（2）可知，国安长子正泰生于康熙五十四年（乙未年，1715），死于乾隆二十三年（戊寅年，1758），碑文仅言其"入泮林"，却未书"郡庠"之类的功名，故其是否为功名人士，并不明确。不过，正泰还是因"幼习书算"，而被流官知州委任"总库"，"数任办公，毫无错误"。正泰原配许氏，乃上安马屯头目许肇云第三女，可知相邻地域的权势家族之间保持着通婚的关系。从第三代的碑文（3）（4）（5）中可知，正泰长子如芸（生于乾隆元年，死于嘉庆九年，即1736—1804）、正耀长子如莲（生于乾隆二十六年，死于嘉庆九年，即1761—1804）、正奇长子如芝（生于乾隆五年，死于乾隆五十五年，即1740—1790），都获得了庠生的功名。而第三代中的如熏（正泰之子），生有二子，长文运（生于乾隆三十七年，死于道光十七年，即1772—1837），次文秀（生于乾隆四十四年，死于道光二年，即1779—1822）。文运（碑文6）汲汲于科举却多次不中，"竟作弃器"，文秀（碑文7）则以第一名的成绩被州学录取。第四代中的文伟（碑文8，生于乾隆五十五年，死于道光二十七年，即1790—1847）刚出生，父亲如芝就去世了，他在祖辈及父辈的督导之下，取得了庠生的功名。

到了道光年间，墨海李氏家族取得功名的人数大幅增加。道光三年（1823），李氏家族在墓地里竖立了《李氏宗图》碑。从碑后的《李氏宗支谱序》落款可知，族中的庠士达到十八人之多。雍正至道光年间，墨海李氏家族成员从头目阶层到功名人士群体的蜕变，充分表明原有权势家族仍能在新规则、新秩序中迅速占据一定的优势。原有阶层崩解溃散后，作为个体的家族（个人）面临新的历史境遇，传统优势阶层传递下来的经济、社会资本仍能发挥较大的作用。

改流以来，墨海李氏家族中庠士人数的增长，无疑反映了地方基层社会功名人士群体的扩大，而这些崛起的基层社会功名人士逐渐不再满足于编撰自身家族的谱系和来历，还对地方历史进行了重新想象和塑造。同治四年（1865），在墨海李氏文字辈生员李文萃以及同村卢姓生员卢恒玉、卢恒恕的主持下，本地原有的"神仙庙"里塑起张天宗的塑像，后来"神仙庙"改称"张峒主庙"，一直保留至今。李文萃是领头缘首，卢恒恕与李文萃均是捐钱最多的赞助者。卢恒玉撰写的碑记至今仍竖立于张峒主庙的门口，其内容如下：

塑像起楼

庙何以谓之神仙也？宋□德祐元年，元兵寇乱，文天祥兴兵征剿，广丰县龙虎山人 张天宗率兵□□□□□。/ 天宗携流散人窜入本洞，辟土开疆，都那签①，号为顺安洞主，在印三十四年。生张渊，渊生瑯旺，瑯旺好剑 / 术，善骑射，修炼苍崖，受异人传，在印三十一年，得道登仙。现古诗篆刻苍崖山岩②，有"今日沂风列九仙"之句。故□□ / 祠，以春祀秋尝，谓之神仙庙。惜土方为岑氏所有，五代令主世袭之事与人俱泯，至岑氏为夷所灭，改□□ / 汉百二余年，草创之勋劳无处考验，然盛德能使人□。汉官蒋主□政，尊张黜岑，偕广福大王立庙祠 / 于金山③，而我洞主显圣显灵。咸丰九年，在金山降叙前嘱后经文，此时人方知其所自。□至同治二年，于本庙 / 临坛指示祖坟，□时人愈明其所从来。然未见土志，不识履历，故碑文不敢妄填一笔。幸同治四年，四境处乱 / 若治，老幼咸感仙德，拟塑像起楼，阴则求广福大王画其影，阳则请天幕黄师□塑其形。六月而□塑像 / 神楼告成，玉刚访寻得土志，由是以先代所遗之书参之，神乩所降之文片语无虚诞，故□敢略记，以昭示来者。

□沐恩弟子生员卢恒玉谨为序。 缘首李文萃、梁中柱、李时智李文萃、卢恒恕、每名捐钱二千二百文

（下尚有卢、李、梁等姓捐款姓名、数目等）

同治四年七月初二日起碑

---

① 旧州古有"那签"之称，"那签"疑为壮语。
② 苍崖山在墨海屯，序篇所述《贡峒清神景记》即刻于此山崖壁。
③ 位于今靖西市区，即改流后的州城。

据碑文所述，开创旧州的张天宗，本是江西广丰县龙虎山人。宋末，他曾随文天祥起兵抗元，失败后流窜至此，"辟土开疆，都那签"，号称"顺安洞主"。天宗孙珬旺，好剑术，在苍崖山修炼并得道登仙，故此地建有"神仙庙"。岑氏占据此地后，张天宗开辟之功便被湮没。改土归流后的很长一段时间内，张氏"草创之勋劳"仍然"无处考验"。直到咸丰年间，蒋姓知州主政，"尊张黜岑"，在金山修建广福王庙。咸丰九年（1859），洞主在金山降下乩文，讲述了开创的历史，于是"时人方知其所自"。

靖西市壮族博物馆保存有咸丰年间降乩的残片，现将部分文字抄录于下：

…………

易人与童男每夜出，四巡常望他去处，或见沙石烟火起，或闻水浪兵马声，回来一身汗，/或见有血痕，不知干的何事情。吁嗟乎，原来恩人大展神武，补地脉开水源，铄螴母塞毒渊，斩蛟降魔，驱邪捉精，建立亿万/载永赖惠福无疆的功程。日夜如是，约数春，我等始得片布遮身，一粒下咽，便举欣欣。嗣后，我子孙不似水怪山精，可与外人/同群。

复数春，热气已退，转微冷，我等忽染时症，常寒不断，根骨如柴瘦，气厌厌俱绝，尸骸抛荒林。幸蒙恩人来调治，且论其/病根，皆原尔等七情不正，积食生冷，兼未曾得奉祖先神灵，遥祭坟茔。因此染轻轻□□疟症，教我等□诚来酬敬。仪用五/色饭，以草汁染成，以免无名山鬼来争吞。各遵其仪行，果然俱康宁。

复约周数春，幸人口渐增，复又牛病瘟，忙得我等无方治，/甚忧死尽再难寻。又蒙恩人来儆醒，骂我等不该宰老牛分烹，物伤其类俱飞魂。况牛耕田至苦辛，统身大力都用尽，上又日/蒸下水浸，后畏主打前难行。外常汗流涎沫吐，内常气喘胆心惊，因此积来故病瘟，教我等趁此费牛力，得把秧插定。虔意祭/田神，各毁前错行祷祝，代收牛的魂，牛方不病瘟。遵训行，牛果复存。互相永戒不宰牛，率由旧章更滋生。

自是寒暑递更，田园/渐宽，山水气正，人物阜宁，谷丰登，出作入息，和乐共享太古春，欣见草木著锦。料是鸿钧转泰运，玉历颁春正，乃萃心香叩达。/皇皇水土恩，乃洁水酒，与洞主恩人来称觥。恩人接水酒，先转敬主人，次才受我等一杯水酒，来下咽。

…………

限于种种原因，关于降乩活动在归顺州的源流和传播，学界实难考证，但可以肯定的是，降乩活动的出现与清中期以来，当地文教事业发展引致的识字阶层扩大有关。如在靖西市西北二十八公里处的龙临镇发现的立于道光十四年（1834）的《鼎建文武阁序》碑上刻有如下文字：

> 文昌官为天六府，在北斗魁前，其三星日贵相，象理文绪；其六星日司禄，象赏功进德。/武帝生当汉季，值运中衰，而□乃心天室，义气凛凛，名重千古，迄今馨香俎豆，合万方/而如一。二帝所著有丹桂籍，降鸾诗，其现身指点，尤为生民所利赖，则人孰不当尸/而祝之，尊而祀之哉。

《鼎建文武阁序》首先叙述文昌、武帝（关羽）之事迹，接着叙述二帝分别著有"丹桂籍""降鸾诗"，而二者均是降乩的产物。此外，碑文中的"其现身指点，尤为生民所利赖"，则充分说明道光年间，当地人已经很了解扶乩了。此外，《鼎建文武阁序》还明确指出，文武阁是由当地生员张振拔在考取功名后出资兴建的。张振拔生于乾隆年间，"首入武庠，嗣后继游泮者有人，食廪饩者有人。即应文武童试者，亦岁不乏人……则阁之宜早建也，可知"。扶乩又称扶箕、抬箕、扶鸾等，是中国民间信仰中的一种占卜、神谕方式，起源于唐朝。由于它要求执行者具有一定的诗文创作与文字书写能力，故多流行于士大夫、文人阶层。由此推测，文昌、关帝信仰以及扶乩活动在归顺州的出现与传播，应与当地文教事业得到发展，识字阶层逐步扩大有关。

前述咸丰年间的乩文，是以一位乩首"易人"①的口吻拟就的：恩人张天宗"补地脉开水源，铄瘴母塞毒渊，斩蛟降魔，驱邪捉精"，辛苦经营数年后，"我子孙不似水怪山精，可与外人同群"。后来，人们忽染时症，尸骸遍地，恩人前来调治，并指出此次时症乃由"七情不正，积食生冷"以及未奉祖先神灵所致。于是，人们用五色饭酬敬祖宗，方获康宁。再后来，当地牛只都染上了瘟疫，恩人指出，这是由人们虐待牛只所致。于是，人们"各毁前错行祷祝，代收牛的魂"，并立下了永不宰牛的戒约。由此可以看出，这篇乩文具有浓厚的"劝善"色彩。范纯武认为，自道光庚子年（1840）始，中国有一个"清末鸾堂运动期"。这一时期，由鸾堂扶鸾

---

① 根据笔者的田野经验，这位乩首很可能姓易，故称"易人"。

所产生的善书普遍具有"救劫论"的主题，即神仙创造世界—世人沦落—神仙拯救。[1] 而这篇咸丰年间的乩文正好与此暗合。

改土归流以来，随着王朝教化的深入推进，社会文化得到整合，边缘地区与全国的社会思潮变奏开始同步，当然，它也将本地的一些习俗传统融合进去。比如五色饭、祭牛魂等。关于祭牛魂，乾隆《镇安府志》载："六月初旬，染五色饭；宰豚分烹祭牛栏，用鸡鸭馈亲姻，以酬劳牧童。男女用小鸡、五色饭诣田野牛寮内，团坐而食，曰收牛魂。"[2]

此外，卢恒玉的碑记还称，同治二年（1863），洞（峒）主在本地神仙庙降乩，指示了祖坟。次年，州人便在墨海与旧州之间的一处山脚兴建墓园，竖立张天宗及其妻、子的墓碑。[3] 其碑文如下：

（1）大宋上大夫总理阁省兵权开辟峒主讳天宗张公墓志
大清同治甲子三年三月三日吉时起碑
酉山
事迹已湮伟烈丰功八代之经纶可溯
大宋上大夫总理阁省兵权开辟峒主讳天宗张公墓志
英灵犹在临坛降乩千秋之训诲流芳
卯向
沐恩众经生敬酹
（2）大宋开辟洞主元、次配李、蔡氏张母一品夫人墓
大清同治甲子三年三月三日吉时起碑
圣母和集仙乡凤凰来仪贵同福
同圣善复同堪步英皇内助
大宋开辟洞主元、次配李、蔡氏张母一品夫人墓
合贤慧尤合恰比壬姒徽音
贤妃偕媵佛国雎麟献瑞衾合穴
酉山卯向旧州上、下甲公局　何桂荣　黄承邦　卢恒玉　朱三合　彭
熙述　彭凤鸣　朱长积　符贞顺　农宣猷　黄恒泰　韦源利　黄茂隆　陆昌秀
赵钦宏　□尚琳　同立

---

① 范纯武：《清末民间慈善事业与鸾堂运动》，硕士学位论文，中正大学历史研究所，1996，第114—123页。
② 乾隆《镇安府志》卷一《舆地志上·风俗》，清乾隆二十一年刻本。
③ 今日此处被称为张天宗墓园，旧州因其制作绣球的传统以及优美的田园风光，现今已被开发为旅游景区，张天宗墓园是旧州景区的一景。

（3）大宋顺安峒主讳神宝张公墓

大清同治甲子三年三月三日吉时起碑

跨□年来九百秋青冢尚存足征

明德独远

大宋顺安峒主讳神宝张公墓

阴骘常昭

临坛乩运万千卷赤子若保尤验

酉山卯向

沐恩弟子卢恒恕号学显，偕男长亨、贞 孙中秋

（4）大宋顺安洞主讳神佑张公墓

大清同治甲子三年三月三日吉时起碑

初袭官阶喜继善述□开自宋及

清岳牧之政教

大宋顺安洞主讳神佑张公墓

世黍稷之馨香

厚培地脉成都成邑永受从今累

酉山卯向

咈胲沐恩弟子李号学□，名文萃，偕男□凤、名、时、球 孙
男……（数字不清）

其中，张天宗墓碑的落款为"众经生"。在当地，经生是指结成"坛"
的形式，时常在一起念诵经文的男性。"坛"应该就是其他地方所称的鸾
堂。这样的一个坛，通常有一个扶乩的团体。

张天宗的两个儿子张神宝、张神佑墓碑的落款，则分别为墨海的卢恒
恕及其子孙、李文萃及其子孙。

张天宗夫人李氏、蔡氏墓碑落款"旧州上、下甲公局"中的"公局"，
是团练的机构。因为道光朝后，左、右江地区不断爆发堂匪、会匪动乱，
所以归顺州的功名人士只好通过组织团练来保卫桑梓。前文提及的梁姓解
元在致仕回乡后，就曾督办过团练。此外，旧州武生符乔楚也曾组织过团
练："当贼匪扰乱城乡各处，乔楚家素丰裕，倾资养练，不取本峒分文。"[1]

综上所述，自雍正"改土归流"至同治年间，归顺州的功名人士群体
不仅在数量上大幅增长，有的甚至取得了更为高阶的功名。同治年间，天

---

[1] 光绪《归顺直隶州志》卷五《列传·人物》，光绪二十五年刻本。

宗神像的塑立、天宗墓园的兴建，再造了本地在明代土司制度之前的历史，即本地为宋末义士张天宗所开创。以上这些都是成长壮大起来的功名人士群体辛勤经营的结果。张天宗的故事依靠扶乩活动深入人心，而扶乩这种文化实践得以在当地流行，依靠的正是文教事业的推广与识字阶层的扩大。

此外，卢恒玉的碑记还指出，有人访得"土志"，证明了神降乩文的真实性。那么，这背后还有什么样的故事？张天宗到底是什么样的"人"？这些疑团将在下文一一解开。

四、人神之间：张天宗故事的构建过程

关于张天宗开辟归顺州的故事，随着同治年间，峒主庙神像的塑造、峒主墓园的兴建，逐渐在当地深入人心。光绪《归顺直隶州志》卷一《沿革表附土司世系表》，就是从宋末张天宗讲起的。民国时期，靖西中学的校歌也唱道："边疆幅员千万里曾经谁开辟？昔年张天宗；云山鹅泉峰峦地期待谁整理？今日我靖中。"[1]2000年新修的《靖西县志》中的《大事记》以及第一章第二节《沿革》部分，都有张天宗的一席之地。

关于张天宗故事的虚假性，白耀天先生在《切勿以假充真，伪造历史愚弄人——"南宋义士张天宗"辩》一文中提出的论据有：宋朝，没有"广信府广丰县"这样的政区建置；清雍正九年（1731）方改永丰县为广丰县，即便如此，龙虎山也不在广丰县境内；宋、元时期，旧州地方不是真空地带；今靖西市新靖镇南旧州地方，宋时名为"贡峒"，有张姓土著首领，等等。白先生还认为，卢恒玉碑记中的"现古诗篆刻苍崖山岩，有'今日沂风列九仙'之句"，则点出了肇其事者塑造"张神仙"、张天宗的根据，说明其曾经爬上"神仙峒"察看过宋人张元武所立的《贡峒清神景记》，并根据此"张"构想了彼"张"。[2]对于以上观点，笔者表示赞同。

据本书《序篇》所引《贡峒清神景记》可知，南宋时，以墨海屯、旧州为中心，存在一个溪峒组织——贡峒，其峒官为张姓，而乾道四年（1168）"权知峒事"的是张刚，其父张元武乃前任。张元武沉迷于道术，

并有学"紫姑之咒""请三岛之仙"等实践。托名纯阳吕真人所作的诗、序，就刻在《贡峒清神景记》旁边。

那么，历史上真实存在的贡峒张姓峒官，究竟遭遇了怎样的"历史"命运？张天宗开辟故事，最早从何而来呢？

明初，在岑氏势力扩张的情况下，左、右江地区各个溪峒必然面临权力的重新洗牌，原来各处溪峒峒官要么被消灭，要么转变为岑氏下面的头目。最终，岑氏获得了旧州及其周边地区的控制权，建立归顺州，并得到中央王朝的认可。到了成化年间，刻有《贡峒清神景记》的苍崖山开始具有神性，张姓峒官已经转变为"张神仙"。成化六年（1470），归顺土官岑远继所作摩崖石刻指出："夫所居之城东一山，昔有张神仙至此题诗于石，遗凳于岩，今号东山古迹。"

在乾隆《镇安府志》中，我们看到的仍是"神仙"："苍崖山在旧州城东十里，一山卓起，高数百丈。相传有仙游其上，足迹宛然。"[①]

道光二十八年（1848），归顺州举人何福祥[②]续增《归顺州志》。其在《序言》中指出，《归顺州志》首创于乾隆时旧州恩贡覃恩祚，"覃稿仅志张、岑二姓土职"。[③]但覃稿早已佚失，我们无法知晓其记载的到底是张元武等峒官，还是张天宗这位义士。何福祥续增的《归顺州志》卷二《沿革》部分，除讲述了完整的张天宗开辟故事外，还详述了宋末至明天顺年间，旧州（顺安峒）与周边诸峒的"历史"：

> 归顺，古安南，今粤西边徼之区也。宋以前草昧未开，以宋恭宗德祐元年，元兵寇乱，江西提刑文天祥奉诏勤王。张天宗，广信府广丰县人，聚义民从军。丙子德祐二年，以天祥北去，天宗遁入粤西，次浔州。元兵破静江，天宗携眷率众奔安南。越山迷道，审抵本峒，拟疆辟土。
>
> 丁丑二年二月，草创庐舍，溯河源，得源所于鹅泉。遣党人籴谷于外，五月播种，号其地为顺安，名聚处为那签。焚薙决泽，导鹅泉水东流而西，初开峒中一带田陌。
>
> ⋯⋯⋯⋯⋯⋯
>
> 五年，筑河堤，建那签屋舍。六年正月，众立张天宗为峒官。九年，作亭田，五月立牛魂节。十年冬，设鸡骨占。十一年，开频峒，

---

① 乾隆《镇安府志》卷一《舆地志下·山川》，清乾隆二十一年刻本。
② 何福祥（1799—1879），道光五年（1825）举人，曾担任过州学训导等职。
③ 道光《归顺直隶州志》，《中国方志丛书》本，成文出版社，1968，序文第 2 页。

命党人许元为峒官。十二年，开计峒，命党人许遂为峒官。十三年，伐峒北蛟，开□□一带田陌，名本峒各山。十四年，开禄峒，命侄濬为峒官。十五年，开诚峒，命张受为峒官。十六年，开化峒，命侄浒为峒官，冬，筑那签寨，命党人种竹。

十八年三月，修禊鹅泉，冬分甲，置各处余田。以频峒余田四百亩为岁时养老，以化峒余田为社稷祀典，以计峒余田九百亩助婚嫁，以诚峒余田七百亩养孤独残疾，以禄峒余田九百亩助民死伤。二十一年，五峒总管仓谷十万石。二十二年，筑计峒堤。

三十九年十二月，峒官张天宗卒。四十年二月，众奉祀故官为社神；三月，众奉官男渊为峒官；四月，计峒官许遂卒，官男清掌理峒事。四十一年，频峒官许元卒，官男济世袭。四十二年，众上峒官张渊冠带，仍循宋制。五十年，立乡塾。五十七年，众奉计峒官为社神。六十年，峒官张渊卒，官男瑯旺号神仙承掌峒事。六十九年，熊开路。

七十二年，始知元改朔，元至正九年己丑，峒官神仙始定田赋，分甲兵，计峒、频峒、诚峒、化峒、禄峒各以兵从。十九年己亥，张神仙入山学道，命官男彪摄理峒事。二十七年丁未，众立彪为峒官。

明洪武十三年庚申，峒官彪卒，官男龙承袭。十七年，峒官龙筑那签衙宇。永乐七年，东州官男岑永福移居顺安峒地。八年，在古弄起衙署。九年，东州官岑志刚请官男次子永福为顺安峒官。十年，岑永福杀张龙于那签，尽有顺安土地。宣德五年，永福建那签廨署。九年，永福卒，官男祖德①自立为峒官，攻击禄峒、化峒。正统元年，开下甲、莲塘。天顺元年，攻杀频峒官许明。四年，杀计峒官许贤，二峒地复为所有。②

在何福祥的叙述中，土著张姓峒官彻底变成义士张天宗，"张神仙"也被坐实为张天宗之孙张瑯旺。"巧合"的是，张瑯旺亦有入山学道的经历。张天宗曾聚集义民随文天祥勤王，宋德祐二年（1276），文天祥北上后，张天宗率部众遁入今旧州地方，开辟疆土。至明永乐十年（1412），张氏被岑氏所灭，共传子孙四代，即张渊、张瑯旺、张彪、张龙。张天宗及其子孙带来谷种，兴修水利，创立牛魂节、鸡骨占，开辟频、计、禄、诚、化诸峒，并"分封"各处峒官，还在亭田之外，置各峒余田，用以赞

---

① 疑与前文所述的岑瑛、岑远继是同一人。

② 道光《归顺直隶州志》卷二《地舆·沿革》，《中国方志丛书》本，成文出版社，1968，第37—43页。另原文中还有以较小字体增补的内容，此处未录入。

助岁时养老、社稷祀典、婚姻嫁娶、孤残死伤等"公共事业"。永乐七年（1409），东州①官岑永福移居顺安峒地，刺杀张龙，夺占顺安峒地。随后，岑永福之子岑祖德消灭其余诸峒，吞并了整个归顺地区。

何福祥关于明初旧州及其周边诸峒的叙述，部分反映了历史的真实面貌，只是岑氏三代人的名字（志刚、永福、祖德）与前引《明史》以及成化六年岑远继所作摩崖石刻稍有出入。如前已述，岑氏进入归顺峒地后，对于原有溪峒体制，有一个攻击、消灭各处峒官的过程。除了贡峒张氏、化峒岑氏外，其他峒官的姓氏缺乏文献记载。但可以肯定的是，正如宋代贡峒张姓峒官并非江西义民一样，这些被征服、兼并的峒官也绝不是张天宗的党人。

道光二十九年（1849），何福祥不仅在滨山寺后修建了一座亭子，用来祭祀张神仙，还亲自撰写《张神仙记》，极力赞扬张神仙之神异奇技，并希望州人永远铭记张氏祖孙的开辟之功：

> 神仙有膂力，善射技，剑、槊无不精通。喜游山水，一日蹑苍崖得异传，能黄白飞升，在咘胲筑石立寨。石大，十人莫能移，神仙挟之以行……固结同心于滨山寺后洞，筑亭设位，刊像于石，以时展礼，并志颠末。非徒以夸神异，表奇技，亦俾居斯土者咸知其为昔日开土辟疆之主云。②

咸丰七年（1857），墨海卢恒玉撰写的《塑像起楼》碑中提到的"尊张黜岑"的蒋姓知州——蒋槐午莅政，他在县城东门外金山下修建了一座广福王庙，并附有张天宗神座。③蒋槐午与何福祥交往颇密，所以有了咸丰九年（1859）的金山峒主降乩，"叙前嘱后"。卢恒玉碑记中的"尊张黜岑"，含义颇深，其无疑表明王朝官员与本地功名人士在某种程度上是合谋的，即王朝官员企图通过抬高南宋义士张氏的地位，消除岑氏在当地的影响。

张姓峒官的后继者、征服者岑氏土司，有意无意地忽视旧州在明代土司制度之前的历史，并通过将张姓峒官放入"神"的范畴，来削弱其世俗的影响力。清代的功名人士则重新把"神"还原为"人"，不过此"人"已非彼"人"了，即土著峒官变身为更加符合功名人士理想模型的南宋义

---

① 明代镇安府治地称废冻州，此处东州应是指镇安府治地，即今德保县城。
② 光绪《归顺直隶州志》卷六《艺文志》，光绪二十五年刻本。
③ 光绪《归顺直隶州志》卷三《建置志》，光绪二十五年刻本。

士。①同一段历史在不同历史时期的不同命运境遇，不同历史主体对它的重新阐释和改写，蕴含着各个历史场域的合法性与正统性竞争。清中后期，归顺州的主流意识形态就是消除土司的遗留影响，建立王朝国家的正统性。

张天宗的故事还没有结束。光绪十年（1884）末，清军在中法战争中，处于陆、海两路全面溃败之际，驻防归顺州的清军将领重修了旧州附近的张天宗墓园。其中，重立的张天宗墓碑书曰：

> 光绪十年岁次甲申季冬月上浣吉日起
> 大宋上大夫总理阁省兵权开辟峒主讳天宗张公墓志
> 唐都督　饶都戎
> 梁刺史　龙学师　并各团绅民同立

此外，一位名叫石学重的幕友还撰写《修葺张洞主坟茔记》，并刻石立碑于墓前。碑文中称："从来忠义之士，天必佑之。即令身历艰难，流离转徙，冥冥中要必维持于其际，使其得所藉手，小展生平之抱负，而天下后世闻风景慕。"可见石学重意在表达，上天必会保佑忠义之士，使其得以施展抱负，为后世树立楷模。而这样的表述与失败将领们的心态是非常契合的。

1940 年秋，日军占领越南，中越边境地区局势骤然紧张。为了及时掌握在越日军动向，确保第四战区侧翼安全，陈宝仓受命组建第四战区司令长官靖西指挥所。陈宝仓来到靖西后，亦在旧州为张天宗立碑。碑名曰《民族英雄开辟靖西张公纪念碑》，②碑文内容为排律一首，其中有：

> 靖城南去十余里，林壑渐深山渐起。天外青峰列画屏，岩间红树结霞绮。
> 纵横溪水绕田园，远近烟村鸡犬喧。野叟不谈尘世梦，居民自比武陵源。

---

① 关于张天宗故事的建构，科大卫在一篇文章中也论述大致相似的观点，即故事意在消除岑氏土司的影响，树立新的合法性。但由于田野资料的限制，他并没能考察故事建构的原因、过程以及功名人士的作用。详见 David Faure, "The Tusi That Never Was: Find an Ancestor, Connect to the State", In Faure and Ho Ts'ui-p'ing (eds.) ,*Chieftains into Ancestors: Imperial Expansion and Indigenous Society in Southwest China,*.Vancouver: University of British Columbia Press, 2013,pp.171-186.
② 此碑现保存于靖西市壮族博物馆。

胜地初传有峒主，偶因遁迹来斯土。诛蛟驱瘴引流泉，斩棘披荆开艺圃。

春从雾里采黄芩，秋向云中射翠羽。辛勤不记几经年，方使儿孙延一缕。

青史他年溯故踪，始知公号张天宗。生逢胡马窥神器，慨与文山倡大义。

毁家五岭拒元兵，飞檄三江擎汉旌。不意元戎成北虏，忍携余甲任西行。

关河辗转迷南北，战士流离半死生。幸遇双潭堪饮马，且分五峒暂屯营。

哪知暂住百经年，雾树长封世外天。洞里衣冠从未改，人间国祚已再迁。

直至朱明称帝业，始同八桂通人烟。旧事渐随岁月淡，忠魂常伴野云眠。

只因一点孤臣泪，化作靖南万亩田。宋室雄图毕竟终，张公遗爱永无穷。

陈宝仓在碑题中，将张天宗称作抵抗北虏的民族英雄，全诗更是着重渲染了张天宗的忠义形象，甚至说张天宗来靖西只是"暂住"，暗指他怀有恢复河山的意图。

与地方人士塑造的既是"南宋义士"又是"开辟恩人"的张天宗形象不同，军事将领更为强调的是张天宗"忠义将士""民族英雄"的一面。这也反映出一个时代的特色，即在国家遭受外敌侵略的情况下，国人常以忠义的"历史"人物为标榜，振兴中华的精神面貌。

小结：再造祖先与地方历史

改土归流后，王朝流官进入归顺州，他们一面熟悉新开地域的风俗人情和气候地理，并在帝国版图上将这片新开地域加以定位；一面又引进王朝国家支持和赞助的神灵，这些神灵进入特殊地域时，其本身的意义随之发生了改变，并与土著神灵形成一种结盟关系。以上两方面的实践似乎要比王朝官员们在赋役方面的操作，影响更为深远。

地方改土归流后，适用于整个国家的科举考试制度随之被引入当地，其培养出的功名人士在基层社会不断成长壮大，而土司时期的头目阶层则逐渐退出历史舞台。乾隆时期，新兴功名人士不仅投身地方公共事务的经营，还开始关注自身的家族谱系与来历；而到了道光、同治年间，他们甚至重构了本地的地方历史。在这个过程中，高阶功名人士与低阶功名人士所扮演的角色略有差别，恩贡覃恩祚、举人何福祥使用的是撰述方志的方式，而墨海的李姓生员们与卢姓生员们似乎更热衷采取"降乩劝善"的方式。但二者并非泾渭分明，如何福祥也汲汲于对"张神仙"的经营。

改土归流前，王朝国家只是笼络、控驭土司与头目，并不直接治理土民，土司、头目就是当地的"土皇帝"。改流后，广东南海的祖源传说、张天宗开辟靖西的故事，不仅将本地蛮夷之气尽洗，还将本地与帝国之内的其他地域（如广东、江西）联系起来。张天宗故事的建构，尤其具有象征意义。归顺州地处边陲，且自身的早期历史较为模糊，张天宗故事既弥补了早期历史的缺环，又将边陲区域与王朝国家直接联系起来："开辟恩人"原来是王朝国家的"忠义之士"。尽管这种观念发端于功名人士，但它无疑会传递给并影响到当地民众，因为功名人士担当着"教化乡民"的重任。地方志的编撰，庙宇、墓园的修建，石刻、墓碑的刻写，再加上神乩降笔，可谓层层推进，步步深入。久而久之，边陲之民口耳相传，并最终相信与认同自己的祖辈乃王朝国家的忠义之士，那么，他们还会背弃自己的祖辈和国家吗？这其实就是边陲之民国家认同的形成过程。而这种观念与心态层面的变化，毫无疑问地助推了传统中国边疆的建构与巩固。

那么，边缘地区经历了国家认同的观念洗礼后，就会完全地"内地化""同质化"吗？显然不会，下面，笔者将重点阐述的是边缘地区的"多层一统"文化特征。

第三章　多层一统：
归顺州故地民间信仰与仪式研究

　　本章主要依据笔者在归顺州故地——今靖西市、大新县的田野调查写成，着重考察了当地共时态下的不同仪式传统，包括麽公、麽婆、道公各自的仪式程序以及扶乩、建寨始祖崇拜等仪式传统。在此基础上提出，当地的地方文化是在不同时间段内，经由不同的文化传统以不同的方式层叠而成的。在地方文化的体系和层级里面，那些与王朝国家"大一统"相关的文化传统往往占据优势地位，针对其他文化传统形成一种统合之势。

　　本章是人类学取向的，而不是历史学取向的。因为本章并不是试图解决或者印证某个历史问题，而是力求证明，我们可以借助前两章所叙述的历史过程来理解当下的地方文化。总而言之，本章试图提出一种理解中国文化统一性的新思路。中国文化的特点是多样性与统一性并存，所以现在的问题是如何阐释二者之间的辩证关系。因此，笔者在本章提出"多层一统"概念，希望其既具有较强的包容（多样）性，又能够解释统一性的动力机制。①

一、功名人士传统的延续：靖西扶乩活动田野考察

　　2009 年 11 月下旬，笔者再次进入广西靖西进行实地调查。经人介绍，笔者认识了当地一位关姓阿姨，并请她做这次田野考察的向导。关阿姨曾参与过县志的编撰工作，对地情相当熟悉，所以笔者的调查进行得相当顺利。

　　跟关阿姨见面后，笔者提出想看一些民间宗教活动，她便推荐我去看

---

　　① 有关"多层一统"概念的最新论述，参拙文：《从广西左江上游地区的民间宗教仪式看中国文化统一性》，《民族研究》2020 年第 1 期。

当地那些"有文化"（关阿姨本人语）的老人（主要是妇女）参加的"念经"活动。于是，我们来到靖西市区的施姓老人家。她是退休教师，也是念经活动的组织者之一。施告诉我们，她们念经有一个经坛的组织，名叫复兴坛，主要是在市区东边的花王庙做活动；市区还有一个经坛，叫新民坛，主要是在市区西边的太极洞做活动。市区以北约七公里的新圩乡有两个经坛，分别叫积善正坛与副坛。萌峒村（化名）① 也有一个经坛。施还告诉我们，经坛一般在各个神诞日集中在一起念经，平时则根据需要（如为亡灵超度、超升等）决定念经的日子。念经时若有特殊需求，还会下乩。下乩因为需要六个人②，所以又称"做六合"。正、副乩首各执"丁"字形木质乩笔的两端，两人合力使乩笔在沙盘上画出字形，进而形成乩文。

关于扶乩、经坛的历史，笔者于 2010 年 11 月上旬在靖西进行调查时，市区北郊郭屯（化名）的林姓老人（男）称，靖西原有二十四坛，大概都是设于清代，农耀祖是二十四坛的创造者。他扶出乩文"龙年龙月又龙日，天上必定有大奇"，因泄露天机而被雷劈死。

前文在追溯扶乩、经坛的历史渊源时曾指出，扶乩活动的出现与清中期当地文教事业的推广、当地人群识字率的提升有关。民国以后，当地的扶乩活动仍然存在。在靖西市档案馆保存的一份名为《查禁民间不良习俗办法》的民国档案中，"崇奉邪教开堂惑众者""设立社坛降鸾扶乩者"，皆在禁止之列。③ 笔者踏访萌峒经坛时，恰逢该经坛在举行念经、扶乩的活动；在龙夏屯④（化名）的大王庙，笔者只是见到了扶乩的器具，主事者据说是外出打工去了。林姓老人所在的郭屯也有一坛，但因两位主事者（包括林自己）年迈，已经有三四年没有做过活动了。

2009 年 11 月下旬，笔者在施姓老人家见到了她们诵读的经书⑤，其中较为重要的五本经书分别是：

（一）《迎圣》。该书是经坛诵经的仪注，其中讲到三个环节：迎圣、上表与送圣。这其实只是一般念经活动的程序，如果是专门为某事（如为亡灵举行的超度、超升）而诵经，则会加入其他环节。据该书载，所迎的"圣"有：

---

① 靖西市区以南约 20 公里，属地州乡。
② 据笔者后来的观察，这六个人的分工是：正、副乩首，念字，誊录，还有一个推平沙盘的人以及一个不断给神灵斟酒的人。
③ 《查禁民间不良习俗办法》，全宗号 132，目录号 21，案卷号 8，民字第 59 号。藏靖西市档案馆。这个办法于 1934 年 6 月 9 日由靖西县政府公布。
④ 靖西市区以南 5 公里，属新靖镇。
⑤ 全部为手抄本，抄写时间难以判断。

黄金金阙白玉玉金玄穹高上帝玉皇宥罪大天尊、无上瑶池清净佛王母救世大慈尊、孔圣先师文宣圣王兴儒盛世天尊、西方佛祖广度十方慈悲救世天尊、清微天宫黄金阙内元始万法天尊、太上道君道法弥深三清应化天尊、灵坛圣主擎天顶地灵威广法天尊、东岳大帝兼管冥坤东皇赦罪天尊、文昌嗣禄辅仁开化梓潼解罪天尊、盖天古佛无量度人昭明翊汉天尊、紫薇元极中天星主伯益赐福天尊、中央天宫大梵天王托塔大法天尊、通明大将莲花化身八臂多法天尊、乾元洞天消灾解罪太乙救苦天尊、南海岸上救苦救难慈航普渡天尊、西方迦蓝韦驮尊者清微护法天尊、玄天上帝治世福神真武荡魔天尊、三元三品天地水府三官大帝赐福赦罪解厄天尊、海天佛祖天上圣母无极元君靖海护国庇民天尊、天上仁圣圣师忠武穆师圣大天尊、南斗六司星君、北斗七垣星君。

（二）《玉皇救劫经》。该书分为五个部分：《序》《玉皇大帝宝训》《玉帝天尊解罪消愆皇经》《太乙真人等的赞》《玉皇天尊解罪消愆宝忏》。该书的《序》，既无作者署名，亦无写作时间与地点。《玉皇大帝宝训》讲述了玉皇造化世界的过程。《玉帝天尊解罪消愆皇经》分三品，详细叙述了世人应践行的善行。《太乙真人等的赞》主要是借诸仙之口，说明玉皇大帝"宝训""皇经"的重要性。《玉皇天尊解罪消愆宝忏》则叙述了宏化真君请求玉皇饶恕世人的过程。

（三）《高王真经》。该书包括《佛说高王观世音经》《观音梦授经》《观音救苦经》，基本没有故事情节，其中有不少段落，是用汉字记录的佛经梵文发音。

（四）《明圣经》。该书正文前附有"敕封威显忠竭王关平圣子""九天辅元开化张仙大帝""敕封伏魔义仁勇关圣帝君""敕封威宣忠勇公周仓将军""都天纠察应化王灵官天君"等画像，正文部分为《关圣帝君降笔真经》《关圣帝君应验桃园明圣经》，主要叙述了关帝（关羽）忠义的人生经历，以及成仙后对世人的告诫。

（五）《王母消劫救世真经》。该书前半部分收录了《玉皇诰章》《王母消劫救世真经（上、中、下卷）》《王母消劫救世真经功德品》，后半部分收录了《孔圣先师编行坛论》《孔圣先师道德尊经修身品》《孔圣先师道德尊经齐家品》《孔圣先师道德尊经治国品》。前后两部分的主题不同，可能是被误订或误抄在一起的。

在上述五种经书之中，救劫劝善是一个最为重要的主题，它也是清中期以后，劝善书的主流形态。此外，"忠君""孝顺"等道德观念也在上述五种经书中得到了宣扬。

据施姓老人讲，每次念经时，必须念诵上述五种经书。此外，还有十余种经书是在特定场合下才念诵的。比如：做某位神仙的诞辰时，就要念诵与该神仙有关的经书。如农历十月十八，做地母诞时，要念《地母真经》。农历八月十五，祈祷风调雨顺时，念诵的是《太阳普照真经》。农历十一月初四，进行道德教育时，念诵的是《孔圣先师编行坛论》。祈求长寿时，念诵的是《南极仙翁长生保命大法真经》《北斗星辰经忏》。超度亡灵时，念诵的是《菩提换骨经忏》《报恩真经》《幽冥教主度亡真经全部》《阴阳两度宝忏全书》。求花（求子）以及为小孩做还花、盘花仪式时，念诵的是《敕封九天金花圣母求生遂育宝忏》《金花圣母保婴怀赤求生遂育真经》《盘花诀》《盘花新诀》。

2009 年 11 月下旬，笔者考察了施姓老人所在的复兴坛举办的一次念经、扶乩活动。这是一次超度、超升性质的活动。据施姓老人讲，超度的对象是刚死不久的，而超升的对象是已经死亡很久的。活动是在县城一条街道的民房内进行的，房主是一位没有结婚的经女。她不久前去世了，这次活动主要是为了超度她的亡灵。此外，还有 58 个亡灵需要超度、超升。这次活动从 11 月 26 日（农历十月初十）开始，持续了 3 天。由于复兴坛全为经女，故她们从邻近某县请来一个 12 人的扶乩团体（其中，6 人扶乩，6 人提供协助）。经坛设在这座六进式民房的第四进里，第三进为天井，第四进类似于"堂屋"。"堂屋"后墙上挂着一张红色神牌，上书《迎圣经》中记载的那些神名。神牌下方为供桌，供桌前为经女们跪拜、诵经之处。扶乩工具——沙盘与乩笔，则放在左边的案桌上。

11 月 26 日下午 4 点左右，经坛开始"迎圣"，大约 30 位经女及部分斋主（需要超度、超升亡灵家庭的代表）在扶乩团体的带领下，按照迎圣科仪跪拜并吟诵经文。迎圣完毕后，经女们轮流在供桌前跪拜念经，一直到整个活动结束。据她们讲，这叫"经声不断"。

6 点，扶乩团体的主坛开始读表。表文首先介绍扶乩团体自身，包括来自何处、坛名某某、主坛、掌坛、正副乩首姓名等。接着叙述此次念经、扶乩的目的：

> 兹有斋主缅念祖宗之宏恩大德，父母之鞠育，伯叔之深情，兄姑之义重，未能报答，尤其在外伤亡暨及先亡之后化，九玄七祖尚未超荐。午夜深思，实有愧于鸦羊，羞于古云孟宗、王祥之尽孝。于心甚为不安，兼且素来运行乖舛，营谋欠泰，抑或为此有关。故以联合亲友商量议事，定于十月十日之吉，邀请都安敦善坛道众六合经生抵舍

立坛，诵经超荐先灵，聊报亲恩于万一。伏愿哀愿玉皇上帝、瑶池金母、天地老爷、诸天尊圣、三界诸佛、灵山会上、八洞祖师暨及本境诸仙佛神急速降鉴。

表文的最后，是各位斋主的姓名。

7 点 20 分，开始扶乩。根据乩文可知，首先是请到祖师，祖师再传到功曹、童子。他们的任务是传到各个亡魂：

> 今吾传尔非他事。文节等堂执孝善。超宗拔祖出冥间。命速冥府各层间。按所荐名来正传。严防同名同姓传。荐毕按理论功量。吾有重赏赐尔编。

第一晚的扶乩活动很快就结束了。当晚还有另外两项活动，第一是请水回来封好，以便结束时分给大家；第二是把亡魂的名字写在纸上烧掉，让白衣、黄衣童子去把他们找回来。

第二天上午 9 点左右，各家开始在这座民房的第六进（一个露天的小院）里，分别找一块地方摆上"香炉"（如今用有孔的砖或可乐瓶代替，只要能插香烛即可），并在"香炉"前放上一个装有毛巾、镜子等生活用品的脸盆。家人则守在此处不断烧香、燃烛，等待亡魂的到来。

11 点，通过扶乩找到第一个亡魂罗惠贞。亡魂被找到后，斟酒的师傅①将灵牌上"某某老大（孺）人之灵位"中的"位"字最上面一点用红笔点上，交给跪在地上的斋主（一般是子女，还有侄儿、侄女等），斋主在师傅的引导下把灵牌插到后院各自的"香炉"上。

根据乩文可知，具有血缘或者配偶关系的亡魂往往会被同时引到。引到之后，还要对他们进行安置：

> 雨露点滴洒东林。滋润皆所荐阴魂。斋主众尔鸾旁聚。斯刻阴亲出冥坑。青衣童子门外等。……尔后便是黄京平。黄门雪芳雪芬进。点卯沐浴将衣更。许尔鸾内听金经。白衣童子鸾坛至。三殿引魂曾尚儒。家室黄氏一并举。

其中，黄京平、黄雪芳、黄雪芬是兄妹关系，而曾尚儒、黄氏则是夫

---

① 经女们将扶乩团体的成员称作师傅。

妻关系。

由于亡魂较多，这样的引魂一直持续到晚上9点。9点半的时候，扶乩团体带领所有斋主到后院，举行"踩八卦""破地狱"的仪式。即人们绕着摆在院子中间的八面小旗，按照一定顺序穿行，最后把所有小旗推倒。这样，亡魂们就能自由活动了。

第三天是通过扶乩的形式安排亡魂的去向。据乩文可知，亡魂的去向主要有三种：或留在家里祖堂之上享受香火，或转世投胎，或去寺庙修行：

> 三世因果明镜照。有的家堂留祖神。或是投胎寻父母。或是轻轻务寺庙。吾所追荐无计论。一切按理合彰昭。

最先被安排的是黄雪芳、黄雪芬姐妹。雪芳即扶乩所在民房的主人：

> 斋主传灵黄雪芳。雪芬姐妹顺鸾堂。俯伏月台听吾颁。姐妹俩口雪芳芬。凭虚素□不沾尘。朝夕妇道守节贞。可叹时势无遂意。迫使开斋随流渐。时辰流逝互推移。古风泰华挽回诏。重入佛门修有老。聚众诵经积功高。今吾命往通灵寺。填南[①]加修如成造。他日功满□果高。

据乩文可知，她们似乎受到一定程度的责备。她们曾"随波逐流"开过斋，即没有坚持吃素。不过，后来她们重归佛门，聚众诵经，故被安排去滇南通灵寺修行。在当地人看来，亡灵被安排到寺庙是最好的结果。寺庙是极乐世界，享受人间香火，所以只有那些修炼得很好的人，才能被分配到寺庙。较普遍的情况是回到祖堂享受香火，而投胎做人则意味着再次受苦，故最不受欢迎。

那些家庭美满的夫妻，一般会留在祖堂享受香火，保佑子孙：

> 斋主传灵黄精业。家室双双一并赦。尔俩生前性优贤。金玉良缘有定先。精业聪敏有厚缘。养儿育女分张贤。轻轻恩爱睦邻里。虔持家风四扬传。今吾劝尔祖堂荐。庇佑子孙遂业专。

---

① 扶乩的间歇，笔者问正乩首"填南"是什么意思。他说是云南，这个"填"字是笔误，应为"滇"。

生前曾入"佛门"，后来又结婚、开斋的，则不会被安排到寺庙，而是留在家堂做"祖神"：

> 斋主传灵陆玉洁。京平黄姓进鸾庭。俯伏月台听吾分。尔俩生前入佛门。京平随势有变心。开斋出嫁众聊明。随波逐流逆友人。幸喜挽风古泰正。……奈何执讼众议纷。恩怨俩传吾皆明。玉洁虔诚修养性。养儿育女有账分。今吾劝尔陆黄生。宜留家堂守馨烟。

此外，死者的年龄也是安排亡魂的一个重要标准。如果是早逝之人，则会被安排去转世投胎：

> 斋主传灵农开托。家妻林氏一并进。俯伏月台听分说。尔俩生前意投合。创家立业奋力做。敬老爱幼堪称可。叹息姻缘期不多。鸳鸯别离无奈何。吾今详查细琢磨。林氏发往柳江务农活。望尔来世多行善。

当所报亡魂的阳寿不准确时，甚至会修改已经降下的乩笔，重新分配：

> 斋主传灵梁建华。家妻何氏一并进。儿媳黄克兰随上。……儿媳黄克兰听由情。年逾①强化离世尘。别夫离子超惨情。吾视此状甚怜悯。姻缘短期鸳鸯分。发往投胎市桂林。鞋厂富翁贵子生。弥补今生之苦情。
> 且下
> 方才皆荐黄克兰。家亲恩侄有反感。有何意愿何重置。奈何挽回会阴阳。阳亲月台奏呢喃。寿阳所误为因返。逾者可送神堂至。保佑子孙乐无疆。

一开始，黄克兰被报为"年逾强化"，即四十出头就去世了，于是被安排去桂林投胎。在乩笔停下，休息片刻之后，扶乩再次开始。乩文说，家亲对亡魂的安排有意见，黄克兰应为"逾者"，即六十出头才去世。于是，黄克兰的亡魂被重新安排，留在祖堂保佑子孙。

---

① 民间寿岁写法，超过整十岁数一至三岁称为"逾"。另四十曰强年，五十曰艾寿，六十曰耆寿。

从对亡灵的安排可以看出，吃斋念经、家庭美满与福寿绵长，是被当地民众推崇的价值观。

对亡灵的安排也持续了一整天，直到晚上才结束。其中，留在祖堂的亡灵占了绝大多数，他们的牌位被拿回家中，供在堂屋的神龛之上。被分配到寺庙者以及投胎转世者的牌位，则连同一张"脱生文凭"，一起被烧掉。到此，整个活动便结束了。

这种扶乩活动与当地人祖先记忆的建构关系密切。在超度、超升活动的迎接亡魂环节，笔者看见一位年轻女子（斋主）跟乩首进行了互动。该女子是为超升自己奶奶的亡灵而来。她向乩首讲述，奶奶是个孤儿，很小便嫁到了她爷爷家，故向乩首询问奶奶的身世。乩首口头答复说，她奶奶是从越南来的。

此外，整个扶乩活动即将结束时，笔者看见一位戴着眼镜的中年男子把有关他父母的乩文抄了回去。他告诉笔者，要保存起来留给后人看。

最为典型的例子，是靖西市区凌氏家族的求神祈写宗图根由。笔者在凌书白（化名）家里，看到了编修于 2008 年的《靖西县明德堂凌氏序贤家族谱牒》，其中有一篇题为《求神祈写宗图根由》的乩文。经凌先生介绍，该文是由他曾祖辈——振字辈的三位兄弟于光绪十二年（1886）设坛扶出的。现将部分乩文节录于下：

> 光绪十二年岁次丙戌十一月初二晚在凌家祠堂设坛求神祈写宗图根由，并问起碑封茔之事。
> ············
> 自从顺天生出世，零文零武兄弟人。
> 兄游山西南华县，产出后代有五人。
> 零文分中聚合利，山西落业是原根。
> 零武分来到江南，生出儿子有三名。
> 大的犯事名高汉，走上陕西改姓凌。
> 第二高丰耕田地，第三高卓中翰林。
> 含山提来为巡抚，后生二子凌志雄。
> 志刚第二来广东，通行佛山生理行。
> 凌雄来到镇安地，龙桑之地作客人。
> 生得三子名泰正，第三移来归顺人。
> 凌丰保为九世祖，族谱各人自知明。
> 第一住在龙桑圩，丰茂珍在行生理。

第三丰盛进土州，向武地方耕田人。

尔祖即来两甲地，割草种植度残生。

后世产来八子女，六男二女苦难营。

女嫁龙岗许家姓，二的嫁到凌家门。

大儿名叫登进，居在大礼村耕田人。

第二登瀛在那造，亦定耕田度残生。

第三登爵岩怀住，第四登科多□人。

第五登朝即尔祖，苦楚难言泪满痕。

第六登案在下隅，久困寂寞真难云。

登朝即坐四兄弟，玘明玘理玘义玘经名。

各知其故祖宗派，自存名利到如今。

尔的始祖名玘经，生出三子序开人。

序贤第二为高祖，序层第三生维痕。

后来曾祖是维奥，祖世泰直至于今。

此乩

问祖公何人执乩又扶题

从根叙尔为本支，吾是凌文来执乩。

自幼读书登科第，元朝末年归仙梯。

尔为后代苦读书，五更寒窗都不离。

祈果成名显祖宗，科甲高中在勤力。①

据第一段乩文可知，凌氏老祖宗为顺天府的零文、零武。零武迁至江南，第三子高卓考中翰林，做了巡抚。零武长子犯事后，零姓改为凌姓。高卓有二子：志雄、志刚，一分广西镇安，一分广东佛山。志雄三子泰正迁居归顺，泰正次子丰保来到归顺"两甲地"，生出八个子女，五子登朝是凌氏三兄弟的直系祖先，登朝生玘经，玘经生序贤，序贤生维奥，维奥生世泰，世泰即为三兄弟的祖父。第二段乩文则是老祖宗零文降乩，回答"祖公何人"的提问。大意是说，自己生于元代，"自幼读书登科第"。

---

① 凌树勇：《靖西县明德堂凌氏序贤家族谱牒》，百色市靖西县，2008，第102页。

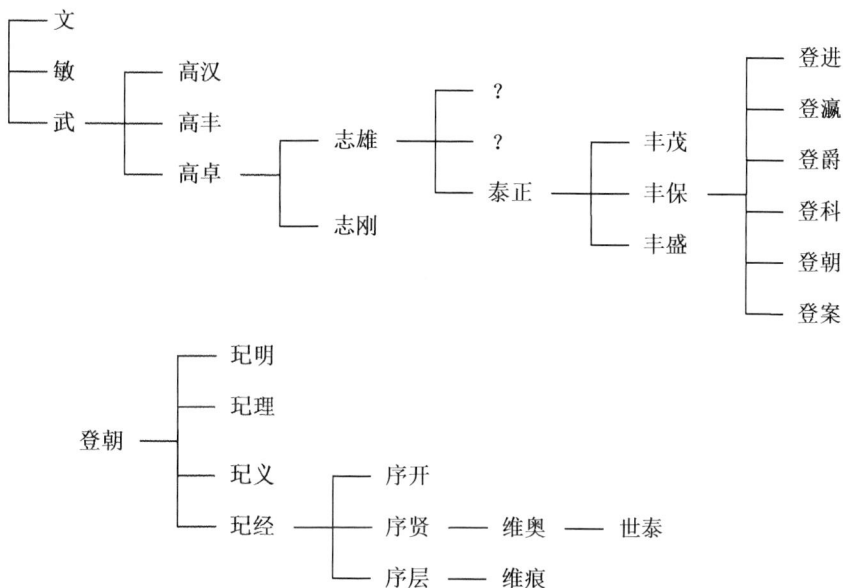

图 2 乩诗所示的凌氏祖先谱系图

据《谱牒》可知，凌家是在振字辈三兄弟时，从武平乡迁居县城的，乩文中的大礼、那造、岩怀、下隅等地名，在今武平乡内仍然存在。但在武平老家，只能找到凌氏三兄弟父亲恒荣的墓碑，其祖父世泰及其他先祖的墓碑皆不可见。凌恒荣墓碑的碑文如下：

> 痛念吾考乃世泰长子也，鞠育深恩，寸裹难忘。配吾妣黄氏，长生振先，次振嵩，三振倬。吾考命生乾隆癸丑年三月二十四日申时，享阳七十三岁，不幸同治四年九月初五日卯时寿终。卜葬头秾祖（疑脱茔字）旁，亥山巳向。吾考当未辞尘，苦责先为儒业，终未能遂愿考心，迨至同治八年始游泮水，而考目不得睹此，先不孝之甚也。越同治十年二月十六日丑时，特立碑以慰考心焉。考其不昧，使后世瓜瓞绵绵，子孙济济，继书香不替云尔。
>
> 皇清待赠显考讳恒荣字乔松凌公老大人之墓
>
> 改辛山乙向
>
> 不孝男振先、嵩、倬　孙炳、起、魁元，保、开、连元　曾孙发瑞，女贞吉、贞岁敬立
>
> 同治十年二月十六日丑时吉旦

光绪二年十一月二十七日巳时谷旦①

碑文之所以有两个落款时间，是因为该墓曾经重修改向。据碑文可知，恒荣死于同治四年（1865），该碑为同治十年（1871）长子振先所立。振先于同治八年（1869）取得秀才的功名后，为督促自己业儒的父亲未能目睹这一幕而深感愧疚。光绪《归顺州志》载，凌振先"质朴温厚，父母兄弟无间言，家庭和睦，三代同居，前州牧蒋公题赠匾额'邑绅翘元'"。②

由前引《求神祈写宗图根由》可知，光绪十二年（1886）的扶乩是为了起碑、修建坟茔，次年，坟茔与墓碑便修建完成。其碑文如下：

> 皇清待赠凌氏老祖之坟
> 玄孙振先、嵩、倬 来孙钦、魁、开、绍、继元 弟孙发瑞、珍、珠、森
> 光绪十三年三月初十立③

综上，凌氏家族祖先记忆的建构大概经历了如下步骤：凌振先一辈在同治年间取得功名，摇身一变为城居的功名人士后，便开始关注"宗图根由"，为先祖造坟立碑。凌氏通过扶乩扶出祖先谱系，并修建了"凌氏老祖坟"。"老祖"二字颇有深意，因为它是一个泛称，包括范围很大，但具体个体却不清不楚。

凌氏不愧为士绅之家，20 世纪前 50 年间，振字辈的子孙中有四人出任靖西县县立中学校长，一人担任靖西县知事，靖西第一个出洋留学生也是出自其家。④直到今天，凌氏家族后人亦多在文化部门任职。2008 年，凌氏家族编修族谱，经过编修人员对乩文中所提地名的踏访，确认了志雄公以下的世系；志雄公以上的世系，虽然编修人员认为应当存疑，但仍被列进了"祖先世系"。⑤乩文描述的迁徙故事，也成为凌氏祖先记忆的一部分。此外，《谱牒》还专章"考订"了光绪十三年（1887）时，据乩文所示而修建的"凌氏老祖坟"中所葬各位祖先的具体姓名，这充分反映了族谱撰写过程中的层累性。

---

① 凌树勇：《靖西县明德堂凌氏序贤家族谱牒》，百色市靖西县，2008，第 99 页。
② 光绪《归顺直隶州志》卷五《列传·人物》，光绪二十五年刻本。
③ 凌树勇：《靖西县明德堂凌氏序贤家族谱牒》，百色市靖西县，2008，第 98 页。
④ 凌树勇：《靖西县明德堂凌氏序贤家族谱牒》，百色市靖西县，2008，第 71—77 页。
⑤ 凌树勇：《靖西县明德堂凌氏序贤家族谱牒》，百色市靖西县，2008，第 21 页。

当地的扶乩活动不仅与祖先记忆的建构关系密切，还跟村落精英、村落权力存在着密切关系。

2010 年 11 月初，笔者在靖西市区北郊的郭屯重点访谈了一位林姓老人。他曾是郭屯扶乩团体的乩首之一，收藏有该团体自 20 世纪 80 年代以来的 20 余份乩文，其中的 15 份均为"郭屯众姓求"所得。这种为村落举行的扶乩活动，大多在每年正月举行，由村民自愿捐款赞助。

这 20 余份乩文中，有的是针对村民的思想教育、鼓舞或劝诫，有的则是针对村落具体事务的建议与意见。

例如，1985 年正月的乩文言：

> 注意变心立场稳。双木两字讲分明。不加不减不乱点。

据林先生介绍，以上三句乩文的背景是：当地于 1980 年时分田到户，1985 年重新调整时，有村民趁机要求归还自己的祖宗田。林姓县长下令，不准村民这样搞，所以才有"立场稳""讲分明""不加不减"之句。

1998 年农历三月十二日的乩文言：

> 今缺三间公房屯。前年经定落实名。那时双坛同批真。为何不专心执行。好加凉亭配风景。杨柳叶青青常年。男女青年纳凉点。对面喜笑讲风流。

据林先生介绍，该段乩文的背景是：乩坛希望有个固定的"公房"（活动场所），但一直未果，便质问"为何不专心执行"。此外，乩文还建议村里修建一处配风景的凉亭，以供村人休憩。

此外，这份乩文还有如下内容：

> 还有郭屯最近来。男女口角斗纷纷。出门一步臭万里。好比猴子下田来。今神劝尔从今起。歪风邪气归正来。

该段乩文主要是劝诫村落中的口角纠纷。

2002 年正月二十五日的乩文中，乩笔对村落即将修建的自来水工程提出建议，并指示了水塔应建在何处：

> 上级支持水力电。水塔未定哪处真。等孝手断定地点。

且下。

时间关系不加减。水塔定点慢慢查。众人商议一条心。后塘前井看真穴。千里龙脉紧要紧。有利七姓方可行。

即水塔应建在前井后塘处，千万不能伤及龙脉。

2001 年正月初一的乩文中，乩笔对重修横跨村前小河的石桥提出了建议：

经声音音报新年。再补善兄^①一点点。自古定型许加边。正如双眼向指南。坐落巽位关水口。马路通关路荣劳^②。

据林先生介绍，2001 年，县水利局的一位设计员来到村寨，就在村寨前再建一座桥之事询问林先生的意见。林先生认为，设计员设计的桥梁直对村庄，会影响到村庄的风水，所以便建议加宽原桥。笔者去郭屯考察时，发现该桥的桥面两边，确实用混凝土加宽了不少。

下面，我们将要考察的是扶出这些乩文的乩首的身份与经历。林先生告诉笔者，他生于 1937 年，1955 年到靖西农业银行做收发员。由于只上过小学，便到工会半工半读，取得初中文凭。后来又到粮食部门做勤杂工，1962 年回到村里。平时爱看地理方面的书，又跟着道公韦师傅到处做事，他主要负责写表文。他还告诉笔者，20 世纪 80 年代，上级派"三分之一"工作队来，让他做干部，他拒绝了。后来，农村抽样调查队聘请他做调查员，他接受了。因为干得不错，调查队还给他颁发了奖状。由此可知，与村干部相比，他更愿意担任"独立"的村落"监督者"角色。

该屯另一位乩首姓李，今年已 80 多岁了，由于身体不是很好，便退出了扶乩活动。因此，该屯的扶乩团体已有好几年没有开展活动了。20 世纪 80 年代退休前，李曾长期担任郭屯所在行政村的党支部书记。退休后，他经常参与扶乩活动。在笔者看来，村落中那些享有较高威望、掌握一定知识的人士，正是借着乩笔以达到教育村民，甚至是参与村落公共事务的目的。

美国学者焦大卫、欧大年根据台湾地区的田野经验提出："拜鸾教派^③呈现出民间宗教一种十分奇特的现象，那就是它们与乡村宗教完全不同

---

① 指另一位乩首。
② 指靖西市荣劳乡。
③ 即本书所称的扶乩团体。

（虽然它们往往创立于村落中）……大多数教徒会同意，没有一个家族或聚落的成员会一同加入一个拜鸾团体，而只有极个别的人会这样做。因为拜鸾所关切的只是个人的灵魂、道德上的修养以及个人的命运。"①这一观点为笔者理解归顺州故地的扶乩活动提供了重要的借鉴。笔者所考察的扶乩活动跟一般的"民间信仰"确实不同，它要么跟祖宗亡灵的祭奠、祖先记忆的建构有关，②要么跟村落权力紧密联系在一起，关于"求花""还花"的经文则跟子孙的延续有关。前文提及的扶乩团体中的一位成员告诉笔者，村民家里有事（如消灾除厄等），虽然也可以请他们做，但还是请道公、麽公、麽婆做得多。郭屯的林先生也告诉笔者，不像道公、麽婆，乩坛在以前经常被视为"反动"团体。总之，与普通村民践行春祈秋报式的世俗信仰不同，扶乩作为一种宗教信仰，它的关怀超越了日常的私人生活，具有更为公共与普世的追求。

在香烟缭绕中，经生们身着素色衣服（有的甚至穿着素色长袍），头戴瓜皮小帽，谨慎地行礼如仪——在每次举行仪式时，由一人行令"肃静——排班——整冠——纳履"，众人则应声"班齐——冠整——履纳"。睹此情景，笔者不由得想起那些已经逝去的功名人士的礼仪传统。

要想深入理解当地的扶乩活动，须对地域社会的历史进程加以体察。清初之前，靖西地区一直归属土司统治，雍正年间改土归流后，才被纳入中央王朝的直接控制之下。只有立足于这一历史背景，我们才能明白扶乩经文中宣扬的忠君、孝顺等观念所具有的别样意味。

改土归流后，以科举考试为核心的王朝文教事业在当地逐步展开，随之产生一批功名人士，乡村的识字率也逐步提升。这些为扶乩活动的流行奠定了社会基础。明代科举对应试者的出身要求甚严，新兴功名人士便开始关注自身的祖先谱系，而当地的祖先记忆便以不同方式得到建构。功名人士、识字群体在乡村生活中发挥着越来越重要的作用，而"神乩降笔"就成为他们可资利用的工具之一。经过沧海桑田般的社会变迁，扶乩的某些社会功能在当下社会仍时隐时现。

---

① ［美］焦大卫、欧大年合著：《飞鸾——中国民间教派面面观》，周育民译，宋光宇校读，香港中文大学出版社，2005，第5页。
② 据汤芸的研究，20世纪初贵州安顺地区的一场扶乩仪式也与判定祖先坟茔、建构祖先世系相关。详见汤芸：《神判与官司：一个西南村庄降乩仪式中的讼争与教谕》，《云南民族大学学报（哲学社会科学版）》2012年第4期。

二、多层一统：国家边缘地区民间信仰与
仪式中的体系和层级

在以往，学界针对少数民族地区的研究，往往注重对地区、民族的文化独特性进行深入挖掘，而对一些具有跨区域特征的文化事项却关注不多。以广西左、右江地区的民间信仰与仪式研究为例，目前的研究焦点主要集中在"麽公"与"麽婆"上面；[①] 而对于前文所述的扶乩活动，则乏人关注。有鉴于此，笔者全面考察了当地的扶乩活动，力求更为全面地反映当地的社会与文化。下面，笔者将对当地信仰与仪式的整体面貌做一考察。由于时间与精力有限，笔者只能以自身的调查资料与体验为基础，再综合借鉴其他学者的相关研究成果，对此作一概括性的素描。

就笔者观察所知，除了扶乩团体外，当地还有三种仪式专家，即道公、麽公与麽婆。三者的主要区别在于：道公使用汉字写成的经书，念诵时用

---

① "麽公"（又称布麽）为当地男性仪式专家。关于布麽，黄桂秋先生认为，广西西部左右江流域以及红水河流域存在"麽教"，"麽教是壮族社会历史上特有的民族民间宗教"，"麽教树立有统一的最高神祇：布洛陀和麽渌甲"，"麽教有自己的基本教义和教规"，"麽教传承有较系统的经典：司麽"，"麽教已形成较固定的法事仪式：古麽"，"麽教有半职业的从教者：布麽"。详见黄桂秋：《壮族麽文化研究》，民族出版社，2006，第 12—20 页。黄桂秋先生田野经验丰富，搜集资料十分充足，但该书中的部分论述很可能掉进了西方宗教概念的陷阱，结果使得"麽教"被建构出来，影响到我们对社会实态的认识。不过，在以右江河谷为中心的区域发现的大量布麽经书，确实引人瞩目。据《壮族麽经布洛陀影印译注·前言》称，整理者从广西右江流域、红水河中上游以及云南文山州壮族地区搜集到的 39 本麽教经书中精选 13 本编成……尽管随着历史的发展，壮族麽经在流传的过程中亦吸取了道、佛、儒的一些观念，但从总体和本质上看，可视为壮族原生态文化的百科全书，是一项极其珍贵的文化遗产。参见张声震主编：《壮族麽经布洛陀影印译注》第一卷，广西民族出版社，2004，第 35 页。"麽婆"（又译魔婆）为当地女性仪式专家。"麽"在当地方言中有两种意思，一是蚂蚁，二是低声念诵。关于麽婆的代表性研究成果是高雅宁：《广西靖西县壮人农村社会中 me^{214}mo：t^{31}（魔婆）的养成过程与仪式表演》，（台北）唐山出版社，2002。该书首先对壮族农村进行介绍，提供仪式展演的社会背景；然后是麽婆养成过程的描述，呈现麽婆所以具有力量的基础；接着为仪式过程的描述，显示仪式所处理的是社会延续的问题；最后是仪式唱词的分析，说明麽婆如何用宗教语言透过仪式行动解决社会延续的问题。萧梅曾详细描述了麽婆举行的四种仪式，并以音乐人类学的相关理论（如音声、附体等）为支撑，在麽婆音声力量的来源、音声与附体的双向关系、麽婆婆巫与传承及其社会角色的生命史、道与麽的关系等方面进行了有益探索。萧梅的结论是，需要结合历史学的相关理论来探究麽、道关系。参见萧梅：《唱在巫路上——广西靖西壮族"魔仪"音声的考察与研究》，载曹本冶主编：《中国民间仪式音乐研究》华南卷下，上海音乐学院出版社，2007，第 328—494 页。

桂柳官话；麽公的经书用土俗字①写成，用壮语念诵；麽婆没有经书，用铜链敲击声来伴和吟唱。

从三种仪式专家所能做的仪式看，麽婆更加偏重与个人生命历程相关的仪式。据高雅宁的研究可知，麽婆做的仪式主要包括：①小孩出生前的"架花桥"；②夫妻无法怀孕的"求花"；③女人容易流产要"换桥"；④小孩出生后要"培花""围花"；⑤青年结婚前的"开花"；⑥结婚生子后分家新立神台的仪式；⑦进入老年的仪式"补粮"；⑧针对整个家庭的仪式"抬星"；⑨收魂。②上述绝大部分仪式都是有关生命历程的。

麽公在农业生产方面有一套特别的仪式。据黄桂秋的报告可知："赎牛马鸡鸭等禽畜魂法事，在广西大新、靖西、德保一带叫作'麽朗'（molang）。'朗'，壮语意思是关养牲畜的栏圈……'麽朗'就是请麽师来做祈祷，恳求神灵保佑家禽家畜平平安安，生生不息，使生活有依有靠。'麽朗'在正月初二至初四举行。麽朗时，主人要在牛栏里设香案，还要放置一只竹篮，里面放一根牛绳，置香案旁，好让麽师为牛马招魂。"③对当地农户来说，牛马之所以具有极其重要的意义，是因为当地拥有发达的灌溉稻作，当地农户非常依赖畜力进行田间耕作、驮重运输。

道公更加侧重村落仪式，以及有关家屋、坟墓等的仪式。如太平清醮、安龙、安墓等。

需要指出的是，三种仪式专家也会采用自己的方式来做同一种仪式。这些仪式集中在生命历程方面的"求花""还花""添粮补寿"。此外，经坛也能做"求花""还花"的仪式。《敕封九天金花圣母求生遂育宝忏》《金花圣母保婴怀赤求生遂育真经》《盘花诀》《盘花新诀》等，都是有关生育子嗣与小孩成长的经文。

某经坛组织者施姓老人告诉笔者，在当地，小孩12岁之前都要由菩萨来护花，12岁之后就要向菩萨报恩。看你小孩是哪个庙的菩萨送的，就要送灯笼到那个庙里去。还花一般是在7—12岁做，不过也有结了婚才做的。婚后若是一直没有子嗣，就要求花，求到金花是女孩，求到银花是男孩。此外，她还向笔者介绍了保佑小孩健康成长的"盘花"仪式。具体

---

① 研究者称之为方块壮字或古壮字，这种文字大多借用汉字的偏旁部首重新组合而成。比如"畓"字是水田之意，其发音为"那"，而"田"表意。1989年出版的《古壮字字典》共收录有4900多个古壮字。参见潘其旭、覃乃昌主编：《壮族百科辞典》，广西民族出版社，1993，第410页。

② 高雅宁：《广西靖西县壮人农村社会中 me²¹⁴mo：t³¹（魔婆）的养成过程与仪式表演》，（台北）唐山出版社，2002，第81—84页。

③ 黄桂秋：《壮族社会民间信仰研究》，中国社会科学出版社，2010，第302页。

流程为：放一个大盆在四人中间，里面放米，代表小孩的花放在盆边，四人用锄头（仿制的小锄头）锄米，旁边的人念诵《盘花诀》。

用来"求花"的经书《敕封九天金花圣母求生遂育宝忏》"中品"部分言："金花圣母。广为众生说法。均见男女人民。绝断祖先鼎。奈尔浮□之世。不识修持之路。……一切愆尤。实难尽数。大众黎民。自作自知。此时。金花圣母。大发慈悲之心。传经演教。敕赐人民大众。若能改过。恭敬三宝。礼拜神明。修桥铺路。起造神寺。印书布施。戒杀放生。多多行善。痛改前非。每遇朔望。用心呪祝。自有天祖母……敕赐花枝。佑尔熊熊入梦。玉燕投怀。螽斯蛰蛰之兴。如松之盛。瓜瓞绵绵之庆。似兰之馨。"可见，该经仍延续了世人沦落，需由神仙来拯救的劝善主题。据经文可知，如果世人特别是女流之辈痛改前非，多多行善，金花圣母就会"敕赐花枝"，保佑"熊熊入梦""玉燕投怀"，实现"螽斯蛰蛰""瓜瓞绵绵"。

为了便于比较，我们再来看看麽婆是如何做"求花"仪式的。据黄桂秋考察：

> 壮族女巫认为，世间凡人，在世行善者，死后超度，其灵魂升入天堂后，由掌管天国花园的花王圣母安附在三十六个花园里任意一朵花的花蕊上，待凡间的善男信女向花王圣母"求花"，花王圣母便将花赐给他们，让升入天堂附在花朵上的灵魂重新投胎面世……
>
> 巫婆在求花过程中，要唱念"求花经"。经词的大致内容是：受请主家之托，神巫找花婆求花，路上披荆斩棘，跋山涉水，历尽艰辛，排除万难，在土地神的帮助下，爬上六层七十二级阶梯，来到花园后，叩见长春不老的花婆，说明来此求花的缘由，诉说主家平日对神灵如何虔诚祈祷和敬奉，乞求花婆体恤主人家的难处，恩赐好花。接着唱到花婆如何恩典，赐给好花，又如何嘱咐栽培护理，神巫代主人家一一承诺。又唱到了接"花朵"，叩谢花婆送过金桥后，便把巫神送至土地庙，直到将事先备好的一朵白色或红色纸花交给主人，要求主人把花贴到家中神台或床头后，求花仪式才结束。①

由此可见，麽婆求花的仪式来源于当地人将"灵魂—花—生育"相联系的观念。即人死之后，灵魂便附着在花王圣母花园里面的花朵之上。求子者需要借助麽婆的力量，才能求得花朵，顺利怀孕。总之，通过对照归

---

① 黄桂秋：《壮族麽文化研究》，民族出版社，2006，第69—70页。

顺州故地的两种仪式专家与仪式传统，我们很容易发现当地信仰与仪式传统中所固有的层叠现象。

除了仪式传统的层叠现象外，当地仪式专家之间形成的权力关系同样引人瞩目。2009 年 11 月 18 日至 20 日，笔者参加了在大新县下雷镇①岜贺屯举行的一次太平清醮。太平清醮是用以祈福、禳灾的村落集体仪式。按照当地传统，每五年举行一次，曾因历史原因中断数年，近年才逐步恢复。归顺故地的太平清醮最为特别之处在于，当地道公、麽公、麽婆三种仪式专家都会参与其中。醮仪过程中，三者的主要仪式环节如下：

表 1　太平清醮主要仪式环节

	道公	麽公	麽婆
第一天	竖幡，请水，荡秽，发奏，开坛	竖麽幡，扫荡，请神，诵《必法祈苗巫吐》《巫鬼吐句》等经	请神，上"麽路"代在场的各家妇女与亡故的祖先进行对话、交流
第二天	早、中、晚三"朝幡"，上午念《三清救病消灾经》《洞玄灵宝消灾护命经》《南斗六司延寿度厄经》等；下午念《首罪》经；晚间送词表，读榜，祭孤魂	诵经	用各家送来的户主衣服，为该家收魂，并预测一家人的吉凶及家庭的运程
第三天	扫荡（又称除秽），送神，醮主家聚餐	扫荡、送神	向神灵敬酒，用甘蔗指点各家送来的一瓶水，此水因此具有神性；最后送神

在醮仪过程中，麽公、麽婆必须参加道公主持的三次"朝幡"仪式。麽公在第一天开坛之前，先进行一次扫荡，在第三天则跟随道公再次进行扫荡。除此之外，三种仪式专家分头行动。由此不难看出，整个仪式都是由道公主导的。

从设在土地庙前的醮棚内的各仪式专家的神坛位置、形制，也能看出某种权力关系来。道公的神坛设在正中间，是高大的长桌，麽公、麽婆的神坛则分居两边，供桌也较为低矮。道公神案上供有写着密密麻麻祖师谱系的牌位，而麽公神案上供的是邓、赵、马、关四大元帅的牌位，麽婆神案上则没有供奉任何牌位。

---

① 清代为镇安府、归顺州管辖之下雷土州。

第一天晚上，三种仪式专家都完成请神仪式后，麽婆需要向道公下跪、敬茶，并不断地吟唱以示感谢。道公饮完茶，需将茶杯重新斟满后交给麽婆饮用。在还茶之前，道公必须用令木在茶杯上面画一道符。笔者注意到，当时一位较为年轻的道公没有用令木，而是用手机在茶杯上面画了几下，便将茶杯递给麽婆，麽婆一直不肯接受，直到其用令木画符后才肯接受。这象征着道公、麽婆之间存在着一种法力的授受关系。

又据黄桂秋、高雅宁所做的民族志报告可知，麽婆在养成过程中，需要进行盖帽仪式。[①] 经过盖帽后，麽婆才具有正式行麽的资格。盖帽可进行三次，后两次意味着地位与级别的提升。

盖帽仪式由道公主持，麽婆提供协助。黄桂秋在考察了靖西市区举行的一次盖帽仪式后，将其仪式流程概括为：请龙（用水洁净坛场）—请师（请各路神仙降临）—颁发扎文并宣读戒律—剪发（象征性地剪下几缕头发）—传授法器—用公鸡是否鸣叫来验证盖帽是否成功—拜庙（一般是到本地土地庙）。[②]

盖帽仪式与道公为自己的徒弟（男道公）所做的加冠仪式（取得正式做道资格的仪式）基本相同，[③] 这就意味着麽婆在某种程度上被"收编"了。高雅宁的《广西靖西县壮人农村社会中 me^{214}mo：t^{31}（魔婆）的养成过程与仪式表演》中收录了一位名叫"公学"的道公颁发给麽婆"婆莲"的"传戒扎文"。[④] 据高雅宁的描述可知，麽婆的法帽、铜链等法器是由道公传授的。

笔者在下雷镇观看打醮仪式时，发现道公班子里有一人穿着僧人的衣服，但当地人仍将其视为道。无论是"真道"还是"假道"，由于道公掌握文字读写的技能，拥有悠久的师承谱系，且能够完成场面宏大的仪式表演，所以在各种仪式专家中，他们一直拥有最高的权势地位。

黄桂秋、侬兵在镇安故地听到的一个传说，更能把道公与麽公、麽婆之间的权力关系表现得淋漓尽致：

① 黄桂秋：《壮族社会民间信仰研究》，中国社会科学出版社，2010，第139—147页；高雅宁：《广西靖西县壮人农村社会中 me^{214}mo：t^{31}（魔婆）的养成过程与仪式表演》，（台北）唐山出版社，2002，第119—126页。高雅宁称"盖帽"为"上帽"。

② 黄桂秋：《壮族社会民间信仰研究》，中国社会科学出版社，2010，第145—147页。

③ 黄桂秋：《壮族社会民间信仰研究》，中国社会科学出版社，2010，第385—387页。在盖帽仪式中，有一安"祖师楼"（小型神龛之类的东西）的环节，而道公加冠仪式中没有此环节。

④ 高雅宁：《广西靖西县壮人农村社会中 me^{214}mo：t^{31}（魔婆）的养成过程与仪式表演》，（台北）唐山出版社，2002，第296页。

　　仸、娲（巫、密）披法巾，麽戴布帽，穿长衫，道着道袍，手拿
朝筒，配木令，即醒木。

　　这种装束有个来历。相传古时，皇帝招道、麽、仸、娲进京考核，
在皇宫里各显神通。道公携带的东西齐备，但麽、仸、娲忘记带法帽、
法巾，不知所措。到皇帝亲临考试时，道公就剪下道袍的两边衣袖，
给仸、娲披在头上做法巾，把头上的布帽摘下给麽公做僧帽，道公自
己则穿无袖的道袍，戴有七个尖峰的冠冕接受皇帝的检阅，并进行临
场表演。皇帝看后十分赞赏，表示满意，颁给了合格证书。对此，麽、
仸、娲都一致感谢道公，使他们有了做麽、做仸、做娲的资格。自此
以后，他们登坛做法事，都保持这种穿戴模式。①

　　黄桂秋《壮族社会民间信仰研究》一书中的"娲"，即本书所称的麽
婆，"仸"则与本书中的麽公相类，他也使用土俗字写成的经书，用本地
壮语念经，但穿戴与麽公稍有区别。②

　　上述传说表面上是在解释道公、麽公、麽婆三种仪式专家穿戴的区别，
却隐喻着道公的尊崇地位：在皇宫里，道公携带的东西齐备，而"忘记带
法帽、法巾"的麽公、麽婆均是在道公的帮助之下（分取了道公的衣饰），
才顺利通过"考核"的。在此隐喻中，后二者的合法性皆来源于道公，而
四种仪式专家的权威性——做仪式的资格，均来自京城的皇帝，即他们均
需要通过皇帝的"考核"。

　　在太平清醮仪式中，道公的整个仪式表演给人以模仿、搬演王朝官僚
仪式的感觉，除了穿戴与道具以外，在道公所用的《祈苗各疏籍》③中，各
种奏疏皆如此落款："岁某年某月某日　臣某某某代为某某某等百叩疏上。"
可见，道公在模仿王朝官员的身份。在请龙（取水）仪式结束后，一名道
公会高喊："有事进奏，无事退朝。"

　　总之，道公代表的是王朝国家的传统，而麽公代表的是地域性的传统，
这个地域大概就是发现麽经的区域——右江流域、红水河中上游区域以及
云南文山州的壮族地区。下雷麽公所用的麽经《巫班酒斋》④中载，献给神
灵的马与鞍分别购自云南与百色，说明在此种信仰仪式所构筑的世界观里
存在着一个作为整体的区域。

① 黄桂秋：《壮族社会民间信仰研究》，中国社会科学出版社，2010，第395页。
② 黄桂秋：《壮族社会民间信仰研究》，中国社会科学出版社，2010，第393—394页。
③ 太平清醮第二晚所送词表就是抄自该经。该经持有人为大新下雷吕传通。
④ 该经持有人为大新下雷赵发清。

　　而在右江河谷地带发现的麽经——《布洛陀经诗》①中，收录了一篇题为《造土官皇帝》①的经文。麦思杰据该经文推测：“元明两代，左右江地区的土司往往处于互相争斗之中，‘形势宛然一衰周战国图’。许多学者一直强调左右江地区的政治秩序一直处于一种不稳定的状态，而忽略了维持其关系的力量。透过对《经诗》内容的解读，我们可以隐隐看到，这一宗教力量一方面承认土司对其地盘统治的合法，同时也反对土司对外扩张，其政治作用在于维持地方社会的稳定。”② 跳脱强调区域政治格局分裂与混乱的“不稳定状态”转而发现区域内部统一的“维持力量”——以麽经为中心的信仰与仪式，充分显示了麦思杰敏锐的学术观察力。

　　与道公相比，麽婆则代表更小的“地点”与“私领域”，如村落、家庭、女性等。一位靖西麽婆告诉笔者，她能请到的神（鬼）有：土地公、祖宗、天王、四角鬼等，但她讲不出这些神（鬼）的来历。可见，这些神（鬼）要么跟村落有关，要么跟家庭有关，要么是“无名无姓”的“超自然”。高雅宁曾假设，在仪式活动的分工方面，麽婆与道公有“私领域”和“公领域”之别，但经过一番调查后，她又否定了这一观点。③ 萧梅的调查却显示出，高雅宁关于麽婆与道公在仪式活动中分工不同的观点，在一定程度上是合理的。如在妇女怀孕后、生育前所举行的架桥、铺路仪式，道公不能做，只能由麽婆来做；而像太平清醮、丧礼、大型驱鬼等仪式，麽婆只能跟随道公参与活动，不能独立活动。④

　　此外，归顺故地的太平清醮还有一个特别之处，那就是“读榜”。这个仪式在第二天晚上举行，结束了白天仪式的道公与村民一起来到醮棚外的小广场上，像学生上课般，严肃地端坐于写在红纸上的“榜文”前。而“读榜”之人，就是带领笔者考察此次清醮活动的侬先生。侬先生是下雷人，现居南宁，曾在下雷中学做老师，是当地人眼中有知识有文化的人，并享有较高威望。在此次清醮活动中，他既客串打鼓，也是榜文的撰写者。

　　“读榜”之时，侬先生手持木棍，指示着榜文上的文字高声念读，并

① 《造土官皇帝》的具体内容，可参见张声震：《布洛陀经诗译注》，广西民族出版社，1991，第487—505页。
② 麦思杰：《〈布洛陀经诗〉与区域秩序的构建——以田州岑氏土司为中心》，《广西民族研究》2008年第1期，第105页。
③ 高雅宁：《广西靖西县壮人农村社会中 me²¹⁴mo：t³¹（麽婆）的养成过程与仪式表演》，（台北）唐山出版社，2002，第17—18页。
④ 萧梅：《唱在巫路上——广西靖西壮族“魔仪”音声的考察与研究》，载曹本冶主编：《中国民间仪式音乐研究》华南卷下，上海音乐学院出版社，2007，第467、469页。

不时停下来进行解释，像极了站在黑板前给学生上课的老师。榜文中称：

> 本村居民，世居边徼，以农为业，饱经风霜，靠天吃饭，耕地要
> 粮，含辛茹苦，常以丰歉为念。然社会制度不同，生活水平殊异。抚
> 今追昔，今非昔比。当今国施惠政，党播仁风。农民不纳公粮，免缴
> 赋税，减轻负担，安居乐业……此诚实施富民政策之功效也。富不忘
> 本，乐不忘忧，党恩国祚，永志不忘。

榜文不仅大力宣传党和国家的富民政策及其功效，还号召村民"党恩国祚，永志不忘"。侬先生与道公等仪式专家之间的"老师—学生"关系，颇值得玩味。在"读榜"仪式中，侬先生扮演的是传统社会里文人士大夫的角色，仪式专家们则在接受国家代理人的教导和规训。

以上这些，就是我们在当地乡村层面看到的文化的"体系"和"层级"。这是一个极为复杂多样、极富包容性的文化体系，故很难完全用从东南沿海地区发展出来的"标准化"与"正统化"等概念进行描述与概括。此外，我们还应注意到，在这个"体系"与"层级"之中，那些越是"标准化""正统化"的部分，越能在权力关系中占据优势地位，并在赢得当地民众的服膺后，建构起他们的文化认同。而这样的文化"体系"与"层级"，向上可以收缩到一点，向下则可以放大到极宽广的范围，因此具有极大的包容性。因此，国家层面的、区域层面的以至"地点"层面的传统，可以在同一时空中搬演。有鉴于此，我们若想研究一个地方是如何被整合进大一统的王朝国家中的，就需要将同一时空分解成不同层面，考察不同层面的关系及其形成。

三、村落仪式与村落团结：靖西墨海屯"三月三"
土地庙聚餐仪式考察

在靖西地区，当地村落集体举行的仪式，除前文已述的、理论上每五年举行一次的打醮仪式外，还有每年都会举行的土地庙聚餐活动。从聚餐活动的举行时间来看，绝大多数村落都是农历二月初二，有些村落则是农历八月初二。但笔者发现，墨海屯却是在农历三月初三举行这一活动的。虽然各村落举行聚餐仪式的时间不尽相同，但有一点是高度统一的，即都是以村落的土地庙为中心的。其具体表现是：聚餐地点都会选在土地庙前，

聚餐前都要向土地神献祭。

现在，一些较大的村落往往不止有一座土地庙，即在一个自然村落内部又出现分化。具体来说，在现行农村区划体制下，一个较大的自然村落常被分成行政村下面的不同小组（有的称屯，有的称生产队），这就对土地庙的"管辖范围"造成一定的影响。大多数情况下，一个小组拥有一座土地庙，本组成员都要参与本组土地庙的活动。对于那些人口较多、面积较大的村落而言，住在一起的人不一定参与同一个土地庙的活动，但参与同一个土地庙活动的人必定住在一起。近年来，农村掀起了修建新房的热潮，当村民们放弃原来的地基，迁址修建新房后，土地庙也会跟着"搬迁"或者"分家"。笔者调查发现，在一个自然村落中，尽管土地庙的数量有增多之势，但最老的那座土地庙往往拥有凌驾其他土地庙的地位。

在广西南部的壮族地区，传统的土地神信仰特色独具。当地村落的土地神往往有名有姓，他们或是本村的建寨始祖，或是曾为本村做过巨大贡献。据 20 世纪 50 年代至 80 年代所做的调查可知，在归顺州故地下雷地区，当地人普遍认为，本地土地神是由本地历史上著名首领（峒主）变成的。峒主生前管理本峒民众，死后则管理聚集在土地庙内的众鬼。因此，当地的土地神往往有名有姓有故事：

> 人虽死但灵魂不灭，头三年，死者因眷恋亲人不愿离家；五年后，才转入家中地下；待满九年，方离家转入土地庙内，故各村都设土地庙。……各庙的土地公都有明确的姓名，如全村的土地公，生前当是本地著名的首领。如"板恩峒主敏"，指板恩村最早峒主侬敏。据说，他为人正直，且神通广大，为本村的开拓奠立做过重大贡献，享有很高威望。由于生时为峒主，管理众人，死后亦为峒主，管理众鬼，继续在本村范围内，既管阴间，也管阳间。[1]

由此可见，当地的土地神信仰与所谓的"建寨始祖崇拜"十分类似。人类学家 F.K. 莱曼在研究了东南亚北部及中国相邻地区的建寨始祖崇拜后发现："（当地）人们普遍假定，土地最早和最终的拥有者是一些鬼之'主'，他们通常与显著的地貌特征相联系……初次开辟某一土地的定居者必须同上述鬼主订下某种契约，据此，人神之间应保持沟通，以保证双方

---

[1] 李绍明等主编：《中国各民族原始宗教资料集成（土家族、瑶族、壮族、黎族卷）》，中国社会科学出版社，1998，第497页。

合作的条件可以持续，鬼主的要求可以适时得到满足。"① 久而久之，"建寨始祖"亦变成"鬼主"，村民们必须世代向其献祭。

在旧州附近的墨海屯，由于当地人认为峒主庙就是土地庙，所以他们举行聚餐仪式的地点就设在峒主庙前，不过时间是在每年的农历三月初三。当天，村里还要派人到旧州的天宗墓园进行扫墓。2010 年 4 月 16 日（农历三月初三），笔者有幸考察了他们的聚餐活动。下面是当天的笔记：

> 早上十点多，直奔墨海，他们已经杀了两头猪准备做晚饭了。在屯长李硕老人家吃午饭时，李告诉我，他们这里没有二月二的说法，历史上一直就是三月三。在这之前，自己就拜完自己家的山，三月三是扫张天宗的墓。并说其原因是，张天宗原住在墨海屯苍崖山贡干峒（音），所以会立这个庙。因为张死在旧州那边，所以墓在那里。说是天宗打猎时追逐一只老虎，老虎在中了天宗的箭后跑到德保②。那边有个土皇帝③，发现了这支箭，因为箭上有张的名字，所以知道有这个地方，就派兵攻打这里。张兵少，所以失败了，就从旧州后山跳下来自杀了。

> 以前，在这一天，全村的人都不会下地干活，而是被分成两帮，一帮负责炊事，另一帮则去做全村的公益劳动。比如，修桥、铺路等。现在则是全村被分成几个小组，轮年当值负责三月三的活动。

> 十二点半，村里派出的代表到达旧州天宗墓园，进行祭拜。供品有猪头、血肠、猪尾巴、酒等。

> 回村子的时候，碰到了划河界归来的几个年轻人。这应该就是村里的公益事务了。他们说划了界，就可以管理了，封河时不让别人钓鱼、炸鱼。

> 下午，专门有人把全村参加聚餐的名单列出来，并分配到各个桌。某人带几个小孩，便在他名后注明几份，小孩名字不用单独写上。男的打散坐，女的和小孩照顾到家庭进行桌的分配。人们来了，首先翻开"桌单"看下自己的位置。桌单上老年女性写法，通常是姆或婆后加儿子或者孙子的名字，还有就是写小名的，用汉字代表土音。

> 在聚餐快结束时，屯长进行发言，介绍本屯与邻屯河流分界的争

---

① ［美］F.K. 莱曼著，郭净译：《建寨始祖崇拜与东南亚北部及中国相邻地区各族的政治制度》，载王筑生主编：《人类学与西南民族》，云南大学出版社，1998，第 191 页。

② 历史上为镇安（土）府所在地。

③ 当地人常常用"土皇帝"来指称、形容历史上的土司。

端，还说将与邻村谈判。有个村民向我说，那段河本是自己村的，但被邻村拦起来，承包给别人放鱼苗了。村民去要，邻村却不肯放弃。

至于聚餐的开支，由集体出一部分，个人也筹一部分款。村里的公共资金包括：集体鱼塘、流动田的收入以及封山育林后上级下发的资金。参加的每人交十块，集体补贴十块。小孩、老人都参加，特别老的（八九十岁以上的）就不来了。聚餐时的肉和骨头都是大块大块的，我怀疑一开始就是为了聚餐结束后打包回家。后来发现，当场吃的不到做出来的五分之一，其余的都被大家用大大的碗、钵甚至小桶装回家。在名单上，有的人名后注明几份字样，这其实是代表小孩和不能出席的老人。小孩吃不了什么，但在最后分的时候，他的一份不能少。未到老人也有一份。

虽然"义士"张天宗的故事在当地传播甚广，但笔者考察后发现，在当地村民中仍有不同版本的张天宗故事。在李屯长的版本里，张天宗更接近"土地神"的形象——他是本地人，在抵抗德保"土皇帝"侵略时牺牲，而张的江西原籍、抗元事迹以及开辟故事都没有出现。这样的形象其实更为接近前文所揭露出来的历史真实，即"南宋义士"实是由土著峒主变身而来。而到天宗墓园祭拜，应是较晚才衍生出的传统。当地村民虽然讲得出"南宋义士"的故事，但是没有注意到两种故事之间的矛盾，其和当地两种命名（称呼）系统，是同一个道理。

村民当天的公益劳动、聚餐仪式上的分肉环节以及聚餐结束后针对"村务"的讨论等，都显示出当地村落正是借着土地庙活动来实现整合和团结的。总之，当地是一种以村落为中心的社会整合模式，这跟本地区域历史上的"峒"体制是一脉相承的。当地的村落整合模式可以跟其他地区形成参照与对比。我们知道，在珠江三角洲地区，宗族在地域社会中发挥着重要的整合作用。令人印象深刻的是，珠江三角洲地区也有分猪肉的仪式活动。不过，它却是依托宗族祭祖仪式进行的。也就是说，两地的"分肉"仪式都是和其所在社会的整合模式完全配合的。

小结：从历史理解现实

在边缘地方研究中国文化传统之所以具有得天独厚的条件，是因为边缘地带的文化传统层次分明，清晰可见。其原理在于，文化（政治）中心及其附近地带，文化传统的覆盖频率高且覆盖彻底，而在边缘地带，文化传统的覆盖频率低且覆盖得不彻底。在传统时期更是如此，正如所谓"山高皇帝远""十里不同风，百里不同俗"以及"礼失求诸野"。

我们在归顺州故地可以看到，不同层次的民间信仰与仪式传统可在同一时空中展演，共存共生。例如，扶乩活动以及道公、麽公、麽婆各自的仪式活动等。在当地仪式传统中，有的大概可以推知其传入的时间（如扶乩）；有的只能以"土著"二字笼统概括，只知其产生的时间较早，但具体时间实难确定，如麽公、麽婆各自的传统。有的明显跟王朝国家密切相关，有的则跟地域的传统相关。它们或是偏重地方公共事务（如扶乩、道教的仪式传统、土地神的祭祀仪式）、家户事务（如麽公的仪式传统）、性别事务（如麽婆的仪式传统）。这些具有不同时间深度与渊源脉络的信仰、仪式传统在当地并不是相互孤立的，而是发展融合成一种多元包容的体系与层级。只有将共时态的文化事项进行抽丝剥茧、切片观察，我们才能分析出较为土著的历史及其演化变迁。

当地被整合进王朝国家，当地被视为中国或相信为中国，除了因为我们能在当地发现那些象征着一统性的仪式传统外，更重要的是，这些仪式传统还在当地仪式传统的体系与层级里面占据优势的地位。边地人群对外界、对中心既有心悦诚服的认同，也有心存恐惧的敬畏。正如我们在太平清醮仪式中所看到的，道公等仪式专家认真、虔诚地静听"读榜"。

所谓"多层一统"，指的是我们相信，地方文化是在不同时间段内借由不同方式层叠形成的，[①] 构成这一层层的文化传统可能跟不同的地域中心相联系；在层叠之时，各种文化传统的边界可能相互渗透，但仍能清晰可辨。地方文化不是杂乱无章的拼盘，而是融合的层级与体系。那些代表"大一统"的文化传统，往往在这个体系与层级中占据着优势地位，形成对其他文化传统的统合之势，并赢得民众的认同与服膺。

---

① 文化传统的"层层重叠"现象已为诸多"华南研究"学者提出，"多层一统"的概念受到他们的影响与启发。较早提出"传统重叠"的是刘永华教授。参见刘永华：《文化传统的创造与社区的变迁——关于龙岩适中兰盆胜会的考察》，《中国社会经济史研究》1994年第3期，第57—69页。

结论：国家整合与多层一统

宋明以降，中越边境广西左、右江上游区域的社会变迁与国家整合过程，可以用下面这种最粗线条的方式加以概述：

北宋，广西左、右江上游区域侬智高起事的失败，象征着在两个王朝国家间的中间地带已经不存在建立与维持一个新王权的空间。宋末至明初，曾在中原王朝与安南王朝之间"两边倒"的地方势力有的被彻底消灭，有的则"转身"投入中原王朝的怀抱，并将祖先追溯至中原地区。明初，思明府地方土司在与安南王朝争夺土地的过程中，中原王朝的力量被引进、借重，土司势力范围逐渐成为国家边界。明王朝制定的礼法——有关土官承袭的规则与程序——成为土司与王朝国家"交流""沟通"的语言，一方面，王朝国家相当重视并努力控制土司权力传承的谱系；另一方面，土司内部势力常常采取伪造谱系的方法以实现自身利益。

明后期，土司统治内部流官权力凸显，思明土府出现"一府两制"的现象。到了清初，右江上游地区成为国家资源运输与人员流动的重要节点，鄂尔泰的军事镇压行动则奠定了广西土司大规模改土归流的基础。

改流后，外来官员与科举功名体系推开后培养出的地方功名人士，携手改变了地方社会的文化面貌：归顺州的地方历史被建构为南宋义士所开创，"祖源广东南海"说成为当地人群普遍遵循的模本。直到今日，我们仍能从实地观察到不同文化传统与礼仪的叠合以及它们之间的层级与体系。如果说麽婆吟唱、土地公献祭等是比较古老的传统，那么，扶乩等则是清代文教事业的发展所生产的新传统。多样的传统在当地并不是杂乱无章的，它们形成的是一个融合的层级与体系，而那些与"大一统"相关的传统则占据着这个层级与体系的优势位置。

那么，经由上述历史过程可以总结、提炼出什么样的概念、范畴，以供其他地域与学科的研究借鉴、参考呢？就此，笔者尝试提出"国家整合"与"多层一统"两个概念。其中，"国家整合"是指国家统治权力在各个地域建立、深化以及均质化，各个地域被整合进国家范围以及一体化的过程。

"国家整合"概念受到内特尔（Nettl）提出的"国家性"（stateness）概念的启发。内特尔认为，应该将国家视为一个概念性变量而非常量——不同国家间存在质和量的区别——只有这样，我们才能进行有意义的实证的比较研究。[①] 内特尔所持的是比较政治学的路线，论证的是世界各地区、各国家之间存在的"国家性"差别，而笔者以为，同一国家内部的不同地域亦存在此种差别，国家整合的过程就是"国家性"均质化、一体化的过程。论及中国社会历史，科大卫的"地方社会模式"理论虽然重点在于解释地方，但已明白透露出"国家"的建构、整合属性；温春来研究的黔西北从异域到旧疆的历史进程，则为"国家整合"概念提供了精彩案例。循着这条道路，笔者拟就"国家整合"的方式进行总结、提炼。

米歇尔·比利格（Michael Billig）曾经提出"日常民族主义"（banal nationalism）概念。比利格认为，传统上对民族主义的归纳多数只关注其暴力和血腥的一面，而往往忽视其日常化的、平和的一面，所以他用"日常民族主义"一词来指称那些通常没有被注意到的、在每天生活中发生的、例行的实践。他还形象地指出："日常民族主义的换喻形象不是一面在狂热和激情下被有意识地挥舞的旗帜，而是一面在公共建筑物上悬挂的、没有被注意到的旗帜。"[②] 笔者以为，比利格对民族主义研究旧有传统的批判以及对新选路径的倡导，同样适用于有关"国家"以及"国家整合"的研究。

依据我们的传统研究，国家整合理应包括政制建置、军事部署、经济融合以及文教推广等方面。国家整合方面较新近的研究，可参考苏力关于"文化制度与国家构成"的研究。[③] 但笔者想要指出的是，这种研究更多的是从王朝国家的视角出发，关注的重心是军事行动、典章制度、政策措施等的推行，至于基层百姓的感受与反应，不过是论证典章制度等执行效果的证据；而本研究则坚持从当地人群出发，关注的是人的实践活动和心理认同，王朝国家的典章制度等则为这些实践活动提供了创作框架和表演舞台。从重大历史事件转向民众的日常生活，正是本书坚持的路线。

因此，笔者在此强调的是以下五种国家整合方式：地缘血缘想象、文

---

① 参见张长东：《比较政治学视角下的国家理论发展》，载俞可平主编：《北大政治学评论》第 3 辑，商务印书馆，2018，第 207 页。

② 转引自高奇琦：《宏观民族分析的微观基础：西方日常民族主义理论评述及补充》，《民族研究》2012 年第 2 期，第 2 页。

③ 苏力：《文化制度与国家构成——以"书同文"和"官话"为视角》，《中国社会科学》2013 年第 12 期。

化地景塑造、礼法话语建构、资源 / 人员流动以及信仰仪式统合。虽然上述国家整合方式总结、提炼于中越边境广西区域，但是它们之于中国南方边疆地区应该具有一定的普适性。例如，陈贤波就研究了清代贵州都柳江流域土司祖先故事的创制；黄菲研究了清代云南东川府的地景塑造与王朝国家以及当地土著的关系。[①]但笔者更希望这样的经验总结突破地域模式的层面，希望这五种方式能够构成一种指标体系，用来量度明清时期整个王朝国家边疆地区的国家整合，以供其他地域研究检验、修正与校准。

地缘血缘想象

关于现代民族（国家）共同体认同的想象性，本尼迪克特·安德森曾作出极具说服力的论述："（民族）它是想象的，因为即使是最小的民族的成员，也不可能认识他们大多数的同胞，和他们相遇，或者甚至听说过他们，然而，他们相互联结的意象却活在每一位成员的心中。"[②]回到中国历史上的明清时代，边缘地区的人群是如何形成他们对（王朝）国家的感知和认同的呢？笔者以为，他们一方面需要知晓自己身在何处，另一方面需要明白这个国家还有其他哪些地域，但最为重要的是，还需要了解自身地域与其他地域之间的联系。从这个视角出发，历明至清不同时间出现的祖源"山东青州""广东南海"迁徙故事（详见上篇第一章、下篇第二章）就显得意义重大。明代发端的"山东青州"说集中在土司或头目家族，清代兴起的"广东南海"说则遍布普通民众之家。它们不仅使得边缘人群明白自己从哪里来，是谁，还为边缘人群指示了前进的路向——他们应该和谁在一起。由于这些故事恰好都是祖源叙事，故它们又为地缘上的想象打上了血缘的烙印。附着于血缘的情感纽带最为朴素、纯真，人们对其的依恋度和忠诚度也最高。

这类祖源叙事在有的人看来是真实的历史，在部分学者看来不过是"自卑者"的攀附，但在笔者看来，它们既是特殊地域"国家整合"的方式，也是"国家整合"的结果，体现了地域人群身份与认同的建立。当然，

---

① 陈贤波：《土司政治与族群历史：明代以后贵州都柳江上游地区研究》，生活·读书·新知三联书店，2011；Fei Huang, Reshaping the Frontier Landscape: Dongchuan in Eighteenth-century Southwest China, Leiden: Brill Academic Pub, 2018.

② ［美］本尼迪克特·安德森著：《想象的共同体：民族主义的起源与散布》，吴叡人译，上海人民出版社，2005，第 6 页。

这种身份与认同并不是高高在上、脱离实际生活的东西，它永远和人们的生存境遇相配合，渗透着人们的生存智慧与生存策略。明初，思明府土司黄广成请求王朝官员解缙为其父撰写神道碑而"流涕而跪"的场景令人印象深刻，关于这篇碑文所透露的地缘、血缘想象以及所反映的生存境遇与策略，笔者在上篇第一章已有详述。

在一个时段内，我们曾以炎黄子孙、华夏儿女、龙的传人等象征来维系一个民族（国家）的情感认同，如果对这种认同模式进行追根溯源的话，它的凭借与根基或许就在于历史上那些尚为复数、尚未归一的祖源叙事。

文化地景塑造

地景（landscape）的经典定义是："我们显然无法只把地景当成物质特性……我们也可以将其视为'文本'予以解读，并且告诉居民和我们自己有关人群的故事——涉及他们的信仰与认同。这些并非永远不变，或是难以形容；有些部分是日常生活视为理所当然的事物，有些则可能引起政治争端。"[①] 从客体对象来看，地景既包括自然景观，又包括人为活动形成的社会人文景观。不仅如此，地景还蕴含着人类对景观的阐释，诸如神话、传说、故事等；地景还附着人们的审美态度、情感认同以及意识形态。从水文数据上看，长江、黄河跟地球上的其他河流相比，或许并无特异之处，但它们却被赋予"中华民族母亲河"的称谓，其在中国人心目中的象征意义不言而喻。

回到本书，万历年间，王朝官员与地方人士寻找铜柱时出现的钦州"分茅岭"地名（详见上篇第一章），或因中越边境地区某处山岭的草木异形——山顶茅草南北分垂——而起，但它却被认定为明王朝与安南王朝的分界标志，颇具中国历史上"天人感应"思想的意味。光绪十二年（1886）中法战争结束后，两国官员勘分清、越边界，分茅岭成为谈判桌上的重要分界依据。乾隆年间，镇安府属龙神庙的兴建（详见下篇第二章），不仅是在原有自然景观的基础上增添了人文景观，更为关键的是，引进了"大一统"的神灵，并对地方原有神灵形成一种凌驾之势。据建庙碑文记载，这位神灵的进入还与遥远的皇帝旨意有关。同治年间，归顺州天宗神像的塑造及天宗墓园的兴建，则重塑了地方历史——本地实为南宋义士所开辟

---

① ［美］Mike Crang：《文化地理学》，王志弘、余佳玲、方淑惠译，巨流图书公司，2003，第52页。

（详见下篇第二章），自此以后，本地蛮夷之气一洗而尽，地方士气为之鼓舞。这种情感更是充分体现在民国时期的靖西中学的校歌歌词里面："边疆幅员千万里曾经谁开辟？昔年张天宗；云山鹅泉峰峦地期待谁整理？今日我靖中。"

其实，地景有时还可以完全脱离客观对象的限制，笔者尝试谓之"虚拟地景"，即不存在客观对象物的地景。如上篇第一章中的铜柱，传说其为东汉时，马援将军平定交趾"二征起义"后所立。明初，安南方面曾明言"千载之下，陵谷迁变，谁复能辨"，但是有没有真实的铜柱已不重要，关键是人们坚信，确实有一处马援所植、象征分界的铜柱存在。时至今日，我们在广西防城港东兴市口岸附近采访时，仍有当地老者声称，自己小时候曾在口岸对面的越南境内看到过铜柱。他还描述道，铜柱如碗口粗。

明清时期，广西或外来的文人墨客曾写过许多凭吊马援的诗歌，铜柱往往是诗歌中不可或缺的象征物。如："南天自古限江河，犹记当年马伏波。铜柱曾经标粤界，镡津永不混蛮歌。"① 该诗是由清代广西中部某县的地方文人所作，"镡津"就是该诗作者的家乡。在他看来，正是由于马援所植铜柱划清了广西与越南的边界，他的家乡才得以脱离"蛮歌"地带。寻找与制造一种边界，将"外部人"限制在外部，将"自己人"圈定在内部，这就是内部整合的手段。总之，边缘地区地景的塑造，既渗透着国家的意识形态，又凝聚着地方人群的情感认同，是国家整合的重要方式。

礼法话语建构

理解中国的国家整合，自然离不开针对中国制度文明的研究，但我们现在研究历史制度时，显然再也不能沿用"死"制度的老观点——仅仅关注制度条文、制度框架等，以为这些制度曾经被切切实实、不走样地执行过。我们要做的是"活"的制度史研究：制度如何被制定？制度如何被执行和利用，以实现不同个人、群体的目的和利益？亦即制度如何成为一个对话过程。

明廷于洪武年间出台的土司承袭制度，确实产生了深远的影响，一方面，它直接促成了土司的"家族化"以及土司家谱书写传统的形成；另一方面，也更为重要的是，它促进了一种囊括各方的礼法话语的形成（详见

① 光绪《藤县志》卷二十《艺文志》，《中国方志丛书》本，成文出版社，1968，第 909 页。

上篇第二章）。回到历史情境之中，我们便不难发现，土司承袭制度并非铁板一块，它不但是对原有地方传统的承认与妥协，还充满争议空间。王朝、官员更多时候都是"选择性执法"，借着这套制度打击那些叛乱无常的土酋，拉拢那些可供驱使的土酋；土司内部的各种势力对于这套制度也是大加利用，所以伪造谱系、冒充朝命的现象才会层出不穷。但是，王朝、官员、土司势力均非常重视且十分熟悉这套制度，因为这套制度就是他们共享的论证合法性的理据，他们在相互争论、博弈之时需要不断援引。这就构成了一个话语平台，各方均能参与这个平台，这个平台又将各方整合到一起。

为了更好地理解这种整合作用，我们可将其置于历史比较的视角下加以探讨。宋元时期，左、右江区域的地方土酋与中央王朝大致保持一种"进贡—授官"的互动关系，王朝国家对于地方权力的传承等土酋内部事务并不关心。到了明初，正是这套承袭制度的出台，为各方提供了一个话语平台，各方均能在这个平台上进行争论、博弈。地方土司也在潜移默化中学习、实践"大一统"的家族理念。入清以后，南方地区的绝大多数土司都被改土归流，即便是那些留存至清末民初的土司，其统治治理功能也逐渐被剥离殆尽。而土司制度的转化方向和承接载体，正是从汉人地区移植而来的家族制度。亦即土司被改土归流或其政治功能被剥离后，通常以家族形式长期存在。

总体而言，在明代大部分时间里，地方土司受到的王朝国家军事、政治压力并不算大。左江上游的卫所军人大多被用来修筑流府城墙，或是刺探情报；土司地区的钱粮税赋也是"俾其认纳，永不加增"。王朝国家既不想，当然也缺乏足够实力，去大规模建立直接统治。

最后，让我们用"牌局理论"来形象说明前述的整合作用。坐在牌桌前的人往往类型复杂，有的老老实实按规则出牌，有的时刻想着作弊，有的则不断挑战牌局规则，要求修改规则，等等。但是，牌桌上的人终究相信，确实有一套规则存在，正是关于这套规则的争论、博弈与妥协，将他们结成一个"局"，而不是其他。那些远远坐着的旁观者，与他们显然不构成一个"局"。总之，要想让一群互不熟悉的人学习一套规则，这套规则最好有些弹性与漏洞，以便让他们相互争论、博弈，而这不失为把人们整合成一个团体的好办法。

资源 / 人员流动

正如下篇第一章所述，"地方物产"成为"国家资源"，即象征着"地方"的被整合。关于这点，斯科特曾形象比喻道："一个前现代东南亚大陆上的统治者对我们今天称为国民生产总值（GDP）的东西不怎么感兴趣，他们对我们或可称为国家可用生产 SAP（state-accessible product）的东西更感兴趣。……国家可用生产必须容易辨识、监控和计量，即容易评估，国家可用生产还必须在地理上足够近便。"[①] 这个比喻还可延伸理解为：国家由于动员能力、技术水平等的提升，正不断把各地物产（可类比为斯科特所说的 GDP）转化为国家资源（可类比为斯科特所说的 SAP）。滇铜的开采，正是为了满足"国家需求"。马琦强调了币材与军需两方面的需求，笔者补充了国际市场甚至国际竞争的影响。我们知道，资源开采后必然进入运输环节，由运输线路构成的运输网络则将更大地域联系起来。清乾隆以后，由云南至广西右江水道的线路成为滇铜运输的主要渠道，这条运输通道由右江至西江后，一路往北经灵渠进入长江水系，一路往东经珠江水系进入广东、江西。

物资流动必然伴随人员的流动，乾隆以后，人口从聚集区向边缘地区流动成为一个全国现象。就广西中越边境地区而言，乾隆时期，广西官员报告称，广东、福建、江西、湖广等省民人往交贸易及开挖矿厂者，亦不可胜数；中越边境沿海地带的情况，也是如此。民国《钦县县志》载："乾嘉以后，外籍迁钦，五倍土著。"麦哲维（Steven B. Miles）研究了清代横跨广西、广东的西江水域的人口流动（主要是广东移民进入广西），除包括官员士子的流动、商业移民以及商业网络的建构外，还考察了在珠江三角洲与广西边疆族群地区形成的离散家庭——来回移动的广东男子在两头娶妻生子，组建家庭。有些广东男子甚至把广西的土著妇女带回广东地区，西江上游的亲戚也参与下游的宗族建设。因此，在麦哲维看来，西江上游边缘地区的政治、经济、文化整合，很大程度上是广东移民在流域上下游间环流的结果。[②]

人员流动又带来信息的交流。由下篇第一章可知，乾隆年间，广西、

---

① James C. Scott, *The Art of Not Being Governed: An Anarchist History of Upland Southeast Asia*, New Haven: Yale University press, 2009, p.73.

② Steven B. Miles, *Upriver Journeys: Diaspora and Empire in Southern China, 1570–1850*, Cambridge (Massachusetts) and London: Harvard University Press, 2017, pp.25–26, p.241.

云南、贵州、广东四省几乎同时发生"挖窖案"，四省民众均受到相似"邪术"的鼓惑，足见当时信息交流的速度之快与范围之广。总之，无论是物资流动、人员流动，还是信息流动，都是国家内部整合的重要方式。对于那些曾被视为"异域""绝域"的边缘地区来说，这些更具特别意义。试想一群与世隔绝的人，如何能够感知他们所在的王朝国家，又如何能够形成更高层次的身份与认同呢！

信仰仪式统合

前文讲了那么多国家整合，这是否意味着各地的地方传统必然走上同质化、"标准化"的道路呢？通过本研究可知，答案是否定的。直至今日，我们仍能在当地观察到不同文化传统在同一时空中共存、共生。不同文化传统之间仍存在较大差异，无论是从形式上看，还是从内容上看，都没有被"标准化"。在笔者看来，文化传统是不断叠加的，新的覆盖旧的，但这并不等于斩草除根，推倒重来，旧的完全没了生路。新加的一层可以运转良好，原来的也可以继续存活。关于此点，本书不乏实例，其中较为典型者有：当地两种不同的命名（称呼）系统，两种不同版本的天宗故事（分别参见下篇第二章和第三章）。

当然，这种现象特别体现在民间信仰与仪式方面。时至今日，我们仍能在归顺州故地看到，有着不同时间深度，与不同中心相联系的文化传统（如道公、麽公、麽婆、扶乩等各自的传统），可以在同一时空中搬演。不过，那些与"大一统"王朝国家相联系的传统，总能在权力关系中占据着优势地位，形成对其他传统的统合之势。据此，笔者总结、提炼出"多层一统"的概念（详见下篇第三章），即我们相信，地方文化是在不同时间段内借由不同方式层叠形成的，构成这一层层的文化传统可能跟不同的地域中心相联系；在层叠之时，各种文化传统的边界可能相互渗透，但仍能清晰可辨。地方文化不是杂乱无章的拼盘，而是融合的层级与体系。那些代表"大一统"的文化传统往往在这个体系与层级中占据优势地位，形成对其他文化传统的统合之势，并赢得民众的认同与服膺。"多层一统"既可以说明国家的整合，也可以解释地方的延续。

此外，笔者在下篇第二章中强调指出，"伪标准化"的观点是没有意义的。对于地方人群来说，任何层面的文化实践都是"真"的，它们只不过是因应不同的环境、解决不同的问题而已，并没有"真""伪"之别。

因此，研究者应该去除自身的主观偏见，将当地所有文化实践等量齐观，也唯有如此，"真""伪"之争才能迎刃而解。

当然，要想揭示这些层叠的文化传统（历史叙述）实非易事，其原因有二：一是新加的会对旧有的进行有意无意的涂抹、修改，二是这些文化传统（历史叙述）之间可能早已相互融合、渗透。鲁西奇就曾提出"中国历史的南方脉络"概念。他主张通过作者身份背景考证、"史源"分析等方法，区分出古史系统中的地域传统。[①] 斯科特则走得更远，主张从生计方式、社会结构等方面发掘"不被统治者"的历史。在斯科特看来，文字书写本身就是遮蔽历史的手段。[②] 在笔者看来，既要向前走一步又不会失之过激的方法，或许就是借鉴人类学的信仰仪式研究与口头传统研究的方法。

关于信仰仪式研究，Erik Mueggler 和马健雄关于云南彝族、拉祜族信仰仪式与集体记忆的研究，堪称成功案例；[③] 关于口头传统研究，笔者曾撰文分析有关侬智高的传说故事。[④] 侬智高在中央王朝、地方官员、士大夫眼中是蛮夷、叛臣，在一部分历史学家眼中是农民起义领袖，在另一部分历史学家眼中则是抵抗外国侵略的民族英雄。那么，当地人是如何记忆并看待侬智高，特别是侬智高起事的失败呢？其实，当地人是以"时机不巧"为母题的传说故事，来解释侬智高起事失败的。即侬智高的势力非常强大，只是因为无意触犯法术禁忌，才终功亏一篑的。

中国历史上族群接触频繁、"叛乱"较多的南方边缘地区，至今仍流传着许多"时机不巧"型叛乱失败的传说故事。下面是朱晴晴在黔东南侗族聚居地——黄封地区采集到的同类故事：

> 从前有一个反王，他的力气非常大，可以将很粗的竹子连根拔起。他一直都在修炼一种本领，一旦成功，就可以将一支巨箭一下子射到

① 鲁西奇：《中国历史的南方脉络》，载氏著：《人群·聚落·地域社会：中古南方史地初探》，厦门大学出版社，2011；鲁西奇：《层累、汇聚地造成的地域古史系统——以先秦越国的历史叙述为中心》，《历史人类学学刊》2013 年第 2 期。

② JJames C. Scott, *The Art of Not Being Governed: An Anarchist History of Upland Southeast Asia*,New Haven:Yale University press, 2009.

③ Erik Mueggler, *The Age of Wild Ghosts: Memory, Violence, and Place in Southwest China*, Berkeley:University of California Press, 2001; Jianxiong MA,*The Lahu Minority in Southwest China:A Response to Ethnic Marginalization on the Frontier*,London and New York:Routledge, 2013.

④ 张先清、杜树海：《移民、传说与族群记忆——民族史视野中的南方族群叙事文化》，《厦门大学学报（哲学社会科学版）》2012 年第 4 期。

京城去，将皇帝射死。经过很长一段时间的刻苦修炼，他终于大功告成。于是，他告诉自己的母亲，第二天鸡叫的时候一定要叫醒他，这样他就可以趁皇帝上早朝的时候，一箭把他射死。因此，他的母亲就一直未睡，等待着鸡叫。但到天快要亮的时候，她实在是太困了，就拿起筛子开始筛米。鸡听到筛米的声音后，就以为天亮了，便开始叫了起来。她就叫醒儿子，告诉他天亮了。反王就拿起弓箭射向京城，但那时皇帝还没有上早朝，箭正好射到了龙椅上面。皇帝得知这件事之后，就派人查找元凶，结果查到了黄封，抓住了反王，并将其杀死，其血染红了一条小河。①

我们从这种地方传统中，不难读出"失败者"的些许心态与声音来，尽管这种心态是那么微妙，尽管这种声音经过了层层覆盖。

笔者之所以深信口头传统的底层性，主要是因为其传承机制的特殊性以及较少受到文字传统的"污染"。民国时期，宁明县的县志编纂人员曾如此描述当地的口传"俗话"：

> 吾乡俗话相传，有所谓夜叉传者，不知始自何时，盖传述是乡草昧原民遗事。街谈巷语，口授弗衰，妇孺更为津津乐道。予幼时，每当月明三五之夜，辄偕家中昆仲姊妹、乡里儿童会集桐荫，鳞坐檐次，听邻媪谈夜叉传。彼老月下长谈，舌绘唇摹，娓娓不倦，一若往古时确有其人、有其事。②

上文中的"街谈""口授""妇孺乐道"，点出口头传统在传承场景以及传承人群方面的特征——多在民间乡野流传，受众往往是不识字者。看了该县志编纂者的描述，笔者不由得忆起，儿时在农村听外婆讲神怪故事的场景。因为口头传统"传述"的往往是本地"草昧原民遗事"，再加上其一直完全游离于文献记载之外，所以今天的我们是无法深入理解其所反映的社会机制的。但正因为如此，口头传统才体现了更多的底层性。

此外，有的边缘少数族群同时拥有本族群的口头传统与文字传统，透过其用本族群文字撰写的史料，我们颇能读出不一样的历史传统来。下面

① 朱晴晴：《移民、市场与社会——清代以来小江地域文化的演变》，博士学位论文，中山大学人类学系，2011，第82—83页。
② 民国《宁明县志》卷四《艺文志·别录》，广西壮族自治区通志馆藏复印抄本，成书日期不详，无页码。

一则史料，节选自刀国栋等译的《勐泐王族世系》（汉傣对照）[①]，我们从中不难窥见，在很长一个历史时段内，西双版纳傣人（傣泐）是如何想象与周遭人群的关系的：

> 帕雅英（天王）命令密柱甘嘛底麻稳（天神）说："你变成两只孔雀下凡，一只飞到密底哈纳管（中国），告诉天朝汉王；一只飞到勐戈桑勐漫（骠国[②]），告诉骠王。天朝汉王住在北方，是民主选举的哈先（巴利语，即国王），是父王。骠王住在南方，也是民主选举的国王，是傣泐的母亲。你必须在明天天亮前同时到达两地，站在宫廷上，同时呼喊两个国王的名字，要他们同时赶到勐巴腊纳西囡（景洪古称，下同），共同商讨大事；派出使者到勐南掌（古老挝）勐龙帕王（即今琅勃拉邦），找回勐泐王的后裔，在勐巴腊纳西囡建立佛寺。"并对孔雀说："若天朝汉王与骠王三天后不按时到达勐巴腊纳西囡，你就把他们的头炸成七块，天诛地灭。"[③]

中国文化的多样性与统一性都是无可争议的事实，应是我们开展研究的起点。现在的问题是，如何构想出一套富有动力机制的解释框架，来说明两者之间的关系。笔者尝试提出的"多层一统"概念，只是这方面的初步尝试，在今后的研究中，笔者还将继续深入推进对这个概念的论证。

---

① 《勐泐王族世系》讲述了西双版纳等地在第一代傣王帕雅真（12世纪）之前的历史，其内容充满了神话色彩。由于原文是传抄本，作者与创作年代无法确认。"勐泐"即"泐国"之意，为西双版纳傣人在宋元时期建立的联盟国家。抄本虽名为《勐泐王族世系》，其实是在追溯"勐泐"前史。详见佚名著，刀国栋等译：《勐泐王族世系》（汉文、傣文对照），云南民族出版社，1987，江应梁序。

② 骠国，即缅甸古国。

③ 佚名著，刀国栋等译：《勐泐王族世系》（汉文、傣文对照），云南民族出版社，1987，第3页。

附录一　旧民慕归：钦州西部的地方历史与都峒之民祖先叙事的创制

　　本文所谓的"钦州西部"，大致相当于今广西防城港市以及钦州市西部靠近防城港一带的地区。宋以后，这一区域一直由钦州管辖。钦州最早设立于隋开皇十七年（597），隋唐时期，中央王朝主要依靠当地的宁氏家族对这一地域进行控制。宋代，"钦之版籍始归有司，属广南西路"。明清时期，钦州均属广东布政司廉州府管辖。

　　在宋代，这一区域为钦州"七峒"之地，但宋代史料中只记载了"七峒"之一的如昔峒，其他六峒名称则语焉不详。明初设遵化乡，下设三都：时罗、贴浪、如昔。在嘉靖《钦州志》中，七峒之名一一被坐实：分别是博是、鉴山、贴浪、时罗、渐廪①、如昔、古森。当时的情形是：三都之下统七峒，时罗都统时罗，贴浪都统贴浪、渐廪、古森，如昔都统如昔、博是、鉴山。宣德二年（1427），如昔都民黄金广率如昔都下鉴山、博是，贴浪都下渐廪、古森四峒叛附安南。如昔峒乃如昔都之所在，故史籍虽只载四峒叛附，但实际上如昔峒也在叛附地区之内。此四峒（五峒）②位置大概在今防城江以西、那梭镇以南的位置。嘉靖十九年（1540），安南莫登庸请归四峒，但在此后的记载中，如昔被思勒代替，博是改称河洲（亦称丫葛、阿葛、葛源），鉴山改称罗浮，渐廪、古森名称照旧。都峒之名一直沿用至清末。③

　　此一区域北抵十万大山南麓，过山即为历史上所谓的广西"左江地区"，具体则为上思州；西接安南，明清时期，安南在与钦州交壤地区设

---

① 不同文献中，"渐廪"又作"渐凛"。
② 本文均沿用史籍中"四峒"叛附的说法。
③ 详见嘉靖《钦州志》卷六《兵防溪峒》，中国人民政治协商会议灵山县委员会文史资料委员会编印，1990；民国《防城县志初稿》第十七章《杂录：三都五峒考》，防城港市防城区博物馆所藏 1947 年手抄本；《防城县志》第一章《建制设置》，广西民族出版社，1993。

置了永安州、万宁州。[①]

现今，生活在此一区域的著姓——黄氏壮族人群，皆称祖先是随东汉马援南征交趾的部将，故又有"马留人"之称。学界对广西境内的壮族将自己祖先追溯至中原地区的现象已有关注，如中国学者白耀天、粟冠昌、谈琪及日本学者谷口房男、河源正博、菊池秀明等都认为，这种现象不过是一种"攀附"而已。多数学者进一步将此种攀附现象产生之根源，归结为民族压迫和民族歧视。[②]谷口房男和白耀天在《壮族土官族谱集成》一书中，对壮族土官族谱的形成进行了颇有创见的分析。他们认为，明清时期，壮族土官族谱形成的基础是亲供宗支图本，而这类图本是明太祖为防止土官子孙争袭，要求土官提供并由中央吏部存档的证明性文件。土官为了证明自己承袭的合法性，不可避免地产生了"攀附"的现象。[③]

本研究则为重新解释广西（特别是广西南部的中越边境地区）壮族人群将自己祖先溯及汉代随马援平定"二征起义"的部将或宋代随狄青平定侬智高叛乱的部将这一现象，提供了一个新个案。本文总的观点是，前述祖先叙事的创制、流播与本地域逐渐"边境化"、地域人群国家认同逐渐建立的历史过程紧密相关。

一、"马留人"黄氏的祖先叙事及其分析：以族谱为中心

关于黄氏先祖随马援南征并留居的"事迹"，防城港市防城区华石镇《滩浪黄氏族谱》[④]记载得最为全面细致，现已成为当地黄姓的主流说法。现将相关内容征引于下：

---

① 四峒叛附时，万宁州、永安州迁入四峒设置。

② 参见粟冠昌：《广西土官民族成分初探》，《民族团结》1963 年第 2、3 期合刊；龚永辉：《"土话汉人"与"汉裔"观念——壮族自我意识历史形态初窥》，载范宏贵等主编：《壮族论稿》，广西人民出版社，1989；谈琪：《论壮族历史上的"弃蛮趋夏"现象》，《广西民族研究》1995 年第 3 期；邓金凤：《试析壮族的"汉裔情结"——以岑毓英为例》，《广西民族研究》2008 年第 1 期；等等。

③ ［日］谷口房男、白耀天：《壮族土官族谱集成》，广西人民出版社，1998，第 27 页。

④ 该谱收藏于防城区华石镇滩浪村黄国成（化名——笔者注）家，由防城区政协黄成国（化）先生提供给笔者拍摄。谱用毛笔写成，共 21 页，著者姓名不详，时间在 1916 年，其文法语句颇有不通之处。该谱详细记载了汉代先祖任汉、万定公及明代峒长祖先的"事迹"，现在当地黄姓的祖先叙事多与此同，2003 年编修的《防城黄氏族谱》也本于该谱。

吾祖黄讳任汉，出生于山东青州府益都县平落乡，是我祖原籍也。我祖一十七岁，身当把总，职列朝班，扶佑西汉刘皇，爱国忠君之贤臣也。但吾祖所生二男，长男名万定，次男万寿，年登十八岁，武冠三军。于西汉交东汉之时，始皇祖秀登基，国号光武元年。斯时蛮夷木王番鬼随安南出占广东省高州府钦州、廉州、灵山三县，谋反争夺大朝界。至于汉光武五年，刘主亲委马援伏波大将军，统带皇兵数万余人，直出山东省青州……我祖万定太公，原配赵氏，妾何氏、苏氏，共生下十三男。将军乃见汉、南两相交接，关隘虚空，无人把守，即上表申奏朝廷，圣旨准奏。随即行文遗下，委将军伊十三男留守关隘。给尚任汉、万定公为引路平夷大夫，给发令旗印信。

伊长男黄金广名福元，娶妻朱氏，封于时罗都三峒，把守关隘。

次男黄大统名福鋠，封于贴浪都峒主，守镇南夷。

三男黄册伦名福秀，封于如昔都峒主，保守关隘。

四男黄安进封于思勒峒，把守边隅。

五男黄安德封于古森峒主。

六男黄金宝封于河州峒主。

七男黄安顺封于罗浮峒主。

八男黄静公封于那狼峒把总，把守南关。

九男黄德志封于溉凛峒主。

十男黄才庆封于那勉、胡隆把总，把守隘。

十一男黄宽、十二男黄祥、十三男黄齐，此三男封为十图推粮理长。①

《滩浪黄氏族谱》中有很多经不起推敲的地方：其一，称黄万定曾受封合浦太守，这在史籍中并没有记载。其二，万定十三子中的黄金广、黄德志、黄宽等人，在嘉靖《钦州志》和《明实录》中皆为明宣德二年（1427）叛附安南的四峒峒长。其三，万定十三子中，有的竟受封为推粮理长（疑为里长——笔者注）、把总等明清以后才出现的官职名号。

从《滩浪黄氏族谱》所载的整个先祖世系观之，自东汉的任汉、万定、金广祖孙三代后，到宋代才出现所谓的"七峒长官司先祖"（在下文中，七先祖被证伪）。再往后，有宣德间叛附安南的黄金广（族谱关于黄金广的记载自相矛盾，一说其是东汉人）等峒长，以及嘉靖年间四峒复籍时的

---

① 《滩浪黄氏族谱》，持有人为防城港市防城区华石镇滩浪村黄国成，第9页。另引文标点为笔者所加，史实错误、文法语句不通之处照原文录出，恕未一一注明。

黄才庆等峒长两代人，但这两代上下相继的世系关系并不是十分明确。在该谱中，有向下延续世系关系的始于一个叫黄六祖的人："成化间，贼寇作反，上司委派六祖带勇钦州守城。"又载："大明嘉靖年间，上司又委钦州陈知州、刘知府、广东林道台三位大人带兵巡河州、思勒五峒，又追封我祖万定公之后裔……黄六祖为那狼堡峒主。"[1]虽然黄六祖到底是何时人现已不可考，但仍反映出黄氏族谱中的世系直到明嘉靖、成化后才逐渐明晰起来。

其实，从《滩浪黄氏族谱》的叙述可知，这些黄氏壮族人群就是宋明以降史籍中记载的当地土著——峒主、峒丁（清代又称峒民）——的后代，至于他们为什么要把自己的祖先"攀附"到汉代马援部将，我们可以在宋明以降当地所面临的地方历史场景中找到明确的答案。

二、宋至明中期钦州西部的社会历史变迁

（一）羁縻溪峒制下的宋代钦州七峒

在宋代，钦州西部大致为"七峒"之地。周去非[2]《岭外代答》"并边"条载："广西西南一方，皆迫化外。令甲：邕、宜、钦、廉、融、琼州、吉阳、万安、昌化军、静江府，系沿边。""自邕稍东南，曰钦州。钦之西南，接境交趾，陆则限以七峒，水则舟楫可通。"[3]《舆地纪胜》亦载，钦州如昔寨下辖有"七峒"。[4]但两书均只记载了七峒之一的如昔峒峒名，其他六峒之名则付之阙如。明嘉靖《钦州志》中，七峒峒名才被一一坐实，即博是、鉴山、贴浪、时罗、渐廪、如昔、古森。

宋代，中央王朝的势力已经深入钦州，隋唐时期宁氏家族割据一方的局面不复存在。宋代钦州由流官统治，不列于羁縻州行列，便是一个明证。

---

① 《滩浪黄氏族谱》，持有人为防城港市防城区华石镇滩浪村黄国成，第 7 页。那狼在今钦州大直一带。族谱载，六祖第三子黄继贤迁居滩浪附近的那湾居住，据此推测，该谱作者应为六祖之后人。

② 周去非于南宋乾道八年至淳熙四年（1172—1177）间任职广西，其中大部分时间任职钦州，所以对当地情况较为熟悉，其所著《岭外代答》与范成大的《桂海虞衡志》都是笔者研究宋代钦州西部历史的重要资料。

③ 〔宋〕周去非著，杨武泉校注：《岭外代答校注》卷一《地理门·并边》，中华书局，1999，第 3—4 页。

④ 〔宋〕王象之撰，李勇先校点：《舆地纪胜》卷一百一十九《钦州》，四川大学出版社，2005，第 3829 页。

由于钦州七峒地区地临左江地区，风土人情亦与之类似，因此官府在这一地区仍然实行羁縻溪峒制度，设置有"钦廉溪峒都巡检使"等职。

羁縻制度肇始于唐，在宋代达到鼎盛阶段。南宋范成大对羁縻溪峒制度进行了较为详细的阐述：

> 羁縻州洞，隶邕州左右江者为多……自唐以来内附。分析其种落，大者为州，小者为县，又小者为洞。国朝开拓浸广，州、县、洞五十余所。推其雄长者为首领。籍其民为壮丁。其人物犷悍，风俗荒怪，不可尽以中国教法绳治，姑羁縻之而已。①
>
> 其酋皆世袭，分隶诸寨，总隶于提举。左江四寨二提举，右江四寨一提举。②

此外，范成大还对羁縻溪峒社会有如下描述：

> 有知州、权州、监州、知县、知峒。其次有同发遣、权发遣之属，谓之主户。余民皆称提陀，犹言百姓也。其田计口给民，不得典卖。唯自开荒者由己，谓之祖业口分田……既各服属其民，又以攻剽山獠及博买嫁娶所得生口，男女相配，给田使耕，教以武技，世世隶属，谓之家奴，亦曰家丁。民户强壮可教劝者，谓之田子、田丁③，亦曰马前牌，总谓之峒丁。④

周去非补充了羁縻溪峒的情形：

> 羁縻州之民，谓之峒丁，强武可用。溪峒之酋，以为兵卫，谓之田子甲。⑤
>
> 邕州左、右江提举峒丁，与夫经略司买马干官兼提举，皆此职也。熙宁中，系籍峒丁四万余人，今其籍不可考矣。官名提举，实不得管

① 〔宋〕范成大原著，胡起望、覃光广校注：《桂海虞衡志辑佚校注》卷十三《志蛮·羁縻州洞》，四川民族出版社，1986，第179页。
② 〔宋〕范成大原著，胡起望、覃光广校注：《桂海虞衡志辑佚校注》卷十三《志蛮·西原蛮》，四川民族出版社，1986，第234页。
③ "田子""田丁"，《文献通考》《岭外代答》均作"田子甲"。
④ 〔宋〕范成大原著，胡起望、覃光广校注：《桂海虞衡志辑佚校注》卷十三《志蛮·羁縻州洞》，四川民族出版社，1986，第179页。
⑤ 〔宋〕周去非著，杨武泉校注：《岭外代答校注》卷三《□□门·峒丁戍边》，中华书局，1999，第133—134页。

一丁，而生杀予夺，尽出其酋。①

由范成大与周去非的记载可知，羁縻溪峒社会内部有峒酋（知州、权州、监州、知县、知峒）、主户（同发遣、权发遣）、百姓、家奴、田子甲之别，而除开前两者，其余皆可称为峒丁。峒丁完全听命于峒酋，峒酋对峒丁拥有生杀予夺之权。《岭外代答》卷三载："邕州溪峒之民，无不习战，刀弩枪牌，用之颇精。峒民事仇杀，是以人习于战斗，谓之田子甲，言耕其田而为之甲士也。"②这则史料反映出峒丁的另一个特点，即强武可用、习于战斗。

虽然范成大记述的主要是邕州左、右江地区的情形，但亦可理解为羁縻溪峒的一般情形。由于钦州七峒毗邻左江地区，且同属羁縻溪峒，因此其情形应相去不远。周去非认为："钦州峒丁，虽不如邕管之已甚，所以奉其酋者，亦类此。"③

为说明溪峒社会的独立性，笔者再举一例。据《岭外代答》载，宋代，钦州七峒地区原本设有"如昔""抵棹"两寨。④嘉靖《钦州志》载："宋置如昔寨，管辖如昔等七峒。天禧间，调兵以守。"⑤此处只是记载了如昔寨之名。为了控制溪峒地区，宋廷在各羁縻溪峒周围设置了许多军事寨堡。据《岭外代答》"寨丁"条载："环羁縻溪峒，置寨以临之，皆吾民也，谓之寨丁……诸寨行事，动关化外，法制不得不稍宽，威权不得不稍重。"⑥

此外，《岭外代答》"峒丁戍边"条也记载了"如昔"寨的戍军情况："旧制，钦峒置巡防使臣一名，以官军百人戍如昔峒，以备交趾。因官军虐之，峒酋乞不用官军，愿自以峒丁更戍，以故钦州独有峒丁之戍。"⑦峒酋自以峒丁更戍反映了溪峒地方对王朝势力的抵制。

---

① 〔宋〕周去非著，杨武泉校注：《岭外代答校注》卷三《□□门·峒丁》，中华书局，1999，第136页。
② 〔宋〕周去非著，杨武泉校注：《岭外代答校注》卷三《□□门·田子甲》，中华书局，1999，第135页。
③ 〔宋〕周去非著，杨武泉校注：《岭外代答校注》卷三《□□门·峒丁》，中华书局，1999，第136页。
④ 〔宋〕周去非著，杨武泉校注：《岭外代答校注》卷三《□□门·寨丁》，中华书局，1999，第137页。
⑤ 嘉靖《钦州志》卷四《官署》，中国人民政治协商会议灵山县委员会文史资料委员会编印，1990，第152页。
⑥ 〔宋〕周去非著，杨武泉校注：《岭外代答校注》卷三《□□门·寨丁》，中华书局，1999，第137页。
⑦ 〔宋〕周去非著，杨武泉校注：《岭外代答校注》卷三《□□门·峒丁戍边》，中华书局，1999，第134页。

总之，有宋一代，钦州七峒地区是一种以峒酋为核心且又相当武装化的社会，中央王朝的势力还难以深入当地社会。

（二）明初社会变革与钦州四峒叛附安南

关于七峒之地的元代史料，笔者只找到寥寥数条。嘉靖《钦州志》记载了贴浪峒主黄世华因讨伐上思峒贼黄胜许有功而被授予金牌印信之事："至元世祖时，两江峒贼黄胜许反，其孙（指黄世华——笔者注）讨贼有功，仍授金牌印信。"①

《元史·刘国杰传》中详细记载了黄胜许的叛乱事件：

> 时知上思州黄胜许恃其险远，与交趾为表里，寇边。二十九年，诏国杰讨之。贼众劲悍，出入岩洞篁竹中如飞鸟，发毒矢，中人无愈者。国杰身率士奋战，贼不能敌，走象山。山近交趾，皆深林，不可入，乃度其出入，列栅围之。徐伐山通道，且战且进，二年，拔其寨。胜许挺身走交趾，擒其妻子杀之。国杰三以书责交趾索胜许，交趾竟匿不与。②

此后数年间，由于黄胜许屡叛，元廷与交趾都曾对其进行过招抚。据雍正《钦州志》载："顺帝至正十二年，两江峒贼黄胜许反，攻掠州城及时罗、贴浪七峒，人民亡散殆尽。大兵征讨，贼鼠入深峒，仅获其妻。"③由此推知，黄世华的讨伐应与时罗、贴浪七峒遭到黄胜许的侵犯有关。

由黄胜许游离于交趾、元廷之间，以及元廷要依靠七峒势力来对付黄胜许叛乱等情形可知，有元一代，七峒地区以地方酋领为核心的社会并未发生大的变化。

洪武元年（1368），征南将军廖永忠占领广州，移檄往谕雷、廉等府，钦州随之归顺明廷。明廷以"七峒地方人民不多，不复给予新印"，所以革去了七峒峒主长官职事，四峒随后叛附安南。嘉靖《钦州志》对当时的情形描述道：

---

① 嘉靖《钦州志》卷六《兵防溪峒》，中国人民政治协商会议灵山县委员会文史资料委员会编印，1990，第224页。

② 〔明〕宋濂等：《元史》卷一百六十二《刘国杰传》，中华书局，1976，第3810页。

③ 雍正《钦州志》卷一《历年纪》，《故宫珍本丛刊》第203册，海南出版社，2001，第165页。

> 至国朝洪武元年，平章廖永忠、参政朱亮祖统兵取雷、廉等处，大小衙门俱送印信，赴朱参政军门，投款给授新印。时以七峒地方人民不多，不复给予新印，革去长官职事，仍称峒长，以此各峒长内怀觖望。至宣德二年，弃交趾布政司，澌廪峒黄金广与古森峒黄宽、鉴山峒黄子娇、博是峒黄建，以四峒二十九村二百九十二户叛附安南，邀求官职，黎氏封黄金广等为经略使、经略、同知、佥事等官，世袭守把本峒地方。以钦州贴浪都地置新安州，迁万宁县于如昔都，寻改州，又迁永安州于时罗都佛淘巡检司故址。[①]

《滩浪黄氏族谱》也叙述了四峒叛附安南的经过，其主要内容均沿袭自嘉靖《钦州志》。只是叛附的峒长，《滩浪黄氏族谱》多出时罗峒长黄德志："我祖黄德志……统带良民二千四百余人……投顺安南去了。"[②]

崇祯《廉州府志》对此事的记载，则与嘉靖《钦州志》稍有不同：

> 钦州七峒本就贴浪、时罗、如昔三都之地，洪武间设如昔巡检司，佥其民为弓兵，协守丫葛关。而金广遂以澌廪、罗浮、丫葛、古森叛，因并思勒峒及佛淘巡检司九十九村，延袤二百余里，以附黎氏。黎氏遂以如昔巡检司为万宁州，丫葛关为丫葛卫，以佛淘巡检司为永安州，以思勒村为金勒所。[③]

关于如昔巡检司，嘉靖《钦州志》载："在州治西一百七十里如昔都，守把那麻等村，与交趾分界……国朝改为巡司，洪武五年同知郭俊建。"[④]由此可知，如昔巡检司在如昔都。据民国《防城县志初稿》考证，如昔都在今防城港市江平镇。[⑤]关于佛淘巡检司，崇祯《廉州府志》载："遵化乡时罗都，在州治西南一百五十里，至佛淘巡检司，与交趾永安州接界。"[⑥]

---

① 嘉靖《钦州志》卷九《历年》，中国人民政治协商会议灵山县委员会文史资料委员会编印，1990，第 298 页。

② 《滩浪黄氏族谱》，持有人为防城港市防城区华石镇滩浪村黄国成，第 6 页。

③ 崇祯《廉州府志》卷二《地理志·诸峒》，《日本藏中国罕见地方志丛刊》，书目文献出版社，1992，第 37 页。

④ 嘉靖《钦州志》卷四《官署》，中国人民政治协商会议灵山县委员会文史资料委员会编印，1990，第 152 页。

⑤ 民国《防城县志初稿》第十七章《杂录》，防城港市防城区博物馆所藏 1947 年手抄本，第 44 页。

⑥ 崇祯《廉州府志》卷二《地理志·乡都》，《日本藏中国罕见地方志丛刊》，书目文献出版社，1992，第 36 页。

据民国《防城县志初稿》考证，佛淘巡检司在今越南芒街。①此外，四峒叛附安南后，各峒峒名也发生了变化，如昔被思勒代替，博是改称河洲（亦称丫葛、阿葛、葛源），鉴山改称罗浮。关于叛附安南的村寨数目，上述州志与府志的记载也有不同。

安南在四峒地方设置万宁州、永安州、丫葛卫、金勒所等军政建制后，其边界大致向东扩展到防城江流域，向北扩展到华石、那梭一带。据嘉靖《钦州志》载："那苏隘，在如昔都，与交趾万宁州金勒所接界。"②而那苏隘就在今防城港市防城区西部的那梭镇。在嘉靖《钦州志》卷首所附的"钦州图"中，钦州地界西到防城江便到了尽头。③

崇祯《廉州府志》中的"佥其民为弓兵，协守丫葛关"，还透露出一个重要信息，即洪武至宣德间，七峒曾与官府建立过良好的合作关系，故所谓的四峒因"内怀觖望"而叛附安南，不一定是历史的全部。有鉴于此，宣德二年（1427）的"弃交趾布政司"事件，应是四峒叛附的直接诱因。

永乐四年（1406），明成祖因安南权臣黎季犛废陈少帝自立，且截击护送陈朝宗室陈天平归国复位的明军，而调兵八十万，兵分数路出征安南。次年，明军攻占安南，明廷改安南为交趾，设布政司，郡县其地，实现了对安南的直接统治。但在交趾反抗势力的沉重打击之下，明廷在安南的统治一直处于风雨飘摇之中。宣德元年（1426），交趾反抗势力黎利兵势大振，"交趾总兵官成山侯王通帅师讨黎利不利，兵部尚书陈洽死之"。④为了挽救颓势，明宣宗一方面任命安远侯柳升为交趾总兵官，率军七万赶赴交趾；另一方面又任命沐晟为征南将军，率军从云南进军交趾。结果，柳升因轻敌冒进而阵亡。宣德二年（1427），王通见交趾局势已难挽回，便与黎利盟约，率三司以下官员北归，"弃交趾"遂成既定事实。稍后，明宣宗命沐晟"罢兵还镇。总兵官以下各散，新置大小衙门各罢"。⑤正在明军大败之际，四峒忽然叛附安南。这反映出当时的七峒人群由于处于一种地位边缘、身份模糊的政治地位，故具有较强的流动性与能动性，当面临重大的时势变化时，他们可以较为自由地选择自己的投向，以实现自身利益的最大化。

---

① 民国《防城县志初稿》第十七章《杂录》，防城港市防城区博物馆所藏 1947 年手抄本，第 44 页。
② 嘉靖《钦州志》卷六《兵防·营堡》，中国人民政治协商会议灵山县委员会文史资料委员会编印，1990，第 228 页。
③ 嘉靖《钦州志》卷首"钦州图"，中国人民政治协商会议灵山县委员会文史资料委员会编印，1990。
④ 〔明〕严从简：《殊域周咨录》卷五《安南》，中华书局，1993，第 194 页。
⑤ 〔明〕严从简：《殊域周咨录》卷五《安南》，中华书局，1993，第 197 页。

嘉靖《钦州志》便一针见血地指出，四峒叛附实乃"邀求官职"。结果，他们也确实得到了"世袭守把本峒"的权力。

问题的另一个方面是，入明以后，王朝与官府在当地社会推行的一系列旨在深入控制地方社会的制度，让当地峒酋感受到巨大压力，故叛附安南也是为了保存自身较为独立自治的社会格局。其中，里甲制度在当地社会的推行，应是当地峒酋面临的最主要压力。明代里甲制度的内容大致如下："以一百十户为一里，推丁粮多者十户为长，余百户为十甲，甲凡十人。岁役里长一人，甲首一人，董一里一甲之事。先后以丁粮多寡为序，凡十年一周，曰排年。在城曰坊，近城曰厢，乡都曰里。里编为册，册首总为一图。"① 里甲的基本职能是"催征钱粮，勾摄公事"。里甲并非单纯的户籍登记，而是要将编户固着于土地，让编户办纳粮差。里甲中的"户"，应指与土地相结合的人口，也即所谓的"人丁事产"。②

嘉靖《钦州志》如此描述七峒地方的里甲实施情形："国初定坊，一曰中和厢，一曰城东厢，乡四：曰新立，曰永乐，曰宁越，曰遵化。遵化，旧名时罗峒，统都三：曰时罗，曰如昔，曰贴浪，共八里。"即使在黄金广率四峒（如昔都全部与贴浪都的古森、澌廪二峒）叛附安南后，官府"乃以其余地及民并入时罗都……后其民不相和，复以二都余民凑立贴浪都。十甲弗具，多以绝甲充数"。③ 因此，七峒地区各类族谱中关于自己先祖曾担任里长、甲长等的叙事，应是里甲推行这一历史现象的影射，尽管这些族谱中充满了时空错乱与诘诎聱牙的叙述。如《滩浪黄氏族谱》记载：

> 委扎黄万定图照……万定十三男，朝廷封荫七子立七峒……时罗峒长官黄谔钦④ 主管随带良民甲长，一图封官令至执；又封一图印令留付与贴浪峒长官二男黄大统，就居一甲粮长，主管六峒里长……又封第八男里长黄家吉⑤ 主管户丁，催发钱粮，上纳本州库吏至执。⑥

---

① 〔清〕张廷玉：《明史》卷七十七《食货一》，中华书局，1974，第 1878 页。
② 刘志伟：《在国家与社会之间——明清广东里甲赋役制度研究》，中山大学出版社，1997，第 9 页。
③ 嘉靖《钦州志》卷一《坊都》，中国人民政治协商会议灵山县委员会文史资料委员会编印，1990，第 15 页。
④ 其他处作"黄金广"。
⑤ 其他处作"黄静公"。
⑥ 《滩浪黄氏族谱》，持有人为防城港市防城区华石镇滩浪村黄国成，第 12 页。

《滩浪黄氏族谱》中的"主管户丁，催发钱粮，上纳本州库吏"等叙述，道出了里甲制度的实质。

此外，嘉靖《钦州志》还记载了因四峒叛附安南而停征田赋之情形："停征者，宣德间，如昔一都九甲、贴浪半都之地陷于安南也，凡二十二顷一十一亩一厘一毫，米八十八石三斗五升一合七勺七抄。"[①] 由此可见，七峒地区切实推行过里甲赋役制度。

但四峒叛附安南后，情况发生了逆转。凑立后的贴浪都"多以绝甲充数"，而叛附安南的四峒更不可能继续向钦州官府提供里甲赋役。其实，在嘉靖二十一年（1542）四峒复籍后，当地实行的仍是"迤类羁縻"的"特区"政策。据崇祯《廉州府志》载：

> 嘉靖壬寅，莫酋虽以四峒来归，而境土人民十不及一，岁征少及，迤类羁縻。峒民每丁岁征银二钱五分，于我版图寔未增益。[②]

综上所述，里甲制度的推行，势必打破"耕其田而为之甲士"的地方传统，动摇原来社会的根基；而官府对地方人丁、赋役的控制，势必削弱峒主（峒酋）的权力，但四峒叛附安南却使这一过程中断了。在这一层面，我们可以更好地理解七峒之地的边缘人群与边缘社会。

（三）宣德、正统年间的招抚四峒

宣德二年（1427）的放弃交趾，给明朝统治者留下了痛苦的回忆与深刻的教训。此后，宣宗皇帝及其继任者均对周边地区采取了"息怨和边"的安抚政策。如四峒叛附安南后，黄氏峒长仍不断"骚扰"钦州边境。宣德三年（1428），广东按察使喻良上奏称："钦州如昔都峒寇黄禄，受诱交贼劫掳民人一十余家，掠去男妇八十余口。"[③] 对此，宣宗只是下令多方招抚而已。宣德九年（1434）十二月，钦州官员在一份上奏中称："本州贴浪、如昔二都与交趾万宁县接境，比因黎利叛逆，都民黄宽等为所迫，助

---

① 嘉靖《钦州志》卷三《田赋》，中国人民政治协商会议灵山县委员会文史资料委员会编印，1990，第77页。
② 崇祯《廉州府志》卷二《地理志·乡都》，《日本藏中国罕见地方志丛刊》，书目文献出版社，1992，第36页。
③ 《明实录·宣宗章皇帝实录》卷四十一，"宣德三年四月庚申"条，上海书店，1984，第1003页。

蛮寇掠民财。昨蒙恩命，令善招抚。宽等甘心附贼，抚之不从。"① 由此可知，四峒叛附安南后，明廷便下令地方官招抚四峒叛民。在地方官的上奏中，四峒叛附乃因"黎利所迫"，就是为叛民们找的"台阶"，但黄宽等人并没有领情。

正统五年（1440）二月，广东监察御史朱鉴上奏，请求继续招抚黄宽等人："广东钦州民黄宽等叛从安南，连年招抚不服，乞敕在廷大臣计议，移文取宽复业，优免粮差，仍专委廉干都指挥一员钦州守备。"为此，英宗皇帝作出指示：

> 上命宽等所遗税粮悉皆停征，仍敕谕广东三司曰，人情莫不好安乐而厌疾苦，宽等俱由前任方面郡县贪暴虐害，不得已而为自全之计……其各推举堂上官一员，同巡按御史亲诣招抚，但以善言化诱，使其感恩悦服，庶几事妥人安。其谕宽等敕书一道，就付尔等赍去。②

英宗把黄宽等人的叛附归因于官吏的暴虐，与地方官所谓的"黎利所迫"出于同一逻辑，均是为四峒叛民们就抚找的"台阶"。朱鉴在上奏中请求"优免粮差"，英宗敕令"税粮悉皆停征"，再次印证了七峒地区曾经推行过里甲赋役制度。

按照英宗的敕令，正统五年（1440）九月，朱鉴奉玺书至钦州，招抚四峒叛民。嘉靖《钦州志》载："时御史朱鉴同广东都指挥佥事张、广东布政司左参议王、广东按察司佥事黄，至时罗都滩凌山，建黄旗，揭榜招黄金广等。"③滩凌山后改称招远山，朱鉴在山上立石碑。嘉靖《钦州志》收录有朱鉴的招抚榜文，文中既有善言化诱之词，也有威逼利诱之语，但四峒叛民们仍然不肯就抚：

> 洪惟皇上体二仪生物之心，敷一视同仁之惠，释其罪愆，不念咎愆，节次差人招抚复业。每称国王拘留不放，首鼠市恩于两主，犹豫暗怀于二心，意拂民情，形同畜类。今奉敕书既行国王，又谕尔等复业，抚字谆谆，眷顾恋恋，虽慈母之于爱子，殆不过是也。奈何玉音

---

① 《明实录·宣宗章皇帝实录》卷一百十五，"宣德九年十二月癸亥"条，上海书店，1984，第 2592 页。

② 《明实录·英宗睿皇帝实录》卷六十四，"正统五年二月壬寅"条，上海书店，1984，第 1235 页。

③ 嘉靖《钦州志》卷九《历年》，中国人民政治协商会议灵山县委员会文史资料委员会编印，1990，第 298 页。

远临于边境，有若銮舆俯降于茅衡，正当匍匐远迓，不为过礼，碎首伏罪，未足释愆，却乃佯为不知，方且拥兵抗拒，岂礼也哉？①

由朱鉴的招抚榜文可知，尽管明英宗已经"仁至义尽"，但四峒叛民要么借口安南"国王拘留不放"，要么"佯为不知"，甚至"拥兵抗拒"。总之，始终不肯就抚。

此外，朱鉴还在榜文中威胁道："果不服招抚，吾当请敕诣王，取其田地，复其人民。"正统七年（1442），英宗敕谕安南国王黎麟：

> 往年广东廉州府钦州民黄金广等为尔国人所诱，昧其非，妄称贴浪、如昔二都地方旧属安南，诡言惑尔父，遂于本州丫葛村立卫置军，凡胁从者二百八十一户，侵轶疆境，诱胁人民。此必出尔下人所为，非尔父子所知也。夫二百八十一户于此非有损，于彼非有益，但信义之重，天不可欺。敕至，其即遣黄宽等二百八十一户，仍令钦州管属，其罪亦宥不问；尔所立卫悉革如旧，庶几敬天事大之道，尔亦享福于无穷。②

为了争取安南国王的支持，明英宗在正统七年（1442）的敕谕中称，黄金广等人的叛附乃是"受人利诱"而谎称"四峒之地旧属安南"，黎利只是被其"诡言所惑"。明英宗之所以变更前言，是因为正统五年（1440）敕谕中的"俱由前任方面郡县贪暴虐害，不得已而为自全之计"，此时已不合时宜。再进一步联系此前七峒地区边缘、模糊的地位和身份，所谓的"妄称贴浪、如昔二都地方旧属安南"，可能是黄金广等人叛附时所采取的策略。

事后，明廷与安南之间有勘察钦州边界之议，在地方上引发了诸多传言。正统十三年（1448），安南边境传言，明廷已派遣使臣前来勘察边界，安南国王令东道参知程显前去探明虚实还报。程显在没有认真查访的情况下，就回奏称明廷已派钦差二司官暨广东镇守总兵官率领兵马前来。安南国王立即派司寇黎克复等前往会勘，又命下南策府同知黎舍领兵万二千余

---

① 嘉靖《钦州志》卷九《历年》，中国人民政治协商会议灵山县委员会文史资料委员会编印，1990，第299页。
② 《明实录·英宗睿皇帝实录》卷九十，"正统七年三月己巳"条，上海书店，1984，第1808页。

人，会同安邦镇各军防备边事。^① 与此同时，明廷方面也出现了相似的传言："（景泰四年）相传时命户部侍郎至广勘处，嗣因国家有事，悬而未决，或只行两广军门亦未可知。"^② 总之，两边朝廷的共同关注，既使得当地人群第一次感受到身份、地位的重要性，也迫使他们不得不面对"区分"问题，并划出一定的"边界"。

正统十四年（1449），明英宗在土木堡一役中沦为瓦剌的阶下囚，随后明代宗即位称帝，勘察钦州边界之事也就不了了之了。直到嘉靖朝，钦州地区才迎来巨大的变局。

三、嘉靖年间知州林希元与都峒之民祖先叙事的创制

（一）林希元经营钦州西部

嘉靖十五年（1536），一位来自福建的官员就任钦州知州。他刚到任，就把目光投向了钦州西部地区。此时的钦州西部七峒之地，只剩时罗都时罗峒与贴浪都贴浪峒。而这位官员就是林希元。

林希元，字茂贞，号次崖，福建同安人，登正德丁丑（1517）进士。历任南京大理寺评事、泗州州判、大理寺丞、钦州知州及广东按察司金事等。林仕途多舛，曾遭遇两次贬谪。第一次为嘉靖二年（1523），因被大学士杨廷和排挤，由大理寺评事谪泗州州判。第二次为嘉靖十五年（1536），因疏议大同、辽东兵变，被论降调。吏部以其"京堂年深，欲优以闲局"，但林希元表示"不敢虚糜皇上廪禄，欲一州自效"，遂得为钦州知州。^③ 钦州任满后，升广东按察司金事。后又因力主出兵安南一事去官。《四库提要》对其"气质刚急、锐于用事"的评价，颇为精当。^④ 其在钦州任上，"塞弊窦，兴废坠，建社学，置劝农役，设立屯田，增修营堡，教养其民"，^⑤ 政绩突出。其中，涉及钦州西部都峒地区的措施，颇有深意。

① 详见陈文源：《明朝与安南关系研究》，博士学位论文，暨南大学历史系，2005，第 65 页。
② 嘉靖《钦州志》卷九《历年》，中国人民政治协商会议灵山县委员会文史资料委员会编印，1990，第 301 页。
③ 〔明〕林次崖：《同安林次崖先生文集》卷四《疏·谢恩明节疏》，《四库全书存目丛书》集部第 75 册，齐鲁书社，1997，第 519 页。
④ 〔明〕林次崖：《同安林次崖先生文集》，《四库全书存目丛书》集部第 75 册，齐鲁书社，1997，第 760 页。
⑤ 崇祯《廉州府志》卷九《名宦志》，《日本藏中国罕见地方志丛刊》，书目文献出版社，1992，第 136 页。

林希元重建了西平桥，使得钦州城西门得以复通："西平桥在州城西门外，跨城壕以济行人，久废。正德七年，知州李纯改从城西南隅跨堤为桥，后废，行者不通，遂塞西门。嘉靖十七年，知州林希元移近西门建桥梁二十二架。"① 州城西门外桥梁久废，城门堵塞，应跟西门朝向都峒地方、永乐诸乡，连接安南、广西有关。钦州西部地区一直动荡不安，除了宣德年间的四峒叛附安南外，尚有"景泰二年六月，黄屋山贼（在与时罗都毗邻的永乐乡，今黄屋屯——笔者注）黄公庞陷州城"。"正德十二年，交贼寇刀削岭（又名刀鞘岭，在时罗都——笔者注），新民黄通等击之"。②

此外，钦州西部地区还时常受到广西狼蛮的侵袭："其地西接广右四峒，狼蛮时剽掠为民患。每遇秋冬之际，民荷担携孥，驱牛羊，舍庐舍，逃之山谷避寇患者，岁为常。"③

可见，西门的桥废门塞，很可能是对西防御的结果，也由此导致了州城内与西边联系、交流较少的局面。关于林希元修桥的着眼点，其在《西平桥记》中指明："予至州，登城四望，见钦之王气皆在西方。近而中和、永乐、遵化诸坊乡，远而广西、交趾诸郡县，咸由此往，闭门非是，议启之。"林希元希望通过建桥来打破西边较为隔绝、孤立的状态，其向西经营的深远用意由此可见一斑。西门桥建成之后，林希元还招复了原有的圩市："父老告曰：'桥西之原，故有圩市，桥坏而废，宜复之。'乃复招圩，俾民贸易，民称便。"④ 嘉靖十七年（1538），时罗都防城圩也得到了恢复："防城圩，在时罗都防城界，旧设，嘉靖三年，知州蓝渠以切近交趾永安州，患华夷交通，罢之。嘉靖十七年，知州林希元始复，民称便。"⑤

林希元在钦州任上的另一大惠政，就是在各乡里广设社学。明制规定，全国府州县皆设儒学，坊隅里巷则设社学，意在使乡社之民亦沾教化。林希元共在钦州建了十八所社学，其中，西部的都峒地方建有两所："同文社学，在时罗都防城，接安南，故名；思文社学，在贴浪都思牙村，地接

---

① 嘉靖《钦州志》卷七《津梁》，中国人民政治协商会议灵山县委员会文史资料委员会编印，1990，第 244 页。
② 嘉靖《钦州志》卷九《历年》，中国人民政治协商会议灵山县委员会文史资料委员会编印，1990，第 301、304 页。
③ 嘉靖《钦州志》卷六《兵防·营堡》，中国人民政治协商会议灵山县委员会文史资料委员会编印，1990，第 226 页。
④ 嘉靖《钦州志》卷七《津梁》，中国人民政治协商会议灵山县委员会文史资料委员会编印，1990，第 244 页。
⑤ 嘉靖《钦州志》卷七《圩埠》，中国人民政治协商会议灵山县委员会文史资料委员会编印，1990，第 237 页。

交趾万宁州，故名。"① 林希元作有《十八社学记》一文，现征引数段加以分析：

> 迩者至钦，适当兴颓举废之际，于社学未暇之及，既而访其民风土俗，类多同于蛮夷。乃列当禁者十数事，请于当路榜刻宣示，而严为之禁。顾习俗已成，鞭扑徒烦，而禁弗可止。始悟曰："古之化民善俗者，皆为之于其初，则性习未成而转移也易。今欲化民，其必于社学乎？"乃以往日之提学者施之钦，访坊、乡当建社学者十八，所以告当路，皆报可。②

由此可见，林希元到任之初，本想通过刊示文榜等方式来改变当地的蛮俗，发现"禁弗可止"后，决定重拾做提学的老本行，通过建立社学来教化其民。关于教化的具体内容，《十八社学记》中云："诸教读咸体予意，以予规条朝夕教子弟以洒扫、应对、进退之节，读书、对偶、字仿之文；以予训言朝夕教子弟以爱亲、敬兄、忠君、弟长之说。"③ 对于林希元来说，将"无不习战，刀弩枪牌，用之颇精"的峒民教化成知"洒扫、应对、进退之节，读书、对偶、字仿之文"的良民，将当地"事仇杀"之陋习改造为"爱亲、敬兄、忠君、弟长"之新风，当属当务之急。下面，我们再来看看朱鉴训斥四峒叛民的榜文："黄金广等忘背父母之邦，窃献中华之地，率二百九十二户之良民胥变为夷，挟二千四百余口之男妇皆使断发，滥受伪官，虚糜廪禄，无廉无耻，不孝不忠"；"首鼠市恩于两主，犹豫暗怀于二心，意拂民情，形同畜类"。可见，林希元推行伦理规范、礼仪教条的本意是在当地人群中树立一种理念：叛离国家是蛮夷、畜类的行为，是被唾弃而不可效仿的。

此外，《十八社学记》中还描述了推行教化的效果：

> 其民耳目所未见闻，莫不欣欢鼓舞，而乐于教子。三月后，教读各以弟子见，其父兄不远三四百里，襁负其子而至州，其衣裳、步履，楚如也；其进退周旋、升降揖逊，肃如也；其讽诵、对偶、书仿，朗

---

① 嘉靖《钦州志》卷五《学校》，中国人民政治协商会议灵山县委员会文史资料委员会编印，1990，第173页。

② 嘉靖《钦州志》卷五《学校》，中国人民政治协商会议灵山县委员会文史资料委员会编印，1990，第174页。

③ 嘉靖《钦州志》卷五《学校》，中国人民政治协商会议灵山县委员会文史资料委员会编印，1990，第174页。

如也。予叹曰："人心有天，可以理动，诚然乎哉！"或曰："三年而后，钦其为中州乎已！"①

社学建成后，林希元又将"廉民之垦田未税者输之学，各二十亩，社学十八所，共田三百六十亩……赎回前官所鬻市肆一十七，与新建市肆一十五，庸供各学之费"。②在社学有了田产、诸生有了供费之后，社学这项事业不仅得以长期维持，还对当地社会产生了较为深远的影响。

此外，林希元还加强时罗都、贴浪都的军事部署，以备安南。嘉靖《钦州志》载："那苏隘，在如昔都，与交趾万宁州金勒村接界，如昔峒长黄凤阳居此。嘉靖十六年，知州林希元因有事安南，于此建营，议招雷州卫军二百名把守。"③林希元还将因如昔都陷入安南，而侨置于永乐乡的如昔巡检司署，迁到贴浪都与安南万宁州接界的那苏隘："宣德中，其地（如昔巡检司署）陷于安南，令迁永乐北历村。嘉靖十八年，知州林希元议移建于如昔残都那苏隘。"④

（二）议征安南与"汉将后裔"叙事的创制

自宣德二年（1427），黎利建立黎朝后，安南进入了为时半个多世纪的太平盛世。明弘治十八年（1505），黎威穆帝即位后，由于信赖外戚，恣行暴政，致使朝纲不举，内治混乱。正德四年（1509），宗室黎简修弑杀黎威穆帝后，自立为襄翼帝。正德十一年（1516），襄翼帝被权臣郑惟憍杀害，众臣拥立年幼的昭宗即位。为了稳定朝局、平定叛乱，昭宗不得不倚重都指挥使莫登庸。莫登庸击败伪帝黎椿、叛将郑绥等反叛势力后，权势日炽。嘉靖四年（1525），莫登庸擒杀昭宗。嘉靖六年 (1527)，莫登庸篡位称帝，改元明德。⑤

其间，明朝皇帝时刻关注着安南国内的政治局势，并数次敕令广西守臣对安南境内事态进行查勘。嘉靖十五年（1536），明世宗次子朱载壑出

---

① 嘉靖《钦州志》卷五《学校》，中国人民政治协商会议灵山县委员会文史资料委员会编印，1990，第174—175页。

② 嘉靖《钦州志》卷五《学校》，中国人民政治协商会议灵山县委员会文史资料委员会编印，1990，第175页。

③ 嘉靖《钦州志》卷六《兵防·营堡》，中国人民政治协商会议灵山县委员会文史资料委员会编印，1990，第228页。

④ 嘉靖《钦州志》卷四《官署》，中国人民政治协商会议灵山县委员会文史资料委员会编印，1990，第152页。

⑤ 详见陈文源：《明朝与安南关系研究》，博士学位论文，暨南大学历史系，2005，第77页。

生，"华夷内外莫不覃敷，惟安南以久不入贡，诏使临遣，为之停止。下外廷集议，咸谓罪当讨，毋赦"。① 礼部尚书夏言与兵部尚书张瓒等皆力言"逆臣篡主夺国，朝贡不修，决宜致讨"。② 明世宗也下令广西、广东、云南地方官员，"即便整搠汉土官军，调度钱粮，严备待命"。③

与朝中大臣们力主出兵安南不同，广东、广西地方官员几乎一致反对出兵之议。嘉靖十六年（1537）三月，广西左参议田汝成上奏称：

> 黎氏失国而莫氏代之，其衅未之详也。在黎氏必淫湎败度，故众叛亲离；在莫氏必阴施市恩，故能潜移默夺。不然，岂以一国之主，累世之威，忽然易姓，而更无倡义其间者哉？……莫氏之于安南，亦犹是也，其得民深矣，其自卫固矣。征之则失春秋详内略外之礼，因而与之，又非天王正名定分之心。故不若先之以责让之词，诘其篡杀之由，晓以君臣之义，以观其臣民向背之机而徐为之。④

时任广东廉州知府的张岳也上奏，力言征安南有"六不可"。⑤ 总之，在地方官员们看来，莫登庸篡逆之事，实难成为朝廷出兵的理由，只要其修职贡，朝廷不必劳兵征剿。

林希元是两广地方官员中的一个特例，他始终坚持对安南用兵。嘉靖十五年（1536），在读完礼兵二部廷臣会议征讨安南的邸报后，他随即上奏《陈愚见赞庙谟以讨安南疏》：

> 以臣观之，今之安南，当讨者三，当取者二，可取者四。中国，理法之宗，四夷所视以为表则也，登庸篡逆，理法之所不容，当讨一也。四夷视此以为轻重，当讨二也。国初弃交趾之时，安南因而侵本州如昔、贴浪四峒之地，置新安州，闻其民衣冠言语，常有反本之思。彼国执迷怙终，未有悔过之念，宜乘此时，声其罪责之，使之改正，当讨三也。安南本中国故地，自分国以来，驱我衣冠之民断发跣足，而为夷狄之俗，管仲之所必匡，春秋之所必谨，当取一也。黎氏得之

① 〔明〕张镜心编考：《驭交记》卷九，《丛书集成新编》第104册，（台北）新文丰出版公司，1985，第498页。
② 〔清〕张廷玉：《明史》卷三百二十一《安南传》，中华书局，1974，第8331页。
③ 〔明〕严从简：《殊域周咨录》卷五《安南》，中华书局，1993，第212页。
④ 〔清〕谈迁：《国榷》卷五十三，"世宗嘉靖六年"，中华书局，1958，第3348页。
⑤ 〔明〕张岳著，林海权、徐启庭点校：《小山类稿》卷一《奏议一·论征安南疏》，福建人民出版社，2000，第8—9页。

不义，登庸袭其故智，二者俱不当得，当取二也。彼自分国以来，年历六百，人更五姓，国祚虽易，疆土不分。而今乃分裂①，天意似可推而知也，可取一也。登庸势虽已成，其大臣犹多为未附，皆与婚姻以结其意，今三姓分争，人心疑惑，皆愿归本朝，登庸亦朝夕凛凛，惧王师之日至，散千金以收国人，似有望风送款之意，可取二也。安南既分，势难复合，三者相持，决不相让，彼此俱失，必自□心，此天道有好还之会，交趾有混一之机，可取三也……②

林希元在《陈愚见赞庙谟以讨安南疏》中详细叙述了安南当讨、当取、可取的理由，以及出兵安南的最终目的在于收复陷入安南的钦州四峒，并趁安南分裂为三之机，再次"郡县其地"。林希元在该疏中直言不讳地指出："其地土沃而民富，象犀、翡翠、香药之利被于上国，得其地正足以富国。"此后，林希元又多次上疏朝廷，请求出兵安南，即使在朝廷已有迫降之心时，仍一意主征。

林希元将"征安南"之议上升到"取安南"，引起反对派的强烈批评。时任廉州知府的张岳称："近钦州知州林希元在彼专讲取交之策，又且言之于朝，而身任之，其蔽于功名而不达事机如此。恐其掇拾故事，装缀成章，读者或信其文辞，而未深考其实，至误国家大计。""今之谈安南事者，大抵多半画鬼也。次崖初到此，慨然有勒功铜柱之意。"③平心而论，张岳对林希元的批评还算中肯，其的确有好大喜功、盲目乐观的嫌疑。

林希元在《陈愚见赞庙谟以讨安南疏》中，不仅将四峒"被侵"列为安南当讨的理由之一，还称"闻其民衣冠言语，常有反本之思"。因此，嘉靖十七年（1538），林专上《陷夷旧民归正复业疏》，阐述了四峒"叛民"为争取"复业"所做的努力。因该疏的内容与四峒祖先记忆的创制密切相关，特将全文征引于下：

嘉靖十六年十一月二十九日，据本州贴浪都峒长黄里贵递到安南渐廪等峒土官黄伯银、黄福添、黄音、黄福内、黄结、黄资、黄子银七员名词状一纸，内称：上祖原系广东廉州府钦州贴浪、如昔二都土

① 当时安南为莫、陈、黎三个王朝所割据。
② 〔明〕林次崖：《同安林次崖先生文集》卷四《疏·陈愚见赞庙谟以讨安南疏》，《四库全书存目丛书》集部第 75 册，齐鲁书社，1997，第 505 页。
③ 〔明〕张岳著，林海权、徐启庭点校：《小山类稿》卷八《书三·论征交利害与庙堂》《书三·答王樊谷中丞》，福建人民出版社，2000，第 138—141 页。

官。宣德六年，被安南国侵占二都土地，乡村人民二百七十二户，男
妇三千四百余口，粮米八千余石，俱陷入安南国收留。被伊逼令短截
头发，并封祖黄金广、黄宽伪官怀远将军，经今百有余年。各人父祖
时常思忆祖宗乡土，无由归还。近幸安南国紊乱，伯银并各土官人等，
愿率一十九村，人民见在一千二百余口，心愿复业，归顺本朝，复为
良民，等因。

臣以旧民慕归，彼国人心属在本朝。可见大兵入境，就可用为向
导。但大兵未到，未敢轻发。至十二月二十八日，据巡守上扶隆营旗
军武汉等，呈送获交趾夷人黄伯银与男黄父爱二名到州。臣等会同钦
州守备、廉州卫指挥孙正当堂审。据黄伯银供称：先于嘉靖九年六月，
赵盘、赵溥招来投降，在本州居住，至十一年十二月逃回。今年六月，
闻天朝要讨安南，伯银等又思复业。本年十一月二十五日，具状托老
峒长黄里贵投告本州，至今未见准否？伯银与子黄父爱前来本州贴浪
都上扶隆村打听，被巡捕军人捉得，等语。

职查嘉靖九年卷案，州民黄康镇与广西狼目赵盘、赵溥等，招回
黄伯银等男妇九十四名口。本州申蒙上司行勘，黄伯银等的系黄金广
等子孙，已经行州廪给，议安插。续后，风闻州民黄留保欲引夷人前
来追捕黄伯银，复行文将伊递回安南国。黄伯银等闻风惧怕，俱各陆
续逃去。与今供词大略相同。

职考黄伯银之先系山东人，有祖万定从汉马援征交趾，留守钦州。
生子黄令钦等七人，分管澌廪、古森、金勒、丫葛、思牙、那苏、时
罗七溪峒，世为长官司，俱有印信。孙支繁衍散处，分为时罗、如昔、
贴浪三都。今三都之民，皆黄姓，实本此也。至我朝启运，始废官收
印，降为编民。然犹得世为峒长，管辖地方人民。至宣德年间，弃交
趾布政司，安南遂侵占本州如昔、贴浪二都四峒之地。授澌廪峒黄金
广、古森峒黄宽、金勒峒黄子娇、丫葛峒黄建，皆为怀远将军，子孙
世袭经略佥事。黄伯银乃黄金广之孙，黄福添乃黄宽之孙。葛阳原土
官黄奇，河州土官黄福内，古弘土官黄结，罗浮原土官黄资，葛西原
土官黄子银，其祖皆四峒之民，陷入安南，与世袭巡检，守把葛阳等
各乡村也。安南得四峒之地，遂以贴浪都地置新安州。又改万宁县为
万宁州，徙治如昔都。又移永安州于本州，如昔、时罗、贴浪三都兼
界境土，皆以固守疆圉，防戍侵越也。本州旧管中和、城东、新立、
永乐、如昔、时罗、贴浪等十都。既失如昔、贴浪二都，以二都余民
归并作贴浪一都，不及半里，州民有遗恨。每新官到，辄来告言。臣

查得正统六年，巡按广东监察御史朱鉴曾奉玺书，亲至本州时罗都，出榜登山建旗，招黄金广等不至，因名其山曰招远。尚有刻石及榜文见在。景泰四年，思牙峒长黄应彬等，又因前项土地人民被安南侵占，粮差负累，具本赴京，奏差户部侍郎前来勘处。后因地方有事，事悬未结，奏案见在。以是观之，则黄伯银等先朝之所争而不可得，今则不招而自至，实由我皇上圣德覃敷，无远弗届，故陷夷旧民闻风相率而至也。

臣访得黄伯银等父祖虽归安南，世袭伪官，然入国则服夷服，至家仍衣华衣；当官则称万宁新安州，岁时祭报犹称大明广东廉州府钦州贴浪、如昔都，其心实未尝一日忘中国。臣前具奏安南事情，已尝言之。今其告称，各人父祖时常思忆祖宗乡土，无由归还，今愿率一十九村人民一千二百余口，心愿复业，归顺本朝，复为中国良民，非虚语也。

臣闻圣人在上，外夷内夏以及昆虫草木，无不各得其所。夷而进于中国，则华之；中国陷于夷狄，则匡之。故孔子称管仲之功曰："一匡天下，民到于今受其赐。微管仲，吾其被发左衽矣。"黄伯银等久沦夷狄，断发跣足百有余年。父祖子孙时思乡土，诚我皇上之所必匡，孔圣之所必悯也。目今有事安南，黄伯银等首先来归，求复乡土。臣谓宜乘此时宜，责安南使归我侵土，还我人民。将黄伯银等厚加抚集，以慰百年怀土之思。仍量与一官，以为远人慕义之劝。将见遐迩闻风，四郊响应，王师所至，必有壶浆倒戈之民，兵不血刃，而大功可成矣！如蒙允臣所奏，乞下廷臣集议，从长施行，国家之幸，远人之幸也！①

由《陷夷旧民归正复业疏》前两段可知，嘉靖初年，叛附安南的四峒开始重新"站队"，选择自己的归附对象，他们的身份与地位也由此变得摇摆不定起来。嘉靖十六年（1537）十一月二十五日，澌凛等峒土官黄伯银等七人委托贴浪峒峒长黄里贵投递词状到钦州官府。黄伯银等七人在词状中称，其祖上原系广东廉州府钦州贴浪、如昔二都土官，宣德年间被安南国侵占二都土地，其祖黄金广、黄宽伪官怀远将军。由于安南局势紊乱，愿率土地人民归正复业。黄伯银与其子来贴浪峒打探情况时，被上扶隆营的官军捉住，林希元得以亲自审问黄伯银。黄伯银进一步供称，早在

---

① 〔明〕林次崖：《同安林次崖先生文集》卷四《疏·陷夷旧民归正复业疏》，《四库全书存目丛书》集部第75册，齐鲁书社，1997，第508—509页。

嘉靖九年（1530），他们就被广西狼目赵盘、赵溥等招抚在本州居住。后来因州人黄留保欲引安南前来追捕，黄伯银等人便逃回了安南。贴浪峒峒长黄里贵帮助黄伯银等七人投递词状以及狼目赵盘、赵溥等招抚黄伯银等情形，颇能反映在民族—国家意义上的"边界"尚未确立前，边缘人群与社会的一般情形。而这些情形在民族—国家意义上的"边界"确立后，是无法想象的。

该疏最引人注目之处，在于"考"得了七峒黄姓乃汉将后裔。原文为："职考黄伯银之先系山东人，有祖万定从汉马援征交趾，留守钦州。生子黄令钦等七人，分管渐廪、古森、金勒、丫葛、思牙、那苏、时罗七溪峒，世为长官司，俱有印信。孙支繁衍散处，分为时罗、如昔、贴浪三都。今三都之民，皆黄姓，实本此也。"但在嘉靖《钦州志》中，林希元却有另一种说法："七峒长官司，今其子孙俱云始祖黄万定系山东青州人，汉时从伏波将军马援征交趾，有功留守边疆，其子七人分为七峒长官司。"此外，嘉靖《钦州志》还在黄伯银等人之上，建立了如下的世系关系：

> 博是峒，在如昔都。宋时为长官司，有黄令钦者为峒主。国朝收印罢官，然犹得为峒长，管辖其民。至宣德间，其孙黄建以其地叛降安南，授以经略使。今其孙黄英愿来归。
>
> 鉴山峒，在如昔都罗浮村。宋时为长官司，有黄令宜者为峒主。国朝收印罢官，然犹得为峒长，管辖其民。宣德间，其孙黄子娇以其地叛降安南，授以经略使。今其孙黄资愿来归。
>
> 渐廪峒，在贴浪都。宋时为长官司，有祖黄令谢为峒主。国朝收印罢官，然犹得为峒长，管辖其民。至宣德间，其孙黄金广叛降安南，授以经略使。今其孙黄伯银愿率众来归。
>
> 古森峒，在贴浪都。宋时为长官司，有祖黄令祚为峒主。国朝收印罢官，然犹得为峒长，管辖其民。至宣德间，其孙黄宽以其地叛降安南，授以经略使。今其孙黄福添愿来归。[①]

其实，无论是林希元《陷夷旧民归正复业疏》中的"职考"，还是嘉靖《钦州志》中的"子孙俱云"，均存在诸多令人生疑之处。首先，在黄伯银等人的词状和供述中，只字未提黄金广以上的世系。一群因"思忆祖宗乡土"而欲"弃暗投明""归正复业"的人在追溯祖宗根源时，只言及

---

① 嘉靖《钦州志》卷六《兵防·黎峒》，中国人民政治协商会议灵山县委员会文史资料委员会编印，1990，第 224 页。

曾经叛国的"祖父"，而只字不提汉将始祖，实在令人费解。当然，其前提是黄伯银们知道这位"始祖"。其次，《滩浪黄氏族谱》中多次指明万定有十三男，其中，长男黄金广、九男黄德志、十一男黄宽。如此一来，堂堂汉将与叛附安南的叛民构成了"父子"关系。这些都说明，在家族记忆中，其祖先只能溯及黄金广一辈。至于其中的时空错乱、黄金广辈之上的万定公，显然是一种"移花接木"术。最后，《滩浪黄氏族谱》中虽亦有宋代黄令钦等曾任职七峒长官司的描述，但其前赫然注明"嘉靖年间钦州知府林希元到往察得"，可见在家族记忆中，把这一说法进行了明显的区分。

综上，"子孙俱云"一说不知从何而来，实难成立。那么，林希元到底是如何"察得"上述谱系的呢？嘉靖《钦州志》中的这则史料，可让我们窥破玄机：

> 愚考《宋史》，有"黄令德者，为如昔镇将"，则七峒长官司黄令钦等绝非万定之子，意其远孙也。然长官司之设，莫知其所自始。至元世祖时，黄令鉴之孙有黄世华者，讨贼有功，授以金牌印信，充七峒长官司。愚意七峒长官司设于宋时，后废，或至裔孙黄世华讨贼有功，始复其职官耳。[①]

在嘉靖《钦州志》中，林希元推翻了《陷夷旧民归正复业疏》中的说法，改称黄令钦等并不是黄万定之子，而是宋代七峒长官司的峒主，是黄万定之远孙。但有宋一代，钦州羁縻溪峒地区从未设立过长官司一职，该职官最早出现在元代，故其所谓的"宋代七峒长官司"根本就是子虚乌有。让我们逆向思维一下，黄令钦等名很可能是林希元根据《宋史》中有"黄令德者，为如昔镇将"的记载，再结合当时的七峒峒名以及元代有长官司之设，而层层推演出来的。为了增加汉将黄万定的真实性，在《陷夷旧民归正复业疏》中，黄令钦是汉代人；但在讲求引经据典、史料考证的地方志书写中，林希元还是露出了马脚。在万定之子（或远孙）被"证伪"的情况下，汉将黄万定的真实性也就不言而喻了。

综上所述，都峒之民祖先叙事的创制过程中，我们可以看见两种不同的传统：一种是文人士大夫的文字书写与"考证"传统，万定—令钦（远孙）的祖先谱系就是这种传统的体现，地方志是这种传统的载体；另一种是地方社会的口传记忆传统，万定—金广（子）的祖先谱系则是这种传统

---

① 嘉靖《钦州志》卷六《兵防·黎峒》，中国人民政治协商会议灵山县委员会文史资料委员会编印，1990，第224—225页。

的体现，口传记忆与家谱则是这种传统的载体。两种传统之间既存在分歧，也有共谋。如在对待"始祖"黄万定时，两者便是一致的。

另外，在林希元的文集中收录有数十篇墓志铭、家谱谱序等。其中，林在为一名姓颜的同乡文人撰写的墓志铭中称，颜乃颜鲁公真卿之后裔。可见，祖先叙事的创制既跟对象人群所面临的历史微观场景有关，也跟当时文人士大夫们的风尚习气有关。

在《陷夷旧民归正复业疏》的最后两段中，林又"访得"："黄伯银等父祖虽归安南，世袭伪官，然入国则服夷服，至家仍衣华衣；当官则称万宁新安州，岁时祭报犹称大明广东廉州府钦州贴浪、如昔都，其心实未尝一日忘中国。"林希元的描述，跟朱鉴招抚四峒叛民时，他们要么"每称国王拘留不放"，要么"佯为不知，方且拥兵抗拒"的情形相比，真可谓天壤之别。其实，我们只要联系林希元力主出兵安南的态度，就不难理解他为何在《陷夷旧民归正复业疏》中，要将四峒之民描述成一群身在安南心在明的忠孝之民，且他们还有一位随马援平定交趾的祖先。为了增强安南"当讨""可取"的说服力，劝说朝廷尽快出兵，林希元还进一步指出，"黄伯银等久沦夷狄，断发跣足百有余年。父祖子孙时思乡土，诚我皇上之所必匡，孔圣之所必悯也"。"旧民慕归，彼国人心属在本朝。可见大兵入境，就可用为向导。但大兵未到，未敢轻发"。

都峒之民祖先叙事的创制过程，大致可以概述为：发生在一位急于建功立业的官员与一群急于归正复业的叛民之间的故事。该官员仕途多舛，屡遭贬谪，来到边地以求"自效"。议征安南事件使他看到了千载难逢的机遇，于是，四峒"被侵"成为他极力主讨的理由，"汉将后裔"们的慕归则成为安南"可取"的重要根据。而对于四峒叛民们来说，"汉将后裔"的身份颇能证明他们"时常思忆祖宗乡土"，也使得他们的归正复业变得更加名正言顺。

嘉靖十九年（1540），征安南之事再次被提上议事日程。随之，莫登庸在镇南关向奉旨南征的兵部尚书毛伯温投降，"钦州浙凛、古森、丫葛、金勒四峒，行令照原额编入钦州版籍"。[1]嘉靖二十一年 (1542)，四峒终于成功复籍。关于四峒复籍后具体的边界划定，雍正《钦州志》载：

> 时遣都指挥王相、指挥刘滋、知州文章、经历姚明相，为画定边界，而彝情叵测，谲诈横生，于是不得已，为立石定誓。金勒以潭

---

① 道光《钦州志》卷十二《艺文志·奏疏》，道光十四年刻本。

鳞溪为界，丫葛以茫溪江为界，渐廪以三歧江为界，古森以古森江为界。①

　　经过此次"画定边界"，钦州地界已经向西延展到大致相当于今日中越边界的位置。如将崇祯《廉州府志》所载"钦州图"②与前述嘉靖《钦州志》所附地图进行比对，钦州地界的变化便可一目了然。

①　雍正《钦州志》卷二《地理志·诸峒》，《故宫珍本丛刊》第 203 册，海南出版社，2001，第 181 页。
②　崇祯《廉州府志》卷一《图经志》，《日本藏中国罕见地方志丛刊》，书目文献出版社，1992，第 7 页。

附录二　家国之间：中越边境地区沿海族群之身份与认同的历史考察

　　《旧民慕归：钦州西部的地方历史与都峒之民祖先叙事的创制》所考察的对象为居住内陆的"都峒之民"，时间断限大致为宋至明中期。本文将视野转至中越边境沿海地区，时间断限大致为明末至清末。本文将从族谱撰写、祖源叙事入手，考察区域"边境化"与族群"国家化"的历史进程。不过，前文重在展示"汉将后裔"的祖源叙事是如何在"官民互动"的过程中产生的，而本文的焦点在于揭示地方人群是如何利用"汉将后裔"这一"历史资源"，来构建身份认同与实现自身利益的。

一、沿海族群豪丫黄氏祖先记忆的歧异性

　　2007 年 8 月，笔者在广西防城港市沿海一带①调查中越边境地区的族群历史时，收集到《豪丫黄氏族谱》②一部。在族谱第三章"世系"部分，有如下记载：

> 始祖万保公
> 依旧《族谱》（指同治族谱——笔者注）记载，始祖万保公乃山东青州那黎县人，于东汉光武初年，随伏波将军马援南征交趾，为前

---

① 这一带自明朝以降一直属广东布政司廉州府钦州管辖，处于其西部，再西过北仑河即为安南国境内。这一带所面临的洋面即今日所谓的北部湾（越南称之为"东京湾"）。防城港市的前身防城县直到清末才设置。

② 豪丫村位于防城港市公车镇，豪丫黄氏与邻近的企沙半岛上的啼鸡裴氏、松劲阮氏同为当地沿海族群中的著姓，且相互之间保持着密切的联系。《豪丫黄氏族谱》由曾主编2003 年版《防城县志》的黄昭荣先生编撰，时间在 1995 年，为打印稿。笔者承蒙黄先生赠送族谱一本。据黄先生介绍，豪丫黄氏在同治年间即编成一份族谱，现已腐烂（新族谱中有同治族谱第一页照片）。但新谱中同治前的内容皆本于老谱。

军副将。在平定"二征"的战斗中屡立战功，受朝廷嘉奖，封赐功田，遂定居豪丫。

生子秀锦

太祖秀锦公

排行第十。明末清初，出军身故，形体无稽。遗妻黎氏，携四岁孤儿文救，织衣耕食，多方艰辛，抚子成人。[①]

然而，在该谱《前言》的"民族"部分，编者提出了一些与祖先外来说——始祖乃山东青州人，东汉时随马援南征交趾有功，封赐功田因而定居——相反的论据："豪丫黄族人的法定民族为壮族。关于民族的起源和归属问题，有两种不同的说法。第一种认为，豪丫黄族来自山东青州，应属汉族……第二种认为，豪丫黄族系土著氏族，应为京族或壮族。其理由有三：一是旧《防城县志》（指民国《防城县志初稿》——笔者注）第一章第二节《居民之缘起》记载：'县境原野丘陵间，最初为交趾族与僮族居住，沿海之豪丫、啼鸡、松劲[②]三村黄、裴、阮三姓世居此地。'二是豪丫民俗中'年初三''七月节'及'唱哈'等风俗习惯，与越南族近似。三是明万历年间，先祖于桃山（越南境内），与裴、阮、黎、潘、高等六姓结盟，以扩大本族力量，这些姓氏大多源于越南。"[③]"桃山"其实是当地人对越南涂山[④]的称呼，现今居住于防城港东兴市沿海的京族，亦自称来自那里。

笔者在访谈《防城县志》（1993）和《豪丫黄氏族谱》主编黄昭荣时，听他讲述了"六姓祖公"的传说。传说的大致内容为：马援南征交趾时，豪丫、啼鸡、松劲的黄、裴、阮、黎、潘、高六位祖公，便在桃山结拜为异姓兄弟，并一起到合浦马援驻军处，加入了马援的军队。黄先生的说法虽然造成明、汉的时空错乱，却把"外来说"与"土著说"很好地折中在一起。

黄先生还称，防城人一般是正月初二过年，初三是"穷鬼日"，一般不出门探亲访友。当日清晨打扫卫生，在门外烧掉垃圾，叫"送穷鬼"。而豪丫却在初三过年，举行隆重的拜祖活动。身穿盛装的男子三跪九叩，祈求祖宗神灵保佑家园和家人。20世纪80年代，黄先生曾向当地政府申

---

① 黄昭荣、黄昭斌：《豪丫黄氏族谱》（打印稿），1995，第17页。
② 松劲，又写作"松迳"。其与啼鸡均在今防城港市企沙半岛光坡镇。
③ 黄昭荣、黄昭斌：《豪丫黄氏族谱》（打印稿），1995，第5—6页。
④ 在今越南海防市南，当地有著名的涂山旅游度假区。

请，要求将豪丫黄氏的民族成分由壮族改为京族。由于当时民族识别工作已经结束，故没有被批准。这些说明豪丫黄氏不论是在文化习俗上，还是在自我认同方面，都与周边的壮族人群存在较大的差别。

上述的族谱记载与访谈材料虽失于简略，却含有丰富的历史信息，对理解明清时期当地沿海族群的社会历史变迁具有重要意义。

二、动荡的社会、模糊的身份：明末至清沿海居民之历史描写

《豪丫黄氏族谱》以及当地人群的口传记忆中都有明末"六姓祖公"桃山结义这一事件，实际上，明末确实是当地沿海居民历史发展过程中的一个重要阶段。

明万历以后，安南国内的政治形势发生了巨大变化。曾经盛极一时的莫氏王朝在与南方黎氏的军事斗争中屡战屡败，最后不得不在明朝的干预下，偏居高平一隅。莫朝的军事力量大部分归顺黎朝，小部分则割据自立。在安南与明朝边境地区，由于黎朝尚难以深入控制当地，再加上依山傍海的地理优势，这一地区的武装力量遂沦为时常寇掠钦州的寇匪。据《驭交记》载，这样的寇匪有多股："黎、莫俱有，在稔橘州则有朝郡公翁富，改名武永祯等；在花封县则有扶安侯，名段俊等；在观栏村则有企阳伯，名裴用等；在万宁则有黄目等；在涂山则有扶忠伯，名范澡等；在那漏则有该宇等；在玘瑂则有该资等。俱系贼首，原属莫夷残党，今附黎作恶。就各贼首之中，则扶安侯为大。"[1]

莫氏残余势力或居于海滨的花封、涂山，或啸聚海中岛屿，一旦完成对钦州地区的抢掠，则快速乘船遁去。此外，寇匪还招诱钦州沿海居民为向导，以助其劫掠。据雍正《钦州志》载：

> （万历）二十六年，交趾都勇倡乱侵至内地，知州王性率兵直捣玘瑂贼巢，讨之。莫登庸遗臣都勇聚众数千，结营大海玘瑂，以近夷啼鸡、松迳、云插、木鱼等村为向导，劫掠防城、垌沦等处，至内地

刀鞘岭，危城。适知州王性到任，即单舸入四村，[①] 喻以恩信，泊于夷庐，同饮食者三日。各夷感服，愿为先锋，遂提兵百余人，袭破玳瑁巢，俘斩甚众，都勇诣降。啼鸡各村各领衣帽，受约束，钦民始安。[②]

在雍正《钦州志》中，沿海的啼鸡、松逻、云插、木鱼四村居民，均被视为"夷"，是寇匪与官府均要拉拢的对象。因知州王性"喻以恩信，泊于夷庐，同饮食者三日"，故四村感服，最终投向了官府一边。"各领衣帽"是史籍中记载边缘人群归附中原王朝的典型化叙述，颇有"改服易俗"的意味。在其他地区，还有"改用汉姓"的典型化叙述。

此后的两年间，啼鸡村与官府合作，数次击败了入侵的倭贼："万历二十八年，倭贼寇防城，营哨官李能率啼鸡属夷，战于白麟尾，败之，生擒倭首沙哥头等十二人。"[③]

万历三十五年（1607），因安南境内发生严重灾荒，安南寇贼的入侵变得更加频繁，甚至成围城之势。该年十二月，安南贼首翁富攻破钦州城池，杀死官员百姓，焚烧房屋，劫掠二日而去："（万历三十五年）冬十二月二十七日，交趾贼突陷钦州，学正李嘉渝死之。交趾贼首翁富由龙门[④]突入，拥众数千围城。时署州印本府同知曾遇，以往永安散饷公出，州城无兵，如入无人之境。城陷，掌所百户吕朝炯越城走，吏目裴挺然被执，儒学学正李嘉渝骂贼而死。贼肆劫二日，杀百姓二百余人，焚城外房屋而去。"[⑤]

一个月后，安南寇贼再次大举入侵："（万历）三十六年春正月二十八日，夷贼复寇。中军祝国泰、百户孔榕御于龙门，大战死之。哨官朱子连战于朱家巷，死之。是时，守龙门哨官百户孔榕巡海，中军把总祝国泰率舟师截其归路。是夜雾气黑蔽，官兵以铳炮击之，贼死伤亦多。及天明，

① 引文中的"单舸入四村"，跟当时当地的地理环境有关。从明人邓钟《安南图志》（国立北平图书馆善本丛书第一集，出版地点、时间不详，第21页）所载可以看出，当时四村之一的松逻尚为深入海中一小岛，并未与陆地连接在一起。"逻"疑为"泾"字之讹写，"泾"指海中小岛、沙丘间的水道。现今钦州茅尾海内尚有100多个小沙丘，环绕这些沙丘则有许多弯曲的水道，有七十二泾之称，是著名景点。
② 雍正《钦州志》卷一《历年纪》，《故宫珍本丛刊》第203册，海南出版社，2001，第167页。
③ 雍正《钦州志》卷一《历年纪》，《故宫珍本丛刊》第203册，海南出版社，2001，第167—168页。
④ 今钦州市南茅尾内海一带区域，是清代钦州海防重地。
⑤ 雍正《钦州志》卷一《历年纪》，《故宫珍本丛刊》第203册，海南出版社，2001，第168页。

贼见我师船少，外无援兵，贼四面攻打，我师矢石俱尽，二将皆死。哨官朱子连战于南屯，亦死之。闻者莫不恸心。""二十九日，交趾贼围城，署印同知曾遇指挥党宏谟力御之。贼数十人望城指画，谟引兵射杀之，贼遂退。"①

万历三十六年（1608）的交趾寇贼入侵虽没有攻破城池，却使明朝损失惨重，并引起神宗皇帝的雷霆之怒。曾遇等人被押解进京，交由按察使司收审，两广总督御史戴耀则被要求在当年十月前，将侵扰钦州的寇贼全部捉拿，以戴罪立功。万历三十六年三月，"（明帝）敕总督两广御史戴耀严督安南都统使黎维新（即黎敬宗——笔者注）并兵讨贼。三月，令游击田丰押广肇中营标兵，并守东西二山，兵扎廉州府。遣副总兵杨应春诣河洲，踏看屯兵营地及进兵去处，历四峒地方，抚峒民，募向导，得兵九千人。秋九月，命总兵官孔宪卿行征夷将军事，以海南兵备副使蔡梦说监军，进兵剿贼。带管海北兵巡道分守、右布政使林梓留守钦州。推官李懋功随军记功"。②（明军）"进花封，直捣贼巢，俘斩甚众，生擒贼首裴文用。贼首翁富逃匿，获其妾，斩之，及班师"。③

崇祯《廉州府志》载，万历三十六年（1608），副总兵杨应春到四峒地方抚峒民，募向导。据《东粤疏草》载，杨应春曾招抚涂山夷人，让其护送峒官黄克钦前往安南黎朝传令：

> 杨副总兵查知，两次入犯钦州，涂山夷人不在其内。涂山接近花封，其人众而船多，莫若因而抚之，以散贼势。具禀军门议允，差峒官黄克钦赍文前去安南，勒令擒献，并发一牌，招抚涂山夷人。头目扶忠即亲送差官至界光桥，去安南约壹日程……黎维新以扶忠生事，导引黄克钦径至其国，旋即差兵捉拿扶忠，并擒获扶安、企阳监候。将公文贰角付黄克钦与阮瑶同回，涂山众夷百余人仍驾船柒只，护送差官回钦。杨副总兵支取花红酒米给赏，谕令输贼情形，出兵报效。各夷归至花封，又被贼党恨其导送，劫攻杀害。④

---

① 雍正《钦州志》卷一《历年纪》，《故宫珍本丛刊》第 203 册，海南出版社，2001，第 168 页。

② 崇祯《廉州府志》卷一《图经志·历年纪》，《日本藏中国罕见地方志丛刊》，书目文献出版社，1992，第 23 页。

③ 〔清〕阮元监修，李默校点：《广东通志·前事略》卷八《明二》，广东人民出版社，1981，第 200 页。

④ 〔明〕王以宁：《东粤疏草》卷四，"勘明钦州失事官员疏"，《四库禁毁书丛刊》史部第 69 册，北京出版社，2000，第 227 页。

　　由此可知，明朝官员对安南境内的夷人采取了分化政策，对没有参与劫掠钦州的涂山夷人进行了招抚，涂山夷人也承担起护送峒官往返于钦州与安南黎朝之间的任务。黎朝统治者出于对涂山夷人"导引黄克钦径至其国"的不满，捉拿了涂山夷人首领扶忠。此外，副总兵杨应春还谕令涂山夷人"输贼情形，出兵报效"。万历三十六年（1608）底，在明军征剿安南夷贼的过程中，涂山夷人便发挥了策应配合的作用："拾壹月初陆日，时剿花封，夷贼已先奔遁，无可获功。初柒日，遥望涂山各夷舣舟为我掎角。"①

　　征剿结束后，明朝官府对涉案的涂山夷人进行了特殊处理，贼首扶忠因曾"为我向导"，故没有像其他被擒拿或由安南国王解送的贼首那样被斩首，而是被"安置哨寨，充荷戈之用"；而对于擒获的涂山夷众则"缓死安置之"："至于擒获夷囚，迭经多官会勘，叁司验审，纪功官李春熙译审数肆，分别伍等。见在壹百伍拾玖名，而缓死安置之，内多涂山人氏。"②

　　涂山夷人与明朝官府合作以及得到格外安置的历史背景，有助于我们理解为何现今防城港市沿海居民大多宣称自己的先祖来自涂山（桃山）。比如，豪丫"六姓祖公"桃山结义的传说，而聚居于江平镇的京族也宣称自己的祖先来自涂山。据清光绪元年（1875）所订立的澫尾村约载："承先祖父洪顺三年贯在涂山，漂流出到……立居乡邑，一社贰村，各有亭祠。"③据《广西京族社会历史调查》载："越南人（指京族——笔者注）原先住在越南桃山，做海为生，大概十多代前，刘、阮两姓在海上打鱼，赶着一大群鱼来到岛上。④当时岛上没有人住，荒草树木，虎兽很多，越人见此人少，打鱼做海容易，即住下来。其后刘、阮两姓又回桃山，邀黎、李等姓同事做海。此后子孙繁衍，有了这么多人。"⑤

　　此外，万历三十五年至三十六年（1607—1608）的安南寇贼入侵事件，还跟贸易纠纷有关。《东粤疏草》载："究其始末，谁挑衅端而酝酿至此？则先是以防城界牌地，与夷贸易，以致夷民交构。又先是涠洲游击李伯威

① 〔明〕王以宁：《东粤疏草》卷四，"勘明钦州失事官员疏"，《四库禁毁书丛刊》史部第69册，北京出版社，2000，第228页。

② 〔明〕王以宁：《东粤疏草》卷四，"勘明钦州功罪疏"，《四库禁毁书丛刊》史部第69册，北京出版社，2000，第254、249页。

③ 广西壮族自治区编辑组编：《广西京族社会历史调查》第二册，广西民族出版社，1987，第96页。

④ 指澫尾、巫头、山心三岛，称"京族三岛"。20世纪50年代以前，三岛与大陆江平之间还有齐腰深的海水，现已成陆。

⑤ 广西壮族自治区编辑组编：《广西壮族社会历史调查》第七册，广西民族出版社，1987，第321—322页。

留滞夷船，致裴文用损赀含愤，是祸之始也。”[①] 防城作为“夷民”的贸易据点，据崇祯《廉州府志》载：“防城在钦州之西界，旧以木栅围之，仅一市廛之地耳，商货多集于此，与夷人贸易，乃制税焉。”为了保护贸易，万历三十四年（1606），防城一地曾筑起“周垣三百丈”的城墙，却导致适得其反的结果：“未城之先，夷人尚无启疆之思；既城之后，夷贼遂成劫掠之惨。”[②] 万历三十八年（1610），因钦州被安南攻陷而受到弹劾，并被革职为民的戴耀，向神宗皇帝提出了对钦州事件的缮后四议，其中一条便是“禁罢互市以绝祸萌”：“钦州防城夷汉互市，岁收额税银二百两，第近年防商货物屡被劫掠，商人遂移货城内，夷寇垂涎，聚众劫城，实因贸易以为祸胎。今议防城互市即时停罢，仍严禁各处隘口不许私通往来。”[③] 神宗皇帝批准了这一建议。

“贸易通市”是沿海而居的“属夷”的重要生计方式，夷汉互市的停罢势必对他们产生重要的影响。关于沿海居民“贸易通市”的情形，据啼鸡村老人回忆：古时候，啼鸡就是一个很有特色的古镇，是邻近乡村的商品集散地，陶瓷产品出口的交易地。直到 19 世纪末、20 世纪初，当地的庙会仍很繁盛，商业繁荣。20 世纪初开始围海造田后，古镇被夷为平地。如今当地村民在田里耕作时，还常常挖掘出一些古砖块和瓷片。[④]

万历四十一年（1613），时任两广总督的张鸣冈在一份上疏中指出了“贸易通市”停罢后出现的问题，并提出了解决问题的办法：“利之所在，人各有心，况狡夷猖狞，既投之骨，而欲禁其不争，得乎！惟是豪丫、啼鸡、松迳三村属夷，向倚通市为命，一旦禁绝，能无怨心，但既给有牛种，资其生理，多方绥怀，销其携贰，彼亦乐为内附，而无狡焉思逞之患矣。”[⑤] 即张鸣冈建议，给予豪丫、啼鸡、松迳三村“属夷”以耕牛和种子，引导他们从事农业生产，从而断绝与安南夷人的通市关系。这样一来，既可消除安南寇贼因垂涎贸易货物而入侵钦州的隐患，也可将“怀有携贰之

① 〔明〕王以宁：《东粤疏草》卷四，“勘明钦州失事官员疏”，《四库禁毁书丛刊》史部第 69 册，北京出版社，2000，第 229 页。

② 崇祯《廉州府志》卷一《图经志·历年纪》，《日本藏中国罕见地方志丛刊》，书目文献出版社，1992，第 22 页。

③ 《明实录·神宗显皇帝实录》卷四百七十二，“万历三十八年六月庚子”条，上海书店，1984，第 8921 页。

④ 裴铁辉：《裴马二氏对东汉国家统一事业的贡献——兼论马伏波南征时期的啼鸡裴姓封地前因后继》，载马援南征暨平夷大夫安边守土文史研讨会组委会编：《马援文化研讨会文集》，2006。

⑤ 《明实录·神宗显皇帝实录》卷五百九十，“万历四十一年六月己酉”条，上海书店，1984，第 9644 页。

心"的沿海"属夷"转化为固着于土地之上的编户齐民。

张鸣冈的建议被朝廷采纳并付之实施后，确实取得了一定成效，但直到崇祯年间，沿海"属夷"与明朝之间的关系仍很脆弱，他们并没有被转化成编户齐民：

> （崇祯）六年，交夷窥住钦界，谕退之。钦州属夷豪丫、啼鸡、松逶三村，万历三十六年招抚，给田耕种，久归版籍。后因啼鸡夷目潘富涯霸踞一村，崇祯五年，交黎查伊户口丁钱，将富涯捉去安南。富涯在彼谎称，防城官兵骚扰三村属夷，致该国都东侯假以安边为词，赍文二道，驾船十八只，载夷三百余人，于崇祯六年七月初六日，到潭洪地方，搭造房屋住扎，希图奸商接济。时防城把总李应春从中图利隐匿，经道府查出，将李应春究罪处治。严行龙门把总何一龙等牌谕夷官，于九月二十四日退去。①

由上则史料可知，豪丫等三村在万历三十六年（1608）时，的确受到"给田耕种"的招抚，并"久归版籍"。但崇祯年间，三村之一的啼鸡却要由安南黎朝来查收户口丁钱，啼鸡夷目谎称"防城官兵骚扰三村属夷"后，安南方面竟派兵前来"安边"。这些都反映了三村归属的复杂性。

道光年间，《廉州府志》尚有如下记载，"三口浪，把总一员，兵二十六名，原设快马船（装载进贡官物——笔者注）一只，奉裁。东至红沙湾，水路二十里，西接安南国松逶村"；"石龟岭炮台，把总一员，兵二十六名，原设拖风船一只，奉裁。东至三口浪，汛水路七十里，西至渔州坪，水路三十五里，南系大洋，北三十里至安南国啼鸡村"。②直到同治年间，地方志才将沿海三村明确地置于防城司巡检属下："防城司巡检一员，驻防城圩，其属大乡一，时罗都即时罗峒，城西南二百五十里，内有小村五十三，曰蔗园……埇孔③，曰松逶，曰啼鸡。"④

就笔者目力所及，迄今尚未在官修史书中发现关于沿海三村居民在有清一代生存境况的记载，故《豪丫黄氏族谱》中的一则材料就显得弥

---

① 〔明〕张镜心编考：《驭交记》卷十二，《丛书集成新编》第 104 册，（台北）新文丰出版公司，1985，第 507 页。
② 道光《廉州府志》卷十三《经政四·兵制》，道光十二年刻本。
③ 埇孔，今称"冲孔"，为豪丫自然村之上的行政村。
④ 毛鸿宾：《广东图志》卷六十二《钦州》，同治十年刻本。

足珍贵。《豪丫黄氏族谱》载："世祖德明公[①]，迁往越南青妹、九头山定居。"[②]"青妹、九头山是两个大海岛，德明公一户人如何居住两个岛呢？显然是很多人户。二十世纪三十年代，本村仁山公带着族谱到青妹、九头山联系，当时那里就有二千多人承认是'豪丫黄'，比豪丫本村人多十倍。可见当年迁往青妹、九头山的人相当多。"至于迁居的原因，族谱是这样解释的："从历史的角度看，明时安南的经济远远落后于中国，迁往那里的人多因政治问题，极少是谋生活的。"[③]

族谱把迁居的原因归结于，清初，朝廷对南明势力的镇压与驱逐，其实有清一代，九头山还是大量"洋匪"聚集的巢穴。《防城县志初稿》载，道光十二年（1832），"（廉州知府）张堉春率领委员出猫尾海，阅龙门大洋。查得九头山在极西洋面，山之中央有一巨荡，宽广数十里，可容几百船，与内地西蚬沙、小白龙相近，贼踞为巢穴，逼近内洋，情形叵测。"[④]

三、文化与权力：豪丫黄氏"身份"的转换及其意义

如前已述，该区域的沿海居民经历了一个从"属夷"到"我民"的身份转换过程。豪丫、啼鸡、松迖三村居民在明末被称作"属夷"，而在谭其骧先生《中国历史地图集》中的明万历十年（1582）广东地图中，三村也被标在安南一侧紧靠中越边界线的位置。啼鸡、松迖所经历的过程比较清楚。道光年间，它们还是"安南国"啼鸡、松迖，同治年间才明确归属清朝钦州防城司下。豪丫也经历了一个类似的过程，在道光《廉州府志》卷首之"钦州图"中，标注有"豪丫夷田"字样，啼鸡村、松迖村的位置也是如此处理的。在同治年间，冲孔（豪丫）亦同样出现在钦州防城司属下。在谭其骧先生《中国历史地图集》中的清嘉庆二十五年（1820）广东地图中，清朝、安南的边界线已经从今企沙半岛（啼鸡、松迖所在）退出，颇与道光《廉州府志》所载相悖。下面，笔者将以豪丫黄氏为个案，探讨沿海居民身份转换的过程、实现这种转换的方式及其社会文化意义。

---

① 谱中未载明他的生卒年月，在其下第三代中人有一玑宝公，是终于同治十二年（1873）的，若按每代人 30 年计算，德明公大概在乾隆年间在世。

② 黄昭荣、黄昭斌：《豪丫黄氏族谱》（打印稿），1995，第 20 页。

③ 黄昭荣、黄昭斌：《豪丫黄氏族谱》（打印稿），1995，第 89 页。

④ 民国《防城县志初稿》第十五章《纪事二》，防城港市防城区博物馆所藏 1947 年手抄本，第 334—335 页。

（一）"杀敌立功"祖先的书写

《豪丫黄氏族谱》第五章《主要历史人物》中，详细叙述了两位祖公"杀敌立功"的故事，其中一位是金英公，其曾参与万历二十八年（1600）击败倭寇沙哥头的战斗。据族谱载，他精通水性，武艺高强，积极协助哨官李能抗御外乱。金英公亲自驾船领头，砍杀倭寇多人，立了战功，受到巡抚的嘉奖。万历三十六年（1608），金英公还应副总兵杨应春的招募，参加远征安南境内夷贼翁富的战斗。由于他英勇善战，战功卓著，朝廷特传旨予以嘉奖。[①]

其实，黄金英这个人经不起考究。万历二十八年（1600），虽有李能率啼鸡"属夷"征倭之事，但除《豪丫黄氏族谱》外，并没有其他史籍记载豪丫黄金英曾参与这场战斗。更为可疑的是，族谱第三章的"世系"部分及谱末所附的"世系图"（见本页）中竟然也没有这个人。在族谱的"附录"部分，黄金英被认为是"世系图"中的"金"字辈的，即太祖秀锦公以下的第四代人，这就出现了一个重大漏洞：秀锦公乃明末清初人，而其下第四代的金英公却在万历年间杀敌立功。

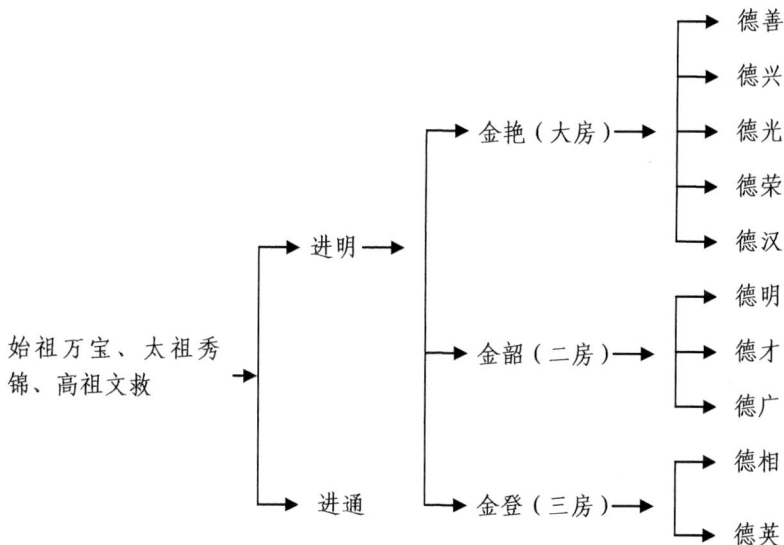

在族谱中，另一位杀敌立功的祖公是金韶公，其曾在清初帮助朝廷消灭了割据于钦州近海龙门岛上的残明势力。清初，钦州近海的一些岛屿一

---

① 黄昭荣、黄昭斌：《豪丫黄氏族谱》（打印稿），1995，第75页。

直为残明势力所盘踞，前后主要为邓耀、杨彦迪等部众。康熙二年（1663），尚可喜督兵击溃杨彦迪部众。康熙十六年（1677），杨彦迪在台湾郑经的支持下，重新占领龙门岛。康熙二十年（1681），杨彦迪势力被彻底消灭："二十年三月，虎门协张副总兵会剿龙门贼，杨彦迪败走海岛，后为其党王进所杀。"① 据族谱记载，金韶公便参加了这场征剿杨彦迪势力的战斗："（康熙）二十年三月，清廷派总兵杨应琚率军征剿，令虎门协张副总兵会剿。由于龙门有七十二泾，泾泾相通，地形复杂，唯恐有失，杨总兵在时罗峒招募武术精湛、熟悉地形的峒民协同征剿。金韶祖公既熟武艺又熟悉地形，应征参战。清军得到祖公的协助，兵分三路，冲杀杨彦迪大营，势如破竹，杨军大败，收复龙门。"② 金韶公虽在谱末所附的"世系图"中确有其人，但其投军杀敌的事迹除族谱外，并无其他史籍可以佐证。

综上，豪丫黄氏立下战功的两位祖先，要么子虚乌有，要么孤证单行，难以遽信。其实，我们只要联系上述祖先事迹书写的具体历史背景，就不难理解这样书写的真实意图了。《豪丫黄氏族谱》的主编黄昭荣告诉笔者，豪丫黄氏的老族谱是编于同治年间的，现已腐烂，但新谱中同治以前的内容皆是本于同治老谱的。对于豪丫等沿海村落来说，同治年间的确是一个很不平凡的时段。在这个时段里，他们第一次归属在清朝钦州防城司下，再也不是"夷村"或"安南国"某村。在这种身份转换的历史背景下，豪丫黄氏必然遭遇到自身的"历史"问题，而族谱便成为解决问题的重要"工具"。族谱无非是写给两类"读者"的，一是族人，一是"外人"。写给族人的用意在于使其明白从哪里来，是谁，他们的祖先是什么样的人；写给外人的用意在于展示与评比，使外人产生敬慕感甚至敬畏感，从而获得某些实在的好处。③ 豪丫黄氏祖先事迹的书写则意在告诉族人和外人，豪丫黄氏先祖曾因协助朝廷官府剿贼平叛有功，而受到过嘉奖和赏赐，是朝廷的功臣。明清两朝在这一区域多次用兵的历史背景，则为这种书写提供了广阔的空间。

---

① 道光《钦州志》卷十《纪事》，清道光十四年刻本。
② 黄昭荣、黄昭斌：《豪丫黄氏族谱》（打印稿），1995，第 76 页。
③ 科大卫、刘志伟还将族谱的编纂、祖先世系的构造与户籍登记联系起来。他们认为，明初以来存在这样一种观念：一个在当地有居住权并得到合法身份的人，应该有来历清楚的户籍登记。而取得户籍则是传统中国社会流动机制下两个最重要的上升途径——合法占有土地和参加科举考试的根据。详见刘志伟：《地域社会与文化的结构过程——珠江三角洲研究的历史学与人类学对话》，《历史研究》2003 年第 1 期；科大卫：《告别华南研究》，载华南研究会编辑委员会编：《学步与超越：华南研究会论文集》，香港文化创造出版社，2004。

（二）"唱哈"与"伏波诞"的兴替

随着豪丫黄氏由"属夷"向"我民"的身份转换，一些村落习俗也发生了很大的改变，其中颇具代表性的是"中秋节"习俗的变迁。《豪丫黄氏族谱》载："八月十五中秋节，雅称'团圆节'，每当十五月圆的时候，全家人欢聚一堂，赏月品饼，共享天伦之乐。古时候，豪丫在这一天举行隆重的'唱哈'活动，身穿盛装的男男女女云集在哈亭前，举行迎神、祭祖和'唱哈'活动，还请来专业歌手'哈妹'。清光绪以前，年年如此，后来有个'哈妹'被南蛇吃了，'唱哈'活动便停止了，改为做'伏波旦'。那天，伏波庙前旌旗招展，锣鼓喧天，宰猪杀羊，祭伏波将军两天。"① 现在，江平镇的京族聚居区每年仍会举行"唱哈"活动，这项活动被认为是京族最主要的文化标志。"京族三岛"之一的澫尾村党支部书记苏明芳告诉笔者，在京语中，"唱哈"的"哈"就是"唱"的意思。在翻译为汉语时，为了照顾汉语讲究对仗的习惯，便在"哈"前加"唱"字。

"唱哈"作为京族最隆重的岁时习俗，具有很长的历史了。早在乾隆二十年（1775），"唱哈"就引起了清朝官员的注意：

> 钦州思勒傜有解亭，脊高二丈，三间各宽一丈五尺。楹柱穿枋，无墙壁，中铺地板，较两旁微高尺许。其地距安南一岭之隔，每岁花朝、中秋，群傜敛钱，邀少年夷女五七人为一队，彩衣花裙，歌唱于中亭。远近观者，男女两旁杂坐，椎牛烹鲜，席地以食，竟一日之欢始散。乾隆乙亥岁二月，余巡边至思勒，询知其事，佥称歌则时和年丰，否则水旱洊至，夷俗习染成风，骤难变革如此。土人误称"解"为"瞎"，余按《古今乐录》云，伧歌以一句为一解，中国以一章为一解。②

上则史料中的"思勒"，在今江平镇以北的地方；"其地距安南一岭之隔"中的"安南"，是指今江平地方。③ 通过该官员的描述可知，"解亭"其实就是京族聚居区至今尚存的"哈亭"（唱哈的场所），并不是土人误称"解"为"瞎"（"瞎"与"哈"读音相近），而是该官员的援引攀附才产生了所谓的"解亭"。"唱哈"一般在花朝、中秋举行，傜人们在当天

---

① 黄昭荣、黄昭斌：《豪丫黄氏族谱》（打印稿），1995，第 7 页。
② 道光《廉州府志》卷四《风俗》，清道光十二年刻本。
③ 江平，在中法战争（1884—1885）后勘分中越边界时，被划归中国。

"椎牛烹鲜"，聚众宴饮。表演者是来自安南境内的夷女。这种习俗在当时被视为"习染成风，骤难变革"的"夷俗"。

其实，敬伏波神、做伏波诞也是一件颇具象征意义的事。清人屈大均所著《广东新语》"伏波神"条载："伏波祠，广东、西处处有之，而新息侯尤威灵。其庙在交趾者，制狭小，周遭茅茨失火，庙恒不及。交趾绝神之。交趾人每惧汉人诉其过恶于侯而得疫病，于是设官二人守庙，不使汉人得入。而其君臣入而祭者，必膝行蒲伏，惴惴然以侯之诛殛为忧。侯之神长在交趾，凡以为两广封疆也。"[1] 由屈大均的描述可知，交趾君臣因害怕被伏波神"诛殛"，故对伏波神充满了敬畏之情。

20世纪50年代以前，防城港地区存在着很多为人"做法事"诊病的"降生童"，而他们做仪式时所请的神，主要就是伏波将军。请伏波将军的咒语，主要描述的是伏波将军征讨交趾的情形。[2] 在笔者参观的东兴罗浮伏波庙里，伏波将军神像为坐姿，其双脚下各踩着一个跪地之人。据当地村民介绍，跪地的两人便是被伏波将军打败的"二征夫人"征侧、征贰。此外，罗浮伏波庙的叶庙主还告诉笔者，庙会时都会请越南哈妹来"唱哈"。

总之在当地，伏波神既富含"意识形态"的意味，又形成了一种人群区分的标志。当然，这种区分并不是完全意义上的中国（清朝）国民与越南（安南）国民的区分。时至今日，许多越南民众仍信奉伏波神，边界附近的越南居民也会到中国境内的伏波庙进行祭拜。其实在传统时期，中越两国的文化具有相当的同质性，在边界附近更是如此。他们谁都不愿承认自己是曾被伏波将军击败的"交趾人"后裔，有些则干脆宣称自己是伏波部将的后裔。当民族（国家）主义成为主流意识形态后，这样的情景不得不发生变化。现今，越南的部分学者将伏波定义为"侵略者"，而中国的一些学者将其奉为"民族英雄"，就是这种变化的具体体现。

在族谱的记载中，这两种极富象征意义的文化习俗之兴替，发生在光绪年间，其原因是哈妹被南蛇吃掉了。但联系当时的历史场景之后，我们就会发现兴替的原因并不简单。光绪九年（1884），清政府与法国在越南北部爆发了战争。次年，这场战争以法国"不胜而胜"、清政府"不败而

---

[1] 〔清〕屈大均：《广东新语》卷六《神语》，中华书局，1985，第211页。

[2] 由东兴罗浮伏波庙庙主叶女士讲述给笔者，其原话中没有用"交趾"这个词，而是讲征"安南"。另外，关于降生童，《防城县志初稿》有如下记载："问神有两种，一为生童，是男子为之，自称为北帝或伏波将军等神之弟子。降神时，用一红巾裹头，一红巾束腰，立在神前，谓之生童。主人则跪在地上而求问之。"参见民国《防城县志初稿》第七章《风俗》，防城港市防城区博物馆所藏1947年手抄本，第24页。

败"结束后，双方在天津签订《中法会订越南条约》，开始勘分清帝国与安南国的边界。在勘分东段边界的过程中，双方就钦州沿海的江平、滿尾等地的归属问题发生了激烈争吵。光绪十三年正月初八日（1887 年 1 月 31 日），清朝勘界大臣邓承修急电两广总督张之洞称："江平、黄竹绅耆周敬襄等五十名暨男妇数百人来辕泣禀，情词哀迫……原禀附陈：窃生食毛践土，不忍轻弃其乡。江平一带，祖居数百年矣，即有一二越人往来耕种，并非土著。现法人吞越，将我内地混入越疆，荼毒我华民，焚毁我庐墓，纷纷逃窜，共计丁口万余人，分寓附近村庄，情既不堪，穷殄无告。"① 在电文中，江平、黄竹两村人群禀称已在此地祖居数百年，本地只有"一二越人往来耕种，并非土著"。

豪丫等村庄虽不在勘界范围内，但迫于"划界"所产生的压力，他们不得不抛弃与安南有联系的"夷俗"，进一步向清人与汉将后裔靠拢。正是在这种境况下，他们选择了敬伏波神、做伏波诞。②

（三）从"夷田"到"功田"：文化创制的经济意义

由《明实录》《驭交记》的记载可知，豪丫等沿海居民在万历三十六年（1608），就开始拥有田地，从事农业生产。由于这些沿海居民模糊的身份，这些田地一直被称作"夷田"。雍正、道光《钦州志》均在"舆图"中作了特别标记。如前已述，在道光《廉州府志》中，啼鸡、松迟还被称为"安南国"村庄。此外，道光《廉州府志》中的另一条记载更增加了问题的复杂性："乾隆二年，巡抚杨文乾批饬，钦州、啼鸡、松迟等村夷人历来未征输，渐凛、罗浮等八峒因山岗硗瘠，岁只纳丁银四十两；前人立法，深得抚绥羁縻之道，毋庸报垦升科。"③ 这条记载无疑表明，同治以前，清政府对豪丫等沿海居民也具有一定意义上的"管辖权"，只是出于羁縻之意，才没有要求他们"报垦升科"而已。

关于中越边境地区沿海居民的模糊身份，似乎可从两个方面加以理解：一是这些沿海居民时而依附明朝或清朝，时而依附安南，来回摇摆；二是明清以来，处于钦州与安南边界地区的沿海居民与两国官府都保持着一定的联系。后一种情况是在中法战争结束后，勘分中越边界时浮出水面

---

① 黄国安等：《近代中越关系史资料选编（中）》，广西人民出版社，1988，第 445 页。

② 豪丫西面庙山上建有伏波庙，关于伏波庙的建成时间，族谱的记载自相矛盾，在谱中"地形地貌"一节中建庙时间为清咸丰年间，而在"历史事件与古迹"一节中建庙时间为清嘉庆年间。但是有一点是明确的，即祭祀伏波的仪式"伏波诞"是到光绪之后才有的。

③ 道光《廉州府志》卷二十一《事纪》，清道光十二年刻本。

的。时任两广总督的张之洞在光绪十一年十二月初一日（1886 年 1 月 5 日）的奏折中称："三不要地……查系前朝古界，因越为属国，不甚拘限，地由民间自垦，就近纳税越官，仍赴钦州考试，在庠序者甚多。"[1] 张之洞奏折中的"三不要地"，在今防城港市防城区峒中镇，与越南平辽县仅一河之隔。当地居民虽纳税于越官，却在钦州读书应试。

在《防城县志初稿》中，"夷田"消失了踪影，取而代之的是"功田"："缘濒海黄、裴、阮三姓，汉建武间，马伏波将军征交趾，三姓土人，作向导有功。事平，将该处田土，赏给三姓，谓之功田，豁免一切租赋。"[2]《豪丫黄氏族谱》中也有类似的说法，考虑到该族谱编成于同治年间，而《县志初稿》成书于民国末年，故《县志初稿》很可能是沿袭了族谱的说法。两书的不同之处在于，族谱认为先祖来自山东，而《县志初稿》则谓黄、裴、阮三姓是土人。

《豪丫黄氏族谱》中记载了有清一代的多起"功田"争端，现摘录部分于下：

雍正二年（1724），广东人胡永兴，假冒黄家之名开垦功田，豪丫状告州府，钦州知州董五美将胡永兴绳之以法。

雍正十三年（1735），三波十字路村杨启权冒垦榕木老曹崟等处功田，钦州查明批销。

乾隆元年（1736），杨启权侵占文朗等处功田一斗五升，编入杨神户口，世祖金韶公、德善公，佃人张文兴等告到钦州，查明判还。

乾隆四十六年（1781），佃人郑齐卿偷卖我功田，啼鸡村裴光现、松迳村高日现、阮富业，豪丫黄德相、黄胜智、黄胜秀，控告至布政督抚宪，令其十分减四断赎。

嘉庆元年（1796），陈效称先冒垦功田，告至县衙，刘知县批销陈的垦示。

道光初年（1821—1827），光坡乡沙港、王城坳、翁冲、潭稔、三波、榕木、杨桃坪、佛堂、葛平、垭港等村，十五姓佃众联络侵占我功田，杨桃坪以谭正武为首，至七年（1827）九月二十日，官府判处归还。

光绪十六年（1890），豪丫蒙钦州发给功田执照一张，官租执照八十余张，官租年年加租加税。

宣统年间（1909—1911），恶棍陈树斋（改名陈炳章）、冲孔村黄秀云

---

① 黄国安等：《近代中越关系史资料选编（中）》，广西人民出版社，1988，第 426 页。
② 民国《防城县志初稿》第十六章《纪事三》，防城港市防城区博物馆所藏 1947 年手抄本，第 392 页。

（改名黄雨山），诬告我官租田亩以多报少，知县黄德钦不予受理。①

上述"功田"争端反映了进入清代后，该区域人口大增（客民流入）导致土地争夺激烈的社会背景。康乾时期，政府大力鼓励垦荒，像钦州这种僻远地区得到大规模开发。在这一过程中，大量"客民"功不可没。民国《钦县志》载："乾嘉以后，外籍迁钦，五倍土著。"②人口的增长，造成了农业的发展与土地的充分利用，道光《钦州志》载："昔州南濒海，潮长汪洋高岸，旷土余荒犹且未辟，谁计及海筐潮围哉！今升平日久，生齿日繁，土著来亡，渐集者众，不惟平原洞谷尽辟而耕，即海坪河岸亦塞而种。"③由此可知，土地的开发已经从平原山谷扩展到沿海滩涂。土地毕竟是有限的，在人口大增的情况下，必然导致资源的争夺。道咸时期，钦州爆发了大规模的匪乱，对土地的争夺是导致匪乱的重要原因。《防城县志初稿》详细记载了一个事例：道光三十年（1850），钦州黄屋山黄姓业主不满钟姓佃户霸耕田土，将该田土卖与廖、胡等姓客民，但钟姓佃户霸耕如故。结果，众姓客民杀死钟姓数人，钟姓遂投入匪帮，黄姓业主及众姓客民亦投匪帮，展开攻杀。官府前来征剿时，皆化作流寇。④

由此，我们便能理解豪丫黄氏借用与移植"汉将后裔"祖先故事的深层原因了。他们的田土本属"夷田"，虽"毋庸报垦升科"，但削弱了他们对土地占有的合法性。光绪十六年（1890），时任钦州知州的李受彤向一部分"功田"征收官租时，便斥功田"年久无稽，且漫无限制，时启争端"。⑤因此，当豪丫黄氏在阻挡外人耕种其土地时，在与抢夺土地者对簿公堂时，不得不找出更合适的理由来。就这样，当初一个由官讲给民听的故事，现在由民讲给官听。⑥"民间智慧"不应该被我们低估。

① 黄昭荣、黄昭斌：《豪丫黄氏族谱》（打印稿），1995，第66—67页。
② 民国《钦县志》卷三《民族志》，钦县儒轮印务局、文生印务局，1947，第7—8页。
③ 道光《钦州志》卷一《舆地志·风俗》，清道光十二年刻本。
④ 民国《防城县志初稿》第十六章《纪事三》，防城港市防城区博物馆所藏1947年手抄本，第350—352页。
⑤ 民国《防城县志初稿》第十六章《纪事三》，防城港市防城区博物馆所藏1947年手抄本，第392页。
⑥ 在今防城港市一带还有大量人群将自己的先祖溯及马援部将，参见附录一《旧民慕归：钦州西部的地方历史与马峒之民祖先记忆的创制》。笔者分析了明嘉靖年间，一位钦州知州在当地人群"马援部将"祖先记忆创制过程中所发挥的重要作用。

地名索引

思明府：治今崇左宁明县明江镇，宋为思明州，元为思明路，明初设土府，雍正十一年（1733）裁撤，另设土思州，后者于光绪三十三年（1907）改流。

上思州：治今防城港市上思县，明初设土州，弘治十八年（1505）改流。

思明州：治今崇左宁明县县城附近，明初设土州，康熙五十八年（1719）改流。

忠州：治今崇左市扶绥县南部。明初设土州，1912年改流。

思陵州：治今崇左市宁明县峙浪乡思陵村，宋邕州属下已有思陵州，明初建土州，民国初年改流。

石西州：今凭祥市夏石镇及周边。宋代邕州属下有石西州，明代有上石西、下石西两个土州，今夏石镇为历史上的下石西土州所在地。

太平府：治今崇左市市区，元置太平路，洪武二年设土府，旋即改流。

左州：治今崇左市市区左州镇，明初设土州，成化十三年（1477）改流。

江州：治今崇左市市区江州镇，明初设土州，清光绪三十四年(1909)改流。

恩城州：治今崇左大新县恩城乡，明初设土州，雍正十一年（1733）改流。

龙州：治今崇左龙州县，明初设土州，雍正三年（1725）被分为上龙、下龙两个土巡检司。下龙司雍正七年（1729）改流，上龙司1928年改流。

新宁州：治今崇左扶绥县，明隆庆六年（1572）由四峒等地所设流州。

泗城州：治今百色凌云县，明初设土州，清雍正五年（1727）改流。

田州：治今百色田阳县，明初设田州土府，后改土田州。土田州在光绪元年（1875）改流。

思恩府：先治今百色市平果县旧县地方，后迁至马山县乔利镇。明初设土州，明正统四年（1439）升府，明正德元年（1506）改流。改流后治所迁至今武鸣区府城镇。

镇安府：元有镇安路，治今百色那坡县。明初设镇安土府，治地迁至德保县。清康熙二年（1663）改土归流，雍正七年（1729）升镇安府。

归顺州：土司时期治今百色靖西市旧州，改流后治今靖西市区。明弘治年间由峒升州，清雍正九年（1731）改流，属镇安府。

下雷州：治今崇左大新县下雷镇，明万历十八年（1590）设土州，清代先后属镇安府、归顺州，1928 年改流。

小镇安：治今那坡县，明初镇安府治地由那坡迁至德保后，当地的建制在史籍中不甚清楚，直到清乾隆年间才设置小镇安土巡检，很快被改土归流设小镇安厅，属镇安府。

征引文献

一、中文部分

（一）史料及史料整理

〔唐〕魏徵等：《隋书》，北京：中华书局，1973 年。

〔后晋〕刘昫等：《旧唐书》，北京：中华书局，1975 年。

〔宋〕欧阳修、宋祁：《新唐书》，北京：中华书局，1975 年。

〔宋〕李焘：《续资治通鉴长编》，北京：中华书局，1979—1995 年。

〔宋〕李心传：《建炎以来朝野杂记》，北京：中华书局，2000 年。

〔宋〕无名氏：《宋本历代地理指掌图》，上海：上海古籍出版社，1989 年。

〔宋〕余靖：《武溪集》，《北京图书馆古籍珍本丛刊》第 85 册，北京：书目文献出版社，1998 年。

〔宋〕滕甫：《征南录》，《影印文渊阁四库全书》第 460 册，台北：台湾商务印书馆，1986 年。

〔宋〕王安石：《临川先生文集》，北京：中华书局，1959 年。

〔宋〕王珪：《华阳集》，《丛书集成初编》第 1916 册，上海：商务印书馆，1935 年。

〔宋〕曾公亮等著，陈建中、黄明珍点校：《武经总要》，北京：商务印书馆，2017 年。

〔宋〕王称撰，孙言诚、崔国光点校：《二十五别史·东都事略》，济南：齐鲁书社，2000 年。

〔宋〕沈辽：《云巢编》，《四部丛刊三编》集部第 63 册，上海：上海书店，1986 年。

〔宋〕苏辙著，曾枣庄、马德富校点：《栾城集》，上海：上海古籍出版社，1987 年。

〔宋〕沈括撰：《梦溪笔谈》，《历代笔记丛刊》本，上海：上海书店出版社，2003 年。

〔宋〕司马光撰，邓广铭、张希清点校：《涑水记闻》，《唐宋史料笔记丛刊》本，北京：中华书局，1989 年。

〔宋〕洪迈：《夷坚志》，《续修四库全书》第 1265 册，上海：上海古籍出版社，1995 年。

〔宋〕何薳撰，张明华点校：《春渚纪闻》，《唐宋史料笔记丛刊》本，北京：中华书局，2007 年。

〔宋〕黎靖德编：《朱子语类》，北京：中华书局，1994 年。

〔宋〕范成大著，胡起望、覃光广校注：《桂海虞衡志辑佚校注》，成都：四川民族出版社，1986 年。

〔宋〕周去非著，杨武泉校注：《岭外代答校注》，北京：中华书局，1999 年。

〔宋〕李曾伯：《可斋杂稿之续稿》，《影印文渊阁四库全书》第 1179 册，台北：台湾商务印书馆，1986 年。

〔宋〕刘宰：《漫塘集》，《影印文渊阁四库全书》第 1170 册，台北：台湾商务印书馆，1986 年。

〔元〕脱脱等：《宋史》，北京：中华书局，1985 年。

〔清〕徐松辑：《宋会要辑稿》，上海：中华书局，1957 年。

〔元〕黄溍：《金华黄先生文集》，《缩本四部丛刊初编》第 77 册，台北：台湾商务印书馆，1967 年。

〔元〕梁寅：《石门集》，《影印文渊阁四库全书》第 1222 册，台北：台湾商务印书馆，1986 年。

〔元〕无名氏：《招捕总录》，《中国野史集成》第 12 册，成都：巴蜀书社，1993 年。

〔元〕姚燧著，查洪德点校：《姚燧集》，北京：人民文学出版社，2011 年。

〔元〕傅与砺：《傅与砺集》，《北京图书馆古籍珍本丛刊》第 92 册，北京：书目文献出版社，1988 年。

〔元〕袁桷：《清容居士集》，《丛书集成初编》本，北京：中华书局，1985 年。

〔元〕刘应李原编，郭声波整理：《大元混一方舆胜览》，成都：四川大学出版社，2003 年。

〔明〕宋濂等：《元史》，北京：中华书局，1976 年。

〔明〕解缙、姚广孝等：《永乐大典》，《四库全书存目丛书补编》第

66 册，济南：齐鲁书社，2001 年。

台北中央研究院历史语言研究所校印：《明实录》，上海：上海书店，1984 年。

〔明〕申时行等：《大明会典》，《续修四库全书》第 789 册，上海：上海古籍出版社，1995 年。

〔明〕解缙：《解学士先生集》，《中华再造善本》集 II 019，北京：国家图书馆出版社，2010 年。

〔明〕解缙：《文毅集》，《影印文渊阁四库全书》第 1236 册，台北：台湾商务印书馆，1986 年。

〔明〕无名氏：《土官底簿》，《影印文渊阁四库全书》第 599 册，台北：台湾商务印书馆，1986 年。

〔明〕于谦著，魏得良点校：《于谦集（上）》，杭州：浙江古籍出版社，2016 年。

〔明〕张瀚辑：《皇明疏议辑略》，《续修四库全书》第 463 册，上海：上海古籍出版社，1995 年。

〔明〕王守仁著，王晓昕、赵平略点校：《王阳明集（上）》，北京：中华书局，2016 年。

〔明〕田汝成：《行边纪闻》，收入《滇考、行边纪闻、雷波琐记（合订本）》，台北：华文书局，1968 年。

〔明〕翁万达著，翁辉东重辑、陈香白点校：《稽愆集》，广州：中山大学出版社，1997 年。

〔明〕江一桂：《安南来威辑略》，《北京图书馆古籍珍本丛刊》第 10 册，北京：书目文献出版社，1998 年。

〔明〕郭应聘：《郭襄靖公遗集》，《续修四库全书》第 1349 册，上海：上海古籍出版社，1995 年。

〔明〕应槚、刘尧海等：《苍梧总督军门志》，《中国边疆史地丛刊》本，北京：全国图书馆文献缩微复制中心，1991 年。

〔明〕魏浚：《西事珥》，《四库全书存目丛书》史部第 247 册，济南：齐鲁书社，1996 年。

〔明〕瞿九思：《万历武功录》，《续修四库全书》第 436 册，上海：上海古籍出版社，1995 年。

〔明〕杨寅秋：《临皋文集》，《影印文渊阁四库全书》第 1291 册，台北：台湾商务印书馆，1986 年。

〔明〕杨寅秋：《绥交记》，《中国野史集成》第 25 册，成都：巴蜀书社，1993 年。

〔明〕徐宏祖著，褚绍唐、吴应寿整理：《徐霞客游记》，上海：上海古籍出版社，1982 年。

〔明〕张镜心编考：《驭交记》，《丛书集成新编》，台北：新文丰出版公司，1985 年，第 104 册。

〔明〕刘文征：《滇志》，《续修四库全书》第 681 册，上海：上海古籍出版社，1995 年。

《清实录》，北京：中华书局，1985 年。

《大清五朝会典》，北京：线装书局，2006 年。

《大清会典则例》，《影印文渊阁四库全书》第 622 册，台北：台湾商务印书馆，1986 年。

〔清〕嵇璜等：《钦定续文献通考》，《影印文渊阁四库全书》第 629 册，台北：台湾商务印书馆，1986 年。

〔清〕张廷玉：《明史》，北京：中华书局，1974 年。

〔清〕汪森编辑，黄盛陆等校点：《粤西文载》，南宁：广西民族出版社，2001 年。

〔清〕李绂：《穆堂初稿》，《续修四库全书》第 1422 册，上海：上海古籍出版社，1995 年。

〔清〕杨锡绂：《四知堂文集》，《四库未收书辑刊》玖辑第 24 册，北京：北京出版社，1998 年。

〔清〕赵翼：《檐曝杂记》，《续修四库全书》第 1138 册，上海：上海古籍出版社，1995 年。

〔清〕无名氏：《铜政便览》，《续修四库全书》第 880 册，上海：上海古籍出版社，1995 年。

〔清〕吴其濬撰，徐金生绘：《滇南铜矿图略》，《续修四库全书》第 880 册，上海：上海古籍出版社，1995 年。

〔清〕李文凤：《越峤书》，《四库全书存目丛书》史部第 163 册，济南：齐鲁书社，1996 年。

嘉靖《广西通志》，《北京图书馆古籍珍本丛刊》第 41 册，北京：书目文献出版社，1998 年。

万历《广西通志》，明万历二十七年刻本。

雍正《广西通志》，《影印文渊阁四库全书》第 568 册，台北：台湾商务印书馆，1986 年。

嘉庆《广西通志》，清嘉庆六年刻本。

嘉靖《南宁府志》，《天一阁藏明代方志选刊续编》第 67 册，上海：上海书店，1990 年。

万历《太平府志》，《日本藏中国罕见地方志丛刊》本，北京：书目文献出版社，1990 年。

雍正《太平府志》，《故宫珍本丛刊》第 195 册，海口：海南出版社，2001 年。

乾隆《镇安府志》，清乾隆二十一年刻本。

康熙《思明府志》，清康熙二十九年刻本。

康熙《上思州志》，清刻本。

光绪《新宁州志》，《中国方志丛书》本，台北：成文出版社，1975 年。

道光《归顺直隶州志》，《中国方志丛书》本，台北：成文出版社，1968 年。

光绪《归顺直隶州志》，清光绪二十五年刻本。

道光《钦州志》，清道光十四年高州登云楼刻本。

光绪《藤县志》，《中国方志丛书》，台北：成文出版社，1968 年。

广西靖西县县志编纂委员会编：《靖西县志》，南宁：广西人民出版社，2000 年。

中国第一历史档案馆编：《康熙朝汉文朱批奏折汇编》，北京：档案出版社，1985 年。

中国第一历史档案馆编：《雍正朝汉文朱批奏折汇编》，南京：江苏古籍出版社，1991 年。

张伟仁主编：《明清档案》，台北：联经出版事业股份有限公司，1986 年。

中国第一历史档案馆藏：《朱批奏折》。

广西壮族自治区通志馆编：《中法战争调查资料实录》，南宁：广西人民出版社，1982 年。

中国东方文化研究会历史文化分会编：《历代碑志丛书》，南京：江苏古籍出版社，1998 年。

许仙：《许氏历代宗谱内并记祖上功勋》，清抄本，1934 年孟春月重录，崇左市大新县。

赵宏烈：《宋授武翼大夫都总管赵鼎之后裔赵氏家谱》，清乾隆二十四年修，1999 年重抄，崇左市龙州县。

陆志威收藏：《陆氏宗谱》，年代不详，崇左市宁明县。

岑光备收藏：《岑氏宗记》，年代不详，百色市德保县。

凌树勇：《靖西县明德堂凌氏序贤家族谱牒》，2008 年 3 月，百色市靖西县。

［越］黎崱著、武尚清点校：《安南志略》，北京：中华书局，1995 年

［越］吴士连原著，陈荆和编校：《大越史记全书》，东京：东京大学东洋文化研究所附属东洋学文献センタ 刊行委员会，昭和五十九年（1984）。

（二）专著

刘锡蕃：《岭表纪蛮》，上海：商务印书馆，1934 年。

徐松石：《徐松石民族学研究著作五种》，广州：广东人民出版社，1993 年。

严中平：《清代云南铜政考》，载沈云龙主编：《近代中国史料丛刊》，台北：文海出版社，1970 年。

黄现璠：《广西僮族简史》，南宁：广西人民出版社，1957 年。

陶晋生：《宋辽关系史研究》，台北：台湾联经出版事业股份有限公司，1983 年。

卢良志：《中国地图学史》，北京：测绘出版社，1984 年。

靖西县人民政府地名委员会编：《靖西县地图集》（内部资料），1985 年 5 月。

北京市历史学会主编：《吴晗史学论著选集》第二卷，北京：人民出版社，1986 年。

佚名著，刀国栋等译：《勐泐王族世系》（汉文、傣文对照），昆明：云南民族出版社，1987 年。

范宏贵等主编：《壮族论稿》，南宁：广西人民出版社，1989 年。

马大正：《中国古代边疆政策研究》，北京：中国社会科学出版社，1990 年。

龚荫：《中国土司制度》，昆明：云南民族出版社，1992 年。

潘其旭、覃乃昌主编：《壮族百科辞典》，南宁：广西民族出版社，1993 年。

刘宏煊：《中国疆域史》，武汉：武汉出版社，1995 年。

谈琪：《壮族土司制度》，南宁：广西人民出版社，1995 年。

李世愉：《清代土司制度论考》，北京：中国社会科学出版社，1998 年。

李绍明等主编：《中国各民族原始宗教资料集成（土家族、瑶族、壮族、黎族卷）》，北京：中国社会科学出版社，1998 年。

梁庭望：《壮族文化概论》，南宁：广西教育出版社，2000 年。

马大正：《中国边疆经略史》，郑州：中州古籍出版社，2000 年。

萧启庆主编：《蒙元的历史与文化——蒙元史学术研讨会论文集》，台北：台湾学生书局，2001 年。

高雅宁：《广西靖西县壮人农村社会中 me^{214}mo：t^{31}（魔婆）的养成过程与仪式表演》，台北：唐山出版社，2002 年。

覃圣敏主编：《壮泰民族传统文化比较研究》，南宁：广西人民出版社，2003 年。

华南研究会编辑委员会：《学步与超越：华南研究会论文集》，香港：香港文化创造出版社，2004 年。

商衍鎏：《清代科举考试述录及有关著作》，天津：百花文艺出版社，2004 年。

张声震主编：《壮族麽经布洛陀影印译注》，南宁：广西民族出版社，2004 年。

白耀天：《侬智高：历史的幸运儿与弃儿》，北京：民族出版社，2006 年。

黄桂秋：《壮族麽文化研究》，北京：民族出版社，2006 年。

黄家信：《壮族地区土司制度与改土归流研究》，合肥：合肥工业大学出版社，2007 年。

连瑞枝：《隐藏的祖先——妙香国的传说与社会》，北京：生活·读书·新知三联书店，2007 年。

曹本冶主编：《中国民间仪式音乐研究》华南卷下，上海：上海音乐学院出版社，2007 年。

温春来：《从异域到旧疆——宋至清贵州西北部地区的制度、开发与认同》，北京：生活·读书·新知三联书店，2008 年。

科大卫著：《皇帝和祖宗——华南的国家与宗族》，卜永坚译，南京：江苏人民出版社，2009 年。

王明珂：《英雄祖先与弟兄民族——根基历史的文本与情境》，北京：中华书局，2009 年。

黄桂秋：《壮族社会民间信仰研究》，北京：中国社会科学出版社，2010 年。

葛兆光：《宅兹中国：重建有关"中国"的历史论述》，北京：中华书局，2011 年。

鲁西奇：《人群·聚落·地域社会：中古南方史地初探》，厦门：厦门大学出版社，2011 年。

马琦：《国家资源：清代滇铜黔铅开发研究》，北京：人民出版社，2013 年。

罗新：《黑毡上的北魏皇帝》，北京：海豚出版社，2014 年。

张佳：《新天下之化——明初礼俗改革研究》，上海：复旦大学出版社，2014 年。

［日］谷口房男、白耀天：《壮族土官族谱集成》，南宁：广西民族出版社，1998 年。

［英］Mike Crang 著：《文化地理学》，王志弘、余佳玲、方淑惠译，台北：巨流图书公司，2003 年。

［美］本尼迪克特·安德森著：《想象的共同体：民族主义的起源与散布》，吴叡人译，上海：上海人民出版社，2005 年。

［美］焦大卫、［美］欧大年：《飞鸾——中国民间教派面面观》，周育民译，宋光宇校读，香港：中文大学出版社，2005 年。

（三）论文

范纯武：《清末民间慈善事业与鸾堂运动》，硕士学位论文，中正大学历史研究所，1996 年。

邓昌友：《宋朝与越南关系研究》，博士学位论文，暨南大学历史系，2004 年。

陈文源：《明朝与安南关系研究》，博士学位论文，暨南大学历史系，2005 年。

麦思杰：《大藤峡猺乱与明代广西》，博士学位论文，中山大学历史系，2005 年。

郭洪敏：《论熙宁变法和宋辽划界》，硕士学位论文，东北师范大学历史系，2005 年。

李小文：《国家制度与地方传统——明清时期桂西的基层行政制度与社会治理》，博士学位论文，厦门大学历史系，2006 年。

唐晓涛：《礼仪与社会秩序：从大藤峡"猺乱"到太平天国》，博士学位论文，中山大学历史系，2007 年。

韦顺莉：《清末明初广西大新县境土司社会研究——地方文献中的壮乡社会》，博士学位论文，华中师范大学历史学院，2007 年。

蒋俊：《帝国边陲——桂西土司社会的历史人类学研究》，博士学位论文，厦门大学人类学系，2008 年。

朱晴晴：《移民、市场与社会——清代以来小江地域文化的演变》，博士学位论文，中山大学人类学系，2011 年。

余贻泽：《清代之土司制度》，《禹贡半月刊》1936 年第 5 卷第 5 期。

粟冠昌：《广西土官民族成分初探》，《民族团结》1963 年第 2、3 期。

陈业强：《广西土官制的流弊及历代改土延缓的原因》，《学术论坛》1984 年第 1 期。

韦文宣：《谈对广西土官制度及改土归流的评价问题》，《学术论坛》1984 年第 4 期。

谈琪：《广西岑氏土官族属辨析》，《广西大学学报 (哲学社会科学版)》1994 年第 2 期。

曾国庆：《试论明代的清军制度》，《史学集刊》1994 年第 3 期。

李家发：《永平寨位置考》，《广西地方志》1994 年第 6 期。

白耀天：《古勿洞、勿阳峒、勿恶峒、贡洞及归化州、来安州所在考》，《广西民族研究》1996 年第 1 期。

白耀天：《切勿以假充真，伪造历史愚弄人——"南宋义士张天宗"辩》，《广西民族研究》1996 年第 2 期。

邢玉林：《1989 年—1998 年中国古代疆域理论问题研究综述》，《中国边疆史地研究》2001 年第 3 期。

覃乃昌：《20 世纪的壮学研究（上）》，《广西民族研究》2001 年第 4 期。

于逢春：《论中国疆域最终奠定的时空坐标》，《中国边疆史地研究》2006 年第 1 期。

李小文：《论壮族社会组织"哨"的起源与变迁》，《广西民族研究》2006 年第 3 期。

邓金凤：《试析壮族的"汉裔情结"———以岑毓英为例》，《广西民族研究》2008 年第 1 期。

麦思杰：《〈布洛陀经诗〉与区域秩序的构建——以田州岑氏土司为中心》，《广西民族研究》2008 年第 1 期。

王日根、张先刚：《从墓地、族谱到祠堂：明清山东栖霞宗族凝聚纽带的变迁》，《历史研究》2008 年第 2 期。

麦思杰：《地域经济与羁縻制度——宋代广西左右江地区羁縻制度研究》，《广西民族研究》2009 年第 1 期。

黄宽重：《晚宋军情蒐集与传递——以〈可斋杂稿〉所见宋蒙广西战役为例》，《汉学研究》2009 年第 2 期。

罗彩娟：《侬智高研究综述》，《广西民族研究》2009 年第 3 期。

谢波：《南宋的归明人法制——以〈庆元条法事类·蛮夷门〉为中心》，《甘肃社会科学》2010 年第 3 期。

高奇琦：《宏观民族分析的微观基础：西方日常民族主义理论评述及补充》，《民族研究》2012 年第 2 期。

张亚辉：《没有围墙的城市——关于承德地景的历史人类学分析》，《民族学刊》2012 年第 2 期。

汤芸：《神判与官司：一个西南村庄降乩仪式中的讼争与教谕》，《云南民族大学学报（哲学社会科学版）》2012 年第 4 期。

邹立波、李沛容：《西南边疆在明清史研究中的地位——美国现代学术视野下的中国西南边疆史研究》，《思想战线》2013 年第 6 期。

苏力：《文化制度与国家构成——以"书同文"和"官话"为视角》，《中国社会科学》2013 年第 12 期。

刘浦江：《元明革命的民族主义想象》，《中国史研究》2014 年第 3 期。

刘永华：《文化传统的创造与社区的变迁——关于龙岩适中兰盆胜会的考察》，《中国社会经济史研究》1994 年第 3 期。

科大卫、刘志伟：《宗族与地方社会的国家认同——明清华南地区宗族发展的意识形态基础》，《历史研究》2000 年第 3 期。

萧凤霞：《廿载华南研究之旅》，《清华社会学评论》2001 年第 1 期。

刘志伟：《地域社会与文化的结构过程——珠江三角洲研究的历史学与人类学对话》，《历史研究》2003 年第 1 期。

葛兆光：《宋代"中国"意识的凸显——关于近世民族主义思想的一个远源》，《文史哲》2004 年第 1 期。

科大卫、刘志伟：《"标准化"还是"正统化"——从民间信仰与礼仪看中国文化的大一统》，《历史人类学学刊》，2008 年第 1、2 期合刊。

张先清、杜树海：《移民、传说与族群记忆——民族史视野中的南方族群叙事文化》，《厦门大学学报（哲学社会科学版）》2012 年第 4 期。

鲁西奇：《层累、汇聚地造成的地域古史系统——以先秦越国的历史叙述为中心》，《历史人类学学刊》2013 年第 2 期。

[越] 陈文理、[越] 黄轶球：《越南佛教史略——起源至十三世纪》，《东南亚研究》1985 年第 3 期。

[日] 冢田诚之：《唐宋时期华南少数民族的动向——重点考察广西左右江流域的少数民族》，《世界民族》1986 年第 1、2 期。

[日] 谷口房男著，覃义生译：《日本的壮族史研究动态》，《广西民族

研究》1992 年第 2 期。

[日] 武内房司：《从西江走廊看十九世纪前期的中越关系——以云南和越南西北部傣族社会为中心的考察》，"明清帝国的建构与中国西南土著社会的演变国际学术研讨会"会议论文，2010 年 6 月。

二、外文部分

（一）专著

Erik Mueggler, *The Age of Wild Ghosts: Memory, Violence, and Place in Southwest China*,Berkeley:University of California Press,2001.

James C. Scott, *The Art of Not Being Governed: An Anarchist History of Upland Southeast Asia*,New Haven:Yale University press,2009.

Jennifer Took, *A Native Chieftaincy in Southwest China:Franchising a Tai Chieftaincy under the Tusi System*, Leiden:Brill, 2005.

Jianxiong Ma,*The Lahu Minority in Southwest China:A Response to Ethnic Marginalization on the Frontier*,London and New York:Routledge,2013.

John E. Herman,*Amid the Clouds and Mist: China's Colonization of Guizhou,1200-1700*,Cambridge,Massachusetts and London: Harvard University Press,2007.

Leo. K.Shin, *The Making of the Chinese State :Ethnicity and Expansion on the Ming Borderlands*,New York :Cambridge University Press,2006.

Mark C. Elliott, *The Manchu Way: The Eight Banners and Ethnic Identity in Late Imperial China*,Stanford: Stanford University Press,2001.

Di Cosmo and Don J.Wyatt(eds.), *Political Frontiers,Ethnic boundaries and Human Geographies in Chinese History*,London and New York:Routledge Curzon,2003.

Pamela Kyle Crossley, Helen F.Siu, and Donald S.Sutton(eds.), *Empire at the Margins: Culture, Ethnicity and Frontier in Early Modern China*,Berkeley,Los Angeles,London:Uni. of California Press,2006.

Steven B.Miles, *Upriver Journeys:Diaspora and Empire in Southern China, 1570–1850*,Cambridge (Massachusetts) and London: Harvard University Press,2017.

D. Faure and Ho Ts'ui-p'ing (eds.), *Chieftains into Ancestors: Imperial Expansion and Indigenous Society in Southwest China*, Vancouver: University of British Columbia Press,2013.

（二）论文

Donald Sutton, "Ritual,Cultural Standardization,and Orthopraxy in China:Reconsidering James L.Watson's Ideas", *Modern China*, 33 ,1 (Jan.),2007.

Michael A.Szonyi, "The illusion of standardizing the gods: the cult of the Five Emperors in late imperial China", *J. of Asian Studies,* 56, 1 (Feb.),2007.

后　记

　　本书是在笔者于 2011 年完成的博士学位论文基础上修订增补而成的，增补部分主要为各章"小结"以及本书的"结论"，即所谓的"理论提升"部分。

　　本书的材料与主体均为八年前完成，因此其学术脉络与思维局限，我现在基本能够看清楚了。前些年，每有硕士、博士生向我寻求有关学位论文选题与写作的建议时，我都会问他们：你想把自身置于何种学术脉络之下？在这种脉络中，你如何定位自身的位置？现在想来，这样的指导意见颇有"超前"之嫌。研究者就像一叶扁舟飘摇于溪流之中，不驶离原来的位置，又怎么知道溪流的上下源流！八年前我大概明白该怎么写，八年后我知道当初为什么会这么写；八年前我认为研究的"地方"就是"天下"，八年后我发现研究的"地方"太小，而"天下"太大。这也是我花时间认真打磨"理论提升"部分的原因，希望近期的思考能为本书注入新的活力。

　　在万籁俱寂的深夜，当暂时放下厚重的大部头"学术著作"，暂时抛弃"权威""一类""二类"，"重大""重点""一般"等概念之时，学术创作中的一些东西就会浮现于脑际。它们并不是什么宏大的理论，或高深的概念，而是一些鲜明的人物形象与曲折的历史细节。明初，土官黄广成为请求解缙为其父撰写神道碑而"流涕而跪"的场景，尤其令笔者印象深刻。黄妻一家男丁皆死于与中原王朝的战争中，黄家虽早早归顺，但仍没有得到朝廷的认可，仍被朱元璋骂为"蛮夷"。丁是乎，黄广成不得不给一位中原官员下跪，请求他写下黄氏祖上源自中原的神道碑；明中期，由于朝廷对土司职位袭替谱系越来越严密的控制，土司内部各种势力上报的袭替理据颇为离奇有趣。比如，有头目就声称，他家老土司天生异相，一只手长了六个手指头，现在他本人支持的小土司也是六个手指头，所以这个小土司是"货真价实"的。这样的人物、故事还有很多，但遗憾的是，受学术语言与学术格式的限制，读者或许仍会觉得索然寡味。

毫不讳言，本书的各章之间并没有做到齐整如一，一气呵成。部分篇章，由于资料充分、主题清晰，写得浓墨重彩；而部分篇章则刚好相反。每当想到后者，我就充满沮丧。直到一天，某位老师讲了一个道理，我的沮丧才有所缓解。他说写书就像弹钢琴，有高潮的部分就有低潮的部分，低潮也算是高潮之间的过渡与衔接。唯愿本书的读者不要在低潮的部分就昏昏睡去，致使高潮部分无缘得见天日。

现在的书名，是在刘志伟老师的建议下改定的。在和刘师的一次谈话中，我提出把"中国"用进书名的想法，刘老师认为目前这个最佳。纵观近年出版的学术著作中，书名中含有"中国"字样者越来越多，我曾在微博里把这种现象概括为：从前"中国"是限定词，而如今它成了中心词。葛兆光先生认为，这种现象反映了全球化背景下，中国人的内外认同焦虑。如果仅从学术发展的内在脉络来看，我认为它正是"地域研究"发展的结果与超越。"中国"实在太大也太复杂，我们需要把"中国"放在不同地域之中、不同语境之下进行考察。"地域研究"发展的超越，就是从地域研究到反思中国。

在本书付梓之际，我既要感谢论文指导老师陈春声、刘志伟、科大卫三位教授，也要感谢在论文评审、答辩过程中给出意见的鲁西奇、张应强、周建新、常建华、郭声波、温春来、吴滔七位教授。在本书申请国家社科基金后期资助时，陈支平、郑振满、鲁西奇、刘志伟四位教授给予了大力推荐。项目立项之后，我收到五位匿名专家的评审意见，这些宝贵意见成为修改书稿的重要思路。2017 年底，本书初稿完成后，我请刘永华、张亚辉、刁培俊三位教授进行评论审读，诸位老师均提出不少真知灼见。尤其是刘永华教授，他从一位普通读者的角度出发，提出了许多修改意见，使得本书的可读性大大增强。此外，本书部分篇章已见诸期刊，期刊编辑、评审员的部分修改意见也被本书采纳。其中，贾益编审的细致修改，为相关篇章增色不少。在此一并表示衷心感谢！

本书的最后修改是在波士顿大学完成的，感谢波士顿大学人类学系魏乐博教授提供的访学机会；在撰写本书"结论"的过程中，哈佛大学宋怡明教授给出评论和意见。感谢葛兆光教授在百忙之中为本书作序，我从他的种种大著中受益匪浅。感谢九州出版社及李欣蕊等在本书编校过程中付出的辛勤劳动。

最后，我还要真诚感谢田野调查过程中的协助人和被访人，特别是依兵先生、关颖娜女士、覃德亮先生。依先生出生于边境地区，工作于边境地区，退休后投身地方民族文化的保护与挖掘。他如今已 80 多岁，但仍热情万丈地致力于他的事业。他既是我的协助人，又是我的研究对象。

本书部分篇章曾以不同增删形式刊发于学术期刊，详情见下：

"序篇"部分内容曾以《北宋侬智高起事再研究——以起事前后广西左右江上游区域历史的转变为中心》为题，刊发于《广西民族研究》2012年第 1 期。

"上篇第一章"曾以《宋末至明初广西左江上游土酋势力的动向——从〈知思明府黄公神道碑〉看祖先叙事的创制》为题，刊发于《民族研究》2013 年第 4 期。

"上篇第二章"部分内容曾以《皇帝、"国王"与土司——从"议征安南"事件前后看明嘉靖时期的帝国意识形态》为题，刊发于《厦门大学学报（哲学社会科学版）》2016 年第 1 期。

"下篇第二章"部分内容曾以《清代边疆地区社会阶层的变动与文化面貌的转变：以广西靖西县墓碑、石刻等历史资料为中心的考察》为题，刊发于《社会》2016 年第 1 期。

"下篇第三章"部分内容曾以《民间信仰的社会功能——广西壮族地区 J 县扶乩活动的文献和田野考察》为题，刊发于《宗教学研究》2013 年第 3 期。

"结论"曾以《明清以降中国南部边疆地区的国家整合方式研究》为题，刊发于《西北民族研究》2020 年第 1 期。

"附录一"曾以《钦州西部的地方历史与都峒之民祖先记忆的创制》为题，刊发于《民族研究》2009 年第 1 期。

"附录二"曾以《家族的历史抑或国家的历史——中越边境地区沿海族群之身份与认同的历史考察》为题，发表于《民族研究》2010 年第 2 期。

杜树海

2018 年 8 月